最新

食品安全法律法规全编

中国法治出版社
CHINA LEGAL PUBLISHING HOUSE

编辑说明

法律会适时修改，而与之相关的配套规定难以第一时间调整引用的旧法条文序号。此时，我们难免会有这样的困扰：(1) 不知其中仍是旧法条文序号而误用；(2) 知道其中是旧法条文序号，却找不到或找错对应的新法条文序号；(3) 为找到旧法对应最新条款，来回翻找，浪费很多宝贵时间。本丛书针对性地为读者朋友们解决这一问题，独具以下特色：

1. 标注变动后的最新条文序号

本丛书以页边码（如 22 ）的形式，在出现条文序号已发生变化的条款同一行的左右侧空白位置——标注变动后的最新条文序号；如果一行有两个以上条款的序号已发生变化，分先后顺序上下标注变动后的最新条文序号（如 288 289 ）；如一个条款变动后分为了两个以上条款，标注在同一个格子里（如 538 539 ）； × 表示该条已被删除。

2. 附录历年条文序号对照表

如果你想参考适用其他规定或司法案例时遇到旧法，可利用《历年食品安全法条文序号对照表》，快速准确定位最新条文。例如，你在学习某规定或文件时，当中援引的是《食品安全法》2009 年版的条文，2015 年 4 月 24 日《食品安全法》进行了全面修订，由原来的 104 条变化为 154 条，由旧法条文对应至新法条文实属不易，但是只要查阅该表，就可以轻松快速定位到最新对应条文。

此外，《食品卫生法》1995 年 10 月 30 日公布施行，被 2009 年 2 月 28 日公布的《食品安全法》同步废止，本书涉及的《食品卫生法》条文序号已对应至《食品安全法》最新条文。除 2015 年 4 月 24 日《食品安全法》

进行全面修订以外，2018 年 12 月 29 日、2021 年 4 月 29 日、2025 年 9 月 12 日《食品安全法》进行了三次修改，其中仅为个别条款内容的修改，不涉及条文序号变动问题。

3. 内容全面，文本权威

本丛书将各个领域的核心法律作为“主法”，围绕“主法”全面收录相关司法解释及配套法律法规；收录文件均为经过清理修改的现行有效标准文本，以供读者全面掌握权威法律文件。

4. 精选典型案例，以案释法

本丛书收录各领域最高人民法院、最高人民检察院典型案例，方便读者以案例为指导进一步掌握如何适用法律及司法解释。

目　录*

一、综　合

* 编者按：本目录中的时间为法律文件的公布时间或最后一次修正、修订公布时间。

二、食品安全风险监测和评估

三、食品安全监督管理

四、食品安全标准

五、食品安全法律责任

六、食品生产经营

七、食品检验

九、行政执法

典型案例

条文序号对照表

中华人民共和国食品安全法

（2009年2月28日第十一届全国人民代表大会常务委员会第七次会议通过　2015年4月24日第十二届全国人民代表大会常务委员会第十四次会议修订　根据2018年12月29日第十三届全国人民代表大会常务委员会第七次会议《关于修改〈中华人民共和国产品质量法〉等五部法律的决定》第一次修正　根据2021年4月29日第十三届全国人民代表大会常务委员会第二十八次会议《关于修改〈中华人民共和国道路交通安全法〉等八部法律的决定》第二次修正　根据2025年9月12日第十四届全国人民代表大会常务委员会第十七次会议《关于修改〈中华人民共和国食品安全法〉的决定》第三次修正）

第一章　总　　则

第一条　【立法目的】*　为了保证食品安全，保障公众身体健康和生命安全，制定本法。

第二条　【适用范围】在中华人民共和国境内从事下列活动，应当遵守本法：

（一）食品生产和加工（以下称食品生产），食品销售和餐饮服务（以下称食品经营）；

（二）食品添加剂的生产经营；

（三）用于食品的包装材料、容器、洗涤剂、消毒剂和用于食品生产经营的工具、设备（以下称食品相关产品）的生产经营；

（四）食品生产经营者使用食品添加剂、食品相关产品；

（五）食品的贮存和运输；

（六）对食品、食品添加剂、食品相关产品的安全管理。

供食用的源于农业的初级产品（以下称食用农产品）的质量安全管

* 条文主旨为编者所加，后同。

理，遵守《中华人民共和国农产品质量安全法》的规定。但是，食用农产品的市场销售、有关质量安全标准的制定、有关安全信息的公布和本法对农业投入品作出规定的，应当遵守本法的规定。

第三条　【食品安全工作原则】食品安全工作实行预防为主、风险管理、全程控制、社会共治，建立科学、严格的监督管理制度。

第四条　【食品生产经营者的责任】食品生产经营者对其生产经营食品的安全负责。

食品生产经营者应当依照法律、法规和食品安全标准从事生产经营活动，保证食品安全，诚信自律，对社会和公众负责，接受社会监督，承担社会责任。

第五条　【食品安全监管体制】国务院设立食品安全委员会，其职责由国务院规定。

国务院食品安全监督管理部门依照本法和国务院规定的职责，对食品生产经营活动实施监督管理。

国务院卫生行政部门依照本法和国务院规定的职责，组织开展食品安全风险监测和风险评估，会同国务院食品安全监督管理部门制定并公布食品安全国家标准。

国务院其他有关部门依照本法和国务院规定的职责，承担有关食品安全工作。

第六条　【地方政府食品安全监督管理职责】县级以上地方人民政府对本行政区域的食品安全监督管理工作负责，统一领导、组织、协调本行政区域的食品安全监督管理工作以及食品安全突发事件应对工作，建立健全食品安全全程监督管理工作机制和信息共享机制。

县级以上地方人民政府依照本法和国务院的规定，确定本级食品安全监督管理、卫生行政部门和其他有关部门的职责。有关部门在各自职责范围内负责本行政区域的食品安全监督管理工作。

县级人民政府食品安全监督管理部门可以在乡镇或者特定区域设立派出机构。

第七条　【地方政府食品安全责任评议、考核制度】县级以上地方人民政府实行食品安全监督管理责任制。上级人民政府负责对下一级人民政府的食品安全监督管理工作进行评议、考核。县级以上地方人民政府负责对本级食品安全监督管理部门和其他有关部门的食品安全监督管理工作进行评议、考核。

第八条　【政府对食品安全工作的财政保障和监管职责】县级以上人民政府应当将食品安全工作纳入本级国民经济和社会发展规划，将食品安全工作经费列入本级政府财政预算，加强食品安全监督管理能力建设，为食品安全工作提供保障。

县级以上人民政府食品安全监督管理部门和其他有关部门应当加强沟通、密切配合，按照各自职责分工，依法行使职权，承担责任。

第九条　【食品行业协会和消费者协会的责任】食品行业协会应当加强行业自律，按照章程建立健全行业规范和奖惩机制，提供食品安全信息、技术等服务，引导和督促食品生产经营者依法生产经营，推动行业诚信建设，宣传、普及食品安全知识。

消费者协会和其他消费者组织对违反本法规定，损害消费者合法权益的行为，依法进行社会监督。

第十条　【食品安全宣传教育和舆论监督】各级人民政府应当加强食品安全的宣传教育，普及食品安全知识，鼓励社会组织、基层群众性自治组织、食品生产经营者开展食品安全法律、法规以及食品安全标准和知识的普及工作，倡导健康的饮食方式，增强消费者食品安全意识和自我保护能力。

新闻媒体应当开展食品安全法律、法规以及食品安全标准和知识的公益宣传，并对食品安全违法行为进行舆论监督。有关食品安全的宣传报道应当真实、公正。

第十一条　【食品安全研究和农药管理】国家鼓励和支持开展与食品安全有关的基础研究、应用研究，鼓励和支持食品生产经营者为提高食品安全水平采用先进技术和先进管理规范。

国家对农药的使用实行严格的管理制度，加快淘汰剧毒、高毒、高残留农药，推动替代产品的研发和应用，鼓励使用高效低毒低残留农药。

第十二条　【社会监督】任何组织或者个人有权举报食品安全违法行为，依法向有关部门了解食品安全信息，对食品安全监督管理工作提出意见和建议。

第十三条　【表彰、奖励有突出贡献的单位和个人】对在食品安全工作中做出突出贡献的单位和个人，按照国家有关规定给予表彰、奖励。

第二章　食品安全风险监测和评估

第十四条　【食品安全风险监测制度】国家建立食品安全风险监测制度，对食源性疾病、食品污染以及食品中的有害因素进行监测。

国务院卫生行政部门会同国务院食品安全监督管理等部门，制定、实施国家食品安全风险监测计划。

国务院食品安全监督管理部门和其他有关部门获知有关食品安全风险信息后，应当立即核实并向国务院卫生行政部门通报。对有关部门通报的食品安全风险信息以及医疗机构报告的食源性疾病等有关疾病信息，国务院卫生行政部门应当会同国务院有关部门分析研究，认为必要的，及时调整国家食品安全风险监测计划。

省、自治区、直辖市人民政府卫生行政部门会同同级食品安全监督管理等部门，根据国家食品安全风险监测计划，结合本行政区域的具体情况，制定、调整本行政区域的食品安全风险监测方案，报国务院卫生行政部门备案并实施。

第十五条　【食品安全风险监测工作】承担食品安全风险监测工作的技术机构应当根据食品安全风险监测计划和监测方案开展监测工作，保证监测数据真实、准确，并按照食品安全风险监测计划和监测方案的要求报送监测数据和分析结果。

食品安全风险监测工作人员有权进入相关食用农产品种植养殖、食品生产经营场所采集样品、收集相关数据。采集样品应当按照市场价格支付费用。

第十六条　【及时通报食品安全风险监测结果】食品安全风险监测结果表明可能存在食品安全隐患的，县级以上人民政府卫生行政部门应当及时将相关信息通报同级食品安全监督管理等部门，并报告本级人民政府和上级人民政府卫生行政部门。食品安全监督管理等部门应当组织开展进一步调查。

第十七条　【食品安全风险评估制度】国家建立食品安全风险评估制度，运用科学方法，根据食品安全风险监测信息、科学数据以及有关信息，对食品、食品添加剂、食品相关产品中生物性、化学性和物理性危害因素进行风险评估。

国务院卫生行政部门负责组织食品安全风险评估工作，成立由医学、农业、食品、营养、生物、环境等方面的专家组成的食品安全风险评估专家委员会进行食品安全风险评估。食品安全风险评估结果由国务院卫生行政部门公布。

对农药、肥料、兽药、饲料和饲料添加剂等的安全性评估，应当有食品安全风险评估专家委员会的专家参加。

食品安全风险评估不得向生产经营者收取费用，采集样品应当按照市场价格支付费用。

第十八条　【食品安全风险评估法定情形】有下列情形之一的，应当进行食品安全风险评估：

（一）通过食品安全风险监测或者接到举报发现食品、食品添加剂、食品相关产品可能存在安全隐患的；

（二）为制定或者修订食品安全国家标准提供科学依据需要进行风险评估的；

（三）为确定监督管理的重点领域、重点品种需要进行风险评估的；

（四）发现新的可能危害食品安全因素的；

（五）需要判断某一因素是否构成食品安全隐患的；

（六）国务院卫生行政部门认为需要进行风险评估的其他情形。

第十九条　【监管部门在食品安全风险评估中的配合协作义务】国务院食品安全监督管理、农业行政等部门在监督管理工作中发现需要进行食品安全风险评估的，应当向国务院卫生行政部门提出食品安全风险评估的建议，并提供风险来源、相关检验数据和结论等信息、资料。属于本法第十八条规定情形的，国务院卫生行政部门应当及时进行食品安全风险评估，并向国务院有关部门通报评估结果。

第二十条　【卫生行政、农业行政部门信息共享机制】省级以上人民政府卫生行政、农业行政部门应当及时相互通报食品、食用农产品安全风险监测信息。

国务院卫生行政、农业行政部门应当及时相互通报食品、食用农产品安全风险评估结果等信息。

第二十一条　【食品安全风险评估结果】食品安全风险评估结果是制定、修订食品安全标准和实施食品安全监督管理的科学依据。

经食品安全风险评估，得出食品、食品添加剂、食品相关产品不安全结论的，国务院食品安全监督管理等部门应当依据各自职责立即向社会公告，告知消费者停止食用或者使用，并采取相应措施，确保该食品、食品添加剂、食品相关产品停止生产经营；需要制定、修订相关食品安全国家标准的，国务院卫生行政部门应当会同国务院食品安全监督管理部门立即制定、修订。

第二十二条　【食品安全风险警示】国务院食品安全监督管理部门应当会同国务院有关部门，根据食品安全风险评估结果、食品安全监督管理信息，对食品安全状况进行综合分析。对经综合分析表明可能具有较高程度安全风险的食品，国务院食品安全监督管理部门应当及时提出食品安全风险警示，并向社会公布。

第二十三条　【食品安全风险交流】县级以上人民政府食品安全监督管理部门和其他有关部门、食品安全风险评估专家委员会及其技术机构，应当按照科学、客观、及时、公开的原则，组织食品生产经营者、食品检验机构、认证机构、食品行业协会、消费者协会以及新闻媒体等，就食品安全风险评估信息和食品安全监督管理信息进行交流沟通。

第三章　食品安全标准

第二十四条　【食品安全标准的制定原则】制定食品安全标准，应当以保障公众身体健康为宗旨，做到科学合理、安全可靠。

第二十五条　【食品安全标准的强制性】食品安全标准是强制执行的标准。除食品安全标准外，不得制定其他食品强制性标准。

第二十六条　【食品安全标准的内容】食品安全标准应当包括下列内容：

（一）食品、食品添加剂、食品相关产品中的致病性微生物，农药残留、兽药残留、生物毒素、重金属等污染物质以及其他危害人体健康物质的限量规定；

（二）食品添加剂的品种、使用范围、用量；

（三）专供婴幼儿和其他特定人群的主辅食品的营养成分要求；

（四）对与卫生、营养等食品安全要求有关的标签、标志、说明书的要求；

（五）食品生产经营过程的卫生要求；

（六）与食品安全有关的质量要求；

（七）与食品安全有关的食品检验方法与规程；

（八）其他需要制定为食品安全标准的内容。

第二十七条　【食品安全国家标准的制定、公布主体】食品安全国家标准由国务院卫生行政部门会同国务院食品安全监督管理部门制定、公布，国务院标准化行政部门提供国家标准编号。

食品中农药残留、兽药残留的限量规定及其检验方法与规程由国务院卫生行政部门、国务院农业行政部门会同国务院食品安全监督管理部门制定。

屠宰畜、禽的检验规程由国务院农业行政部门会同国务院卫生行政部门制定。

第二十八条　【制定食品安全国家标准的要求和程序】制定食品安全国家标准，应当依据食品安全风险评估结果并充分考虑食用农产品安全风险评估结果，参照相关的国际标准和国际食品安全风险评估结果，并将食品安全国家标准草案向社会公布，广泛听取食品生产经营者、消费者、有关部门等方面的意见。

食品安全国家标准应当经国务院卫生行政部门组织的食品安全国家标准审评委员会审查通过。食品安全国家标准审评委员会由医学、农业、食品、营养、生物、环境等方面的专家以及国务院有关部门、食品行业协会、消费者协会的代表组成，对食品安全国家标准草案的科学性和实用性等进行审查。

第二十九条　【食品安全地方标准】对地方特色食品，没有食品安全国家标准的，省、自治区、直辖市人民政府卫生行政部门可以制定并公布食品安全地方标准，报国务院卫生行政部门备案。食品安全国家标准制定后，该地方标准即行废止。

第三十条　【食品安全企业标准】国家鼓励食品生产企业制定严于食品安全国家标准或者地方标准的企业标准，在本企业适用，并报省、自治区、直辖市人民政府卫生行政部门备案。

第三十一条　【食品安全标准公布和有关问题解答】省级以上人民政府卫生行政部门应当在其网站上公布制定和备案的食品安全国家标准、地方标准和企业标准，供公众免费查阅、下载。

对食品安全标准执行过程中的问题，县级以上人民政府卫生行政部门应当会同有关部门及时给予指导、解答。

第三十二条　【食品安全标准跟踪评价和执行】省级以上人民政府卫生行政部门应当会同同级食品安全监督管理、农业行政等部门，分别对食品安全国家标准和地方标准的执行情况进行跟踪评价，并根据评价结果及时修订食品安全标准。

省级以上人民政府食品安全监督管理、农业行政等部门应当对食品安全标准执行中存在的问题进行收集、汇总，并及时向同级卫生行政部门通报。

食品生产经营者、食品行业协会发现食品安全标准在执行中存在问题的，应当立即向卫生行政部门报告。

第四章　食品生产经营

第一节　一般规定

第三十三条　【食品生产经营要求】食品生产经营应当符合食品安全标准，并符合下列要求：

（一）具有与生产经营的食品品种、数量相适应的食品原料处理和食品加工、包装、贮存等场所，保持该场所环境整洁，并与有毒、有害场所以及其他污染源保持规定的距离；

（二）具有与生产经营的食品品种、数量相适应的生产经营设备或者设施，有相应的消毒、更衣、盥洗、采光、照明、通风、防腐、防尘、防蝇、防鼠、防虫、洗涤以及处理废水、存放垃圾和废弃物的设备或者设施；

（三）有专职或者兼职的食品安全专业技术人员、食品安全管理人员和保证食品安全的规章制度；

（四）具有合理的设备布局和工艺流程，防止待加工食品与直接入口食品、原料与成品交叉污染，避免食品接触有毒物、不洁物；

（五）餐具、饮具和盛放直接入口食品的容器，使用前应当洗净、消毒，炊具、用具用后应当洗净，保持清洁；

（六）贮存、运输和装卸食品的容器、工具和设备应当安全、无害，保持清洁，防止食品污染，并符合保证食品安全所需的温度、湿度等特殊要求，不得将食品与有毒、有害物品一同贮存、运输；

（七）直接入口的食品应当使用无毒、清洁的包装材料、餐具、饮具和容器；

（八）食品生产经营人员应当保持个人卫生，生产经营食品时，应当将手洗净，穿戴清洁的工作衣、帽等；销售无包装的直接入口食品时，应当使用无毒、清洁的容器、售货工具和设备；

（九）用水应当符合国家规定的生活饮用水卫生标准；

（十）使用的洗涤剂、消毒剂应当对人体安全、无害；

（十一）法律、法规规定的其他要求。

非食品生产经营者从事食品贮存、运输和装卸的，应当符合前款第六项的规定。

第三十四条　【禁止生产经营的食品、食品添加剂、食品相关产品】 禁止生产经营下列食品、食品添加剂、食品相关产品：

（一）用非食品原料生产的食品或者添加食品添加剂以外的化学物质和其他可能危害人体健康物质的食品，或者用回收食品作为原料生产的食品；

（二）致病性微生物，农药残留、兽药残留、生物毒素、重金属等污染物质以及其他危害人体健康的物质含量超过食品安全标准限量的食品、食品添加剂、食品相关产品；

（三）用超过保质期的食品原料、食品添加剂生产的食品、食品添加剂；

（四）超范围、超限量使用食品添加剂的食品；

（五）营养成分不符合食品安全标准的专供婴幼儿和其他特定人群的主辅食品；

（六）腐败变质、油脂酸败、霉变生虫、污秽不洁、混有异物、掺假掺杂或者感官性状异常的食品、食品添加剂；

（七）病死、毒死或者死因不明的禽、畜、兽、水产动物肉类及其制品；

（八）未按规定进行检疫或者检疫不合格的肉类，或者未经检验或者检验不合格的肉类制品；

（九）被包装材料、容器、运输工具等污染的食品、食品添加剂；

（十）标注虚假生产日期、保质期或者超过保质期的食品、食品添加剂；

（十一）无标签的预包装食品、食品添加剂；

（十二）国家为防病等特殊需要明令禁止生产经营的食品；

（十三）其他不符合法律、法规或者食品安全标准的食品、食品添加剂、食品相关产品。

第三十五条　【食品生产经营许可】国家对食品生产经营实行许可制度。从事食品生产、食品销售、餐饮服务，应当依法取得许可。但是，销售食用农产品和仅销售预包装食品的，不需要取得许可。仅销售预包装食品的，应当报所在地县级以上地方人民政府食品安全监督管理部门备案。

县级以上地方人民政府食品安全监督管理部门应当依照《中华人民共和国行政许可法》的规定，审核申请人提交的本法第三十三条第一款第一项至第四项规定要求的相关资料，必要时对申请人的生产经营场所进行现场核查；对符合规定条件的，准予许可；对不符合规定条件的，不予许可并书面说明理由。

第三十六条　【对食品生产加工小作坊和食品摊贩等的管理】食品生产加工小作坊和食品摊贩等从事食品生产经营活动，应当符合本法规定的与其生产经营规模、条件相适应的食品安全要求，保证所生产经营的食品卫生、无毒、无害，食品安全监督管理部门应当对其加强监督管理。

县级以上地方人民政府应当对食品生产加工小作坊、食品摊贩等进行综合治理，加强服务和统一规划，改善其生产经营环境，鼓励和支持其改进生产经营条件，进入集中交易市场、店铺等固定场所经营，或者在指定的临时经营区域、时段经营。

食品生产加工小作坊和食品摊贩等的具体管理办法由省、自治区、直辖市制定。

第三十七条　【利用新的食品原料从事食品生产等的安全性评估】利用新的食品原料生产食品，或者生产食品添加剂新品种、食品相关产品新品种，应当向国务院卫生行政部门提交相关产品的安全性评估材料。国务院卫生行政部门应当自收到申请之日起六十日内组织审查；对符合食品安全要求的，准予许可并公布；对不符合食品安全要求的，不予许可并书面说明理由。

第三十八条　【食品中不得添加药品】生产经营的食品中不得添加药品，但是可以添加按照传统既是食品又是中药材的物质。按照传统既是食品又是中药材的物质目录由国务院卫生行政部门会同国务院食品安全监督管理部门制定、公布。

第三十九条 【食品添加剂生产许可】国家对食品添加剂生产实行许可制度。从事食品添加剂生产，应当具有与所生产食品添加剂品种相适应的场所、生产设备或者设施、专业技术人员和管理制度，并依照本法第三十五条第二款规定的程序，取得食品添加剂生产许可。

生产食品添加剂应当符合法律、法规和食品安全国家标准。

第四十条 【食品添加剂允许使用的条件和使用要求】食品添加剂应当在技术上确有必要且经过风险评估证明安全可靠，方可列入允许使用的范围；有关食品安全国家标准应当根据技术必要性和食品安全风险评估结果及时修订。

食品生产经营者应当按照食品安全国家标准使用食品添加剂。

第四十一条 【食品相关产品的生产要求及重点液态食品的散装运输要求】生产食品相关产品应当符合法律、法规和食品安全国家标准。对直接接触食品的包装材料等具有较高风险的食品相关产品，按照国家有关工业产品生产许可证管理的规定实施生产许可。食品安全监督管理部门应当加强对食品相关产品生产活动的监督管理。

国家对重点液态食品道路散装运输实行许可制度。道路运输经营者从事重点液态食品散装运输，应当有符合保障食品安全要求的专用运输容器、作业人员和管理制度等，依法取得县级以上地方人民政府食品安全监督管理部门核发的准运证。

道路散装运输重点液态食品，发货方应当查验承运的道路运输经营者的准运证，核验运输容器是否符合保障食品安全的要求；收货方应当查验承运的道路运输经营者的准运证、运输记录，核验运输容器铅封是否完整；承运的道路运输经营者应当在运输容器显著位置喷涂食品专用标识，按照国家有关规定使用运输容器并及时清洗，严禁装运食品以外的其他物质。

任何单位和个人不得伪造、变造或者使用伪造、变造的重点液态食品道路散装运输记录、运输容器清洗凭证等单据。

重点液态食品道路散装运输的具体管理规定由国务院食品安全监督管理部门会同国务院有关部门制定。重点液态食品目录由国务院食品安全监督管理部门会同国务院有关部门制定、调整，报国务院批准后公布。

第四十二条 【食品安全全程追溯制度】国家建立食品安全全程追溯制度。

食品生产经营者应当依照本法的规定，建立食品安全追溯体系，保证食品可追溯。国家鼓励食品生产经营者采用信息化手段采集、留存生产经营信息，建立食品安全追溯体系。

国务院食品安全监督管理部门会同国务院农业行政等有关部门建立食品安全全程追溯协作机制。

第四十三条 【食品规模化生产和食品安全责任保险】地方各级人民政府应当采取措施鼓励食品规模化生产和连锁经营、配送。

国家鼓励食品生产经营企业参加食品安全责任保险。

第二节 生产经营过程控制

第四十四条 【食品生产经营企业食品安全管理制度】食品生产经营企业应当建立健全食品安全管理制度，对职工进行食品安全知识培训，加强食品检验工作，依法从事生产经营活动。

食品生产经营企业的主要负责人应当落实企业食品安全管理制度，对本企业的食品安全工作全面负责。

食品生产经营企业应当配备食品安全管理人员，加强对其培训和考核。经考核不具备食品安全管理能力的，不得上岗。食品安全监督管理部门应当对企业食品安全管理人员随机进行监督抽查考核并公布考核情况。监督抽查考核不得收取费用。

第四十五条 【食品从业人员健康管理】食品生产经营者应当建立并执行从业人员健康管理制度。患有国务院卫生行政部门规定的有碍食品安全疾病的人员，不得从事接触直接入口食品的工作。

从事接触直接入口食品工作的食品生产经营人员应当每年进行健康检查，取得健康证明后方可上岗工作。

第四十六条 【食品生产企业制定并实施食品安全管理控制要求】食品生产企业应当就下列事项制定并实施控制要求，保证所生产的食品符合食品安全标准：

（一）原料采购、原料验收、投料等原料控制；

（二）生产工序、设备、贮存、包装等生产关键环节控制；

（三）原料检验、半成品检验、成品出厂检验等检验控制；

（四）运输和交付控制。

第四十七条 【食品生产经营者的自查制度】 食品生产经营者应当建立食品安全自查制度，定期对食品安全状况进行检查评价。生产经营条件发生变化，不再符合食品安全要求的，食品生产经营者应当立即采取整改措施；有发生食品安全事故潜在风险的，应当立即停止食品生产经营活动，并向所在地县级人民政府食品安全监督管理部门报告。

第四十八条 【鼓励食品企业提高食品安全管理水平】 国家鼓励食品生产经营企业符合良好生产规范要求，实施危害分析与关键控制点体系，提高食品安全管理水平。

对通过良好生产规范、危害分析与关键控制点体系认证的食品生产经营企业，认证机构应当依法实施跟踪调查；对不再符合认证要求的企业，应当依法撤销认证，及时向县级以上人民政府食品安全监督管理部门通报，并向社会公布。认证机构实施跟踪调查不得收取费用。

第四十九条 【农业投入品的使用管理】 食用农产品生产者应当按照食品安全标准和国家有关规定使用农药、肥料、兽药、饲料和饲料添加剂等农业投入品，严格执行农业投入品使用安全间隔期或者休药期的规定，不得使用国家明令禁止的农业投入品。禁止将剧毒、高毒农药用于蔬菜、瓜果、茶叶和中草药材等国家规定的农作物。

食用农产品的生产企业和农民专业合作经济组织应当建立农业投入品使用记录制度。

县级以上人民政府农业行政部门应当加强对农业投入品使用的监督管理和指导，建立健全农业投入品安全使用制度。

第五十条 【食品生产者进货查验记录制度】 食品生产者采购食品原料、食品添加剂、食品相关产品，应当查验供货者的许可证和产品合格证明；对无法提供合格证明的食品原料，应当按照食品安全标准进行检验；不得采购或者使用不符合食品安全标准的食品原料、食品添加剂、食品相关产品。

食品生产企业应当建立食品原料、食品添加剂、食品相关产品进货查验记录制度，如实记录食品原料、食品添加剂、食品相关产品的名称、规格、数量、生产日期或者生产批号、保质期、进货日期以及供货者名称、地址、联系方式等内容，并保存相关凭证。记录和凭证保存期限不得少于产品保质期满后六个月；没有明确保质期的，保存期限不得少于二年。

第五十一条 【食品出厂检验记录制度】食品生产企业应当建立食品出厂检验记录制度，查验出厂食品的检验合格证和安全状况，如实记录食品的名称、规格、数量、生产日期或者生产批号、保质期、检验合格证号、销售日期以及购货者名称、地址、联系方式等内容，并保存相关凭证。记录和凭证保存期限应当符合本法第五十条第二款的规定。

第五十二条 【食品质量检验】食品、食品添加剂、食品相关产品的生产者，应当按照食品安全标准对所生产的食品、食品添加剂、食品相关产品进行检验，检验合格后方可出厂或者销售。

第五十三条 【食品经营者进货查验记录制度】食品经营者采购食品，应当查验供货者的许可证和食品出厂检验合格证或者其他合格证明（以下称合格证明文件）。

食品经营企业应当建立食品进货查验记录制度，如实记录食品的名称、规格、数量、生产日期或者生产批号、保质期、进货日期以及供货者名称、地址、联系方式等内容，并保存相关凭证。记录和凭证保存期限应当符合本法第五十条第二款的规定。

实行统一配送经营方式的食品经营企业，可以由企业总部统一查验供货者的许可证和食品合格证明文件，进行食品进货查验记录。

从事食品批发业务的经营企业应当建立食品销售记录制度，如实记录批发食品的名称、规格、数量、生产日期或者生产批号、保质期、销售日期以及购货者名称、地址、联系方式等内容，并保存相关凭证。记录和凭证保存期限应当符合本法第五十条第二款的规定。

第五十四条 【食品经营者贮存食品的要求】食品经营者应当按照保证食品安全的要求贮存食品，定期检查库存食品，及时清理变质或者超过保质期的食品。

食品经营者贮存散装食品，应当在贮存位置标明食品的名称、生产日期或者生产批号、保质期、生产者名称及联系方式等内容。

第五十五条 【餐饮服务提供者原料控制要求】餐饮服务提供者应当制定并实施原料控制要求，不得采购不符合食品安全标准的食品原料。倡导餐饮服务提供者公开加工过程，公示食品原料及其来源等信息。

餐饮服务提供者在加工过程中应当检查待加工的食品及原料，发现有本法第三十四条第六项规定情形的，不得加工或者使用。

第五十六条　【餐饮服务提供者的食品安全管理】 餐饮服务提供者应当定期维护食品加工、贮存、陈列等设施、设备；定期清洗、校验保温设施及冷藏、冷冻设施。

餐饮服务提供者应当按照要求对餐具、饮具进行清洗消毒，不得使用未经清洗消毒的餐具、饮具；餐饮服务提供者委托清洗消毒餐具、饮具的，应当委托符合本法规定条件的餐具、饮具集中消毒服务单位。

第五十七条　【集中用餐单位食品安全管理】 学校、托幼机构、养老机构、建筑工地等集中用餐单位的食堂应当严格遵守法律、法规和食品安全标准；从供餐单位订餐的，应当从取得食品生产经营许可的企业订购，并按照要求对订购的食品进行查验。供餐单位应当严格遵守法律、法规和食品安全标准，当餐加工，确保食品安全。

学校、托幼机构、养老机构、建筑工地等集中用餐单位的主管部门应当加强对集中用餐单位的食品安全教育和日常管理，降低食品安全风险，及时消除食品安全隐患。

第五十八条　【餐饮具集中消毒服务单位食品安全责任】 餐具、饮具集中消毒服务单位应当具备相应的作业场所、清洗消毒设备或者设施，用水和使用的洗涤剂、消毒剂应当符合相关食品安全国家标准和其他国家标准、卫生规范。

餐具、饮具集中消毒服务单位应当对消毒餐具、饮具进行逐批检验，检验合格后方可出厂，并应当随附消毒合格证明。消毒后的餐具、饮具应当在独立包装上标注单位名称、地址、联系方式、消毒日期以及使用期限等内容。

第五十九条　【食品添加剂生产者出厂检验记录制度】 食品添加剂生产者应当建立食品添加剂出厂检验记录制度，查验出厂产品的检验合格证和安全状况，如实记录食品添加剂的名称、规格、数量、生产日期或者生产批号、保质期、检验合格证号、销售日期以及购货者名称、地址、联系方式等相关内容，并保存相关凭证。记录和凭证保存期限应当符合本法第五十条第二款的规定。

第六十条　【食品添加剂经营者进货查验记录制度】 食品添加剂经营者采购食品添加剂，应当依法查验供货者的许可证和产品合格证明文件，如实记录食品添加剂的名称、规格、数量、生产日期或者生产批号、保质期、进货日期以及供货者名称、地址、联系方式等内容，并保存相关凭证。记录和凭证保存期限应当符合本法第五十条第二款的规定。

第六十一条　【集中交易市场的开办者、柜台出租者和展销会举办者的食品安全责任】集中交易市场的开办者、柜台出租者和展销会举办者，应当依法审查入场食品经营者的许可证，明确其食品安全管理责任，定期对其经营环境和条件进行检查，发现其有违反本法规定行为的，应当及时制止并立即报告所在地县级人民政府食品安全监督管理部门。

第六十二条　【网络食品交易第三方平台提供者的义务】网络食品交易第三方平台提供者应当对入网食品经营者进行实名登记，明确其食品安全管理责任；依法应当取得许可证的，还应当审查其许可证。

网络食品交易第三方平台提供者发现入网食品经营者有违反本法规定行为的，应当及时制止并立即报告所在地县级人民政府食品安全监督管理部门；发现严重违法行为的，应当立即停止提供网络交易平台服务。

第六十三条　【食品召回制度】国家建立食品召回制度。食品生产者发现其生产的食品不符合食品安全标准或者有证据证明可能危害人体健康的，应当立即停止生产，召回已经上市销售的食品，通知相关生产经营者和消费者，并记录召回和通知情况。

食品经营者发现其经营的食品有前款规定情形的，应当立即停止经营，通知相关生产经营者和消费者，并记录停止经营和通知情况。食品生产者认为应当召回的，应当立即召回。由于食品经营者的原因造成其经营的食品有前款规定情形的，食品经营者应当召回。

食品生产经营者应当对召回的食品采取无害化处理、销毁等措施，防止其再次流入市场。但是，对因标签、标志或者说明书不符合食品安全标准而被召回的食品，食品生产者在采取补救措施且能保证食品安全的情况下可以继续销售；销售时应当向消费者明示补救措施。

食品生产经营者应当将食品召回和处理情况向所在地县级人民政府食品安全监督管理部门报告；需要对召回的食品进行无害化处理、销毁的，应当提前报告时间、地点。食品安全监督管理部门认为必要的，可以实施现场监督。

食品生产经营者未依照本条规定召回或者停止经营的，县级以上人民政府食品安全监督管理部门可以责令其召回或者停止经营。

第六十四条 【食用农产品批发市场对进场销售的食用农产品抽样检验】食用农产品批发市场应当配备检验设备和检验人员或者委托符合本法规定的食品检验机构，对进入该批发市场销售的食用农产品进行抽样检验；发现不符合食品安全标准的，应当要求销售者立即停止销售，并向食品安全监督管理部门报告。

第六十五条 【食用农产品进货查验记录制度】食用农产品销售者应当建立食用农产品进货查验记录制度，如实记录食用农产品的名称、数量、进货日期以及供货者名称、地址、联系方式等内容，并保存相关凭证。记录和凭证保存期限不得少于六个月。

第六十六条 【食用农产品使用食品添加剂和食品相关产品应当符合食品安全国家标准】进入市场销售的食用农产品在包装、保鲜、贮存、运输中使用保鲜剂、防腐剂等食品添加剂和包装材料等食品相关产品，应当符合食品安全国家标准。

第三节 标签、说明书和广告

第六十七条 【预包装食品标签】预包装食品的包装上应当有标签。标签应当标明下列事项：

（一）名称、规格、净含量、生产日期；

（二）成分或者配料表；

（三）生产者的名称、地址、联系方式；

（四）保质期；

（五）产品标准代号；

（六）贮存条件；

（七）所使用的食品添加剂在国家标准中的通用名称；

（八）生产许可证编号；

（九）法律、法规或者食品安全标准规定应当标明的其他事项。

专供婴幼儿和其他特定人群的主辅食品，其标签还应当标明主要营养成分及其含量。

食品安全国家标准对标签标注事项另有规定的，从其规定。

第六十八条 【散装食品的标注要求】食品经营者销售散装食品，应当在散装食品的容器、外包装上标明食品的名称、生产日期或者生产批号、保质期以及生产经营者名称、地址、联系方式等内容。

第六十九条　【转基因食品的显著标示】生产经营转基因食品应当按照规定显著标示。

第七十条　【食品添加剂的标签、说明书和包装】食品添加剂应当有标签、说明书和包装。标签、说明书应当载明本法第六十七条第一款第一项至第六项、第八项、第九项规定的事项，以及食品添加剂的使用范围、用量、使用方法，并在标签上载明“食品添加剂”字样。

第七十一条　【标签、说明书的真实性要求】食品和食品添加剂的标签、说明书，不得含有虚假内容，不得涉及疾病预防、治疗功能。生产经营者对其提供的标签、说明书的内容负责。

食品和食品添加剂的标签、说明书应当清楚、明显，生产日期、保质期等事项应当显著标注，容易辨识。

食品和食品添加剂与其标签、说明书的内容不符的，不得上市销售。

第七十二条　【预包装食品的销售要求】食品经营者应当按照食品标签标示的警示标志、警示说明或者注意事项的要求销售食品。

第七十三条　【食品广告要求】食品广告的内容应当真实合法，不得含有虚假内容，不得涉及疾病预防、治疗功能。食品生产经营者对食品广告内容的真实性、合法性负责。

县级以上人民政府食品安全监督管理部门和其他有关部门以及食品检验机构、食品行业协会不得以广告或者其他形式向消费者推荐食品。消费者组织不得以收取费用或者其他牟取利益的方式向消费者推荐食品。

第四节　特殊食品

第七十四条　【特殊食品监督管理原则】国家对保健食品、特殊医学用途配方食品和婴幼儿配方食品等特殊食品实行严格监督管理。

第七十五条　【保健食品原料和功能目录】保健食品声称保健功能，应当具有科学依据，不得对人体产生急性、亚急性或者慢性危害。

保健食品原料目录和允许保健食品声称的保健功能目录，由国务院食品安全监督管理部门会同国务院卫生行政部门、国家中医药管理部门制定、调整并公布。

保健食品原料目录应当包括原料名称、用量及其对应的功效；列入保健食品原料目录的原料只能用于保健食品生产，不得用于其他食品生产。

第七十六条　【保健食品的注册和备案制度】使用保健食品原料目录以外原料的保健食品和首次进口的保健食品应当经国务院食品安全监督管理部门注册。但是，首次进口的保健食品中属于补充维生素、矿物质等营养物质的，应当报国务院食品安全监督管理部门备案。其他保健食品应当报省、自治区、直辖市人民政府食品安全监督管理部门备案。

进口的保健食品应当是出口国（地区）主管部门准许上市销售的产品。

第七十七条　【保健食品注册和备案的具体要求】依法应当注册的保健食品，注册时应当提交保健食品的研发报告、产品配方、生产工艺、安全性和保健功能评价、标签、说明书等材料及样品，并提供相关证明文件。国务院食品安全监督管理部门经组织技术审评，对符合安全和功能声称要求的，准予注册；对不符合要求的，不予注册并书面说明理由。对使用保健食品原料目录以外原料的保健食品作出准予注册决定的，应当及时将该原料纳入保健食品原料目录。

依法应当备案的保健食品，备案时应当提交产品配方、生产工艺、标签、说明书以及表明产品安全性和保健功能的材料。

第七十八条　【保健食品的标签、说明书】保健食品的标签、说明书不得涉及疾病预防、治疗功能，内容应当真实，与注册或者备案的内容相一致，载明适宜人群、不适宜人群、功效成分或者标志性成分及其含量等，并声明“本品不能代替药物”。保健食品的功能和成分应当与标签、说明书相一致。

第七十九条　【保健食品广告】保健食品广告除应当符合本法第七十三条第一款的规定外，还应当声明“本品不能代替药物”；其内容应当经生产企业所在地省、自治区、直辖市人民政府食品安全监督管理部门审查批准，取得保健食品广告批准文件。省、自治区、直辖市人民政府食品安全监督管理部门应当公布并及时更新已经批准的保健食品广告目录以及批准的广告内容。

第八十条　【特殊医学用途配方食品】特殊医学用途配方食品应当经国务院食品安全监督管理部门注册。注册时，应当提交产品配方、生产工艺、标签、说明书以及表明产品安全性、营养充足性和特殊医学用途临床效果的材料。

特殊医学用途配方食品广告适用《中华人民共和国广告法》和其他法律、行政法规关于药品广告管理的规定。

第八十一条　【婴幼儿配方食品的管理】婴幼儿配方食品生产企业应当实施从原料进厂到成品出厂的全过程质量控制，对出厂的婴幼儿配方食品实施逐批检验，保证食品安全。

生产婴幼儿配方食品使用的生鲜乳、辅料等食品原料、食品添加剂等，应当符合法律、行政法规的规定和食品安全国家标准，保证婴幼儿生长发育所需的营养成分。

婴幼儿配方食品生产企业应当将食品原料、食品添加剂、产品配方及标签等事项向省、自治区、直辖市人民政府食品安全监督管理部门备案。

婴幼儿配方乳粉、婴幼儿配方液态乳的产品配方应当经国务院食品安全监督管理部门注册。注册时，应当提交配方研发报告和其他表明配方科学性、安全性的材料。

不得以分装方式生产婴幼儿配方乳粉、婴幼儿配方液态乳，同一企业不得用同一配方生产不同品牌的婴幼儿配方乳粉、婴幼儿配方液态乳。

第八十二条　【注册、备案材料确保真实】保健食品、特殊医学用途配方食品、婴幼儿配方乳粉、婴幼儿配方液态乳的注册人或者备案人应当对其提交材料的真实性负责。

省级以上人民政府食品安全监督管理部门应当及时公布注册或者备案的保健食品、特殊医学用途配方食品、婴幼儿配方乳粉、婴幼儿配方液态乳目录，并对注册或者备案中获知的企业商业秘密予以保密。

保健食品、特殊医学用途配方食品、婴幼儿配方乳粉、婴幼儿配方液态乳生产企业应当按照注册或者备案的产品配方、生产工艺等技术要求组织生产。

第八十三条　【特殊食品生产质量管理体系】生产保健食品，特殊医学用途配方食品、婴幼儿配方食品和其他专供特定人群的主辅食品的企业，应当按照良好生产规范的要求建立与所生产食品相适应的生产质量管理体系，定期对该体系的运行情况进行自查，保证其有效运行，并向所在地县级人民政府食品安全监督管理部门提交自查报告。

第五章 食品检验

第八十四条 【食品检验机构】食品检验机构按照国家有关认证认可的规定取得资质认定后，方可从事食品检验活动。但是，法律另有规定的除外。

食品检验机构的资质认定条件和检验规范，由国务院食品安全监督管理部门规定。

符合本法规定的食品检验机构出具的检验报告具有同等效力。

县级以上人民政府应当整合食品检验资源，实现资源共享。

第八十五条 【食品检验人】食品检验由食品检验机构指定的检验人独立进行。

检验人应当依照有关法律、法规的规定，并按照食品安全标准和检验规范对食品进行检验，尊重科学，恪守职业道德，保证出具的检验数据和结论客观、公正，不得出具虚假检验报告。

第八十六条 【食品检验机构与检验人共同负责制】食品检验实行食品检验机构与检验人负责制。食品检验报告应当加盖食品检验机构公章，并有检验人的签名或者盖章。食品检验机构和检验人对出具的食品检验报告负责。

第八十七条 【监督抽检】县级以上人民政府食品安全监督管理部门应当对食品进行定期或者不定期的抽样检验，并依据有关规定公布检验结果，不得免检。进行抽样检验，应当购买抽取的样品，委托符合本法规定的食品检验机构进行检验，并支付相关费用；不得向食品生产经营者收取检验费和其他费用。

第八十八条 【复检】对依照本法规定实施的检验结论有异议的，食品生产经营者可以自收到检验结论之日起七个工作日内向实施抽样检验的食品安全监督管理部门或者其上一级食品安全监督管理部门提出复检申请，由受理复检申请的食品安全监督管理部门在公布的复检机构名录中随机确定复检机构进行复检。复检机构出具的复检结论为最终检验结论。复检机构与初检机构不得为同一机构。复检机构名录由国务院认证认可监督管理、食品安全监督管理、卫生行政、农业行政等部门共同公布。

采用国家规定的快速检测方法对食用农产品进行抽查检测，被抽查人对检测结果有异议的，可以自收到检测结果时起四小时内申请复检。复检不得采用快速检测方法。

第八十九条　【自行检验和委托检验】食品生产企业可以自行对所生产的食品进行检验，也可以委托符合本法规定的食品检验机构进行检验。

食品行业协会和消费者协会等组织、消费者需要委托食品检验机构对食品进行检验的，应当委托符合本法规定的食品检验机构进行。

第九十条　【食品添加剂的检验】食品添加剂的检验，适用本法有关食品检验的规定。

第六章　食品进出口

第九十一条　【进出口食品的监督管理部门】国家出入境检验检疫部门对进出口食品安全实施监督管理。

第九十二条　【进口食品、食品添加剂和相关产品的要求】进口的食品、食品添加剂、食品相关产品应当符合我国食品安全国家标准。

进口的食品、食品添加剂应当经出入境检验检疫机构依照进出口商品检验相关法律、行政法规的规定检验合格。

进口的食品、食品添加剂应当按照国家出入境检验检疫部门的要求随附合格证明材料。

第九十三条　【进口尚无食品安全国家标准的食品及“三新”产品的要求】进口尚无食品安全国家标准的食品，由境外出口商、境外生产企业或者其委托的进口商向国务院卫生行政部门提交所执行的相关国家（地区）标准或者国际标准。国务院卫生行政部门对相关标准进行审查，认为符合食品安全要求的，决定暂予适用，并及时制定相应的食品安全国家标准。进口利用新的食品原料生产的食品或者进口食品添加剂新品种、食品相关产品新品种，依照本法第三十七条的规定办理。

出入境检验检疫机构按照国务院卫生行政部门的要求，对前款规定的食品、食品添加剂、食品相关产品进行检验。检验结果应当公开。

第九十四条　【境外出口商、生产企业、进口商食品安全义务】境外出口商、境外生产企业应当保证向我国出口的食品、食品添加剂、食品相关产品符合本法以及我国其他有关法律、行政法规的规定和食品安全国家标准的要求，并对标签、说明书的内容负责。

进口商应当建立境外出口商、境外生产企业审核制度，重点审核前款规定的内容；审核不合格的，不得进口。

发现进口食品不符合我国食品安全国家标准或者有证据证明可能危害人体健康的，进口商应当立即停止进口，并依照本法第六十三条的规定召回。

第九十五条　【进口食品等出现严重食品安全问题的应对措施】境外发生的食品安全事件可能对我国境内造成影响，或者在进口食品、食品添加剂、食品相关产品中发现严重食品安全问题的，国家出入境检验检疫部门应当及时采取风险预警或者控制措施，并向国务院食品安全监督管理、卫生行政、农业行政部门通报。接到通报的部门应当及时采取相应措施。

县级以上人民政府食品安全监督管理部门对国内市场上销售的进口食品、食品添加剂实施监督管理。发现存在严重食品安全问题的，国务院食品安全监督管理部门应当及时向国家出入境检验检疫部门通报。国家出入境检验检疫部门应当及时采取相应措施。

第九十六条　【进出口食品商、代理商、境外食品生产企业的备案与注册制度】向我国境内出口食品的境外出口商或者代理商、进口食品的进口商应当向国家出入境检验检疫部门备案。向我国境内出口食品的境外食品生产企业应当经国家出入境检验检疫部门注册。已经注册的境外食品生产企业提供虚假材料，或者因其自身的原因致使进口食品发生重大食品安全事故的，国家出入境检验检疫部门应当撤销注册并公告。

国家出入境检验检疫部门应当定期公布已经备案的境外出口商、代理商、进口商和已经注册的境外食品生产企业名单。

第九十七条　【进口的预包装食品、食品添加剂标签、说明书】进口的预包装食品、食品添加剂应当有中文标签；依法应当有说明书的，还应当有中文说明书。标签、说明书应当符合本法以及我国其他有关法律、行政法规的规定和食品安全国家标准的要求，并载明食品的原产地以及境内代理商的名称、地址、联系方式。预包装食品没有中文标签、中文说明书或者标签、说明书不符合本条规定的，不得进口。

第九十八条　【食品、食品添加剂进口和销售记录制度】进口商应当建立食品、食品添加剂进口和销售记录制度，如实记录食品、食品添加剂的名称、规格、数量、生产日期、生产或者进口批号、保质期、境外出口商和购货者名称、地址及联系方式、交货日期等内容，并保存相关凭证。记录和凭证保存期限应当符合本法第五十条第二款的规定。

第九十九条　【对出口食品和出口食品企业的监督管理】出口食品生产企业应当保证其出口食品符合进口国（地区）的标准或者合同要求。

出口食品生产企业和出口食品原料种植、养殖场应当向国家出入境检验检疫部门备案。

第一百条　【国家出入境检验检疫部门收集信息及实施信用管理】国家出入境检验检疫部门应当收集、汇总下列进出口食品安全信息，并及时通报相关部门、机构和企业：

（一）出入境检验检疫机构对进出口食品实施检验检疫发现的食品安全信息；

（二）食品行业协会和消费者协会等组织、消费者反映的进口食品安全信息；

（三）国际组织、境外政府机构发布的风险预警信息及其他食品安全信息，以及境外食品行业协会等组织、消费者反映的食品安全信息；

（四）其他食品安全信息。

国家出入境检验检疫部门应当对进出口食品的进口商、出口商和出口食品生产企业实施信用管理，建立信用记录，并依法向社会公布。对有不良记录的进口商、出口商和出口食品生产企业，应当加强对其进出口食品的检验检疫。

第一百零一条　【国家出入境检验检疫部门的评估和审查职责】国家出入境检验检疫部门可以对向我国境内出口食品的国家（地区）的食品安全管理体系和食品安全状况进行评估和审查，并根据评估和审查结果，确定相应检验检疫要求。

第七章　食品安全事故处置

第一百零二条　【食品安全事故应急预案】国务院组织制定国家食品安全事故应急预案。

县级以上地方人民政府应当根据有关法律、法规的规定和上级人民政府的食品安全事故应急预案以及本行政区域的实际情况，制定本行政区域的食品安全事故应急预案，并报上一级人民政府备案。

食品安全事故应急预案应当对食品安全事故分级、事故处置组织指挥体系与职责、预防预警机制、处置程序、应急保障措施等作出规定。

食品生产经营企业应当制定食品安全事故处置方案，定期检查本企业各项食品安全防范措施的落实情况，及时消除事故隐患。

第一百零三条　【食品安全事故应急处置、报告、通报】发生食品安全事故的单位应当立即采取措施，防止事故扩大。事故单位和接收病人进行治疗的单位应当及时向事故发生地县级人民政府食品安全监督管理、卫生行政部门报告。

县级以上人民政府农业行政等部门在日常监督管理中发现食品安全事故或者接到事故举报，应当立即向同级食品安全监督管理部门通报。

发生食品安全事故，接到报告的县级人民政府食品安全监督管理部门应当按照应急预案的规定向本级人民政府和上级人民政府食品安全监督管理部门报告。县级人民政府和上级人民政府食品安全监督管理部门应当按照应急预案的规定上报。

任何单位和个人不得对食品安全事故隐瞒、谎报、缓报，不得隐匿、伪造、毁灭有关证据。

第一百零四条　【食源性疾病的报告和通报】医疗机构发现其接收的病人属于食源性疾病病人或者疑似病人的，应当按照规定及时将相关信息向所在地县级人民政府卫生行政部门报告。县级人民政府卫生行政部门认为与食品安全有关的，应当及时通报同级食品安全监督管理部门。

县级以上人民政府卫生行政部门在调查处理传染病或者其他突发公共卫生事件中发现与食品安全相关的信息，应当及时通报同级食品安全监督管理部门。

第一百零五条　【食品安全事故发生后应采取的措施】县级以上人民政府食品安全监督管理部门接到食品安全事故的报告后，应当立即会同同级卫生行政、农业行政等部门进行调查处理，并采取下列措施，防止或者减轻社会危害：

（一）开展应急救援工作，组织救治因食品安全事故导致人身伤害的人员；

（二）封存可能导致食品安全事故的食品及其原料，并立即进行检验；对确认属于被污染的食品及其原料，责令食品生产经营者依照本法第六十三条的规定召回或者停止经营；

（三）封存被污染的食品相关产品，并责令进行清洗消毒；

（四）做好信息发布工作，依法对食品安全事故及其处理情况进行发布，并对可能产生的危害加以解释、说明。

发生食品安全事故需要启动应急预案的，县级以上人民政府应当立即成立事故处置指挥机构，启动应急预案，依照前款和应急预案的规定进行处置。

发生食品安全事故，县级以上疾病预防控制机构应当对事故现场进行卫生处理，并对与事故有关的因素开展流行病学调查，有关部门应当予以协助。县级以上疾病预防控制机构应当向同级食品安全监督管理、卫生行政部门提交流行病学调查报告。

第一百零六条 【食品安全事故责任调查】发生食品安全事故，设区的市级以上人民政府食品安全监督管理部门应当立即会同有关部门进行事故责任调查，督促有关部门履行职责，向本级人民政府和上一级人民政府食品安全监督管理部门提出事故责任调查处理报告。

涉及两个以上省、自治区、直辖市的重大食品安全事故由国务院食品安全监督管理部门依照前款规定组织事故责任调查。

第一百零七条 【食品安全事故调查原则、主要任务】调查食品安全事故，应当坚持实事求是、尊重科学的原则，及时、准确查清事故性质和原因，认定事故责任，提出整改措施。

调查食品安全事故，除了查明事故单位的责任，还应当查明有关监督管理部门、食品检验机构、认证机构及其工作人员的责任。

第一百零八条 【食品安全事故调查部门的职权】食品安全事故调查部门有权向有关单位和个人了解与事故有关的情况，并要求提供相关资料和样品。有关单位和个人应当予以配合，按照要求提供相关资料和样品，不得拒绝。

任何单位和个人不得阻挠、干涉食品安全事故的调查处理。

第八章 监督管理

第一百零九条 【食品安全风险分级管理和年度监督管理计划】县级以上人民政府食品安全监督管理部门根据食品安全风险监测、风险评估结果和食品安全状况等，确定监督管理的重点、方式和频次，实施风险分级管理。

县级以上地方人民政府组织本级食品安全监督管理、农业行政等部门制定本行政区域的食品安全年度监督管理计划，向社会公布并组织实施。

食品安全年度监督管理计划应当将下列事项作为监督管理的重点：

（一）专供婴幼儿和其他特定人群的主辅食品；

（二）保健食品生产过程中的添加行为和按照注册或者备案的技术要求组织生产的情况，保健食品标签、说明书以及宣传材料中有关功能宣传的情况；

（三）发生食品安全事故风险较高的食品生产经营者；

（四）食品安全风险监测结果表明可能存在食品安全隐患的事项。

第一百一十条　【食品安全监督检查措施】县级以上人民政府食品安全监督管理部门履行食品安全监督管理职责，有权采取下列措施，对生产经营者遵守本法的情况进行监督检查：

（一）进入生产经营场所实施现场检查；

（二）对生产经营的食品、食品添加剂、食品相关产品进行抽样检验；

（三）查阅、复制有关合同、票据、账簿以及其他有关资料；

（四）查封、扣押有证据证明不符合食品安全标准或者有证据证明存在安全隐患以及用于违法生产经营的食品、食品添加剂、食品相关产品；

（五）查封违法从事生产经营活动的场所。

第一百一十一条　【有害物质的临时限量值和临时检验方法】对食品安全风险评估结果证明食品存在安全隐患，需要制定、修订食品安全标准的，在制定、修订食品安全标准前，国务院卫生行政部门应当及时会同国务院有关部门规定食品中有害物质的临时限量值和临时检验方法，作为生产经营和监督管理的依据。

第一百一十二条　【快速检测】县级以上人民政府食品安全监督管理部门在食品安全监督管理工作中可以采用国家规定的快速检测方法对食品进行抽查检测。

对抽查检测结果表明可能不符合食品安全标准的食品，应当依照本法第八十七条的规定进行检验。抽查检测结果确定有关食品不符合食品安全标准的，可以作为行政处罚的依据。

第一百一十三条　【食品安全信用档案】县级以上人民政府食品安全监督管理部门应当建立食品生产经营者食品安全信用档案，记录许可颁发、日常监督检查结果、违法行为查处等情况，依法向社会公布并实时更新；对有不良信用记录的食品生产经营者增加监督检查频次，对违法行为情节严重的食品生产经营者，可以通报投资主管部门、证券监督管理机构和有关的金融机构。

第一百一十四条　【对食品生产经营者进行责任约谈】食品生产经营过程中存在食品安全隐患，未及时采取措施消除的，县级以上人民政府食品安全监督管理部门可以对食品生产经营者的法定代表人或者主要负责人进行责任约谈。食品生产经营者应当立即采取措施，进行整改，消除隐患。责任约谈情况和整改情况应当纳入食品生产经营者食品安全信用档案。

第一百一十五条　【有奖举报和举报人合法权益的保护】县级以上人民政府食品安全监督管理等部门应当公布本部门的电子邮件地址或者电话，接受咨询、投诉、举报。接到咨询、投诉、举报，对属于本部门职责的，应当受理并在法定期限内及时答复、核实、处理；对不属于本部门职责的，应当移交有权处理的部门并书面通知咨询、投诉、举报人。有权处理的部门应当在法定期限内及时处理，不得推诿。对查证属实的举报，给予举报人奖励。

有关部门应当对举报人的信息予以保密，保护举报人的合法权益。举报人举报所在企业的，该企业不得以解除、变更劳动合同或者其他方式对举报人进行打击报复。

第一百一十六条　【加强食品安全执法人员管理】县级以上人民政府食品安全监督管理等部门应当加强对执法人员食品安全法律、法规、标准和专业知识与执法能力等的培训，并组织考核。不具备相应知识和能力的，不得从事食品安全执法工作。

食品生产经营者、食品行业协会、消费者协会等发现食品安全执法人员在执法过程中有违反法律、法规规定的行为以及不规范执法行为的，可以向本级或者上级人民政府食品安全监督管理等部门或者监察机关投诉、举报。接到投诉、举报的部门或者机关应当进行核实，并将经核实的情况向食品安全执法人员所在部门通报；涉嫌违法违纪的，按照本法和有关规定处理。

第一百一十七条　【对所属食品安全监管部门或下级地方人民政府进行责任约谈】县级以上人民政府食品安全监督管理等部门未及时发现食品安全系统性风险，未及时消除监督管理区域内的食品安全隐患的，本级人民政府可以对其主要负责人进行责任约谈。

地方人民政府未履行食品安全职责，未及时消除区域性重大食品安全隐患的，上级人民政府可以对其主要负责人进行责任约谈。

被约谈的食品安全监督管理等部门、地方人民政府应当立即采取措施，对食品安全监督管理工作进行整改。

责任约谈情况和整改情况应当纳入地方人民政府和有关部门食品安全监督管理工作评议、考核记录。

第一百一十八条　【食品安全信息统一公布制度】国家建立统一的食品安全信息平台，实行食品安全信息统一公布制度。国家食品安全总体情况、食品安全风险警示信息、重大食品安全事故及其调查处理信息和国务院确定需要统一公布的其他信息由国务院食品安全监督管理部门统一公布。食品安全风险警示信息和重大食品安全事故及其调查处理信息的影响限于特定区域的，也可以由有关省、自治区、直辖市人民政府食品安全监督管理部门公布。未经授权不得发布上述信息。

县级以上人民政府食品安全监督管理、农业行政部门依据各自职责公布食品安全日常监督管理信息。

公布食品安全信息，应当做到准确、及时，并进行必要的解释说明，避免误导消费者和社会舆论。

第一百一十九条　【食品安全信息的报告、通报制度】县级以上地方人民政府食品安全监督管理、卫生行政、农业行政部门获知本法规定需要统一公布的信息，应当向上级主管部门报告，由上级主管部门立即报告国务院食品安全监督管理部门；必要时，可以直接向国务院食品安全监督管理部门报告。

县级以上人民政府食品安全监督管理、卫生行政、农业行政部门应当相互通报获知的食品安全信息。

第一百二十条　【不得编造、散布虚假食品安全信息】任何单位和个人不得编造、散布虚假食品安全信息。

县级以上人民政府食品安全监督管理部门发现可能误导消费者和社会舆论的食品安全信息，应当立即组织有关部门、专业机构、相关食品生产经营者等进行核实、分析，并及时公布结果。

第一百二十一条　【涉嫌食品安全犯罪案件的处理】县级以上人民政

府食品安全监督管理等部门发现涉嫌食品安全犯罪的，应当按照有关规定及时将案件移送公安机关。对移送的案件，公安机关应当及时审查；认为有犯罪事实需要追究刑事责任的，应当立案侦查。

公安机关在食品安全犯罪案件侦查过程中认为没有犯罪事实，或者犯罪事实显著轻微，不需要追究刑事责任，但依法应当追究行政责任的，应当及时将案件移送食品安全监督管理等部门和监察机关，有关部门应当依法处理。

公安机关商请食品安全监督管理、生态环境等部门提供检验结论、认定意见以及对涉案物品进行无害化处理等协助的，有关部门应当及时提供，予以协助。

第九章　法律责任

第一百二十二条　【未经许可从事食品生产经营活动等的法律责任】 违反本法规定，未取得食品生产经营许可从事食品生产经营活动，或者未取得食品添加剂生产许可从事食品添加剂生产活动的，由县级以上人民政府食品安全监督管理部门没收违法所得和违法生产经营的食品、食品添加剂以及用于违法生产经营的工具、设备、原料等物品；违法生产经营的食品、食品添加剂货值金额不足一万元的，并处五万元以上十万元以下罚款；货值金额一万元以上的，并处货值金额十倍以上二十倍以下罚款。

明知从事前款规定的违法行为，仍为其提供生产经营场所或者其他条件的，由县级以上人民政府食品安全监督管理部门责令停止违法行为，没收违法所得，并处五万元以上十万元以下罚款；使消费者的合法权益受到损害的，应当与食品、食品添加剂生产经营者承担连带责任。

第一百二十三条　【八类最严重违法食品生产经营行为的法律责任】 违反本法规定，有下列情形之一，尚不构成犯罪的，由县级以上人民政府食品安全监督管理部门没收违法所得和违法生产经营的食品，并可以没收用于违法生产经营的工具、设备、原料等物品；违法生产经营的食品货值金额不足一万元的，并处十万元以上十五万元以下罚款；货值金额一万元以上的，并处货值金额十五倍以上三十倍以下罚款；情节严重的，吊销许可证，并可以由公安机关对其直接负责的主管人员和其他直接责任人员处五日以上十五日以下拘留：

（一）用非食品原料生产食品、在食品中添加食品添加剂以外的化学物质和其他可能危害人体健康的物质，或者用回收食品作为原料生产食品，或者经营上述食品；

（二）生产经营营养成分不符合食品安全标准的专供婴幼儿和其他特定人群的主辅食品；

（三）经营病死、毒死或者死因不明的禽、畜、兽、水产动物肉类，或者生产经营其制品；

（四）经营未按规定进行检疫或者检疫不合格的肉类，或者生产经营未经检验或者检验不合格的肉类制品；

（五）生产经营国家为防病等特殊需要明令禁止生产经营的食品；

（六）生产经营添加药品的食品。

明知从事前款规定的违法行为，仍为其提供生产经营场所或者其他条件的，由县级以上人民政府食品安全监督管理部门责令停止违法行为，没收违法所得，并处十万元以上二十万元以下罚款；使消费者的合法权益受到损害的，应当与食品生产经营者承担连带责任。

违法使用剧毒、高毒农药的，除依照有关法律、法规规定给予处罚外，可以由公安机关依照第一款规定给予拘留。

第一百二十四条　【十一类违法生产经营行为的法律责任】违反本法规定，有下列情形之一，尚不构成犯罪的，由县级以上人民政府食品安全监督管理部门没收违法所得和违法生产经营的食品、食品添加剂，并可以没收用于违法生产经营的工具、设备、原料等物品；违法生产经营的食品、食品添加剂货值金额不足一万元的，并处五万元以上十万元以下罚款；货值金额一万元以上的，并处货值金额十倍以上二十倍以下罚款；情节严重的，吊销许可证：

（一）生产经营致病性微生物，农药残留、兽药残留、生物毒素、重金属等污染物质以及其他危害人体健康的物质含量超过食品安全标准限量的食品、食品添加剂；

（二）用超过保质期的食品原料、食品添加剂生产食品、食品添加剂，或者经营上述食品、食品添加剂；

（三）生产经营超范围、超限量使用食品添加剂的食品；

（四）生产经营腐败变质、油脂酸败、霉变生虫、污秽不洁、混有异物、掺假掺杂或者感官性状异常的食品、食品添加剂；

（五）生产经营标注虚假生产日期、保质期或者超过保质期的食品、食品添加剂；

（六）生产经营未按规定注册的保健食品、特殊医学用途配方食品、婴幼儿配方乳粉、婴幼儿配方液态乳，或者未按注册的产品配方、生产工艺等技术要求组织生产；

（七）以分装方式生产婴幼儿配方乳粉、婴幼儿配方液态乳，或者同一企业以同一配方生产不同品牌的婴幼儿配方乳粉、婴幼儿配方液态乳；

（八）利用新的食品原料生产食品，或者生产食品添加剂新品种，未通过安全性评估；

（九）食品生产经营者在食品安全监督管理部门责令其召回或者停止经营后，仍拒不召回或者停止经营。

除前款和本法第一百二十三条、第一百二十五条规定的情形外，生产经营不符合法律、法规或者食品安全标准的食品、食品添加剂的，依照前款规定给予处罚。

生产食品相关产品新品种，未通过安全性评估，或者生产不符合食品安全标准的食品相关产品的，由县级以上人民政府食品安全监督管理部门依照第一款规定给予处罚。

第一百二十五条　【四类违法生产经营行为的法律责任】违反本法规定，有下列情形之一的，由县级以上人民政府食品安全监督管理部门没收违法所得和违法生产经营的食品、食品添加剂，并可以没收用于违法生产经营的工具、设备、原料等物品；违法生产经营的食品、食品添加剂货值金额不足一万元的，并处五千元以上五万元以下罚款；货值金额一万元以上的，并处货值金额五倍以上十倍以下罚款；情节严重的，责令停产停业，直至吊销许可证：

（一）生产经营被包装材料、容器、运输工具等污染的食品、食品添加剂；

（二）生产经营无标签的预包装食品、食品添加剂或者标签、说明书不符合本法规定的食品、食品添加剂；

（三）生产经营转基因食品未按规定进行标示；

（四）食品生产经营者采购或者使用不符合食品安全标准的食品原料、食品添加剂、食品相关产品。

生产经营的食品、食品添加剂的标签、说明书存在瑕疵但不影响食品安全且不会对消费者造成误导的，由县级以上人民政府食品安全监督管理部门责令改正；拒不改正的，处二千元以下罚款。

第一百二十六条　【十六类生产经营过程中违法行为所应承担的法律责任】 违反本法规定，有下列情形之一的，由县级以上人民政府食品安全监督管理部门责令改正，给予警告；拒不改正的，处五千元以上五万元以下罚款；情节严重的，责令停产停业，直至吊销许可证：

（一）食品、食品添加剂生产者未按规定对采购的食品原料和生产的食品、食品添加剂进行检验；

（二）食品生产经营企业未按规定建立食品安全管理制度，或者未按规定配备或者培训、考核食品安全管理人员；

（三）食品、食品添加剂生产经营者进货时未查验许可证和相关证明文件，或者未按规定建立并遵守进货查验记录、出厂检验记录和销售记录制度；

（四）食品生产经营企业未制定食品安全事故处置方案；

（五）餐具、饮具和盛放直接入口食品的容器，使用前未经洗净、消毒或者清洗消毒不合格，或者餐饮服务设施、设备未按规定定期维护、清洗、校验；

（六）食品生产经营者安排未取得健康证明或者患有国务院卫生行政部门规定的有碍食品安全疾病的人员从事接触直接入口食品的工作；

（七）食品经营者未按规定要求销售食品；

（八）保健食品生产企业未按规定向食品安全监督管理部门备案，或者未按备案的产品配方、生产工艺等技术要求组织生产；

（九）婴幼儿配方食品生产企业未将食品原料、食品添加剂、产品配方、标签等向食品安全监督管理部门备案；

（十）特殊食品生产企业未按规定建立生产质量管理体系并有效运行，或者未定期提交自查报告；

（十一）食品生产经营者未定期对食品安全状况进行检查评价，或者生产经营条件发生变化，未按规定处理；

（十二）学校、托幼机构、养老机构、建筑工地等集中用餐单位未按规定履行食品安全管理责任；

（十三）食品生产企业、餐饮服务提供者未按规定制定、实施生产经营过程控制要求。

餐具、饮具集中消毒服务单位违反本法规定用水，使用洗涤剂、消毒剂，或者出厂的餐具、饮具未按规定检验合格并随附消毒合格证明，或者未按规定在独立包装上标注相关内容的，由县级以上人民政府卫生行政部门依照前款规定给予处罚。

食品相关产品生产者未按规定对生产的食品相关产品进行检验的，由县级以上人民政府食品安全监督管理部门依照第一款规定给予处罚。

食用农产品销售者违反本法第六十五条规定的，由县级以上人民政府食品安全监督管理部门依照第一款规定给予处罚。

第一百二十七条　【对食品生产加工小作坊、食品摊贩等的违法行为的处罚】对食品生产加工小作坊、食品摊贩等的违法行为的处罚，依照省、自治区、直辖市制定的具体管理办法执行。

第一百二十八条　【事故单位违法行为所应承担的法律责任】违反本法规定，事故单位在发生食品安全事故后未进行处置、报告的，由有关主管部门按照各自职责分工责令改正，给予警告；隐匿、伪造、毁灭有关证据的，责令停产停业，没收违法所得，并处十万元以上五十万元以下罚款；造成严重后果的，吊销许可证。

第一百二十九条　【进出口违法行为所应承担的法律责任】违反本法规定，有下列情形之一的，由出入境检验检疫机构依照本法第一百二十四条的规定给予处罚：

（一）提供虚假材料，进口不符合我国食品安全国家标准的食品、食品添加剂、食品相关产品；

（二）进口尚无食品安全国家标准的食品，未提交所执行的标准并经国务院卫生行政部门审查，或者进口利用新的食品原料生产的食品或者进口食品添加剂新品种、食品相关产品新品种，未通过安全性评估；

（三）未遵守本法的规定出口食品；

（四）进口商在有关主管部门责令其依照本法规定召回进口的食品后，仍拒不召回。

违反本法规定，进口商未建立并遵守食品、食品添加剂进口和销售记录制度、境外出口商或者生产企业审核制度的，由出入境检验检疫机构依照本法第一百二十六条的规定给予处罚。

第一百三十条　【集中交易市场违法行为所应承担的法律责任】违反

本法规定，集中交易市场的开办者、柜台出租者、展销会的举办者允许未依法取得许可的食品经营者进入市场销售食品，或者未履行检查、报告等义务的，由县级以上人民政府食品安全监督管理部门责令改正，没收违法所得，并处五万元以上二十万元以下罚款；造成严重后果的，责令停业，直至由原发证部门吊销许可证；使消费者的合法权益受到损害的，应当与食品经营者承担连带责任。

食用农产品批发市场违反本法第六十四条规定的，依照前款规定承担责任。

第一百三十一条　【网络食品交易违法行为所应承担的法律责任】违反本法规定，网络食品交易第三方平台提供者未对入网食品经营者进行实名登记、审查许可证，或者未履行报告、停止提供网络交易平台服务等义务的，由县级以上人民政府食品安全监督管理部门责令改正，没收违法所得，并处五万元以上二十万元以下罚款；造成严重后果的，责令停业，直至由原发证部门吊销许可证；使消费者的合法权益受到损害的，应当与食品经营者承担连带责任。

消费者通过网络食品交易第三方平台购买食品，其合法权益受到损害的，可以向入网食品经营者或者食品生产者要求赔偿。网络食品交易第三方平台提供者不能提供入网食品经营者的真实名称、地址和有效联系方式的，由网络食品交易第三方平台提供者赔偿。网络食品交易第三方平台提供者赔偿后，有权向入网食品经营者或者食品生产者追偿。网络食品交易第三方平台提供者作出更有利于消费者承诺的，应当履行其承诺。

第一百三十二条　【重点液态食品道路散装运输法律责任】违反本法规定，未按要求进行食品贮存、运输和装卸的，由县级以上人民政府食品安全监督管理等部门按照各自职责分工责令改正，给予警告；拒不改正的，责令停产停业，并处一万元以上五万元以下罚款；情节严重的，吊销许可证。

违反本法规定，道路运输经营者未按要求进行重点液态食品散装运输的，依照前款规定给予处罚；情节严重的，除吊销许可证外，还应当处五万元以上五十万元以下罚款。

违反本法规定，未取得准运证从事重点液态食品道路散装运输的，由县级以上人民政府食品安全监督管理部门责令停止重点液态食品道路散装运输经营，没收违法所得，并处五万元以上五十万元以下罚款。

违反本法规定，伪造、变造或者使用伪造、变造的重点液态食品道路散装运输记录、运输容器清洗凭证等单据，或者未履行重点液态食品道路散装运输相关查验、核验义务的，由县级以上人民政府食品安全监督管理等部门按照各自职责分工责令改正，给予警告；拒不改正的，处一万元以上十万元以下罚款。

第一百三十三条　【拒绝、阻挠、干涉依法开展食品安全工作、打击报复举报人的法律责任】违反本法规定，拒绝、阻挠、干涉有关部门、机构及其工作人员依法开展食品安全监督检查、事故调查处理、风险监测和风险评估的，由有关主管部门按照各自职责分工责令停产停业，并处二千元以上五万元以下罚款；情节严重的，吊销许可证；构成违反治安管理行为的，由公安机关依法给予治安管理处罚。

违反本法规定，对举报人以解除、变更劳动合同或者其他方式打击报复的，应当依照有关法律的规定承担责任。

第一百三十四条　【屡次违法可以增加处罚】食品生产经营者在一年内累计三次因违反本法规定受到责令停产停业、吊销许可证以外处罚的，由食品安全监督管理部门责令停产停业，直至吊销许可证。

第一百三十五条　【严重违法犯罪者的从业禁止】被吊销许可证的食品生产经营者及其法定代表人、直接负责的主管人员和其他直接责任人员自处罚决定作出之日起五年内不得申请食品生产经营许可，或者从事食品生产经营管理工作、担任食品生产经营企业食品安全管理人员。

因食品安全犯罪被判处有期徒刑以上刑罚的，终身不得从事食品生产经营管理工作，也不得担任食品生产经营企业食品安全管理人员。

食品生产经营者聘用人员违反前两款规定的，由县级以上人民政府食品安全监督管理部门吊销许可证。

第一百三十六条　【食品经营者免予处罚的情形】食品经营者履行了本法规定的进货查验等义务，有充分证据证明其不知道所采购的食品不符合食品安全标准，并能如实说明其进货来源的，可以免予处罚，但应当依法没收其不符合食品安全标准的食品；造成人身、财产或者其他损害的，依法承担赔偿责任。

第一百三十七条　【提供虚假监测、评估信息的法律责任】违反本法规定，承担食品安全风险监测、风险评估工作的技术机构、技术人员提供虚假监测、评估信息的，依法对技术机构直接负责的主管人员和技术人员给予撤职、开除处分；有执业资格的，由授予其资格的主管部门吊销执业证书。

第一百三十八条　【出具或提供虚假检验报告的法律责任】违反本法规定，食品检验机构、食品检验人员出具虚假检验报告的，由授予其资质的主管部门或者机构撤销该食品检验机构的检验资质，没收所收取的检验费用，并处检验费用五倍以上十倍以下罚款，检验费用不足一万元的，并处五万元以上十万元以下罚款；依法对食品检验机构直接负责的主管人员和食品检验人员给予撤职或者开除处分；导致发生重大食品安全事故的，对直接负责的主管人员和食品检验人员给予开除处分。

违反本法规定，受到开除处分的食品检验机构人员，自处分决定作出之日起十年内不得从事食品检验工作；因食品安全违法行为受到刑事处罚或者因出具虚假检验报告导致发生重大食品安全事故受到开除处分的食品检验机构人员，终身不得从事食品检验工作。食品检验机构聘用不得从事食品检验工作的人员的，由授予其资质的主管部门或者机构撤销该食品检验机构的检验资质。

食品检验机构出具虚假检验报告，使消费者的合法权益受到损害的，应当与食品生产经营者承担连带责任。

第一百三十九条　【虚假认证的法律责任】违反本法规定，认证机构出具虚假认证结论，由认证认可监督管理部门没收所收取的认证费用，并处认证费用五倍以上十倍以下罚款，认证费用不足一万元的，并处五万元以上十万元以下罚款；情节严重的，责令停业，直至撤销认证机构批准文件，并向社会公布；对直接负责的主管人员和负有直接责任的认证人员，撤销其执业资格。

认证机构出具虚假认证结论，使消费者的合法权益受到损害的，应当与食品生产经营者承担连带责任。

第一百四十条　【虚假宣传和违法推荐食品的法律责任】违反本法规定，在广告中对食品作虚假宣传，欺骗消费者，或者发布未取得批准文件、广告内容与批准文件不一致的保健食品广告的，依照《中华人民共和国广告法》的规定给予处罚。

广告经营者、发布者设计、制作、发布虚假食品广告，使消费者的合法权益受到损害的，应当与食品生产经营者承担连带责任。

社会团体或者其他组织、个人在虚假广告或者其他虚假宣传中向消费者推荐食品，使消费者的合法权益受到损害的，应当与食品生产经营者承担连带责任。

违反本法规定，食品安全监督管理等部门、食品检验机构、食品行业协会以广告或者其他形式向消费者推荐食品，消费者组织以收取费用或者其他牟取利益的方式向消费者推荐食品的，由有关主管部门没收违法所得，依法对直接负责的主管人员和其他直接责任人员给予记大过、降级或者撤职处分；情节严重的，给予开除处分。

对食品作虚假宣传且情节严重的，由省级以上人民政府食品安全监督管理部门决定暂停销售该食品，并向社会公布；仍然销售该食品的，由县级以上人民政府食品安全监督管理部门没收违法所得和违法销售的食品，并处二万元以上五万元以下罚款。

第一百四十一条　【编造、散布虚假食品安全信息的法律责任】违反本法规定，编造、散布虚假食品安全信息，构成违反治安管理行为的，由公安机关依法给予治安管理处罚。

媒体编造、散布虚假食品安全信息的，由有关主管部门依法给予处罚，并对直接负责的主管人员和其他直接责任人员给予处分；使公民、法人或者其他组织的合法权益受到损害的，依法承担消除影响、恢复名誉、赔偿损失、赔礼道歉等民事责任。

第一百四十二条　【地方人民政府有关食品安全事故应对不当的法律责任】违反本法规定，县级以上地方人民政府有下列行为之一的，对直接负责的主管人员和其他直接责任人员给予记大过处分；情节较重的，给予降级或者撤职处分；情节严重的，给予开除处分；造成严重后果的，其主要负责人还应当引咎辞职：

（一）对发生在本行政区域内的食品安全事故，未及时组织协调有关部门开展有效处置，造成不良影响或者损失；

（二）对本行政区域内涉及多环节的区域性食品安全问题，未及时组织整治，造成不良影响或者损失；

（三）隐瞒、谎报、缓报食品安全事故；

（四）本行政区域内发生特别重大食品安全事故，或者连续发生重大食品安全事故。

第一百四十三条　【政府未落实有关法定职责的法律责任】 违反本法规定，县级以上地方人民政府有下列行为之一的，对直接负责的主管人员和其他直接责任人员给予警告、记过或者记大过处分；造成严重后果的，给予降级或者撤职处分：

（一）未确定有关部门的食品安全监督管理职责，未建立健全食品安全全程监督管理工作机制和信息共享机制，未落实食品安全监督管理责任制；

（二）未制定本行政区域的食品安全事故应急预案，或者发生食品安全事故后未按规定立即成立事故处置指挥机构、启动应急预案。

第一百四十四条　【食品安全监管部门的法律责任一】 违反本法规定，县级以上人民政府食品安全监督管理、卫生行政、农业行政等部门有下列行为之一的，对直接负责的主管人员和其他直接责任人员给予记大过处分；情节较重的，给予降级或者撤职处分；情节严重的，给予开除处分；造成严重后果的，其主要负责人还应当引咎辞职：

（一）隐瞒、谎报、缓报食品安全事故；

（二）未按规定查处食品安全事故，或者接到食品安全事故报告未及时处理，造成事故扩大或者蔓延；

（三）经食品安全风险评估得出食品、食品添加剂、食品相关产品不安全结论后，未及时采取相应措施，造成食品安全事故或者不良社会影响；

（四）对不符合条件的申请人准予许可，或者超越法定职权准予许可；

（五）不履行食品安全监督管理职责，导致发生食品安全事故。

第一百四十五条　【食品安全监管部门的法律责任二】 违反本法规定，县级以上人民政府食品安全监督管理、卫生行政、农业行政等部门有下列行为之一，造成不良后果的，对直接负责的主管人员和其他直接责任人员给予警告、记过或者记大过处分；情节较重的，给予降级或者撤职处分；情节严重的，给予开除处分：

（一）在获知有关食品安全信息后，未按规定向上级主管部门和本级人民政府报告，或者未按规定相互通报；

（二）未按规定公布食品安全信息；

（三）不履行法定职责，对查处食品安全违法行为不配合，或者滥用职权、玩忽职守、徇私舞弊。

第一百四十六条　【违法实施检查、强制等行政行为的法律责任】食品安全监督管理等部门在履行食品安全监督管理职责过程中，违法实施检查、强制等执法措施，给生产经营者造成损失的，应当依法予以赔偿，对直接负责的主管人员和其他直接责任人员依法给予处分。

第一百四十七条　【赔偿责任及民事赔偿责任优先原则】违反本法规定，造成人身、财产或者其他损害的，依法承担赔偿责任。生产经营者财产不足以同时承担民事赔偿责任和缴纳罚款、罚金时，先承担民事赔偿责任。

第一百四十八条　【首负责任制和惩罚性赔偿】消费者因不符合食品安全标准的食品受到损害的，可以向经营者要求赔偿损失，也可以向生产者要求赔偿损失。接到消费者赔偿要求的生产经营者，应当实行首负责任制，先行赔付，不得推诿；属于生产者责任的，经营者赔偿后有权向生产者追偿；属于经营者责任的，生产者赔偿后有权向经营者追偿。

生产不符合食品安全标准的食品或者经营明知是不符合食品安全标准的食品，消费者除要求赔偿损失外，还可以向生产者或者经营者要求支付价款十倍或者损失三倍的赔偿金；增加赔偿的金额不足一千元的，为一千元。但是，食品的标签、说明书存在不影响食品安全且不会对消费者造成误导的瑕疵的除外。

第一百四十九条　【刑事责任】违反本法规定，构成犯罪的，依法追究刑事责任。

第十章　附　　则

第一百五十条　【本法中部分用语含义】本法下列用语的含义：

食品，指各种供人食用或者饮用的成品和原料以及按照传统既是食品又是中药材的物品，但是不包括以治疗为目的的物品。

食品安全，指食品无毒、无害，符合应当有的营养要求，对人体健康不造成任何急性、亚急性或者慢性危害。

预包装食品，指预先定量包装或者制作在包装材料、容器中的食品。

食品添加剂，指为改善食品品质和色、香、味以及为防腐、保鲜和加工工艺的需要而加入食品中的人工合成或者天然物质，包括营养强化剂。

用于食品的包装材料和容器，指包装、盛放食品或者食品添加剂用的纸、竹、木、金属、搪瓷、陶瓷、塑料、橡胶、天然纤维、化学纤维、玻璃等制品和直接接触食品或者食品添加剂的涂料。

用于食品生产经营的工具、设备，指在食品或者食品添加剂生产、销售、使用过程中直接接触食品或者食品添加剂的机械、管道、传送带、容器、用具、餐具等。

用于食品的洗涤剂、消毒剂，指直接用于洗涤或者消毒食品、餐具、饮具以及直接接触食品的工具、设备或者食品包装材料和容器的物质。

食品保质期，指食品在标明的贮存条件下保持品质的期限。

食源性疾病，指食品中致病因素进入人体引起的感染性、中毒性等疾病，包括食物中毒。

食品安全事故，指食源性疾病、食品污染等源于食品，对人体健康有危害或者可能有危害的事故。

第一百五十一条　【转基因食品和食盐的食品安全管理规定】转基因食品和食盐的食品安全管理，本法未作规定的，适用其他法律、行政法规的规定。

第一百五十二条　【铁路、民航、国境口岸、军队等有关食品安全的管理】铁路、民航运营中食品安全的管理办法由国务院食品安全监督管理部门会同国务院有关部门依照本法制定。

保健食品的具体管理办法由国务院食品安全监督管理部门依照本法制定。

食品相关产品生产活动的具体管理办法由国务院食品安全监督管理部门依照本法制定。

国境口岸食品的监督管理由出入境检验检疫机构依照本法以及有关法律、行政法规的规定实施。

军队专用食品和自供食品的食品安全管理办法由中央军事委员会依照本法制定。

第一百五十三条　【国务院可以调整食品安全监管体制】国务院根据实际需要，可以对食品安全监督管理体制作出调整。

第一百五十四条　【施行日期】本法自2015年10月1日起施行。

中华人民共和国食品安全法实施条例

（2009年7月20日中华人民共和国国务院令第557号公布　根据2016年2月6日《国务院关于修改部分行政法规的决定》修订　2019年3月26日国务院第42次常务会议修订通过　2019年10月11日中华人民共和国国务院令第721号公布　自2019年12月1日起施行）

第一章　总　　则

第一条　根据《中华人民共和国食品安全法》（以下简称食品安全法），制定本条例。

第二条　食品生产经营者应当依照法律、法规和食品安全标准从事生产经营活动，建立健全食品安全管理制度，采取有效措施预防和控制食品安全风险，保证食品安全。

第三条　国务院食品安全委员会负责分析食品安全形势，研究部署、统筹指导食品安全工作，提出食品安全监督管理的重大政策措施，督促落实食品安全监督管理责任。县级以上地方人民政府食品安全委员会按照本级人民政府规定的职责开展工作。

第四条　县级以上人民政府建立统一权威的食品安全监督管理体制，加强食品安全监督管理能力建设。

县级以上人民政府食品安全监督管理部门和其他有关部门应当依法履行职责，加强协调配合，做好食品安全监督管理工作。

乡镇人民政府和街道办事处应当支持、协助县级人民政府食品安全监督管理部门及其派出机构依法开展食品安全监督管理工作。

第五条　国家将食品安全知识纳入国民素质教育内容，普及食品安全科学常识和法律知识，提高全社会的食品安全意识。

第二章　食品安全风险监测和评估

第六条　县级以上人民政府卫生行政部门会同同级食品安全监督管理

等部门建立食品安全风险监测会商机制，汇总、分析风险监测数据，研判食品安全风险，形成食品安全风险监测分析报告，报本级人民政府；县级以上地方人民政府卫生行政部门还应当将食品安全风险监测分析报告同时报上一级人民政府卫生行政部门。食品安全风险监测会商的具体办法由国务院卫生行政部门会同国务院食品安全监督管理等部门制定。

第七条 食品安全风险监测结果表明存在食品安全隐患，食品安全监督管理等部门经进一步调查确认有必要通知相关食品生产经营者的，应当及时通知。

接到通知的食品生产经营者应当立即进行自查，发现食品不符合食品安全标准或者有证据证明可能危害人体健康的，应当依照食品安全法第六十三条的规定停止生产、经营，实施食品召回，并报告相关情况。

第八条 国务院卫生行政、食品安全监督管理等部门发现需要对农药、肥料、兽药、饲料和饲料添加剂等进行安全性评估的，应当向国务院农业行政部门提出安全性评估建议。国务院农业行政部门应当及时组织评估，并向国务院有关部门通报评估结果。

第九条 国务院食品安全监督管理部门和其他有关部门建立食品安全风险信息交流机制，明确食品安全风险信息交流的内容、程序和要求。

第三章 食品安全标准

第十条 国务院卫生行政部门会同国务院食品安全监督管理、农业行政等部门制定食品安全国家标准规划及其年度实施计划。国务院卫生行政部门应当在其网站上公布食品安全国家标准规划及其年度实施计划的草案，公开征求意见。

第十一条 省、自治区、直辖市人民政府卫生行政部门依照食品安全法第二十九条的规定制定食品安全地方标准，应当公开征求意见。省、自治区、直辖市人民政府卫生行政部门应当自食品安全地方标准公布之日起30个工作日内，将地方标准报国务院卫生行政部门备案。国务院卫生行政部门发现备案的食品安全地方标准违反法律、法规或者食品安全国家标准的，应当及时予以纠正。

食品安全地方标准依法废止的，省、自治区、直辖市人民政府卫生行政部门应当及时在其网站上公布废止情况。

第十二条 保健食品、特殊医学用途配方食品、婴幼儿配方食品等特殊食品不属于地方特色食品，不得对其制定食品安全地方标准。

第十三条 食品安全标准公布后，食品生产经营者可以在食品安全标准规定的实施日期之前实施并公开提前实施情况。

第十四条 食品生产企业不得制定低于食品安全国家标准或者地方标准要求的企业标准。食品生产企业制定食品安全指标严于食品安全国家标准或者地方标准的企业标准的，应当报省、自治区、直辖市人民政府卫生行政部门备案。

食品生产企业制定企业标准的，应当公开，供公众免费查阅。

第四章 食品生产经营

第十五条 食品生产经营许可的有效期为5年。

食品生产经营者的生产经营条件发生变化，不再符合食品生产经营要求的，食品生产经营者应当立即采取整改措施；需要重新办理许可手续的，应当依法办理。

第十六条 国务院卫生行政部门应当及时公布新的食品原料、食品添加剂新品种和食品相关产品新品种目录以及所适用的食品安全国家标准。

对按照传统既是食品又是中药材的物质目录，国务院卫生行政部门会同国务院食品安全监督管理部门应当及时更新。

第十七条 国务院食品安全监督管理部门会同国务院农业行政等有关部门明确食品安全全程追溯基本要求，指导食品生产经营者通过信息化手段建立、完善食品安全追溯体系。

食品安全监督管理等部门应当将婴幼儿配方食品等针对特定人群的食品以及其他食品安全风险较高或者销售量大的食品的追溯体系建设作为监督检查的重点。

第十八条 食品生产经营者应当建立食品安全追溯体系，依照食品安全法的规定如实记录并保存进货查验、出厂检验、食品销售等信息，保证食品可追溯。

第十九条 食品生产经营企业的主要负责人对本企业的食品安全工作全面负责，建立并落实本企业的食品安全责任制，加强供货者管理、进货查验和出厂检验、生产经营过程控制、食品安全自查等工作。食品生产经营企业的食品安全管理人员应当协助企业主要负责人做好食品安全管理工作。

第二十条 食品生产经营企业应当加强对食品安全管理人员的培训和考核。食品安全管理人员应当掌握与其岗位相适应的食品安全法律、法规、标准和专业知识，具备食品安全管理能力。食品安全监督管理部门应当对企业食品安全管理人员进行随机监督抽查考核。考核指南由国务院食品安全监督管理部门制定、公布。

第二十一条 食品、食品添加剂生产经营者委托生产食品、食品添加剂的，应当委托取得食品生产许可、食品添加剂生产许可的生产者生产，并对其生产行为进行监督，对委托生产的食品、食品添加剂的安全负责。受托方应当依照法律、法规、食品安全标准以及合同约定进行生产，对生产行为负责，并接受委托方的监督。

第二十二条 食品生产经营者不得在食品生产、加工场所贮存依照本条例第六十三条规定制定的名录中的物质。

第二十三条 对食品进行辐照加工，应当遵守食品安全国家标准，并按照食品安全国家标准的要求对辐照加工食品进行检验和标注。

第二十四条 贮存、运输对温度、湿度等有特殊要求的食品，应当具备保温、冷藏或者冷冻等设备设施，并保持有效运行。

第二十五条 食品生产经营者委托贮存、运输食品的，应当对受托方的食品安全保障能力进行审核，并监督受托方按照保证食品安全的要求贮存、运输食品。受托方应当保证食品贮存、运输条件符合食品安全的要求，加强食品贮存、运输过程管理。

接受食品生产经营者委托贮存、运输食品的，应当如实记录委托方和收货方的名称、地址、联系方式等内容。记录保存期限不得少于贮存、运输结束后2年。

非食品生产经营者从事对温度、湿度等有特殊要求的食品贮存业务的，应当自取得营业执照之日起30个工作日内向所在地县级人民政府食品安全监督管理部门备案。

第二十六条 餐饮服务提供者委托餐具饮具集中消毒服务单位提供清洗消毒服务的，应当查验、留存餐具饮具集中消毒服务单位的营业执照复印件和消毒合格证明。保存期限不得少于消毒餐具饮具使用期限到期后6个月。

第二十七条 餐具饮具集中消毒服务单位应当建立餐具饮具出厂检验记

录制度，如实记录出厂餐具饮具的数量、消毒日期和批号、使用期限、出厂日期以及委托方名称、地址、联系方式等内容。出厂检验记录保存期限不得少于消毒餐具饮具使用期限到期后6个月。消毒后的餐具饮具应当在独立包装上标注单位名称、地址、联系方式、消毒日期和批号以及使用期限等内容。

第二十八条 学校、托幼机构、养老机构、建筑工地等集中用餐单位的食堂应当执行原料控制、餐具饮具清洗消毒、食品留样等制度，并依照食品安全法第四十七条的规定定期开展食堂食品安全自查。

承包经营集中用餐单位食堂的，应当依法取得食品经营许可，并对食堂的食品安全负责。集中用餐单位应当督促承包方落实食品安全管理制度，承担管理责任。

第二十九条 食品生产经营者应当对变质、超过保质期或者回收的食品进行显著标示或者单独存放在有明确标志的场所，及时采取无害化处理、销毁等措施并如实记录。

食品安全法所称回收食品，是指已经售出，因违反法律、法规、食品安全标准或者超过保质期等原因，被召回或者退回的食品，不包括依照食品安全法第六十三条第三款的规定可以继续销售的食品。

第三十条 县级以上地方人民政府根据需要建设必要的食品无害化处理和销毁设施。食品生产经营者可以按照规定使用政府建设的设施对食品进行无害化处理或者予以销毁。

第三十一条 食品集中交易市场的开办者、食品展销会的举办者应当在市场开业或者展销会举办前向所在地县级人民政府食品安全监督管理部门报告。

第三十二条 网络食品交易第三方平台提供者应当妥善保存入网食品经营者的登记信息和交易信息。县级以上人民政府食品安全监督管理部门开展食品安全监督检查、食品安全案件调查处理、食品安全事故处置确需了解有关信息的，经其负责人批准，可以要求网络食品交易第三方平台提供者提供，网络食品交易第三方平台提供者应当按照要求提供。县级以上人民政府食品安全监督管理部门及其工作人员对网络食品交易第三方平台提供者提供的信息依法负有保密义务。

第三十三条 生产经营转基因食品应当显著标示，标示办法由国务院食品安全监督管理部门会同国务院农业行政部门制定。

第三十四条 禁止利用包括会议、讲座、健康咨询在内的任何方式对食品进行虚假宣传。食品安全监督管理部门发现虚假宣传行为的，应当依法及时处理。

第三十五条 保健食品生产工艺有原料提取、纯化等前处理工序的，生产企业应当具备相应的原料前处理能力。

第三十六条 特殊医学用途配方食品生产企业应当按照食品安全国家标准规定的检验项目对出厂产品实施逐批检验。

特殊医学用途配方食品中的特定全营养配方食品应当通过医疗机构或者药品零售企业向消费者销售。医疗机构、药品零售企业销售特定全营养配方食品的，不需要取得食品经营许可，但是应当遵守食品安全法和本条例关于食品销售的规定。

第三十七条 特殊医学用途配方食品中的特定全营养配方食品广告按照处方药广告管理，其他类别的特殊医学用途配方食品广告按照非处方药广告管理。

第三十八条 对保健食品之外的其他食品，不得声称具有保健功能。

对添加食品安全国家标准规定的选择性添加物质的婴幼儿配方食品，不得以选择性添加物质命名。

第三十九条 特殊食品的标签、说明书内容应当与注册或者备案的标签、说明书一致。销售特殊食品，应当核对食品标签、说明书内容是否与注册或者备案的标签、说明书一致，不一致的不得销售。省级以上人民政府食品安全监督管理部门应当在其网站上公布注册或者备案的特殊食品的标签、说明书。

特殊食品不得与普通食品或者药品混放销售。

第五章 食品检验

第四十条 对食品进行抽样检验，应当按照食品安全标准、注册或者备案的特殊食品的产品技术要求以及国家有关规定确定的检验项目和检验方法进行。

第四十一条 对可能掺杂掺假的食品，按照现有食品安全标准规定的检验项目和检验方法以及依照食品安全法第一百一十一条和本条例第六十三条规定制定的检验项目和检验方法无法检验的，国务院食品安全监督管理部门可以制定补充检验项目和检验方法，用于对食品的抽样检验、食品安全案件调查处理和食品安全事故处置。

第四十二条 依照食品安全法第八十八条的规定申请复检的，申请人应当向复检机构先行支付复检费用。复检结论表明食品不合格的，复检费用由复检申请人承担；复检结论表明食品合格的，复检费用由实施抽样检验的食品安全监督管理部门承担。

复检机构无正当理由不得拒绝承担复检任务。

第四十三条 任何单位和个人不得发布未依法取得资质认定的食品检验机构出具的食品检验信息，不得利用上述检验信息对食品、食品生产经营者进行等级评定，欺骗、误导消费者。

第六章 食品进出口

第四十四条 进口商进口食品、食品添加剂，应当按照规定向出入境检验检疫机构报检，如实申报产品相关信息，并随附法律、行政法规规定的合格证明材料。

第四十五条 进口食品运达口岸后，应当存放在出入境检验检疫机构指定或者认可的场所；需要移动的，应当按照出入境检验检疫机构的要求采取必要的安全防护措施。大宗散装进口食品应当在卸货口岸进行检验。

第四十六条 国家出入境检验检疫部门根据风险管理需要，可以对部分食品实行指定口岸进口。

第四十七条 国务院卫生行政部门依照食品安全法第九十三条的规定对境外出口商、境外生产企业或者其委托的进口商提交的相关国家（地区）标准或者国际标准进行审查，认为符合食品安全要求的，决定暂予适用并予以公布；暂予适用的标准公布前，不得进口尚无食品安全国家标准的食品。

食品安全国家标准中通用标准已经涵盖的食品不属于食品安全法第九十三条规定的尚无食品安全国家标准的食品。

第四十八条 进口商应当建立境外出口商、境外生产企业审核制度，重点审核境外出口商、境外生产企业制定和执行食品安全风险控制措施的情况以及向我国出口的食品是否符合食品安全法、本条例和其他有关法律、行政法规的规定以及食品安全国家标准的要求。

第四十九条 进口商依照食品安全法第九十四条第三款的规定召回进

口食品的，应当将食品召回和处理情况向所在地县级人民政府食品安全监督管理部门和所在地出入境检验检疫机构报告。

第五十条 国家出入境检验检疫部门发现已经注册的境外食品生产企业不再符合注册要求的，应当责令其在规定期限内整改，整改期间暂停进口其生产的食品；经整改仍不符合注册要求的，国家出入境检验检疫部门应当撤销境外食品生产企业注册并公告。

第五十一条 对通过我国良好生产规范、危害分析与关键控制点体系认证的境外生产企业，认证机构应当依法实施跟踪调查。对不再符合认证要求的企业，认证机构应当依法撤销认证并向社会公布。

第五十二条 境外发生的食品安全事件可能对我国境内造成影响，或者在进口食品、食品添加剂、食品相关产品中发现严重食品安全问题的，国家出入境检验检疫部门应当及时进行风险预警，并可以对相关的食品、食品添加剂、食品相关产品采取下列控制措施：

（一）退货或者销毁处理；

（二）有条件地限制进口；

（三）暂停或者禁止进口。

第五十三条 出口食品、食品添加剂的生产企业应当保证其出口食品、食品添加剂符合进口国家（地区）的标准或者合同要求；我国缔结或者参加的国际条约、协定有要求的，还应当符合国际条约、协定的要求。

第七章 食品安全事故处置

第五十四条 食品安全事故按照国家食品安全事故应急预案实行分级管理。县级以上人民政府食品安全监督管理部门会同同级有关部门负责食品安全事故调查处理。

县级以上人民政府应当根据实际情况及时修改、完善食品安全事故应急预案。

第五十五条 县级以上人民政府应当完善食品安全事故应急管理机制，改善应急装备，做好应急物资储备和应急队伍建设，加强应急培训、演练。

第五十六条 发生食品安全事故的单位应当对导致或者可能导致食品安全事故的食品及原料、工具、设备、设施等，立即采取封存等控制措施。

第五十七条 县级以上人民政府食品安全监督管理部门接到食品安全

事故报告后，应当立即会同同级卫生行政、农业行政等部门依照食品安全法第一百零五条的规定进行调查处理。食品安全监督管理部门应当对事故单位封存的食品及原料、工具、设备、设施等予以保护，需要封存而事故单位尚未封存的应当直接封存或者责令事故单位立即封存，并通知疾病预防控制机构对与事故有关的因素开展流行病学调查。

疾病预防控制机构应当在调查结束后向同级食品安全监督管理、卫生行政部门同时提交流行病学调查报告。

任何单位和个人不得拒绝、阻挠疾病预防控制机构开展流行病学调查。有关部门应当对疾病预防控制机构开展流行病学调查予以协助。

第五十八条 国务院食品安全监督管理部门会同国务院卫生行政、农业行政等部门定期对全国食品安全事故情况进行分析，完善食品安全监督管理措施，预防和减少事故的发生。

第八章 监督管理

第五十九条 设区的市级以上人民政府食品安全监督管理部门根据监督管理工作需要，可以对由下级人民政府食品安全监督管理部门负责日常监督管理的食品生产经营者实施随机监督检查，也可以组织下级人民政府食品安全监督管理部门对食品生产经营者实施异地监督检查。

设区的市级以上人民政府食品安全监督管理部门认为必要的，可以直接调查处理下级人民政府食品安全监督管理部门管辖的食品安全违法案件，也可以指定其他下级人民政府食品安全监督管理部门调查处理。

第六十条 国家建立食品安全检查员制度，依托现有资源加强职业化检查员队伍建设，强化考核培训，提高检查员专业化水平。

第六十一条 县级以上人民政府食品安全监督管理部门依照食品安全法第一百一十条的规定实施查封、扣押措施，查封、扣押的期限不得超过30日；情况复杂的，经实施查封、扣押措施的食品安全监督管理部门负责人批准，可以延长，延长期限不得超过45日。

第六十二条 网络食品交易第三方平台多次出现入网食品经营者违法经营或者入网食品经营者的违法经营行为造成严重后果的，县级以上人民政府食品安全监督管理部门可以对网络食品交易第三方平台提供者的法定代表人或者主要负责人进行责任约谈。

第六十三条 国务院食品安全监督管理部门会同国务院卫生行政等部门根据食源性疾病信息、食品安全风险监测信息和监督管理信息等，对发现的添加或者可能添加到食品中的非食品用化学物质和其他可能危害人体健康的物质，制定名录及检测方法并予以公布。

第六十四条 县级以上地方人民政府卫生行政部门应当对餐具饮具集中消毒服务单位进行监督检查，发现不符合法律、法规、国家相关标准以及相关卫生规范等要求的，应当及时调查处理。监督检查的结果应当向社会公布。

第六十五条 国家实行食品安全违法行为举报奖励制度，对查证属实的举报，给予举报人奖励。举报人举报所在企业食品安全重大违法犯罪行为的，应当加大奖励力度。有关部门应当对举报人的信息予以保密，保护举报人的合法权益。食品安全违法行为举报奖励办法由国务院食品安全监督管理部门会同国务院财政等有关部门制定。

食品安全违法行为举报奖励资金纳入各级人民政府预算。

第六十六条 国务院食品安全监督管理部门应当会同国务院有关部门建立守信联合激励和失信联合惩戒机制，结合食品生产经营者信用档案，建立严重违法生产经营者黑名单制度，将食品安全信用状况与准入、融资、信贷、征信等相衔接，及时向社会公布。

第九章 法律责任

第六十七条 有下列情形之一的，属于食品安全法第一百二十三条至第一百二十六条、第一百三十二条以及本条例第七十二条、第七十三条规定的情节严重情形：

（一）违法行为涉及的产品货值金额 2 万元以上或者违法行为持续时间 3 个月以上；

（二）造成食源性疾病并出现死亡病例，或者造成 30 人以上食源性疾病但未出现死亡病例；

（三）故意提供虚假信息或者隐瞒真实情况；

（四）拒绝、逃避监督检查；

（五）因违反食品安全法律、法规受到行政处罚后 1 年内又实施同一性质的食品安全违法行为，或者因违反食品安全法律、法规受到刑事处罚后又实施食品安全违法行为；

（六）其他情节严重的情形。

对情节严重的违法行为处以罚款时，应当依法从重从严。

第六十八条 有下列情形之一的，依照食品安全法第一百二十五条第一款、本条例第七十五条的规定给予处罚：

（一）在食品生产、加工场所贮存依照本条例第六十三条规定制定的名录中的物质；

（二）生产经营的保健食品之外的食品的标签、说明书声称具有保健功能；

（三）以食品安全国家标准规定的选择性添加物质命名婴幼儿配方食品；

（四）生产经营的特殊食品的标签、说明书内容与注册或者备案的标签、说明书不一致。

第六十九条 有下列情形之一的，依照食品安全法第一百二十六条第一款、本条例第七十五条的规定给予处罚：

（一）接受食品生产经营者委托贮存、运输食品，未按照规定记录保存信息；

（二）餐饮服务提供者未查验、留存餐具饮具集中消毒服务单位的营业执照复印件和消毒合格证明；

（三）食品生产经营者未按照规定对变质、超过保质期或者回收的食品进行标示或者存放，或者未及时对上述食品采取无害化处理、销毁等措施并如实记录；

（四）医疗机构和药品零售企业之外的单位或者个人向消费者销售特殊医学用途配方食品中的特定全营养配方食品；

（五）将特殊食品与普通食品或者药品混放销售。

第七十条 除食品安全法第一百二十五条第一款、第一百二十六条规定的情形外，食品生产经营者的生产经营行为不符合食品安全法第三十三条第一款第五项、第七项至第十项的规定，或者不符合有关食品生产经营过程要求的食品安全国家标准的，依照食品安全法第一百二十六条第一款、本条例第七十五条的规定给予处罚。

第七十一条 餐具饮具集中消毒服务单位未按照规定建立并遵守出厂检验记录制度的，由县级以上人民政府卫生行政部门依照食品安全法第一百二十六条第一款、本条例第七十五条的规定给予处罚。

第七十二条 从事对温度、湿度等有特殊要求的食品贮存业务的非食品生产经营者，食品集中交易市场的开办者、食品展销会的举办者，未按照规定备案或者报告的，由县级以上人民政府食品安全监督管理部门责令改正，给予警告；拒不改正的，处1万元以上5万元以下罚款；情节严重的，责令停产停业，并处5万元以上20万元以下罚款。

第七十三条 利用会议、讲座、健康咨询等方式对食品进行虚假宣传的，由县级以上人民政府食品安全监督管理部门责令消除影响，有违法所得的，没收违法所得；情节严重的，依照食品安全法第一百四十条第五款的规定进行处罚；属于单位违法的，还应当依照本条例第七十五条的规定对单位的法定代表人、主要负责人、直接负责的主管人员和其他直接责任人员给予处罚。

第七十四条 食品生产经营者生产经营的食品符合食品安全标准但不符合食品所标注的企业标准规定的食品安全指标的，由县级以上人民政府食品安全监督管理部门给予警告，并责令食品经营者停止经营该食品，责令食品生产企业改正；拒不停止经营或者改正的，没收不符合企业标准规定的食品安全指标的食品，货值金额不足1万元的，并处1万元以上5万元以下罚款，货值金额1万元以上的，并处货值金额5倍以上10倍以下罚款。

第七十五条 食品生产经营企业等单位有食品安全法规定的违法情形，除依照食品安全法的规定给予处罚外，有下列情形之一的，对单位的法定代表人、主要负责人、直接负责的主管人员和其他直接责任人员处以其上一年度从本单位取得收入的1倍以上10倍以下罚款：

（一）故意实施违法行为；

（二）违法行为性质恶劣；

（三）违法行为造成严重后果。

属于食品安全法第一百二十五条第二款规定情形的，不适用前款规定。

第七十六条 食品生产经营者依照食品安全法第六十三条第一款、第二款的规定停止生产、经营，实施食品召回，或者采取其他有效措施减轻或者消除食品安全风险，未造成危害后果的，可以从轻或者减轻处罚。

第七十七条 县级以上地方人民政府食品安全监督管理等部门对有食品安全法第一百二十三条规定的违法情形且情节严重，可能需要行政拘留的，应当及时将案件及有关材料移送同级公安机关。公安机关认为需要补充材料的，食品安全监督管理等部门应当及时提供。公安机关经审查认为不符合行政拘留条件的，应当及时将案件及有关材料退回移送的食品安全监督管理等部门。

第七十八条 公安机关对发现的食品安全违法行为，经审查没有犯罪事实或者立案侦查后认为不需要追究刑事责任，但依法应当予以行政拘留的，应当及时作出行政拘留的处罚决定；不需要予以行政拘留但依法应当追究其他行政责任的，应当及时将案件及有关材料移送同级食品安全监督管理等部门。

第七十九条 复检机构无正当理由拒绝承担复检任务的，由县级以上人民政府食品安全监督管理部门给予警告，无正当理由1年内2次拒绝承担复检任务的，由国务院有关部门撤销其复检机构资质并向社会公布。

第八十条 发布未依法取得资质认定的食品检验机构出具的食品检验信息，或者利用上述检验信息对食品、食品生产经营者进行等级评定，欺骗、误导消费者的，由县级以上人民政府食品安全监督管理部门责令改正，有违法所得的，没收违法所得，并处10万元以上50万元以下罚款；拒不改正的，处50万元以上100万元以下罚款；构成违反治安管理行为的，由公安机关依法给予治安管理处罚。

第八十一条 食品安全监督管理部门依照食品安全法、本条例对违法单位或者个人处以30万元以上罚款的，由设区的市级以上人民政府食品安全监督管理部门决定。罚款具体处罚权限由国务院食品安全监督管理部门规定。

第八十二条 阻碍食品安全监督管理等部门工作人员依法执行职务，构成违反治安管理行为的，由公安机关依法给予治安管理处罚。

第八十三条 县级以上人民政府食品安全监督管理等部门发现单位或者个人违反食品安全法第一百二十条第一款规定，编造、散布虚假食品安全信息，涉嫌构成违反治安管理行为的，应当将相关情况通报同级公安机关。

第八十四条 县级以上人民政府食品安全监督管理部门及其工作人员违法向他人提供网络食品交易第三方平台提供者提供的信息的，依照食品安全法第一百四十五条的规定给予处分。

第八十五条 违反本条例规定，构成犯罪的，依法追究刑事责任。

第十章 附 则

第八十六条 本条例自2019年12月1日起施行。

一、综　合

中华人民共和国刑法（节录）

（1979年7月1日第五届全国人民代表大会第二次会议通过　1997年3月14日第八届全国人民代表大会第五次会议修订　根据1998年12月29日第九届全国人民代表大会常务委员会第六次会议通过的《全国人民代表大会常务委员会关于惩治骗购外汇、逃汇和非法买卖外汇犯罪的决定》、1999年12月25日第九届全国人民代表大会常务委员会第十三次会议通过的《中华人民共和国刑法修正案》、2001年8月31日第九届全国人民代表大会常务委员会第二十三次会议通过的《中华人民共和国刑法修正案（二）》、2001年12月29日第九届全国人民代表大会常务委员会第二十五次会议通过的《中华人民共和国刑法修正案（三）》、2002年12月28日第九届全国人民代表大会常务委员会第三十一次会议通过的《中华人民共和国刑法修正案（四）》、2005年2月28日第十届全国人民代表大会常务委员会第十四次会议通过的《中华人民共和国刑法修正案（五）》、2006年6月29日第十届全国人民代表大会常务委员会第二十二次会议通过的《中华人民共和国刑法修正案（六）》、2009年2月28日第十一届全国人民代表大会常务委员会第七次会议通过的《中华人民共和国刑法修正案（七）》、2009年8月27日第十一届全国人民代表大会常务委员会第十次会议通过的《全国人民代表大会常务委员会关于修改部分法律的决定》、2011年2月25日第十一届全国人民代表大会常务委员会第十九次会议通过的《中华人民共和国刑法修正案（八）》、2015年8月29日第十二届全国人民代表大会常务委员会第十六次会议通过的《中华人民共和国刑法修正案（九）》、2017年11月4日第十二届全国人民代表大会常务委员会第三十次会议通过的《中华人民共和国刑法修正案（十）》、2020 年 12 月 26 日第十三届全国人民代表大会常务委员会第二十四次会议通过的《中华人民共和国刑法修正案（十一）》和 2023 年 12 月 29 日第十四届全国人民代表大会常务委员会第七次会议通过的《中华人民共和国刑法修正案（十二）》修正）①

……

第一百四十条　【生产、销售伪劣产品罪】生产者、销售者在产品中掺杂、掺假，以假充真，以次充好或者以不合格产品冒充合格产品，销售金额五万元以上不满二十万元的，处二年以下有期徒刑或者拘役，并处或者单处销售金额百分之五十以上二倍以下罚金；销售金额二十万元以上不满五十万元的，处二年以上七年以下有期徒刑，并处销售金额百分之五十以上二倍以下罚金；销售金额五十万元以上不满二百万元的，处七年以上有期徒刑，并处销售金额百分之五十以上二倍以下罚金；销售金额二百万元以上的，处十五年有期徒刑或者无期徒刑，并处销售金额百分之五十以上二倍以下罚金或者没收财产。

……

第一百四十三条　【生产、销售不符合安全标准的食品罪】生产、销售不符合食品安全标准的食品，足以造成严重食物中毒事故或者其他严重食源性疾病的，处三年以下有期徒刑或者拘役，并处罚金；对人体健康造成严重危害或者有其他严重情节的，处三年以上七年以下有期徒刑，并处罚金；后果特别严重的，处七年以上有期徒刑或者无期徒刑，并处罚金或者没收财产。

第一百四十四条　【生产、销售有毒、有害食品罪】在生产、销售的食品中掺入有毒、有害的非食品原料的，或者销售明知掺有有毒、有害的非食品原料的食品的，处五年以下有期徒刑，并处罚金；对人体健康造成严重危害或者有其他严重情节的，处五年以上十年以下有期徒刑，并处罚金；致人死亡或者有其他特别严重情节的，依照本法第一百四十

① 刑法、历次刑法修正案、涉及修改刑法的决定的施行日期，分别依据各法律所规定的施行日期确定。

一条的规定处罚。

……

第二百二十二条　【虚假广告罪】广告主、广告经营者、广告发布者违反国家规定，利用广告对商品或者服务作虚假宣传，情节严重的，处二年以下有期徒刑或者拘役，并处或者单处罚金。

……

第二百二十五条　【非法经营罪】违反国家规定，有下列非法经营行为之一，扰乱市场秩序，情节严重的，处五年以下有期徒刑或者拘役，并处或者单处违法所得一倍以上五倍以下罚金；情节特别严重的，处五年以上有期徒刑，并处违法所得一倍以上五倍以下罚金或者没收财产：

（一）未经许可经营法律、行政法规规定的专营、专卖物品或者其他限制买卖的物品的；

（二）买卖进出口许可证、进出口原产地证明以及其他法律、行政法规规定的经营许可证或者批准文件的；

（三）未经国家有关主管部门批准非法经营证券、期货、保险业务的，或者非法从事资金支付结算业务的；

（四）其他严重扰乱市场秩序的非法经营行为。

……

第二百二十九条　【提供虚假证明文件罪】承担资产评估、验资、验证、会计、审计、法律服务、保荐、安全评价、环境影响评价、环境监测等职责的中介组织的人员故意提供虚假证明文件，情节严重的，处五年以下有期徒刑或者拘役，并处罚金；有下列情形之一的，处五年以上十年以下有期徒刑，并处罚金：

（一）提供与证券发行相关的虚假的资产评估、会计、审计、法律服务、保荐等证明文件，情节特别严重的；

（二）提供与重大资产交易相关的虚假的资产评估、会计、审计等证明文件，情节特别严重的；

（三）在涉及公共安全的重大工程、项目中提供虚假的安全评价、环境影响评价等证明文件，致使公共财产、国家和人民利益遭受特别重大损失的。

有前款行为，同时索取他人财物或者非法收受他人财物构成犯罪的，依照处罚较重的规定定罪处罚。

【出具证明文件重大失实罪】第一款规定的人员，严重不负责任，出具的证明文件有重大失实，造成严重后果的，处三年以下有期徒刑或者拘役，并处或者单处罚金。

……

第四百零八条之一　【食品监管渎职罪】负有食品药品安全监督管理职责的国家机关工作人员，滥用职权或者玩忽职守，有下列情形之一，造成严重后果或者有其他严重情节的，处五年以下有期徒刑或者拘役；造成特别严重后果或者有其他特别严重情节的，处五年以上十年以下有期徒刑：

（一）瞒报、谎报食品安全事故、药品安全事件的；

（二）对发现的严重食品药品安全违法行为未按规定查处的；

（三）在药品和特殊食品审批审评过程中，对不符合条件的申请准予许可的；

（四）依法应当移交司法机关追究刑事责任不移交的；

（五）有其他滥用职权或者玩忽职守行为的。

徇私舞弊犯前款罪的，从重处罚。

……

第四百一十二条　【商检徇私舞弊罪】国家商检部门、商检机构的工作人员徇私舞弊，伪造检验结果的，处五年以下有期徒刑或者拘役；造成严重后果的，处五年以上十年以下有期徒刑。

【商检失职罪】前款所列人员严重不负责任，对应当检验的物品不检验，或者延误检验出证、错误出证，致使国家利益遭受重大损失的，处三年以下有期徒刑或者拘役。

……

第四百一十四条　【放纵制售伪劣商品犯罪行为罪】对生产、销售伪劣商品犯罪行为负有追究责任的国家机关工作人员，徇私舞弊，不履行法律规定的追究职责，情节严重的，处五年以下有期徒刑或者拘役。

……

中华人民共和国产品质量法

（1993年2月22日第七届全国人民代表大会常务委员会第三十次会议通过　根据2000年7月8日第九届全国人民代表大会常务委员会第十六次会议《关于修改〈中华人民共和国产品质量法〉的决定》第一次修正　根据2009年8月27日第十一届全国人民代表大会常务委员会第十次会议《关于修改部分法律的决定》第二次修正　根据2018年12月29日第十三届全国人民代表大会常务委员会第七次会议《关于修改〈中华人民共和国产品质量法〉等五部法律的决定》第三次修正）

第一章　总　　则

第一条　【立法目的】为了加强对产品质量的监督管理，提高产品质量水平，明确产品质量责任，保护消费者的合法权益，维护社会经济秩序，制定本法。

第二条　【适用范围】在中华人民共和国境内从事产品生产、销售活动，必须遵守本法。

本法所称产品是指经过加工、制作，用于销售的产品。

建设工程不适用本法规定；但是，建设工程使用的建筑材料、建筑构配件和设备，属于前款规定的产品范围的，适用本法规定。

第三条　【建立健全内部产品质量管理制度】生产者、销售者应当建立健全内部产品质量管理制度，严格实施岗位质量规范、质量责任以及相应的考核办法。

第四条　【依法承担产品质量责任】生产者、销售者依照本法规定承担产品质量责任。

第五条　【禁止行为】禁止伪造或者冒用认证标志等质量标志；禁止伪造产品的产地，伪造或者冒用他人的厂名、厂址；禁止在生产、销售的产品中掺杂、掺假，以假充真，以次充好。

第六条　【鼓励推行先进科学技术】国家鼓励推行科学的质量管理方

法，采用先进的科学技术，鼓励企业产品质量达到并且超过行业标准、国家标准和国际标准。

对产品质量管理先进和产品质量达到国际先进水平、成绩显著的单位和个人，给予奖励。

第七条　【各级人民政府保障本法的施行】各级人民政府应当把提高产品质量纳入国民经济和社会发展规划，加强对产品质量工作的统筹规划和组织领导，引导、督促生产者、销售者加强产品质量管理，提高产品质量，组织各有关部门依法采取措施，制止产品生产、销售中违反本法规定的行为，保障本法的施行。

第八条　【监管部门的监管权限】国务院市场监督管理部门主管全国产品质量监督工作。国务院有关部门在各自的职责范围内负责产品质量监督工作。

县级以上地方市场监督管理部门主管本行政区域内的产品质量监督工作。县级以上地方人民政府有关部门在各自的职责范围内负责产品质量监督工作。

法律对产品质量的监督部门另有规定的，依照有关法律的规定执行。

第九条　【各级政府的禁止行为】各级人民政府工作人员和其他国家机关工作人员不得滥用职权、玩忽职守或者徇私舞弊，包庇、放纵本地区、本系统发生的产品生产、销售中违反本法规定的行为，或者阻挠、干预依法对产品生产、销售中违反本法规定的行为进行查处。

各级地方人民政府和其他国家机关有包庇、放纵产品生产、销售中违反本法规定的行为的，依法追究其主要负责人的法律责任。

第十条　【公众检举权】任何单位和个人有权对违反本法规定的行为，向市场监督管理部门或者其他有关部门检举。

市场监督管理部门和有关部门应当为检举人保密，并按照省、自治区、直辖市人民政府的规定给予奖励。

第十一条　【禁止产品垄断经营】任何单位和个人不得排斥非本地区或者非本系统企业生产的质量合格产品进入本地区、本系统。

第二章　产品质量的监督

第十二条　【产品质量要求】产品质量应当检验合格，不得以不合格产品冒充合格产品。

第十三条 【工业产品质量标准要求】 可能危及人体健康和人身、财产安全的工业产品，必须符合保障人体健康和人身、财产安全的国家标准、行业标准；未制定国家标准、行业标准的，必须符合保障人体健康和人身、财产安全的要求。

禁止生产、销售不符合保障人体健康和人身、财产安全的标准和要求的工业产品。具体管理办法由国务院规定。

第十四条 【企业质量体系认证制度】 国家根据国际通用的质量管理标准，推行企业质量体系认证制度。企业根据自愿原则可以向国务院市场监督管理部门认可的或者国务院市场监督管理部门授权的部门认可的认证机构申请企业质量体系认证。经认证合格的，由认证机构颁发企业质量体系认证证书。

国家参照国际先进的产品标准和技术要求，推行产品质量认证制度。企业根据自愿原则可以向国务院市场监督管理部门认可的或者国务院市场监督管理部门授权的部门认可的认证机构申请产品质量认证。经认证合格的，由认证机构颁发产品质量认证证书，准许企业在产品或者其包装上使用产品质量认证标志。

第十五条 【以抽查为主要方式的组织领导监督检查制度】 国家对产品质量实行以抽查为主要方式的监督检查制度，对可能危及人体健康和人身、财产安全的产品，影响国计民生的重要工业产品以及消费者、有关组织反映有质量问题的产品进行抽查。抽查的样品应当在市场上或者企业成品仓库内的待销产品中随机抽取。监督抽查工作由国务院市场监督管理部门规划和组织。县级以上地方市场监督管理部门在本行政区域内也可以组织监督抽查。法律对产品质量的监督检查另有规定的，依照有关法律的规定执行。

国家监督抽查的产品，地方不得另行重复抽查；上级监督抽查的产品，下级不得另行重复抽查。

根据监督抽查的需要，可以对产品进行检验。检验抽取样品的数量不得超过检验的合理需要，并不得向被检查人收取检验费用。监督抽查所需检验费用按照国务院规定列支。

生产者、销售者对抽查检验的结果有异议的，可以自收到检验结果之日起十五日内向实施监督抽查的市场监督管理部门或者其上级市场监督管理部门申请复检，由受理复检的市场监督管理部门作出复检结论。

第十六条　【质量监督检查】对依法进行的产品质量监督检查，生产者、销售者不得拒绝。

第十七条　【违反监督抽查规定的行政责任】依照本法规定进行监督抽查的产品质量不合格的，由实施监督抽查的市场监督管理部门责令其生产者、销售者限期改正。逾期不改正的，由省级以上人民政府市场监督管理部门予以公告；公告后经复查仍不合格的，责令停业，限期整顿；整顿期满后经复查产品质量仍不合格的，吊销营业执照。

监督抽查的产品有严重质量问题的，依照本法第五章的有关规定处罚。

第十八条　【县级以上市场监督管理部门查违职权】县级以上市场监督管理部门根据已经取得的违法嫌疑证据或者举报，对涉嫌违反本法规定的行为进行查处时，可以行使下列职权：

（一）对当事人涉嫌从事违反本法的生产、销售活动的场所实施现场检查；

（二）向当事人的法定代表人、主要负责人和其他有关人员调查、了解与涉嫌从事违反本法的生产、销售活动有关的情况；

（三）查阅、复制当事人有关的合同、发票、账簿以及其他有关资料；

（四）对有根据认为不符合保障人体健康和人身、财产安全的国家标准、行业标准的产品或者有其他严重质量问题的产品，以及直接用于生产、销售该项产品的原辅材料、包装物、生产工具，予以查封或者扣押。

第十九条　【产品质量检验机构设立条件】产品质量检验机构必须具备相应的检测条件和能力，经省级以上人民政府市场监督管理部门或者其授权的部门考核合格后，方可承担产品质量检验工作。法律、行政法规对产品质量检验机构另有规定的，依照有关法律、行政法规的规定执行。

第二十条　【产品质量检验、认证中介机构依法设立】从事产品质量检验、认证的社会中介机构必须依法设立，不得与行政机关和其他国家机关存在隶属关系或者其他利益关系。

第二十一条　【产品质量检验、认证机构必须依法出具检验结果、认证证明】产品质量检验机构、认证机构必须依法按照有关标准，客观、公正地出具检验结果或者认证证明。

产品质量认证机构应当依照国家规定对准许使用认证标志的产品进行认证后的跟踪检查；对不符合认证标准而使用认证标志的，要求其改正；情节严重的，取消其使用认证标志的资格。

第二十二条　【消费者的查询、申诉权】消费者有权就产品质量问题，向产品的生产者、销售者查询；向市场监督管理部门及有关部门申诉，接受申诉的部门应当负责处理。

第二十三条　【消费者权益组织的职能】保护消费者权益的社会组织可以就消费者反映的产品质量问题建议有关部门负责处理，支持消费者对因产品质量造成的损害向人民法院起诉。

第二十四条　【抽查产品质量状况定期公告】国务院和省、自治区、直辖市人民政府的市场监督管理部门应当定期发布其监督抽查的产品的质量状况公告。

第二十五条　【监管机构的禁止行为】市场监督管理部门或者其他国家机关以及产品质量检验机构不得向社会推荐生产者的产品；不得以对产品进行监制、监销等方式参与产品经营活动。

第三章　生产者、销售者的产品质量责任和义务

第一节　生产者的产品质量责任和义务

第二十六条　【生产者的产品质量要求】生产者应当对其生产的产品质量负责。

产品质量应当符合下列要求：

（一）不存在危及人身、财产安全的不合理的危险，有保障人体健康和人身、财产安全的国家标准、行业标准的，应当符合该标准；

（二）具备产品应当具备的使用性能，但是，对产品存在使用性能的瑕疵作出说明的除外；

（三）符合在产品或者其包装上注明采用的产品标准，符合以产品说明、实物样品等方式表明的质量状况。

第二十七条　【产品及其包装上的标识要求】产品或者其包装上的标识必须真实，并符合下列要求：

（一）有产品质量检验合格证明；

（二）有中文标明的产品名称、生产厂厂名和厂址；

（三）根据产品的特点和使用要求，需要标明产品规格、等级、所含主要成份的名称和含量的，用中文相应予以标明；需要事先让消费者知晓的，应当在外包装上标明，或者预先向消费者提供有关资料；

（四）限期使用的产品，应当在显著位置清晰地标明生产日期和安全使用期或者失效日期；

（五）使用不当，容易造成产品本身损坏或者可能危及人身、财产安全的产品，应当有警示标志或者中文警示说明。

裸装的食品和其他根据产品的特点难以附加标识的裸装产品，可以不附加产品标识。

第二十八条　【危险物品包装质量要求】易碎、易燃、易爆、有毒、有腐蚀性、有放射性等危险物品以及储运中不能倒置和其他有特殊要求的产品，其包装质量必须符合相应要求，依照国家有关规定作出警示标志或者中文警示说明，标明储运注意事项。

第二十九条　【禁止生产国家明令淘汰的产品】生产者不得生产国家明令淘汰的产品。

第三十条　【禁止伪造产地、伪造或者冒用他人的厂名、厂址】生产者不得伪造产地，不得伪造或者冒用他人的厂名、厂址。

第三十一条　【禁止伪造或者冒用认证标志等质量标志】生产者不得伪造或者冒用认证标志等质量标志。

第三十二条　【生产者的禁止行为】生产者生产产品，不得掺杂、掺假，不得以假充真、以次充好，不得以不合格产品冒充合格产品。

第二节　销售者的产品质量责任和义务

第三十三条　【进货检查验收制度】销售者应当建立并执行进货检查验收制度，验明产品合格证明和其他标识。

第三十四条　【保持销售产品质量的义务】销售者应当采取措施，保持销售产品的质量。

第三十五条　【禁止销售的产品范围】销售者不得销售国家明令淘汰并停止销售的产品和失效、变质的产品。

第三十六条　【销售产品的标识要求】销售者销售的产品的标识应当

符合本法第二十七条的规定。

第三十七条 【禁止伪造产地、伪造或者冒用他人的厂名、厂址】销售者不得伪造产地，不得伪造或者冒用他人的厂名、厂址。

第三十八条 【禁止伪造或者冒用认证标志等质量标志】销售者不得伪造或者冒用认证标志等质量标志。

第三十九条 【销售者的禁止行为】销售者销售产品，不得掺杂、掺假，不得以假充真、以次充好，不得以不合格产品冒充合格产品。

第四章 损害赔偿

第四十条 【销售者的损害赔偿责任】售出的产品有下列情形之一的，销售者应当负责修理、更换、退货；给购买产品的消费者造成损失的，销售者应当赔偿损失：

（一）不具备产品应当具备的使用性能而事先未作说明的；

（二）不符合在产品或者其包装上注明采用的产品标准的；

（三）不符合以产品说明、实物样品等方式表明的质量状况的。

销售者依照前款规定负责修理、更换、退货、赔偿损失后，属于生产者的责任或者属于向销售者提供产品的其他销售者（以下简称供货者）的责任的，销售者有权向生产者、供货者追偿。

销售者未按照第一款规定给予修理、更换、退货或者赔偿损失的，由市场监督管理部门责令改正。

生产者之间，销售者之间，生产者与销售者之间订立的买卖合同、承揽合同有不同约定的，合同当事人按照合同约定执行。

第四十一条 【人身、他人财产的损害赔偿责任】因产品存在缺陷造成人身、缺陷产品以外的其他财产（以下简称他人财产）损害的，生产者应当承担赔偿责任。

生产者能够证明有下列情形之一的，不承担赔偿责任：

（一）未将产品投入流通的；

（二）产品投入流通时，引起损害的缺陷尚不存在的；

（三）将产品投入流通时的科学技术水平尚不能发现缺陷的存在的。

第四十二条 【销售者的过错赔偿责任】由于销售者的过错使产品存在缺陷，造成人身、他人财产损害的，销售者应当承担赔偿责任。

销售者不能指明缺陷产品的生产者也不能指明缺陷产品的供货者的，销售者应当承担赔偿责任。

第四十三条　【受害者的选择赔偿权】因产品存在缺陷造成人身、他人财产损害的，受害人可以向产品的生产者要求赔偿，也可以向产品的销售者要求赔偿。属于产品的生产者的责任，产品的销售者赔偿的，产品的销售者有权向产品的生产者追偿。属于产品的销售者的责任，产品的生产者赔偿的，产品的生产者有权向产品的销售者追偿。

第四十四条　【人身伤害的赔偿范围】因产品存在缺陷造成受害人人身伤害的，侵害人应当赔偿医疗费、治疗期间的护理费、因误工减少的收入等费用；造成残疾的，还应当支付残疾者生活自助具费、生活补助费、残疾赔偿金以及由其扶养的人所必需的生活费等费用；造成受害人死亡的，并应当支付丧葬费、死亡赔偿金以及由死者生前扶养的人所必需的生活费等费用。

因产品存在缺陷造成受害人财产损失的，侵害人应当恢复原状或者折价赔偿。受害人因此遭受其他重大损失的，侵害人应当赔偿损失。

第四十五条　【诉讼时效期间】因产品存在缺陷造成损害要求赔偿的诉讼时效期间为二年，自当事人知道或者应当知道其权益受到损害时起计算。

因产品存在缺陷造成损害要求赔偿的请求权，在造成损害的缺陷产品交付最初消费者满十年丧失；但是，尚未超过明示的安全使用期的除外。

第四十六条　【缺陷的含义】本法所称缺陷，是指产品存在危及人身、他人财产安全的不合理的危险；产品有保障人体健康和人身、财产安全的国家标准、行业标准的，是指不符合该标准。

第四十七条　【纠纷解决方式】因产品质量发生民事纠纷时，当事人可以通过协商或者调解解决。当事人不愿通过协商、调解解决或者协商、调解不成的，可以根据当事人各方的协议向仲裁机构申请仲裁；当事人各方没有达成仲裁协议或者仲裁协议无效的，可以直接向人民法院起诉。

第四十八条　【仲裁机构或者人民法院对产品质量检验的规定】仲裁机构或者人民法院可以委托本法第十九条规定的产品质量检验机构，对有关产品质量进行检验。

第五章　罚　　则

第四十九条　【生产、销售不符合安全标准的产品的行政处罚、刑事责任】生产、销售不符合保障人体健康和人身、财产安全的国家标准、行业标准的产品的，责令停止生产、销售，没收违法生产、销售的产品，并处违法生产、销售产品（包括已售出和未售出的产品，下同）货值金额等值以上三倍以下的罚款；有违法所得的，并处没收违法所得；情节严重的，吊销营业执照；构成犯罪的，依法追究刑事责任。

第五十条　【假冒产品的行政处罚、刑事责任】在产品中掺杂、掺假，以假充真，以次充好，或者以不合格产品冒充合格产品的，责令停止生产、销售，没收违法生产、销售的产品，并处违法生产、销售产品货值金额百分之五十以上三倍以下的罚款；有违法所得的，并处没收违法所得；情节严重的，吊销营业执照；构成犯罪的，依法追究刑事责任。

第五十一条　【生产、销售淘汰产品的行政处罚规定】生产国家明令淘汰的产品的，销售国家明令淘汰并停止销售的产品的，责令停止生产、销售，没收违法生产、销售的产品，并处违法生产、销售产品货值金额等值以下的罚款；有违法所得的，并处没收违法所得；情节严重的，吊销营业执照。

第五十二条　【销售失效、变质的产品的行政处罚、刑事责任】销售失效、变质的产品的，责令停止销售，没收违法销售的产品，并处违法销售产品货值金额二倍以下的罚款；有违法所得的，并处没收违法所得；情节严重的，吊销营业执照；构成犯罪的，依法追究刑事责任。

第五十三条　【伪造、冒用产品产地、厂名、厂址、标志的行政处罚规定】伪造产品产地的，伪造或者冒用他人厂名、厂址的，伪造或者冒用认证标志等质量标志的，责令改正，没收违法生产、销售的产品，并处违法生产、销售产品货值金额等值以下的罚款；有违法所得的，并处没收违法所得；情节严重的，吊销营业执照。

第五十四条　【不符合产品包装、标识要求的行政处罚规定】产品标识不符合本法第二十七条规定的，责令改正；有包装的产品标识不符合本法第二十七条第（四）项、第（五）项规定，情节严重的，责令停止生产、销售，并处违法生产、销售产品货值金额百分之三十以下的罚款；有违法所得的，并处没收违法所得。

第五十五条　【销售者的从轻或者减轻处罚情节】销售者销售本法第四十九条至第五十三条规定禁止销售的产品，有充分证据证明其不知道该产品为禁止销售的产品并如实说明其进货来源的，可以从轻或者减轻处罚。

第五十六条　【违反依法接受产品质量监督检查义务的行政处罚规定】拒绝接受依法进行的产品质量监督检查的，给予警告，责令改正；拒不改正的，责令停业整顿；情节特别严重的，吊销营业执照。

第五十七条　【产品质量中介机构的行政处罚、刑事责任规定】产品质量检验机构、认证机构伪造检验结果或者出具虚假证明的，责令改正，对单位处五万元以上十万元以下的罚款，对直接负责的主管人员和其他直接责任人员处一万元以上五万元以下的罚款；有违法所得的，并处没收违法所得；情节严重的，取消其检验资格、认证资格；构成犯罪的，依法追究刑事责任。

产品质量检验机构、认证机构出具的检验结果或者证明不实，造成损失的，应当承担相应的赔偿责任；造成重大损失的，撤销其检验资格、认证资格。

产品质量认证机构违反本法第二十一条第二款的规定，对不符合认证标准而使用认证标志的产品，未依法要求其改正或者取消其使用认证标志资格的，对因产品不符合认证标准给消费者造成的损失，与产品的生产者、销售者承担连带责任；情节严重的，撤销其认证资格。

第五十八条　【社会团体、社会中介机构的连带赔偿责任】社会团体、社会中介机构对产品质量作出承诺、保证，而该产品又不符合其承诺、保证的质量要求，给消费者造成损失的，与产品的生产者、销售者承担连带责任。

第五十九条　【虚假广告的责任承担】在广告中对产品质量作虚假宣传，欺骗和误导消费者的，依照《中华人民共和国广告法》的规定追究法律责任。

第六十条　【生产伪劣产品的材料、包装、工具的没收】对生产者专门用于生产本法第四十九条、第五十一条所列的产品或者以假充真的产品的原辅材料、包装物、生产工具，应当予以没收。

第六十一条　【运输、保管、仓储部门的责任承担】知道或者应当知道属于本法规定禁止生产、销售的产品而为其提供运输、保管、仓储等便利条件的，或者为以假充真的产品提供制假生产技术的，没收全部运输、保管、仓储或者提供制假生产技术的收入，并处违法收入百分之五十以上三倍以下的罚款；构成犯罪的，依法追究刑事责任。

第六十二条　【服务业经营者的责任承担】服务业的经营者将本法第四十九条至第五十二条规定禁止销售的产品用于经营性服务的，责令停止使用；对知道或者应当知道所使用的产品属于本法规定禁止销售的产品的，按照违法使用的产品（包括已使用和尚未使用的产品）的货值金额，依照本法对销售者的处罚规定处罚。

第六十三条　【隐匿、转移、变卖、损毁被依法查封、扣押的物品的行政责任】隐匿、转移、变卖、损毁被市场监督管理部门查封、扣押的物品的，处被隐匿、转移、变卖、损毁物品货值金额等值以上三倍以下的罚款；有违法所得的，并处没收违法所得。

第六十四条　【民事赔偿责任优先原则】违反本法规定，应当承担民事赔偿责任和缴纳罚款、罚金，其财产不足以同时支付时，先承担民事赔偿责任。

第六十五条　【国家工作人员的责任承担】各级人民政府工作人员和其他国家机关工作人员有下列情形之一的，依法给予行政处分；构成犯罪的，依法追究刑事责任：

（一）包庇、放纵产品生产、销售中违反本法规定行为的；

（二）向从事违反本法规定的生产、销售活动的当事人通风报信，帮助其逃避查处的；

（三）阻挠、干预市场监督管理部门依法对产品生产、销售中违反本法规定的行为进行查处，造成严重后果的。

第六十六条　【质检部门的检验责任承担】市场监督管理部门在产品质量监督抽查中超过规定的数量索取样品或者向被检查人收取检验费用的，由上级市场监督管理部门或者监察机关责令退还；情节严重的，对直接负责的主管人员和其他直接责任人员依法给予行政处分。

第六十七条　【国家机关推荐产品的责任承担】市场监督管理部门或者其他国家机关违反本法第二十五条的规定，向社会推荐生产者的产品或者以监制、监销等方式参与产品经营活动的，由其上级机关或者监察机关责令改正，消除影响，有违法收入的予以没收；情节严重的，对直接负责的主管人员和其他直接责任人员依法给予行政处分。

产品质量检验机构有前款所列违法行为的，由市场监督管理部门责令改正，消除影响，有违法收入的予以没收，可以并处违法收入一倍以下的罚款；情节严重的，撤销其质量检验资格。

第六十八条　【监管部门工作人员违法行为的责任承担】市场监督管理部门的工作人员滥用职权、玩忽职守、徇私舞弊，构成犯罪的，依法追究刑事责任；尚不构成犯罪的，依法给予行政处分。

第六十九条　【妨碍监管公务的行政责任】以暴力、威胁方法阻碍市场监督管理部门的工作人员依法执行职务的，依法追究刑事责任；拒绝、阻碍未使用暴力、威胁方法的，由公安机关依照治安管理处罚法的规定处罚。

第七十条　【监管部门的行政处罚权限】本法第四十九条至第五十七条、第六十条至第六十三条规定的行政处罚由市场监督管理部门决定。法律、行政法规对行使行政处罚权的机关另有规定的，依照有关法律、行政法规的规定执行。

第七十一条　【没收产品的处理】对依照本法规定没收的产品，依照国家有关规定进行销毁或者采取其他方式处理。

第七十二条　【货值金额的计算】本法第四十九条至第五十四条、第六十二条、第六十三条所规定的货值金额以违法生产、销售产品的标价计算；没有标价的，按照同类产品的市场价格计算。

第六章　附　　则

第七十三条　【军工产品质量监督管理办法另行制定】军工产品质量监督管理办法，由国务院、中央军事委员会另行制定。

因核设施、核产品造成损害的赔偿责任，法律、行政法规另有规定的，依照其规定。

第七十四条　【施行日期】本法自 1993 年 9 月 1 日起施行。

中华人民共和国农产品质量安全法

（2006 年 4 月 29 日第十届全国人民代表大会常务委员会第二十一次会议通过　根据 2018 年 10 月 26 日第十三届全国人民代表大会常务委员会第六次会议《关于修改〈中华人民共和国野生动物保护法〉等十五部法律的决定》修正　2022 年 9 月 2 日第十三届全国人民代表大会常务委员会第三十六次会议修订　2022 年 9 月 2 日中华人民共和国主席令第 120 号公布　自 2023 年 1 月 1 日起施行）

第一章　总　　则

第一条　为了保障农产品质量安全，维护公众健康，促进农业和农村经济发展，制定本法。

第二条　本法所称农产品，是指来源于种植业、林业、畜牧业和渔业等的初级产品，即在农业活动中获得的植物、动物、微生物及其产品。

本法所称农产品质量安全，是指农产品质量达到农产品质量安全标准，符合保障人的健康、安全的要求。

第三条　与农产品质量安全有关的农产品生产经营及其监督管理活动，适用本法。

《中华人民共和国食品安全法》对食用农产品的市场销售、有关质量安全标准的制定、有关安全信息的公布和农业投入品已经作出规定的，应当遵守其规定。

第四条　国家加强农产品质量安全工作，实行源头治理、风险管理、全程控制，建立科学、严格的监督管理制度，构建协同、高效的社会共治体系。

第五条　国务院农业农村主管部门、市场监督管理部门依照本法和规定的职责，对农产品质量安全实施监督管理。

国务院其他有关部门依照本法和规定的职责承担农产品质量安全的有关工作。

第六条 县级以上地方人民政府对本行政区域的农产品质量安全工作负责，统一领导、组织、协调本行政区域的农产品质量安全工作，建立健全农产品质量安全工作机制，提高农产品质量安全水平。

县级以上地方人民政府应当依照本法和有关规定，确定本级农业农村主管部门、市场监督管理部门和其他有关部门的农产品质量安全监督管理工作职责。各有关部门在职责范围内负责本行政区域的农产品质量安全监督管理工作。

乡镇人民政府应当落实农产品质量安全监督管理责任，协助上级人民政府及其有关部门做好农产品质量安全监督管理工作。

第七条 农产品生产经营者应当对其生产经营的农产品质量安全负责。

农产品生产经营者应当依照法律、法规和农产品质量安全标准从事生产经营活动，诚信自律，接受社会监督，承担社会责任。

第八条 县级以上人民政府应当将农产品质量安全管理工作纳入本级国民经济和社会发展规划，所需经费列入本级预算，加强农产品质量安全监督管理能力建设。

第九条 国家引导、推广农产品标准化生产，鼓励和支持生产绿色优质农产品，禁止生产、销售不符合国家规定的农产品质量安全标准的农产品。

第十条 国家支持农产品质量安全科学技术研究，推行科学的质量安全管理方法，推广先进安全的生产技术。国家加强农产品质量安全科学技术国际交流与合作。

第十一条 各级人民政府及有关部门应当加强农产品质量安全知识的宣传，发挥基层群众性自治组织、农村集体经济组织的优势和作用，指导农产品生产经营者加强质量安全管理，保障农产品消费安全。

新闻媒体应当开展农产品质量安全法律、法规和农产品质量安全知识的公益宣传，对违法行为进行舆论监督。有关农产品质量安全的宣传报道应当真实、公正。

第十二条 农民专业合作社和农产品行业协会等应当及时为其成员提供生产技术服务，建立农产品质量安全管理制度，健全农产品质量安全控制体系，加强自律管理。

第二章 农产品质量安全风险管理和标准制定

第十三条 国家建立农产品质量安全风险监测制度。

国务院农业农村主管部门应当制定国家农产品质量安全风险监测计划，并对重点区域、重点农产品品种进行质量安全风险监测。省、自治区、直辖市人民政府农业农村主管部门应当根据国家农产品质量安全风险监测计划，结合本行政区域农产品生产经营实际，制定本行政区域的农产品质量安全风险监测实施方案，并报国务院农业农村主管部门备案。县级以上地方人民政府农业农村主管部门负责组织实施本行政区域的农产品质量安全风险监测。

县级以上人民政府市场监督管理部门和其他有关部门获知有关农产品质量安全风险信息后，应当立即核实并向同级农业农村主管部门通报。接到通报的农业农村主管部门应当及时上报。制定农产品质量安全风险监测计划、实施方案的部门应当及时研究分析，必要时进行调整。

第十四条 国家建立农产品质量安全风险评估制度。

国务院农业农村主管部门应当设立农产品质量安全风险评估专家委员会，对可能影响农产品质量安全的潜在危害进行风险分析和评估。国务院卫生健康、市场监督管理等部门发现需要对农产品进行质量安全风险评估的，应当向国务院农业农村主管部门提出风险评估建议。

农产品质量安全风险评估专家委员会由农业、食品、营养、生物、环境、医学、化工等方面的专家组成。

第十五条 国务院农业农村主管部门应当根据农产品质量安全风险监测、风险评估结果采取相应的管理措施，并将农产品质量安全风险监测、风险评估结果及时通报国务院市场监督管理、卫生健康等部门和有关省、自治区、直辖市人民政府农业农村主管部门。

县级以上人民政府农业农村主管部门开展农产品质量安全风险监测和风险评估工作时，可以根据需要进入农产品产地、储存场所及批发、零售市场。采集样品应当按照市场价格支付费用。

第十六条 国家建立健全农产品质量安全标准体系，确保严格实施。农产品质量安全标准是强制执行的标准，包括以下与农产品质量安全有关的要求：

（一）农业投入品质量要求、使用范围、用法、用量、安全间隔期和休药期规定；

（二）农产品产地环境、生产过程管控、储存、运输要求；

（三）农产品关键成分指标等要求；

（四）与屠宰畜禽有关的检验规程；

（五）其他与农产品质量安全有关的强制性要求。

《中华人民共和国食品安全法》对食用农产品的有关质量安全标准作出规定的，依照其规定执行。

第十七条 农产品质量安全标准的制定和发布，依照法律、行政法规的规定执行。

制定农产品质量安全标准应当充分考虑农产品质量安全风险评估结果，并听取农产品生产经营者、消费者、有关部门、行业协会等的意见，保障农产品消费安全。

第十八条 农产品质量安全标准应当根据科学技术发展水平以及农产品质量安全的需要，及时修订。

第十九条 农产品质量安全标准由农业农村主管部门商有关部门推进实施。

第三章 农产品产地

第二十条 国家建立健全农产品产地监测制度。

县级以上地方人民政府农业农村主管部门应当会同同级生态环境、自然资源等部门制定农产品产地监测计划，加强农产品产地安全调查、监测和评价工作。

第二十一条 县级以上地方人民政府农业农村主管部门应当会同同级生态环境、自然资源等部门按照保障农产品质量安全的要求，根据农产品品种特性和产地安全调查、监测、评价结果，依照土壤污染防治等法律、法规的规定提出划定特定农产品禁止生产区域的建议，报本级人民政府批准后实施。

任何单位和个人不得在特定农产品禁止生产区域种植、养殖、捕捞、采集特定农产品和建立特定农产品生产基地。

特定农产品禁止生产区域划定和管理的具体办法由国务院农业农村主

管部门商国务院生态环境、自然资源等部门制定。

第二十二条 任何单位和个人不得违反有关环境保护法律、法规的规定向农产品产地排放或者倾倒废水、废气、固体废物或者其他有毒有害物质。

农业生产用水和用作肥料的固体废物，应当符合法律、法规和国家有关强制性标准的要求。

第二十三条 农产品生产者应当科学合理使用农药、兽药、肥料、农用薄膜等农业投入品，防止对农产品产地造成污染。

农药、肥料、农用薄膜等农业投入品的生产者、经营者、使用者应当按照国家有关规定回收并妥善处置包装物和废弃物。

第二十四条 县级以上人民政府应当采取措施，加强农产品基地建设，推进农业标准化示范建设，改善农产品的生产条件。

第四章 农产品生产

第二十五条 县级以上地方人民政府农业农村主管部门应当根据本地区的实际情况，制定保障农产品质量安全的生产技术要求和操作规程，并加强对农产品生产经营者的培训和指导。

农业技术推广机构应当加强对农产品生产经营者质量安全知识和技能的培训。国家鼓励科研教育机构开展农产品质量安全培训。

第二十六条 农产品生产企业、农民专业合作社、农业社会化服务组织应当加强农产品质量安全管理。

农产品生产企业应当建立农产品质量安全管理制度，配备相应的技术人员；不具备配备条件的，应当委托具有专业技术知识的人员进行农产品质量安全指导。

国家鼓励和支持农产品生产企业、农民专业合作社、农业社会化服务组织建立和实施危害分析和关键控制点体系，实施良好农业规范，提高农产品质量安全管理水平。

第二十七条 农产品生产企业、农民专业合作社、农业社会化服务组织应当建立农产品生产记录，如实记载下列事项：

（一）使用农业投入品的名称、来源、用法、用量和使用、停用的日期；

（二）动物疫病、农作物病虫害的发生和防治情况；

（三）收获、屠宰或者捕捞的日期。

农产品生产记录应当至少保存二年。禁止伪造、变造农产品生产记录。

国家鼓励其他农产品生产者建立农产品生产记录。

第二十八条 对可能影响农产品质量安全的农药、兽药、饲料和饲料添加剂、肥料、兽医器械，依照有关法律、行政法规的规定实行许可制度。

省级以上人民政府农业农村主管部门应当定期或者不定期组织对可能危及农产品质量安全的农药、兽药、饲料和饲料添加剂、肥料等农业投入品进行监督抽查，并公布抽查结果。

农药、兽药经营者应当依照有关法律、行政法规的规定建立销售台账，记录购买者、销售日期和药品施用范围等内容。

第二十九条 农产品生产经营者应当依照有关法律、行政法规和国家有关强制性标准、国务院农业农村主管部门的规定，科学合理使用农药、兽药、饲料和饲料添加剂、肥料等农业投入品，严格执行农业投入品使用安全间隔期或者休药期的规定；不得超范围、超剂量使用农业投入品危及农产品质量安全。

禁止在农产品生产经营过程中使用国家禁止使用的农业投入品以及其他有毒有害物质。

第三十条 农产品生产场所以及生产活动中使用的设施、设备、消毒剂、洗涤剂等应当符合国家有关质量安全规定，防止污染农产品。

第三十一条 县级以上人民政府农业农村主管部门应当加强对农业投入品使用的监督管理和指导，建立健全农业投入品的安全使用制度，推广农业投入品科学使用技术，普及安全、环保农业投入品的使用。

第三十二条 国家鼓励和支持农产品生产经营者选用优质特色农产品品种，采用绿色生产技术和全程质量控制技术，生产绿色优质农产品，实施分等分级，提高农产品品质，打造农产品品牌。

第三十三条 国家支持农产品产地冷链物流基础设施建设，健全有关农产品冷链物流标准、服务规范和监管保障机制，保障冷链物流农产品畅通高效、安全便捷，扩大高品质市场供给。

从事农产品冷链物流的生产经营者应当依照法律、法规和有关农产品质量安全标准，加强冷链技术创新与应用、质量安全控制，执行对冷链物流农产品及其包装、运输工具、作业环境等的检验检测检疫要求，保证冷链农产品质量安全。

第五章 农产品销售

第三十四条 销售的农产品应当符合农产品质量安全标准。

农产品生产企业、农民专业合作社应当根据质量安全控制要求自行或者委托检测机构对农产品质量安全进行检测；经检测不符合农产品质量安全标准的农产品，应当及时采取管控措施，且不得销售。

农业技术推广等机构应当为农户等农产品生产经营者提供农产品检测技术服务。

第三十五条 农产品在包装、保鲜、储存、运输中所使用的保鲜剂、防腐剂、添加剂、包装材料等，应当符合国家有关强制性标准以及其他农产品质量安全规定。

储存、运输农产品的容器、工具和设备应当安全、无害。禁止将农产品与有毒有害物质一同储存、运输，防止污染农产品。

第三十六条 有下列情形之一的农产品，不得销售：

（一）含有国家禁止使用的农药、兽药或者其他化合物；

（二）农药、兽药等化学物质残留或者含有的重金属等有毒有害物质不符合农产品质量安全标准；

（三）含有的致病性寄生虫、微生物或者生物毒素不符合农产品质量安全标准；

（四）未按照国家有关强制性标准以及其他农产品质量安全规定使用保鲜剂、防腐剂、添加剂、包装材料等，或者使用的保鲜剂、防腐剂、添加剂、包装材料等不符合国家有关强制性标准以及其他质量安全规定；

（五）病死、毒死或者死因不明的动物及其产品；

（六）其他不符合农产品质量安全标准的情形。

对前款规定不得销售的农产品，应当依照法律、法规的规定进行处置。

第三十七条 农产品批发市场应当按照规定设立或者委托检测机构，对进场销售的农产品质量安全状况进行抽查检测；发现不符合农产品质量安全标准的，应当要求销售者立即停止销售，并向所在地市场监督管理、农业农村等部门报告。

农产品销售企业对其销售的农产品，应当建立健全进货检查验收制度；经查验不符合农产品质量安全标准的，不得销售。

食品生产者采购农产品等食品原料，应当依照《中华人民共和国食品安全法》的规定查验许可证和合格证明，对无法提供合格证明的，应当按照规定进行检验。

第三十八条 农产品生产企业、农民专业合作社以及从事农产品收购的单位或者个人销售的农产品，按照规定应当包装或者附加承诺达标合格证等标识的，须经包装或者附加标识后方可销售。包装物或者标识上应当按照规定标明产品的品名、产地、生产者、生产日期、保质期、产品质量等级等内容；使用添加剂的，还应当按照规定标明添加剂的名称。具体办法由国务院农业农村主管部门制定。

第三十九条 农产品生产企业、农民专业合作社应当执行法律、法规的规定和国家有关强制性标准，保证其销售的农产品符合农产品质量安全标准，并根据质量安全控制、检测结果等开具承诺达标合格证，承诺不使用禁用的农药、兽药及其他化合物且使用的常规农药、兽药残留不超标等。鼓励和支持农户销售农产品时开具承诺达标合格证。法律、行政法规对畜禽产品的质量安全合格证明有特别规定的，应当遵守其规定。

从事农产品收购的单位或者个人应当按照规定收取、保存承诺达标合格证或者其他质量安全合格证明，对其收购的农产品进行混装或者分装后销售的，应当按照规定开具承诺达标合格证。

农产品批发市场应当建立健全农产品承诺达标合格证查验等制度。

县级以上人民政府农业农村主管部门应当做好承诺达标合格证有关工作的指导服务，加强日常监督检查。

农产品质量安全承诺达标合格证管理办法由国务院农业农村主管部门会同国务院有关部门制定。

第四十条 农产品生产经营者通过网络平台销售农产品的，应当依照本法和《中华人民共和国电子商务法》、《中华人民共和国食品安全法》等法律、法规的规定，严格落实质量安全责任，保证其销售的农产品符合质量安全标准。网络平台经营者应当依法加强对农产品生产经营者的管理。

第四十一条 国家对列入农产品质量安全追溯目录的农产品实施追溯管理。国务院农业农村主管部门应当会同国务院市场监督管理等部门建立农产品质量安全追溯协作机制。农产品质量安全追溯管理办法和追溯目录由国务院农业农村主管部门会同国务院市场监督管理等部门制定。

国家鼓励具备信息化条件的农产品生产经营者采用现代信息技术手段采集、留存生产记录、购销记录等生产经营信息。

第四十二条 农产品质量符合国家规定的有关优质农产品标准的，农产品生产经营者可以申请使用农产品质量标志。禁止冒用农产品质量标志。

国家加强地理标志农产品保护和管理。

第四十三条 属于农业转基因生物的农产品，应当按照农业转基因生物安全管理的有关规定进行标识。

第四十四条 依法需要实施检疫的动植物及其产品，应当附具检疫标志、检疫证明。

第六章 监督管理

第四十五条 县级以上人民政府农业农村主管部门和市场监督管理等部门应当建立健全农产品质量安全全程监督管理协作机制，确保农产品从生产到消费各环节的质量安全。

县级以上人民政府农业农村主管部门和市场监督管理部门应当加强收购、储存、运输过程中农产品质量安全监督管理的协调配合和执法衔接，及时通报和共享农产品质量安全监督管理信息，并按照职责权限，发布有关农产品质量安全日常监督管理信息。

第四十六条 县级以上人民政府农业农村主管部门应当根据农产品质量安全风险监测、风险评估结果和农产品质量安全状况等，制定监督抽查计划，确定农产品质量安全监督抽查的重点、方式和频次，并实施农产品质量安全风险分级管理。

第四十七条 县级以上人民政府农业农村主管部门应当建立健全随机抽查机制，按照监督抽查计划，组织开展农产品质量安全监督抽查。

农产品质量安全监督抽查检测应当委托符合本法规定条件的农产品质量安全检测机构进行。监督抽查不得向被抽查人收取费用，抽取的样品应当按照市场价格支付费用，并不得超过国务院农业农村主管部门规定的数量。

上级农业农村主管部门监督抽查的同批次农产品，下级农业农村主管部门不得另行重复抽查。

第四十八条 农产品质量安全检测应当充分利用现有的符合条件的检测机构。

从事农产品质量安全检测的机构，应当具备相应的检测条件和能力，由省级以上人民政府农业农村主管部门或者其授权的部门考核合格。具体办法由国务院农业农村主管部门制定。

农产品质量安全检测机构应当依法经资质认定。

第四十九条 从事农产品质量安全检测工作的人员，应当具备相应的专业知识和实际操作技能，遵纪守法，恪守职业道德。

农产品质量安全检测机构对出具的检测报告负责。检测报告应当客观公正，检测数据应当真实可靠，禁止出具虚假检测报告。

第五十条 县级以上地方人民政府农业农村主管部门可以采用国务院农业农村主管部门会同国务院市场监督管理等部门认定的快速检测方法，开展农产品质量安全监督抽查检测。抽查检测结果确定有关农产品不符合农产品质量安全标准的，可以作为行政处罚的证据。

第五十一条 农产品生产经营者对监督抽查检测结果有异议的，可以自收到检测结果之日起五个工作日内，向实施农产品质量安全监督抽查的农业农村主管部门或者其上一级农业农村主管部门申请复检。复检机构与初检机构不得为同一机构。

采用快速检测方法进行农产品质量安全监督抽查检测，被抽查人对检测结果有异议的，可以自收到检测结果时起四小时内申请复检。复检不得采用快速检测方法。

复检机构应当自收到复检样品之日起七个工作日内出具检测报告。

因检测结果错误给当事人造成损害的，依法承担赔偿责任。

第五十二条 县级以上地方人民政府农业农村主管部门应当加强对农产品生产的监督管理，开展日常检查，重点检查农产品产地环境、农业投入品购买和使用、农产品生产记录、承诺达标合格证开具等情况。

国家鼓励和支持基层群众性自治组织建立农产品质量安全信息员工作制度，协助开展有关工作。

第五十三条 开展农产品质量安全监督检查，有权采取下列措施：

（一）进入生产经营场所进行现场检查，调查了解农产品质量安全的有关情况；

（二）查阅、复制农产品生产记录、购销台账等与农产品质量安全有关的资料；

（三）抽样检测生产经营的农产品和使用的农业投入品以及其他有关产品；

（四）查封、扣押有证据证明存在农产品质量安全隐患或者经检测不符合农产品质量安全标准的农产品；

（五）查封、扣押有证据证明可能危及农产品质量安全或者经检测不符合产品质量标准的农业投入品以及其他有毒有害物质；

（六）查封、扣押用于违法生产经营农产品的设施、设备、场所以及运输工具；

（七）收缴伪造的农产品质量标志。

农产品生产经营者应当协助、配合农产品质量安全监督检查，不得拒绝、阻挠。

第五十四条 县级以上人民政府农业农村等部门应当加强农产品质量安全信用体系建设，建立农产品生产经营者信用记录，记载行政处罚等信息，推进农产品质量安全信用信息的应用和管理。

第五十五条 农产品生产经营过程中存在质量安全隐患，未及时采取措施消除的，县级以上地方人民政府农业农村主管部门可以对农产品生产经营者的法定代表人或者主要负责人进行责任约谈。农产品生产经营者应当立即采取措施，进行整改，消除隐患。

第五十六条 国家鼓励消费者协会和其他单位或者个人对农产品质量安全进行社会监督，对农产品质量安全监督管理工作提出意见和建议。任何单位和个人有权对违反本法的行为进行检举控告、投诉举报。

县级以上人民政府农业农村主管部门应当建立农产品质量安全投诉举报制度，公开投诉举报渠道，收到投诉举报后，应当及时处理。对不属于本部门职责的，应当移交有权处理的部门并书面通知投诉举报人。

第五十七条 县级以上地方人民政府农业农村主管部门应当加强对农产品质量安全执法人员的专业技术培训并组织考核。不具备相应知识和能力的，不得从事农产品质量安全执法工作。

第五十八条 上级人民政府应当督促下级人民政府履行农产品质量安全职责。对农产品质量安全责任落实不力、问题突出的地方人民政府，上级人民政府可以对其主要负责人进行责任约谈。被约谈的地方人民政府应当立即采取整改措施。

第五十九条 国务院农业农村主管部门应当会同国务院有关部门制定国家农产品质量安全突发事件应急预案，并与国家食品安全事故应急预案相衔接。

县级以上地方人民政府应当根据有关法律、行政法规的规定和上级人民政府的农产品质量安全突发事件应急预案，制定本行政区域的农产品质量安全突发事件应急预案。

发生农产品质量安全事故时，有关单位和个人应当采取控制措施，及时向所在地乡镇人民政府和县级人民政府农业农村等部门报告；收到报告的机关应当按照农产品质量安全突发事件应急预案及时处理并报本级人民政府、上级人民政府有关部门。发生重大农产品质量安全事故时，按照规定上报国务院及其有关部门。

任何单位和个人不得隐瞒、谎报、缓报农产品质量安全事故，不得隐匿、伪造、毁灭有关证据。

第六十条 县级以上地方人民政府市场监督管理部门依照本法和《中华人民共和国食品安全法》等法律、法规的规定，对农产品进入批发、零售市场或者生产加工企业后的生产经营活动进行监督检查。

第六十一条 县级以上人民政府农业农村、市场监督管理等部门发现农产品质量安全违法行为涉嫌犯罪的，应当及时将案件移送公安机关。对移送的案件，公安机关应当及时审查；认为有犯罪事实需要追究刑事责任的，应当立案侦查。

公安机关对依法不需要追究刑事责任但应当给予行政处罚的，应当及时将案件移送农业农村、市场监督管理等部门，有关部门应当依法处理。

公安机关商请农业农村、市场监督管理、生态环境等部门提供检验结论、认定意见以及对涉案农产品进行无害化处理等协助的，有关部门应当及时提供、予以协助。

第七章　法律责任

第六十二条 违反本法规定，地方各级人民政府有下列情形之一的，对直接负责的主管人员和其他直接责任人员给予警告、记过、记大过处分；

造成严重后果的，给予降级或者撤职处分：

（一）未确定有关部门的农产品质量安全监督管理工作职责，未建立健全农产品质量安全工作机制，或者未落实农产品质量安全监督管理责任；

（二）未制定本行政区域的农产品质量安全突发事件应急预案，或者发生农产品质量安全事故后未按照规定启动应急预案。

第六十三条 违反本法规定，县级以上人民政府农业农村等部门有下列行为之一的，对直接负责的主管人员和其他直接责任人员给予记大过处分；情节较重的，给予降级或者撤职处分；情节严重的，给予开除处分；造成严重后果的，其主要负责人还应当引咎辞职：

（一）隐瞒、谎报、缓报农产品质量安全事故或者隐匿、伪造、毁灭有关证据；

（二）未按照规定查处农产品质量安全事故，或者接到农产品质量安全事故报告未及时处理，造成事故扩大或者蔓延；

（三）发现农产品质量安全重大风险隐患后，未及时采取相应措施，造成农产品质量安全事故或者不良社会影响；

（四）不履行农产品质量安全监督管理职责，导致发生农产品质量安全事故。

第六十四条 县级以上地方人民政府农业农村、市场监督管理等部门在履行农产品质量安全监督管理职责过程中，违法实施检查、强制等执法措施，给农产品生产经营者造成损失的，应当依法予以赔偿，对直接负责的主管人员和其他直接责任人员依法给予处分。

第六十五条 农产品质量安全检测机构、检测人员出具虚假检测报告的，由县级以上人民政府农业农村主管部门没收所收取的检测费用，检测费用不足一万元的，并处五万元以上十万元以下罚款，检测费用一万元以上的，并处检测费用五倍以上十倍以下罚款；对直接负责的主管人员和其他直接责任人员处一万元以上五万元以下罚款；使消费者的合法权益受到损害的，农产品质量安全检测机构应当与农产品生产经营者承担连带责任。

因农产品质量安全违法行为受到刑事处罚或者因出具虚假检测报告导致发生重大农产品质量安全事故的检测人员，终身不得从事农产品质量安全检测工作。农产品质量安全检测机构不得聘用上述人员。

农产品质量安全检测机构有前两款违法行为的，由授予其资质的主管部门或者机构吊销该农产品质量安全检测机构的资质证书。

第六十六条 违反本法规定，在特定农产品禁止生产区域种植、养殖、捕捞、采集特定农产品或者建立特定农产品生产基地的，由县级以上地方人民政府农业农村主管部门责令停止违法行为，没收农产品和违法所得，并处违法所得一倍以上三倍以下罚款。

违反法律、法规规定，向农产品产地排放或者倾倒废水、废气、固体废物或者其他有毒有害物质的，依照有关环境保护法律、法规的规定处理、处罚；造成损害的，依法承担赔偿责任。

第六十七条 农药、肥料、农用薄膜等农业投入品的生产者、经营者、使用者未按照规定回收并妥善处置包装物或者废弃物的，由县级以上地方人民政府农业农村主管部门依照有关法律、法规的规定处理、处罚。

第六十八条 违反本法规定，农产品生产企业有下列情形之一的，由县级以上地方人民政府农业农村主管部门责令限期改正；逾期不改正的，处五千元以上五万元以下罚款：

（一）未建立农产品质量安全管理制度；

（二）未配备相应的农产品质量安全管理技术人员，且未委托具有专业技术知识的人员进行农产品质量安全指导。

第六十九条 农产品生产企业、农民专业合作社、农业社会化服务组织未依照本法规定建立、保存农产品生产记录，或者伪造、变造农产品生产记录的，由县级以上地方人民政府农业农村主管部门责令限期改正；逾期不改正的，处二千元以上二万元以下罚款。

第七十条 违反本法规定，农产品生产经营者有下列行为之一，尚不构成犯罪的，由县级以上地方人民政府农业农村主管部门责令停止生产经营、追回已经销售的农产品，对违法生产经营的农产品进行无害化处理或者予以监督销毁，没收违法所得，并可以没收用于违法生产经营的工具、设备、原料等物品；违法生产经营的农产品货值金额不足一万元的，并处十万元以上十五万元以下罚款，货值金额一万元以上的，并处货值金额十五倍以上三十倍以下罚款；对农户，并处一千元以上一万元以下罚款；情节严重的，有许可证的吊销许可证，并可以由公安机关对其直接负责的主管人员和其他直接责任人员处五日以上十五日以下拘留：

（一）在农产品生产经营过程中使用国家禁止使用的农业投入品或者

其他有毒有害物质；

（二）销售含有国家禁止使用的农药、兽药或者其他化合物的农产品；

（三）销售病死、毒死或者死因不明的动物及其产品。

明知农产品生产经营者从事前款规定的违法行为，仍为其提供生产经营场所或者其他条件的，由县级以上地方人民政府农业农村主管部门责令停止违法行为，没收违法所得，并处十万元以上二十万元以下罚款；使消费者的合法权益受到损害的，应当与农产品生产经营者承担连带责任。

第七十一条 违反本法规定，农产品生产经营者有下列行为之一，尚不构成犯罪的，由县级以上地方人民政府农业农村主管部门责令停止生产经营、追回已经销售的农产品，对违法生产经营的农产品进行无害化处理或者予以监督销毁，没收违法所得，并可以没收用于违法生产经营的工具、设备、原料等物品；违法生产经营的农产品货值金额不足一万元的，并处五万元以上十万元以下罚款，货值金额一万元以上的，并处货值金额十倍以上二十倍以下罚款；对农户，并处五百元以上五千元以下罚款：

（一）销售农药、兽药等化学物质残留或者含有的重金属等有毒有害物质不符合农产品质量安全标准的农产品；

（二）销售含有的致病性寄生虫、微生物或者生物毒素不符合农产品质量安全标准的农产品；

（三）销售其他不符合农产品质量安全标准的农产品。

第七十二条 违反本法规定，农产品生产经营者有下列行为之一的，由县级以上地方人民政府农业农村主管部门责令停止生产经营、追回已经销售的农产品，对违法生产经营的农产品进行无害化处理或者予以监督销毁，没收违法所得，并可以没收用于违法生产经营的工具、设备、原料等物品；违法生产经营的农产品货值金额不足一万元的，并处五千元以上五万元以下罚款，货值金额一万元以上的，并处货值金额五倍以上十倍以下罚款；对农户，并处三百元以上三千元以下罚款：

（一）在农产品生产场所以及生产活动中使用的设施、设备、消毒剂、洗涤剂等不符合国家有关质量安全规定；

（二）未按照国家有关强制性标准或者其他农产品质量安全规定使用保鲜剂、防腐剂、添加剂、包装材料等，或者使用的保鲜剂、防腐剂、添加剂、包装材料等不符合国家有关强制性标准或者其他质量安全规定；

（三）将农产品与有毒有害物质一同储存、运输。

第七十三条 违反本法规定，有下列行为之一的，由县级以上地方人民政府农业农村主管部门按照职责给予批评教育，责令限期改正；逾期不改正的，处一百元以上一千元以下罚款：

（一）农产品生产企业、农民专业合作社、从事农产品收购的单位或者个人未按照规定开具承诺达标合格证；

（二）从事农产品收购的单位或者个人未按照规定收取、保存承诺达标合格证或者其他合格证明。

第七十四条 农产品生产经营者冒用农产品质量标志，或者销售冒用农产品质量标志的农产品的，由县级以上地方人民政府农业农村主管部门按照职责责令改正，没收违法所得；违法生产经营的农产品货值金额不足五千元的，并处五千元以上五万元以下罚款，货值金额五千元以上的，并处货值金额十倍以上二十倍以下罚款。

第七十五条 违反本法关于农产品质量安全追溯规定的，由县级以上地方人民政府农业农村主管部门按照职责责令限期改正；逾期不改正的，可以处一万元以下罚款。

第七十六条 违反本法规定，拒绝、阻挠依法开展的农产品质量安全监督检查、事故调查处理、抽样检测和风险评估的，由有关主管部门按照职责责令停产停业，并处二千元以上五万元以下罚款；构成违反治安管理行为的，由公安机关依法给予治安管理处罚。

第七十七条 《中华人民共和国食品安全法》对食用农产品进入批发、零售市场或者生产加工企业后的违法行为和法律责任有规定的，由县级以上地方人民政府市场监督管理部门依照其规定进行处罚。

第七十八条 违反本法规定，构成犯罪的，依法追究刑事责任。

第七十九条 违反本法规定，给消费者造成人身、财产或者其他损害的，依法承担民事赔偿责任。生产经营者财产不足以同时承担民事赔偿责任和缴纳罚款、罚金时，先承担民事赔偿责任。

食用农产品生产经营者违反本法规定，污染环境、侵害众多消费者合法权益，损害社会公共利益的，人民检察院可以依照《中华人民共和国民事诉讼法》、《中华人民共和国行政诉讼法》等法律的规定向人民法院提起诉讼。

第八章　附　　则

第八十条　粮食收购、储存、运输环节的质量安全管理，依照有关粮食管理的法律、行政法规执行。

第八十一条　本法自2023年1月1日起施行。

中华人民共和国消费者权益保护法

（1993年10月31日第八届全国人民代表大会常务委员会第四次会议通过　根据2009年8月27日第十一届全国人民代表大会常务委员会第十次会议《关于修改部分法律的决定》第一次修正　根据2013年10月25日第十二届全国人民代表大会常务委员会第五次会议《关于修改〈中华人民共和国消费者权益保护法〉的决定》第二次修正）

第一章　总　　则

第一条　**【立法宗旨】**为保护消费者的合法权益，维护社会经济秩序，促进社会主义市场经济健康发展，制定本法。

第二条　**【本法调整对象——消费者】**消费者为生活消费需要购买、使用商品或者接受服务，其权益受本法保护；本法未作规定的，受其他有关法律、法规保护。

第三条　**【本法调整对象——经营者】**经营者为消费者提供其生产、销售的商品或者提供服务，应当遵守本法；本法未作规定的，应当遵守其他有关法律、法规。

第四条　**【交易原则】**经营者与消费者进行交易，应当遵循自愿、平等、公平、诚实信用的原则。

第五条　**【国家保护消费者合法权益的职能】**国家保护消费者的合法权益不受侵害。

国家采取措施，保障消费者依法行使权利，维护消费者的合法权益。

国家倡导文明、健康、节约资源和保护环境的消费方式，反对浪费。

第六条　【全社会共同保护消费者合法权益原则】保护消费者的合法权益是全社会的共同责任。

国家鼓励、支持一切组织和个人对损害消费者合法权益的行为进行社会监督。

大众传播媒介应当做好维护消费者合法权益的宣传，对损害消费者合法权益的行为进行舆论监督。

第二章　消费者的权利

第七条　【安全保障权】消费者在购买、使用商品和接受服务时享有人身、财产安全不受损害的权利。

消费者有权要求经营者提供的商品和服务，符合保障人身、财产安全的要求。

第八条　【知情权】消费者享有知悉其购买、使用的商品或者接受的服务的真实情况的权利。

消费者有权根据商品或者服务的不同情况，要求经营者提供商品的价格、产地、生产者、用途、性能、规格、等级、主要成份、生产日期、有效期限、检验合格证明、使用方法说明书、售后服务，或者服务的内容、规格、费用等有关情况。

第九条　【选择权】消费者享有自主选择商品或者服务的权利。

消费者有权自主选择提供商品或者服务的经营者，自主选择商品品种或者服务方式，自主决定购买或者不购买任何一种商品、接受或者不接受任何一项服务。

消费者在自主选择商品或者服务时，有权进行比较、鉴别和挑选。

第十条　【公平交易权】消费者享有公平交易的权利。

消费者在购买商品或者接受服务时，有权获得质量保障、价格合理、计量正确等公平交易条件，有权拒绝经营者的强制交易行为。

第十一条　【获得赔偿权】消费者因购买、使用商品或者接受服务受到人身、财产损害的，享有依法获得赔偿的权利。

第十二条　【成立维权组织权】消费者享有依法成立维护自身合法权益的社会组织的权利。

第十三条　【获得知识权】消费者享有获得有关消费和消费者权益保

护方面的知识的权利。

消费者应当努力掌握所需商品或者服务的知识和使用技能，正确使用商品，提高自我保护意识。

第十四条　【受尊重权及信息得到保护权】消费者在购买、使用商品和接受服务时，享有人格尊严、民族风俗习惯得到尊重的权利，享有个人信息依法得到保护的权利。

第十五条　【监督权】消费者享有对商品和服务以及保护消费者权益工作进行监督的权利。

消费者有权检举、控告侵害消费者权益的行为和国家机关及其工作人员在保护消费者权益工作中的违法失职行为，有权对保护消费者权益工作提出批评、建议。

第三章　经营者的义务

第十六条　【经营者义务】经营者向消费者提供商品或者服务，应当依照本法和其他有关法律、法规的规定履行义务。

经营者和消费者有约定的，应当按照约定履行义务，但双方的约定不得违背法律、法规的规定。

经营者向消费者提供商品或者服务，应当恪守社会公德，诚信经营，保障消费者的合法权益；不得设定不公平、不合理的交易条件，不得强制交易。

第十七条　【听取意见、接受监督的义务】经营者应当听取消费者对其提供的商品或者服务的意见，接受消费者的监督。

第十八条　【安全保障义务】经营者应当保证其提供的商品或者服务符合保障人身、财产安全的要求。对可能危及人身、财产安全的商品和服务，应当向消费者作出真实的说明和明确的警示，并说明和标明正确使用商品或者接受服务的方法以及防止危害发生的方法。

宾馆、商场、餐馆、银行、机场、车站、港口、影剧院等经营场所的经营者，应当对消费者尽到安全保障义务。

第十九条　【对存在缺陷的产品和服务及时采取措施的义务】经营者发现其提供的商品或者服务存在缺陷，有危及人身、财产安全危险的，应当立即向有关行政部门报告和告知消费者，并采取停止销售、警示、召回、无害化处理、销毁、停止生产或者服务等措施。采取召回措施的，经营者应当承担消费者因商品被召回支出的必要费用。

第二十条 【提供真实、全面信息的义务】经营者向消费者提供有关商品或者服务的质量、性能、用途、有效期限等信息，应当真实、全面，不得作虚假或者引人误解的宣传。

经营者对消费者就其提供的商品或者服务的质量和使用方法等问题提出的询问，应当作出真实、明确的答复。

经营者提供商品或者服务应当明码标价。

第二十一条 【标明真实名称和标记的义务】经营者应当标明其真实名称和标记。

租赁他人柜台或者场地的经营者，应当标明其真实名称和标记。

第二十二条 【出具发票的义务】经营者提供商品或者服务，应当按照国家有关规定或者商业惯例向消费者出具发票等购货凭证或者服务单据；消费者索要发票等购货凭证或者服务单据的，经营者必须出具。

第二十三条 【质量担保义务、瑕疵举证责任】经营者应当保证在正常使用商品或者接受服务的情况下其提供的商品或者服务应当具有的质量、性能、用途和有效期限；但消费者在购买该商品或者接受该服务前已经知道其存在瑕疵，且存在该瑕疵不违反法律强制性规定的除外。

经营者以广告、产品说明、实物样品或者其他方式表明商品或者服务的质量状况的，应当保证其提供的商品或者服务的实际质量与表明的质量状况相符。

经营者提供的机动车、计算机、电视机、电冰箱、空调器、洗衣机等耐用商品或者装饰装修等服务，消费者自接受商品或者服务之日起六个月内发现瑕疵，发生争议的，由经营者承担有关瑕疵的举证责任。

第二十四条 【退货、更换、修理义务】经营者提供的商品或者服务不符合质量要求的，消费者可以依照国家规定、当事人约定退货，或者要求经营者履行更换、修理等义务。没有国家规定和当事人约定的，消费者可以自收到商品之日起七日内退货；七日后符合法定解除合同条件的，消费者可以及时退货，不符合法定解除合同条件的，可以要求经营者履行更换、修理等义务。

依照前款规定进行退货、更换、修理的，经营者应当承担运输等必要费用。

第二十五条　【无理由退货制度】经营者采用网络、电视、电话、邮购等方式销售商品，消费者有权自收到商品之日起七日内退货，且无需说明理由，但下列商品除外：

（一）消费者定作的；

（二）鲜活易腐的；

（三）在线下载或者消费者拆封的音像制品、计算机软件等数字化商品；

（四）交付的报纸、期刊。

除前款所列商品外，其他根据商品性质并经消费者在购买时确认不宜退货的商品，不适用无理由退货。

消费者退货的商品应当完好。经营者应当自收到退回商品之日起七日内返还消费者支付的商品价款。退回商品的运费由消费者承担；经营者和消费者另有约定的，按照约定。

第二十六条　【格式条款的限制】经营者在经营活动中使用格式条款的，应当以显著方式提请消费者注意商品或者服务的数量和质量、价款或者费用、履行期限和方式、安全注意事项和风险警示、售后服务、民事责任等与消费者有重大利害关系的内容，并按照消费者的要求予以说明。

经营者不得以格式条款、通知、声明、店堂告示等方式，作出排除或者限制消费者权利、减轻或者免除经营者责任、加重消费者责任等对消费者不公平、不合理的规定，不得利用格式条款并借助技术手段强制交易。

格式条款、通知、声明、店堂告示等含有前款所列内容的，其内容无效。

第二十七条　【不得侵犯人格尊严和人身自由的义务】经营者不得对消费者进行侮辱、诽谤，不得搜查消费者的身体及其携带的物品，不得侵犯消费者的人身自由。

第二十八条　【特定领域经营者的信息披露义务】采用网络、电视、电话、邮购等方式提供商品或者服务的经营者，以及提供证券、保险、银行等金融服务的经营者，应当向消费者提供经营地址、联系方式、商品或者服务的数量和质量、价款或者费用、履行期限和方式、安全注意事项和风险警示、售后服务、民事责任等信息。

第二十九条　【收集、使用消费者个人信息】经营者收集、使用消费者个人信息，应当遵循合法、正当、必要的原则，明示收集、使用信息的目的、方式和范围，并经消费者同意。经营者收集、使用消费者个人信息，应当公开其收集、使用规则，不得违反法律、法规的规定和双方的约定收集、使用信息。

经营者及其工作人员对收集的消费者个人信息必须严格保密，不得泄露、出售或者非法向他人提供。经营者应当采取技术措施和其他必要措施，确保信息安全，防止消费者个人信息泄露、丢失。在发生或者可能发生信息泄露、丢失的情况时，应当立即采取补救措施。

经营者未经消费者同意或者请求，或者消费者明确表示拒绝的，不得向其发送商业性信息。

第四章　国家对消费者合法权益的保护

第三十条　【听取消费者的意见】国家制定有关消费者权益的法律、法规、规章和强制性标准，应当听取消费者和消费者协会等组织的意见。

第三十一条　【各级政府的职责】各级人民政府应当加强领导，组织、协调、督促有关行政部门做好保护消费者合法权益的工作，落实保护消费者合法权益的职责。

各级人民政府应当加强监督，预防危害消费者人身、财产安全行为的发生，及时制止危害消费者人身、财产安全的行为。

第三十二条　【工商部门的职责】各级人民政府工商行政管理部门和其他有关行政部门应当依照法律、法规的规定，在各自的职责范围内，采取措施，保护消费者的合法权益。

有关行政部门应当听取消费者和消费者协会等组织对经营者交易行为、商品和服务质量问题的意见，及时调查处理。

第三十三条　【抽查检验的职责】有关行政部门在各自的职责范围内，应当定期或者不定期对经营者提供的商品和服务进行抽查检验，并及时向社会公布抽查检验结果。

有关行政部门发现并认定经营者提供的商品或者服务存在缺陷，有危及人身、财产安全危险的，应当立即责令经营者采取停止销售、警示、召回、无害化处理、销毁、停止生产或者服务等措施。

第三十四条　【行政部门的职责】有关国家机关应当依照法律、法规的规定，惩处经营者在提供商品和服务中侵害消费者合法权益的违法犯罪行为。

第三十五条　【人民法院的职责】 人民法院应当采取措施，方便消费者提起诉讼。对符合《中华人民共和国民事诉讼法》起诉条件的消费者权益争议，必须受理，及时审理。

第五章　消费者组织

第三十六条　【消费者协会】 消费者协会和其他消费者组织是依法成立的对商品和服务进行社会监督的保护消费者合法权益的社会组织。

第三十七条　【消费者协会的公益性职责】 消费者协会履行下列公益性职责：

（一）向消费者提供消费信息和咨询服务，提高消费者维护自身合法权益的能力，引导文明、健康、节约资源和保护环境的消费方式；

（二）参与制定有关消费者权益的法律、法规、规章和强制性标准；

（三）参与有关行政部门对商品和服务的监督、检查；

（四）就有关消费者合法权益的问题，向有关部门反映、查询，提出建议；

（五）受理消费者的投诉，并对投诉事项进行调查、调解；

（六）投诉事项涉及商品和服务质量问题的，可以委托具备资格的鉴定人鉴定，鉴定人应当告知鉴定意见；

（七）就损害消费者合法权益的行为，支持受损害的消费者提起诉讼或者依照本法提起诉讼；

（八）对损害消费者合法权益的行为，通过大众传播媒介予以揭露、批评。

各级人民政府对消费者协会履行职责应当予以必要的经费等支持。

消费者协会应当认真履行保护消费者合法权益的职责，听取消费者的意见和建议，接受社会监督。

依法成立的其他消费者组织依照法律、法规及其章程的规定，开展保护消费者合法权益的活动。

第三十八条　【消费者组织的禁止行为】 消费者组织不得从事商品经营和营利性服务，不得以收取费用或者其他牟取利益的方式向消费者推荐商品和服务。

第六章　争议的解决

第三十九条　【争议解决的途径】 消费者和经营者发生消费者权益争

议的，可以通过下列途径解决：

（一）与经营者协商和解；

（二）请求消费者协会或者依法成立的其他调解组织调解；

（三）向有关行政部门投诉；

（四）根据与经营者达成的仲裁协议提请仲裁机构仲裁；

（五）向人民法院提起诉讼。

第四十条　【消费者索赔的权利】消费者在购买、使用商品时，其合法权益受到损害的，可以向销售者要求赔偿。销售者赔偿后，属于生产者的责任或者属于向销售者提供商品的其他销售者的责任的，销售者有权向生产者或者其他销售者追偿。

消费者或者其他受害人因商品缺陷造成人身、财产损害的，可以向销售者要求赔偿，也可以向生产者要求赔偿。属于生产者责任的，销售者赔偿后，有权向生产者追偿。属于销售者责任的，生产者赔偿后，有权向销售者追偿。

消费者在接受服务时，其合法权益受到损害的，可以向服务者要求赔偿。

第四十一条　【企业变更后的索赔】消费者在购买、使用商品或者接受服务时，其合法权益受到损害，因原企业分立、合并的，可以向变更后承受其权利义务的企业要求赔偿。

第四十二条　【营业执照出借人或借用人的连带责任】使用他人营业执照的违法经营者提供商品或者服务，损害消费者合法权益的，消费者可以向其要求赔偿，也可以向营业执照的持有人要求赔偿。

第四十三条　【展销会、租赁柜台的责任】消费者在展销会、租赁柜台购买商品或者接受服务，其合法权益受到损害的，可以向销售者或者服务者要求赔偿。展销会结束或者柜台租赁期满后，也可以向展销会的举办者、柜台的出租者要求赔偿。展销会的举办者、柜台的出租者赔偿后，有权向销售者或者服务者追偿。

第四十四条　【网络交易平台提供者的责任】消费者通过网络交易平台购买商品或者接受服务，其合法权益受到损害的，可以向销售者或者服务者要求赔偿。网络交易平台提供者不能提供销售者或者服务者的真实名称、地址和有效联系方式的，消费者也可以向网络交易平台提供者要求赔偿；网络交易平台提供者作出更有利于消费者的承诺的，应当履行承诺。网络交易平台提供者赔偿后，有权向销售者或者服务者追偿。

网络交易平台提供者明知或者应知销售者或者服务者利用其平台侵害消费者合法权益，未采取必要措施的，依法与该销售者或者服务者承担连带责任。

第四十五条　【虚假广告相关责任人的责任】消费者因经营者利用虚假广告或者其他虚假宣传方式提供商品或者服务，其合法权益受到损害的，可以向经营者要求赔偿。广告经营者、发布者发布虚假广告的，消费者可以请求行政主管部门予以惩处。广告经营者、发布者不能提供经营者的真实名称、地址和有效联系方式的，应当承担赔偿责任。

广告经营者、发布者设计、制作、发布关系消费者生命健康商品或者服务的虚假广告，造成消费者损害的，应当与提供该商品或者服务的经营者承担连带责任。

社会团体或者其他组织、个人在关系消费者生命健康商品或者服务的虚假广告或者其他虚假宣传中向消费者推荐商品或者服务，造成消费者损害的，应当与提供该商品或者服务的经营者承担连带责任。

第四十六条　【投诉】消费者向有关行政部门投诉的，该部门应当自收到投诉之日起七个工作日内，予以处理并告知消费者。

第四十七条　【消费者协会的诉权】对侵害众多消费者合法权益的行为，中国消费者协会以及在省、自治区、直辖市设立的消费者协会，可以向人民法院提起诉讼。

第七章　法 律 责 任

第四十八条　【经营者承担责任的情形】经营者提供商品或者服务有下列情形之一的，除本法另有规定外，应当依照其他有关法律、法规的规定，承担民事责任：

（一）商品或者服务存在缺陷的；

（二）不具备商品应当具备的使用性能而出售时未作说明的；

（三）不符合在商品或者其包装上注明采用的商品标准的；

（四）不符合商品说明、实物样品等方式表明的质量状况的；

（五）生产国家明令淘汰的商品或者销售失效、变质的商品的；

（六）销售的商品数量不足的；

（七）服务的内容和费用违反约定的；

（八）对消费者提出的修理、重作、更换、退货、补足商品数量、退还货款和服务费用或者赔偿损失的要求，故意拖延或者无理拒绝的；

（九）法律、法规规定的其他损害消费者权益的情形。

经营者对消费者未尽到安全保障义务，造成消费者损害的，应当承担侵权责任。

第四十九条　【造成人身损害的赔偿责任】经营者提供商品或者服务，造成消费者或者其他受害人人身伤害的，应当赔偿医疗费、护理费、交通费等为治疗和康复支出的合理费用，以及因误工减少的收入。造成残疾的，还应当赔偿残疾生活辅助具费和残疾赔偿金。造成死亡的，还应当赔偿丧葬费和死亡赔偿金。

第五十条　【侵犯人格尊严的弥补】经营者侵害消费者的人格尊严、侵犯消费者人身自由或者侵害消费者个人信息依法得到保护的权利的，应当停止侵害、恢复名誉、消除影响、赔礼道歉，并赔偿损失。

第五十一条　【精神损害赔偿责任】经营者有侮辱诽谤、搜查身体、侵犯人身自由等侵害消费者或者其他受害人人身权益的行为，造成严重精神损害的，受害人可以要求精神损害赔偿。

第五十二条　【造成财产损害的民事责任】经营者提供商品或者服务，造成消费者财产损害的，应当依照法律规定或者当事人约定承担修理、重作、更换、退货、补足商品数量、退还货款和服务费用或者赔偿损失等民事责任。

第五十三条　【预付款后未履约的责任】经营者以预收款方式提供商品或者服务的，应当按照约定提供。未按照约定提供的，应当按照消费者的要求履行约定或者退回预付款；并应当承担预付款的利息、消费者必须支付的合理费用。

第五十四条　【退货责任】依法经有关行政部门认定为不合格的商品，消费者要求退货的，经营者应当负责退货。

第五十五条　【惩罚性赔偿】经营者提供商品或者服务有欺诈行为的，应当按照消费者的要求增加赔偿其受到的损失，增加赔偿的金额为消费者购买商品的价款或者接受服务的费用的三倍；增加赔偿的金额不足五百元的，为五百元。法律另有规定的，依照其规定。

经营者明知商品或者服务存在缺陷，仍然向消费者提供，造成消费者或者其他受害人死亡或者健康严重损害的，受害人有权要求经营者依照本法第四十九条、第五十一条等法律规定赔偿损失，并有权要求所受损失二倍以下的惩罚性赔偿。

第五十六条　【严重处罚的情形】经营者有下列情形之一，除承担相应的民事责任外，其他有关法律、法规对处罚机关和处罚方式有规定的，依照法律、法规的规定执行；法律、法规未作规定的，由工商行政管理部门或者其他有关行政部门责令改正，可以根据情节单处或者并处警告、没收违法所得、处以违法所得一倍以上十倍以下的罚款，没有违法所得的，处以五十万元以下的罚款；情节严重的，责令停业整顿、吊销营业执照：

（一）提供的商品或者服务不符合保障人身、财产安全要求的；

（二）在商品中掺杂、掺假，以假充真，以次充好，或者以不合格商品冒充合格商品的；

（三）生产国家明令淘汰的商品或者销售失效、变质的商品的；

（四）伪造商品的产地，伪造或者冒用他人的厂名、厂址，篡改生产日期，伪造或者冒用认证标志等质量标志的；

（五）销售的商品应当检验、检疫而未检验、检疫或者伪造检验、检疫结果的；

（六）对商品或者服务作虚假或者引人误解的宣传的；

（七）拒绝或者拖延有关行政部门责令对缺陷商品或者服务采取停止销售、警示、召回、无害化处理、销毁、停止生产或者服务等措施的；

（八）对消费者提出的修理、重作、更换、退货、补足商品数量、退还货款和服务费用或者赔偿损失的要求，故意拖延或者无理拒绝的；

（九）侵害消费者人格尊严、侵犯消费者人身自由或者侵害消费者个人信息依法得到保护的权利的；

（十）法律、法规规定的对损害消费者权益应当予以处罚的其他情形。

经营者有前款规定情形的，除依照法律、法规规定予以处罚外，处罚机关应当记入信用档案，向社会公布。

第五十七条　【经营者的刑事责任】经营者违反本法规定提供商品或者服务，侵害消费者合法权益，构成犯罪的，依法追究刑事责任。

第五十八条　【民事赔偿责任优先原则】经营者违反本法规定，应当承担民事赔偿责任和缴纳罚款、罚金，其财产不足以同时支付的，先承担民事赔偿责任。

第五十九条　【经营者的权利】经营者对行政处罚决定不服的，可以依法申请行政复议或者提起行政诉讼。

第六十条　【暴力抗法的责任】以暴力、威胁等方法阻碍有关行政部门工作人员依法执行职务的，依法追究刑事责任；拒绝、阻碍有关行政部门工作人员依法执行职务，未使用暴力、威胁方法的，由公安机关依照《中华人民共和国治安管理处罚法》的规定处罚。

第六十一条　【国家机关工作人员的责任】国家机关工作人员玩忽职守或者包庇经营者侵害消费者合法权益的行为的，由其所在单位或者上级机关给予行政处分；情节严重，构成犯罪的，依法追究刑事责任。

第八章　附　　则

第六十二条　【购买农业生产资料的参照执行】农民购买、使用直接用于农业生产的生产资料，参照本法执行。

第六十三条　【实施日期】本法自 1994 年 1 月 1 日起施行。

中华人民共和国广告法

（2009 年 2 月 28 日第十一届全国人民代表大会常务委员会第七次会议通过　2015 年 4 月 24 日第十二届全国人民代表大会常务委员会第十四次会议修订　根据 2018 年 12 月 29 日第十三届全国人民代表大会常务委员会第七次会议《关于修改〈中华人民共和国产品质量法〉等五部法律的决定》第一次修正　根据 2021 年 4 月 29 日第十三届全国人民代表大会常务委员会第二十八次会议《关于修改〈中华人民共和国道路交通安全法〉等八部法律的决定》第二次修正）

第一章　总　　则

第一条　【立法目的】为了规范广告活动，保护消费者的合法权益，促进广告业的健康发展，维护社会经济秩序，制定本法。

第二条　【调整范围及定义】在中华人民共和国境内，商品经营者或者服务提供者通过一定媒介和形式直接或者间接地介绍自己所推销的商品或者服务的商业广告活动，适用本法。

本法所称广告主，是指为推销商品或者服务，自行或者委托他人设计、制作、发布广告的自然人、法人或者其他组织。

本法所称广告经营者，是指接受委托提供广告设计、制作、代理服务的自然人、法人或者其他组织。

本法所称广告发布者，是指为广告主或者广告主委托的广告经营者发布广告的自然人、法人或者其他组织。

本法所称广告代言人，是指广告主以外的，在广告中以自己的名义或者形象对商品、服务作推荐、证明的自然人、法人或者其他组织。

第三条　【内容和形式要求】广告应当真实、合法，以健康的表现形式表达广告内容，符合社会主义精神文明建设和弘扬中华民族优秀传统文化的要求。

第四条　【真实性原则】广告不得含有虚假或者引人误解的内容，不得欺骗、误导消费者。

广告主应当对广告内容的真实性负责。

第五条　【基本行为规范】广告主、广告经营者、广告发布者从事广告活动，应当遵守法律、法规，诚实信用，公平竞争。

第六条　【监督管理体制】国务院市场监督管理部门主管全国的广告监督管理工作，国务院有关部门在各自的职责范围内负责广告管理相关工作。

县级以上地方市场监督管理部门主管本行政区域的广告监督管理工作，县级以上地方人民政府有关部门在各自的职责范围内负责广告管理相关工作。

第七条　【行业组织】广告行业组织依照法律、法规和章程的规定，制定行业规范，加强行业自律，促进行业发展，引导会员依法从事广告活动，推动广告行业诚信建设。

第二章　广告内容准则

第八条　【广告表述】广告中对商品的性能、功能、产地、用途、质量、成分、价格、生产者、有效期限、允诺等或者对服务的内容、提供者、形式、质量、价格、允诺等有表示的，应当准确、清楚、明白。

广告中表明推销的商品或者服务附带赠送的，应当明示所附带赠送商品或者服务的品种、规格、数量、期限和方式。

法律、行政法规规定广告中应当明示的内容，应当显著、清晰表示。

第九条　【一般禁止情形】广告不得有下列情形：

（一）使用或者变相使用中华人民共和国的国旗、国歌、国徽，军旗、军歌、军徽；

（二）使用或者变相使用国家机关、国家机关工作人员的名义或者形象；

（三）使用“国家级”、“最高级”、“最佳”等用语；

（四）损害国家的尊严或者利益，泄露国家秘密；

（五）妨碍社会安定，损害社会公共利益；

（六）危害人身、财产安全，泄露个人隐私；

（七）妨碍社会公共秩序或者违背社会良好风尚；

（八）含有淫秽、色情、赌博、迷信、恐怖、暴力的内容；

（九）含有民族、种族、宗教、性别歧视的内容；

（十）妨碍环境、自然资源或者文化遗产保护；

（十一）法律、行政法规规定禁止的其他情形。

第十条　【保护未成年人和残疾人】广告不得损害未成年人和残疾人的身心健康。

第十一条　【涉及行政许可和引证内容的广告】广告内容涉及的事项需要取得行政许可的，应当与许可的内容相符合。

广告使用数据、统计资料、调查结果、文摘、引用语等引证内容的，应当真实、准确，并表明出处。引证内容有适用范围和有效期限的，应当明确表示。

第十二条　【涉及专利的广告】广告中涉及专利产品或者专利方法的，应当标明专利号和专利种类。

未取得专利权的，不得在广告中谎称取得专利权。

禁止使用未授予专利权的专利申请和已经终止、撤销、无效的专利作广告。

第十三条　【广告不得含有贬低内容】广告不得贬低其他生产经营者的商品或者服务。

第十四条　【广告可识别性以及发布要求】广告应当具有可识别性，能够使消费者辨明其为广告。

大众传播媒介不得以新闻报道形式变相发布广告。通过大众传播媒介发布的广告应当显著标明“广告”，与其他非广告信息相区别，不得使消费者产生误解。

广播电台、电视台发布广告，应当遵守国务院有关部门关于时长、方式的规定，并应当对广告时长作出明显提示。

第十五条　【处方药、易制毒化学品、戒毒等广告】麻醉药品、精神药品、医疗用毒性药品、放射性药品等特殊药品，药品类易制毒化学品，以及戒毒治疗的药品、医疗器械和治疗方法，不得作广告。

前款规定以外的处方药，只能在国务院卫生行政部门和国务院药品监督管理部门共同指定的医学、药学专业刊物上作广告。

第十六条　【医疗、药品、医疗器械广告】医疗、药品、医疗器械广告不得含有下列内容：

（一）表示功效、安全性的断言或者保证；

（二）说明治愈率或者有效率；

（三）与其他药品、医疗器械的功效和安全性或者其他医疗机构比较；

（四）利用广告代言人作推荐、证明；

（五）法律、行政法规规定禁止的其他内容。

药品广告的内容不得与国务院药品监督管理部门批准的说明书不一致，并应当显著标明禁忌、不良反应。处方药广告应当显著标明“本广告仅供医学药学专业人士阅读”，非处方药广告应当显著标明“请按药品说明书或者在药师指导下购买和使用”。

推荐给个人自用的医疗器械的广告，应当显著标明“请仔细阅读产品说明书或者在医务人员的指导下购买和使用”。医疗器械产品注册证明文件中有禁忌内容、注意事项的，广告中应当显著标明“禁忌内容或者注意事项详见说明书”。

第十七条　【禁止使用医药用语】除医疗、药品、医疗器械广告外，禁止其他任何广告涉及疾病治疗功能，并不得使用医疗用语或者易使推销的商品与药品、医疗器械相混淆的用语。

第十八条　【保健食品广告】保健食品广告不得含有下列内容：

（一）表示功效、安全性的断言或者保证；

（二）涉及疾病预防、治疗功能；

（三）声称或者暗示广告商品为保障健康所必需；

（四）与药品、其他保健食品进行比较；

（五）利用广告代言人作推荐、证明；

（六）法律、行政法规规定禁止的其他内容。

保健食品广告应当显著标明“本品不能代替药物”。

第十九条　【禁止变相发布广告】广播电台、电视台、报刊音像出版单位、互联网信息服务提供者不得以介绍健康、养生知识等形式变相发布医疗、药品、医疗器械、保健食品广告。

第二十条　【母乳代用品广告】禁止在大众传播媒介或者公共场所发布声称全部或者部分替代母乳的婴儿乳制品、饮料和其他食品广告。

第二十一条　【农药、兽药、饲料和饲料添加剂广告】农药、兽药、饲料和饲料添加剂广告不得含有下列内容：

（一）表示功效、安全性的断言或者保证；

（二）利用科研单位、学术机构、技术推广机构、行业协会或者专业人士、用户的名义或者形象作推荐、证明；

（三）说明有效率；

（四）违反安全使用规程的文字、语言或者画面；

（五）法律、行政法规规定禁止的其他内容。

第二十二条　【烟草广告】禁止在大众传播媒介或者公共场所、公共交通工具、户外发布烟草广告。禁止向未成年人发送任何形式的烟草广告。

禁止利用其他商品或者服务的广告、公益广告，宣传烟草制品名称、商标、包装、装潢以及类似内容。

烟草制品生产者或者销售者发布的迁址、更名、招聘等启事中，不得含有烟草制品名称、商标、包装、装潢以及类似内容。

第二十三条　【酒类广告】酒类广告不得含有下列内容：

（一）诱导、怂恿饮酒或者宣传无节制饮酒；

（二）出现饮酒的动作；

（三）表现驾驶车、船、飞机等活动；

（四）明示或者暗示饮酒有消除紧张和焦虑、增加体力等功效。

第二十四条　【教育、培训广告】教育、培训广告不得含有下列内容：

（一）对升学、通过考试、获得学位学历或者合格证书，或者对教育、培训的效果作出明示或者暗示的保证性承诺；

（二）明示或者暗示有相关考试机构或者其工作人员、考试命题人员参与教育、培训；

（三）利用科研单位、学术机构、教育机构、行业协会、专业人士、受益者的名义或者形象作推荐、证明。

第二十五条　【有投资回报预期的商品或者服务广告】招商等有投资回报预期的商品或者服务广告，应当对可能存在的风险以及风险责任承担有合理提示或者警示，并不得含有下列内容：

（一）对未来效果、收益或者与其相关的情况作出保证性承诺，明示或者暗示保本、无风险或者保收益等，国家另有规定的除外；

（二）利用学术机构、行业协会、专业人士、受益者的名义或者形象作推荐、证明。

第二十六条　【房地产广告】房地产广告，房源信息应当真实，面积应当表明为建筑面积或者套内建筑面积，并不得含有下列内容：

（一）升值或者投资回报的承诺；

（二）以项目到达某一具体参照物的所需时间表示项目位置；

（三）违反国家有关价格管理的规定；

（四）对规划或者建设中的交通、商业、文化教育设施以及其他市政条件作误导宣传。

第二十七条　【种养殖广告】农作物种子、林木种子、草种子、种畜禽、水产苗种和种养殖广告关于品种名称、生产性能、生长量或者产量、品质、抗性、特殊使用价值、经济价值、适宜种植或者养殖的范围和条件等方面的表述应当真实、清楚、明白，并不得含有下列内容：

（一）作科学上无法验证的断言；

（二）表示功效的断言或者保证；

（三）对经济效益进行分析、预测或者作保证性承诺；

（四）利用科研单位、学术机构、技术推广机构、行业协会或者专业人士、用户的名义或者形象作推荐、证明。

第二十八条　【虚假广告】广告以虚假或者引人误解的内容欺骗、误导消费者的，构成虚假广告。

广告有下列情形之一的，为虚假广告：

（一）商品或者服务不存在的；

（二）商品的性能、功能、产地、用途、质量、规格、成分、价格、生产者、有效期限、销售状况、曾获荣誉等信息，或者服务的内容、提供者、形式、质量、价格、销售状况、曾获荣誉等信息，以及与商品或者服务有关的允诺等信息与实际情况不符，对购买行为有实质性影响的；

（三）使用虚构、伪造或者无法验证的科研成果、统计资料、调查结果、文摘、引用语等信息作证明材料的；

（四）虚构使用商品或者接受服务的效果的；

（五）以虚假或者引人误解的内容欺骗、误导消费者的其他情形。

第三章　广告行为规范

第二十九条　【从事广告发布业务的条件】广播电台、电视台、报刊出版单位从事广告发布业务的，应当设有专门从事广告业务的机构，配备必要的人员，具有与发布广告相适应的场所、设备。

第三十条　【广告合同】广告主、广告经营者、广告发布者之间在广告活动中应当依法订立书面合同。

第三十一条　【禁止不正当竞争】广告主、广告经营者、广告发布者不得在广告活动中进行任何形式的不正当竞争。

第三十二条　【受委托方的合法经营资格】广告主委托设计、制作、发布广告，应当委托具有合法经营资格的广告经营者、广告发布者。

第三十三条　【广告涉及他人人身权利时的义务】广告主或者广告经营者在广告中使用他人名义或者形象的，应当事先取得其书面同意；使用无民事行为能力人、限制民事行为能力人的名义或者形象的，应当事先取得其监护人的书面同意。

第三十四条　【广告业务管理制度和查验、核对义务】广告经营者、广告发布者应当按照国家有关规定，建立、健全广告业务的承接登记、审核、档案管理制度。

广告经营者、广告发布者依据法律、行政法规查验有关证明文件，核对广告内容。对内容不符或者证明文件不全的广告，广告经营者不得提供设计、制作、代理服务，广告发布者不得发布。

第三十五条　【广告收费标准和办法】广告经营者、广告发布者应当公布其收费标准和收费办法。

第三十六条　【媒介传播效果资料真实】广告发布者向广告主、广告经营者提供的覆盖率、收视率、点击率、发行量等资料应当真实。

第三十七条　【不得提供广告服务的情形】法律、行政法规规定禁止生产、销售的产品或者提供的服务，以及禁止发布广告的商品或者服务，任何单位或者个人不得设计、制作、代理、发布广告。

第三十八条　【广告代言人的义务】广告代言人在广告中对商品、服务作推荐、证明，应当依据事实，符合本法和有关法律、行政法规规定，并不得为其未使用过的商品或者未接受过的服务作推荐、证明。

不得利用不满十周岁的未成年人作为广告代言人。

对在虚假广告中作推荐、证明受到行政处罚未满三年的自然人、法人或者其他组织，不得利用其作为广告代言人。

第三十九条　【广告不得侵扰中小学生、幼儿】不得在中小学校、幼儿园内开展广告活动，不得利用中小学生和幼儿的教材、教辅材料、练习册、文具、教具、校服、校车等发布或者变相发布广告，但公益广告除外。

第四十条　【针对未成年人的广告】在针对未成年人的大众传播媒介上不得发布医疗、药品、保健食品、医疗器械、化妆品、酒类、美容广告，以及不利于未成年人身心健康的网络游戏广告。

针对不满十四周岁的未成年人的商品或者服务的广告不得含有下列内容：

（一）劝诱其要求家长购买广告商品或者服务；

（二）可能引发其模仿不安全行为。

第四十一条　【户外广告的监管】县级以上地方人民政府应当组织有关部门加强对利用户外场所、空间、设施等发布户外广告的监督管理，制定户外广告设置规划和安全要求。

户外广告的管理办法，由地方性法规、地方政府规章规定。

第四十二条　【禁止设置户外广告的情形】有下列情形之一的，不得设置户外广告：

（一）利用交通安全设施、交通标志的；

（二）影响市政公共设施、交通安全设施、交通标志、消防设施、消防安全标志使用的；

（三）妨碍生产或者人民生活，损害市容市貌的；

（四）在国家机关、文物保护单位、风景名胜区等的建筑控制地带，或者县级以上地方人民政府禁止设置户外广告的区域设置的。

第四十三条　【垃圾广告】任何单位或者个人未经当事人同意或者请求，不得向其住宅、交通工具等发送广告，也不得以电子信息方式向其发送广告。

以电子信息方式发送广告的，应当明示发送者的真实身份和联系方式，并向接收者提供拒绝继续接收的方式。

第四十四条　【互联网广告】利用互联网从事广告活动，适用本法的各项规定。

利用互联网发布、发送广告，不得影响用户正常使用网络。在互联网页面以弹出等形式发布的广告，应当显著标明关闭标志，确保一键关闭。

第四十五条　【“第三方平台”义务】公共场所的管理者或者电信业务经营

者、互联网信息服务提供者对其明知或者应知的利用其场所或者信息传输、发布平台发送、发布违法广告的，应当予以制止。

第四章 监督管理

第四十六条 【特殊商品和服务广告发布前审查】发布医疗、药品、医疗器械、农药、兽药和保健食品广告，以及法律、行政法规规定应当进行审查的其他广告，应当在发布前由有关部门（以下称广告审查机关）对广告内容进行审查；未经审查，不得发布。

第四十七条 【广告发布前审查程序】广告主申请广告审查，应当依照法律、行政法规向广告审查机关提交有关证明文件。

广告审查机关应当依照法律、行政法规规定作出审查决定，并应当将审查批准文件抄送同级市场监督管理部门。广告审查机关应当及时向社会公布批准的广告。

第四十八条 【广告审查批准文件不得伪造、变造或者转让】任何单位或者个人不得伪造、变造或者转让广告审查批准文件。

第四十九条 【市场监督管理部门的职权和义务】市场监督管理部门履行广告监督管理职责，可以行使下列职权：

（一）对涉嫌从事违法广告活动的场所实施现场检查；

（二）询问涉嫌违法当事人或者其法定代表人、主要负责人和其他有关人员，对有关单位或者个人进行调查；

（三）要求涉嫌违法当事人限期提供有关证明文件；

（四）查阅、复制与涉嫌违法广告有关的合同、票据、账簿、广告作品和其他有关资料；

（五）查封、扣押与涉嫌违法广告直接相关的广告物品、经营工具、设备等财物；

（六）责令暂停发布可能造成严重后果的涉嫌违法广告；

（七）法律、行政法规规定的其他职权。

市场监督管理部门应当建立健全广告监测制度，完善监测措施，及时发现和依法查处违法广告行为。

第五十条 【授权制定利用大众传播媒介发布广告的行为规范】国务院市场监督管理部门会同国务院有关部门，制定大众传播媒介广告发布行为规范。

第五十一条 【配合监管义务】市场监督管理部门依照本法规定行使职权，

当事人应当协助、配合，不得拒绝、阻挠。

第五十二条　【保密义务】市场监督管理部门和有关部门及其工作人员对其在广告监督管理活动中知悉的商业秘密负有保密义务。

第五十三条　【投诉和举报】任何单位或者个人有权向市场监督管理部门和有关部门投诉、举报违反本法的行为。市场监督管理部门和有关部门应当向社会公开受理投诉、举报的电话、信箱或者电子邮件地址，接到投诉、举报的部门应当自收到投诉之日起七个工作日内，予以处理并告知投诉、举报人。

市场监督管理部门和有关部门不依法履行职责的，任何单位或者个人有权向其上级机关或者监察机关举报。接到举报的机关应当依法作出处理，并将处理结果及时告知举报人。

有关部门应当为投诉、举报人保密。

第五十四条　【社会监督】消费者协会和其他消费者组织对违反本法规定，发布虚假广告侵害消费者合法权益，以及其他损害社会公共利益的行为，依法进行社会监督。

第五章　法律责任

第五十五条　【虚假广告行政、刑事责任】违反本法规定，发布虚假广告的，由市场监督管理部门责令停止发布广告，责令广告主在相应范围内消除影响，处广告费用三倍以上五倍以下的罚款，广告费用无法计算或者明显偏低的，处二十万元以上一百万元以下的罚款；两年内有三次以上违法行为或者有其他严重情节的，处广告费用五倍以上十倍以下的罚款，广告费用无法计算或者明显偏低的，处一百万元以上二百万元以下的罚款，可以吊销营业执照，并由广告审查机关撤销广告审查批准文件、一年内不受理其广告审查申请。

医疗机构有前款规定违法行为，情节严重的，除由市场监督管理部门依照本法处罚外，卫生行政部门可以吊销诊疗科目或者吊销医疗机构执业许可证。

广告经营者、广告发布者明知或者应知广告虚假仍设计、制作、代理、发布的，由市场监督管理部门没收广告费用，并处广告费用三倍以上五倍以下的罚款，广告费用无法计算或者明显偏低的，处二十万元以上一百万元以下的罚款；两年内有三次以上违法行为或者有其他严重情节的，处广告费用五倍以上十倍以下的罚款，广告费用无法计算或者明显偏低的，处一百万元以上二百万元以下的罚款，并可以由有关部门暂停广告发布业务、吊销营业执照。

广告主、广告经营者、广告发布者有本条第一款、第三款规定行为，构成犯罪的，依法追究刑事责任。

第五十六条　【虚假广告民事责任】违反本法规定，发布虚假广告，欺骗、误导消费者，使购买商品或者接受服务的消费者的合法权益受到损害的，由广告主依法承担民事责任。广告经营者、广告发布者不能提供广告主的真实名称、地址和有效联系方式的，消费者可以要求广告经营者、广告发布者先行赔偿。

关系消费者生命健康的商品或者服务的虚假广告，造成消费者损害的，其广告经营者、广告发布者、广告代言人应当与广告主承担连带责任。

前款规定以外的商品或者服务的虚假广告，造成消费者损害的，其广告经营者、广告发布者、广告代言人，明知或者应知广告虚假仍设计、制作、代理、发布或者作推荐、证明的，应当与广告主承担连带责任。

第五十七条　【发布违反基本准则或者本法禁止发布的广告的责任】有下列行为之一的，由市场监督管理部门责令停止发布广告，对广告主处二十万元以上一百万元以下的罚款，情节严重的，并可以吊销营业执照，由广告审查机关撤销广告审查批准文件、一年内不受理其广告审查申请；对广告经营者、广告发布者，由市场监督管理部门没收广告费用，处二十万元以上一百万元以下的罚款，情节严重的，并可以吊销营业执照：

（一）发布有本法第九条、第十条规定的禁止情形的广告的；

（二）违反本法第十五条规定发布处方药广告、药品类易制毒化学品广告、戒毒治疗的医疗器械和治疗方法广告的；

（三）违反本法第二十条规定，发布声称全部或者部分替代母乳的婴儿乳制品、饮料和其他食品广告的；

（四）违反本法第二十二条规定发布烟草广告的；

（五）违反本法第三十七条规定，利用广告推销禁止生产、销售的产品或者提供的服务，或者禁止发布广告的商品或者服务的；

（六）违反本法第四十条第一款规定，在针对未成年人的大众传播媒介上发布医疗、药品、保健食品、医疗器械、化妆品、酒类、美容广告，以及不利于未成年人身心健康的网络游戏广告的。

第五十八条　【发布违反特殊准则、违法使用广告代言人或者未经依法审查的广告的责任】有下列行为之一的，由市场监督管理部门责令停止发布广告，责令广告主在相应范围内消除影响，处广告费用一倍以上三倍以下的罚款，广告费用无法计算或者明显偏低的，处十万元以上二十万元以下的罚款；情节严重的，处广告费用三倍以上五倍以下的罚款，广告费用无法计算或者明显偏低的，处二十万元以上一百万元以下的罚款，可以吊销营业执照，并由广告审查机关撤销广告审查批准文件、一年内不受理其广告审查申请：

（一）违反本法第十六条规定发布医疗、药品、医疗器械广告的；

（二）违反本法第十七条规定，在广告中涉及疾病治疗功能，以及使用医疗用语或者易使推销的商品与药品、医疗器械相混淆的用语的；

（三）违反本法第十八条规定发布保健食品广告的；

（四）违反本法第二十一条规定发布农药、兽药、饲料和饲料添加剂广告的；

（五）违反本法第二十三条规定发布酒类广告的；

（六）违反本法第二十四条规定发布教育、培训广告的；

（七）违反本法第二十五条规定发布招商等有投资回报预期的商品或者服务广告的；

（八）违反本法第二十六条规定发布房地产广告的；

（九）违反本法第二十七条规定发布农作物种子、林木种子、草种子、种畜禽、水产苗种和种养殖广告的；

（十）违反本法第三十八条第二款规定，利用不满十周岁的未成年人作为广告代言人的；

（十一）违反本法第三十八条第三款规定，利用自然人、法人或者其他组织作为广告代言人的；

（十二）违反本法第三十九条规定，在中小学校、幼儿园内或者利用与中小学生、幼儿有关的物品发布广告的；

（十三）违反本法第四十条第二款规定，发布针对不满十四周岁的未成年人的商品或者服务的广告的；

（十四）违反本法第四十六条规定，未经审查发布广告的。

医疗机构有前款规定违法行为，情节严重的，除由市场监督管理部门依照本法处罚外，卫生行政部门可以吊销诊疗科目或者吊销医疗机构执业许可证。

广告经营者、广告发布者明知或者应知有本条第一款规定违法行为仍设计、制作、代理、发布的，由市场监督管理部门没收广告费用，并处广告费用一倍以上三倍以下的罚款，广告费用无法计算或者明显偏低的，处十万元以上二十万元以下的罚款；情节严重的，处广告费用三倍以上五倍以下的罚款，广告费用无法计算或者明显偏低的，处二十万元以上一百万元以下的罚款，并可以由有关部门暂停广告发布业务、吊销营业执照。

第五十九条　【发布违反一般准则或者贬低他人商品或服务的广告的责任】

有下列行为之一的，由市场监督管理部门责令停止发布广告，对广告主处十万元以下的罚款：

（一）广告内容违反本法第八条规定的；

（二）广告引证内容违反本法第十一条规定的；

（三）涉及专利的广告违反本法第十二条规定的；

（四）违反本法第十三条规定，广告贬低其他生产经营者的商品或者服务的。

广告经营者、广告发布者明知或者应知有前款规定违法行为仍设计、制作、代理、发布的，由市场监督管理部门处十万元以下的罚款。

广告违反本法第十四条规定，不具有可识别性的，或者违反本法第十九条规定，变相发布医疗、药品、医疗器械、保健食品广告的，由市场监督管理部门责令改正，对广告发布者处十万元以下的罚款。

第六十条　【广告经营者、广告发布者未依法进行广告业务管理的责任】违反本法第三十四条规定，广告经营者、广告发布者未按照国家有关规定建立、健全广告业务管理制度的，或者未对广告内容进行核对的，由市场监督管理部门责令改正，可以处五万元以下的罚款。

违反本法第三十五条规定，广告经营者、广告发布者未公布其收费标准和收费办法的，由价格主管部门责令改正，可以处五万元以下的罚款。

第六十一条　【广告代言人的责任】广告代言人有下列情形之一的，由市场监督管理部门没收违法所得，并处违法所得一倍以上二倍以下的罚款：

（一）违反本法第十六条第一款第四项规定，在医疗、药品、医疗器械广告中作推荐、证明的；

（二）违反本法第十八条第一款第五项规定，在保健食品广告中作推荐、证明的；

（三）违反本法第三十八条第一款规定，为其未使用过的商品或者未接受过的服务作推荐、证明的；

（四）明知或者应知广告虚假仍在广告中对商品、服务作推荐、证明的。

第六十二条　【未经同意或者请求向他人发送广告、违法利用互联网发布广告的责任】违反本法第四十三条规定发送广告的，由有关部门责令停止违法行为，对广告主处五千元以上三万元以下的罚款。

违反本法第四十四条第二款规定，利用互联网发布广告，未显著标明关闭标志，确保一键关闭的，由市场监督管理部门责令改正，对广告主处五千元以上三万元以下的罚款。

第六十三条　【公共场所的管理者和电信业务经营者、互联网信息服务提供者未依法制止违法广告活动的责任】违反本法第四十五条规定，公共场所的管理者和电信业务经营者、互联网信息服务提供者，明知或者应知广告活动违法不予制止的，由市场监督管理部门没收违法所得，违法所得五万元以上的，并处违法所得一倍以上三倍以下的罚款，违法所得不足五万元的，并处一万元以上五万元以下的罚款；情节严重的，由有关部门依法停止相关业务。

第六十四条　【隐瞒真实情况或者提供虚假材料申请广告审查的责任】违反本法规定，隐瞒真实情况或者提供虚假材料申请广告审查的，广告审查机关不予受理或者不予批准，予以警告，一年内不受理该申请人的广告审查申请；以欺骗、贿赂等不正当手段取得广告审查批准的，广告审查机关予以撤销，处十万元以上二十万元以下的罚款，三年内不受理该申请人的广告审查申请。

第六十五条　【伪造、变造或者转让广告审查批准文件的责任】违反本法规定，伪造、变造或者转让广告审查批准文件的，由市场监督管理部门没收违法所得，并处一万元以上十万元以下的罚款。

第六十六条　【信用档案制度】有本法规定的违法行为的，由市场监督管理部门记入信用档案，并依照有关法律、行政法规规定予以公示。

第六十七条　【广播电台、电视台、报刊音像出版单位及其主管部门的责任】广播电台、电视台、报刊音像出版单位发布违法广告，或者以新闻报道形式变相发布广告，或者以介绍健康、养生知识等形式变相发布医疗、药品、医疗器械、保健食品广告，市场监督管理部门依照本法给予处罚的，应当通报新闻出版、广播电视主管部门以及其他有关部门。新闻出版、广播电视主管部门以及其他有关部门应当依法对负有责任的主管人员和直接责任人员给予处分；情节严重的，并可以暂停媒体的广告发布业务。

新闻出版、广播电视主管部门以及其他有关部门未依照前款规定对广播电台、电视台、报刊音像出版单位进行处理的，对负有责任的主管人员和直接责任人员，依法给予处分。

第六十八条　【民事责任】广告主、广告经营者、广告发布者违反本法规定，有下列侵权行为之一的，依法承担民事责任：

（一）在广告中损害未成年人或者残疾人的身心健康的；

（二）假冒他人专利的；

（三）贬低其他生产经营者的商品、服务的；

（四）在广告中未经同意使用他人名义或者形象的；

（五）其他侵犯他人合法民事权益的。

第六十九条　【对公司、企业广告违法行为负有个人责任的法定代表人的责任】因发布虚假广告，或者有其他本法规定的违法行为，被吊销营业执照的公司、企业的法定代表人，对违法行为负有个人责任的，自该公司、企业被吊销营业执照之日起三年内不得担任公司、企业的董事、监事、高级管理人员。

第七十条　【拒绝、阻挠工商部门监督检查等违反治安管理行为的责任】违反本法规定，拒绝、阻挠市场监督管理部门监督检查，或者有其他构成违反治安管理行为的，依法给予治安管理处罚；构成犯罪的，依法追究刑事责任。

第七十一条　【广告审查机关的责任】广告审查机关对违法的广告内容作出审查批准决定的，对负有责任的主管人员和直接责任人员，由任免机关或者监察机关依法给予处分；构成犯罪的，依法追究刑事责任。

第七十二条　【广告管理部门及其工作人员的责任】市场监督管理部门对在履行广告监测职责中发现的违法广告行为或者对经投诉、举报的违法广告行为，不依法予以查处的，对负有责任的主管人员和直接责任人员，依法给予处分。

市场监督管理部门和负责广告管理相关工作的有关部门的工作人员玩忽职守、滥用职权、徇私舞弊的，依法给予处分。

有前两款行为，构成犯罪的，依法追究刑事责任。

第六章　附　　则

第七十三条　【公益广告】国家鼓励、支持开展公益广告宣传活动，传播社会主义核心价值观，倡导文明风尚。

大众传播媒介有义务发布公益广告。广播电台、电视台、报刊出版单位应当按照规定的版面、时段、时长发布公益广告。公益广告的管理办法，由国务院市场监督管理部门会同有关部门制定。

第七十四条　【实施日期】本法自 2015 年 9 月 1 日起施行。

中华人民共和国反食品浪费法

（2021 年 4 月 29 日第十三届全国人民代表大会常务委员会第二十八次会议通过　2021 年 4 月 29 日中华人民共和国主席令第 78 号公布　自公布之日起施行）

第一条　为了防止食品浪费，保障国家粮食安全，弘扬中华民族传统美德，践行社会主义核心价值观，节约资源，保护环境，促进经济社会可持续发展，根据宪法，制定本法。

第二条　本法所称食品，是指《中华人民共和国食品安全法》规定的食品，包括各种供人食用或者饮用的食物。

本法所称食品浪费，是指对可安全食用或者饮用的食品未能按照其功能目的合理利用，包括废弃、因不合理利用导致食品数量减少或者质量下降等。

第三条　国家厉行节约，反对浪费。

国家坚持多措并举、精准施策、科学管理、社会共治的原则，采取技术上可行、经济上合理的措施防止和减少食品浪费。

国家倡导文明、健康、节约资源、保护环境的消费方式，提倡简约适度、绿色低碳的生活方式。

第四条　各级人民政府应当加强对反食品浪费工作的领导，确定反食品浪费目标任务，建立健全反食品浪费工作机制，组织对食品浪费情况进行监测、调查、分析和评估，加强监督管理，推进反食品浪费工作。

县级以上地方人民政府应当每年向社会公布反食品浪费情况，提出加强反食品浪费措施，持续推动全社会反食品浪费。

第五条　国务院发展改革部门应当加强对全国反食品浪费工作的组织协调；会同国务院有关部门每年分析评估食品浪费情况，整体部署反食品浪费工作，提出相关工作措施和意见，由各有关部门落实。

国务院商务主管部门应当加强对餐饮行业的管理，建立健全行业标准、服务规范；会同国务院市场监督管理部门等建立餐饮行业反食品浪费制度规范，采取措施鼓励餐饮服务经营者提供分餐服务、向社会公开其反食品浪费情况。

国务院市场监督管理部门应当加强对食品生产经营者反食品浪费情况的监督，督促食品生产经营者落实反食品浪费措施。

国家粮食和物资储备部门应当加强粮食仓储流通过程中的节粮减损管理，会同国务院有关部门组织实施粮食储存、运输、加工标准。

国务院有关部门依照本法和国务院规定的职责，采取措施开展反食品浪费工作。

第六条 机关、人民团体、国有企业事业单位应当按照国家有关规定，细化完善公务接待、会议、培训等公务活动用餐规范，加强管理，带头厉行节约，反对浪费。

公务活动需要安排用餐的，应当根据实际情况，节俭安排用餐数量、形式，不得超过规定的标准。

第七条 餐饮服务经营者应当采取下列措施，防止食品浪费：

（一）建立健全食品采购、储存、加工管理制度，加强服务人员职业培训，将珍惜粮食、反对浪费纳入培训内容；

（二）主动对消费者进行防止食品浪费提示提醒，在醒目位置张贴或者摆放反食品浪费标识，或者由服务人员提示说明，引导消费者按需适量点餐；

（三）提升餐饮供给质量，按照标准规范制作食品，合理确定数量、分量，提供小份餐等不同规格选择；

（四）提供团体用餐服务的，应当将防止食品浪费理念纳入菜单设计，按照用餐人数合理配置菜品、主食；

（五）提供自助餐服务的，应当主动告知消费规则和防止食品浪费要求，提供不同规格餐具，提醒消费者适量取餐。

餐饮服务经营者不得诱导、误导消费者超量点餐。

餐饮服务经营者可以通过在菜单上标注食品分量、规格、建议消费人数等方式充实菜单信息，为消费者提供点餐提示，根据消费者需要提供公勺公筷和打包服务。

餐饮服务经营者可以对参与“光盘行动”的消费者给予奖励；也可以对造成明显浪费的消费者收取处理厨余垃圾的相应费用，收费标准应当明示。

餐饮服务经营者可以运用信息化手段分析用餐需求，通过建设中央厨房、配送中心等措施，对食品采购、运输、储存、加工等进行科学管理。

第八条 设有食堂的单位应当建立健全食堂用餐管理制度，制定、实施防止食品浪费措施，加强宣传教育，增强反食品浪费意识。

单位食堂应当加强食品采购、储存、加工动态管理，根据用餐人数采购、做餐、配餐，提高原材料利用率和烹饪水平，按照健康、经济、规范的原则提供饮食，注重饮食平衡。

单位食堂应当改进供餐方式，在醒目位置张贴或者摆放反食品浪费标识，引导用餐人员适量点餐、取餐；对有浪费行为的，应当及时予以提醒、纠正。

第九条 学校应当对用餐人员数量、结构进行监测、分析和评估，加强学校食堂餐饮服务管理；选择校外供餐单位的，应当建立健全引进和退出机制，择优选择。

学校食堂、校外供餐单位应当加强精细化管理，按需供餐，改进供餐方式，科学营养配餐，丰富不同规格配餐和口味选择，定期听取用餐人员意见，保证菜品、主食质量。

第十条 餐饮外卖平台应当以显著方式提示消费者适量点餐。餐饮服务经营者通过餐饮外卖平台提供服务的，应当在平台页面上向消费者提供食品分量、规格或者建议消费人数等信息。

第十一条 旅游经营者应当引导旅游者文明、健康用餐。旅行社及导游应当合理安排团队用餐，提醒旅游者适量点餐、取餐。有关行业应当将旅游经营者反食品浪费工作情况纳入相关质量标准等级评定指标。

第十二条 超市、商场等食品经营者应当对其经营的食品加强日常检查，对临近保质期的食品分类管理，作特别标示或者集中陈列出售。

第十三条 各级人民政府及其有关部门应当采取措施，反对铺张浪费，鼓励和推动文明、节俭举办活动，形成浪费可耻、节约为荣的氛围。

婚丧嫁娶、朋友和家庭聚会、商务活动等需要用餐的，组织者、参加者应当适度备餐、点餐，文明、健康用餐。

第十四条 个人应当树立文明、健康、理性、绿色的消费理念，外出就餐时根据个人健康状况、饮食习惯和用餐需求合理点餐、取餐。

家庭及成员在家庭生活中，应当培养形成科学健康、物尽其用、防止浪费的良好习惯，按照日常生活实际需要采购、储存和制作食品。

第十五条 国家完善粮食和其他食用农产品的生产、储存、运输、加工标准，推广使用新技术、新工艺、新设备，引导适度加工和综合利用，降低损耗。

食品生产经营者应当采取措施，改善食品储存、运输、加工条件，防止食品变质，降低储存、运输中的损耗；提高食品加工利用率，避免过度加工和过量使用原材料。

第十六条 制定和修改有关国家标准、行业标准和地方标准，应当将防止食品浪费作为重要考虑因素，在保证食品安全的前提下，最大程度防止浪费。

食品保质期应当科学合理设置，显著标注，容易辨识。

第十七条 各级人民政府及其有关部门应当建立反食品浪费监督检查机制，对发现的食品浪费问题及时督促整改。

食品生产经营者在食品生产经营过程中严重浪费食品的，县级以上地方人民政府市场监督管理、商务等部门可以对其法定代表人或者主要负责人进行约谈。被约谈的食品生产经营者应当立即整改。

第十八条 机关事务管理部门会同有关部门建立机关食堂反食品浪费工作成效评估和通报制度，将反食品浪费纳入公共机构节约能源资源考核和节约型机关创建活动内容。

第十九条 食品、餐饮行业协会等应当加强行业自律，依法制定、实施反食品浪费等相关团体标准和行业自律规范，宣传、普及防止食品浪费知识，推广先进典型，引导会员自觉开展反食品浪费活动，对有浪费行为的会员采取必要的自律措施。

食品、餐饮行业协会等应当开展食品浪费监测，加强分析评估，每年向社会公布有关反食品浪费情况及监测评估结果，为国家机关制定法律、法规、政策、标准和开展有关问题研究提供支持，接受社会监督。

消费者协会和其他消费者组织应当对消费者加强饮食消费教育，引导形成自觉抵制浪费的消费习惯。

第二十条 机关、人民团体、社会组织、企业事业单位和基层群众性自治组织应当将厉行节约、反对浪费作为群众性精神文明创建活动内容，纳入相关创建测评体系和各地市民公约、村规民约、行业规范等，加强反食品浪费宣传教育和科学普及，推动开展“光盘行动”，倡导文明、健康、科学的饮食文化，增强公众反食品浪费意识。

县级以上人民政府及其有关部门应当持续组织开展反食品浪费宣传教育，并将反食品浪费作为全国粮食安全宣传周的重要内容。

第二十一条 教育行政部门应当指导、督促学校加强反食品浪费教育和管理。

学校应当按照规定开展国情教育，将厉行节约、反对浪费纳入教育教学内容，通过学习实践、体验劳动等形式，开展反食品浪费专题教育活动，培养学生形成勤俭节约、珍惜粮食的习惯。

学校应当建立防止食品浪费的监督检查机制，制定、实施相应的奖惩措施。

第二十二条 新闻媒体应当开展反食品浪费法律、法规以及相关标准和知识的公益宣传，报道先进典型，曝光浪费现象，引导公众树立正确饮食消费观念，对食品浪费行为进行舆论监督。有关反食品浪费的宣传报道应当真实、公正。

禁止制作、发布、传播宣扬量大多吃、暴饮暴食等浪费食品的节目或者音视频信息。

网络音视频服务提供者发现用户有违反前款规定行为的，应当立即停止传输相关信息；情节严重的，应当停止提供信息服务。

第二十三条 县级以上地方人民政府民政、市场监督管理部门等建立捐赠需求对接机制，引导食品生产经营者等在保证食品安全的前提下向有关社会组织、福利机构、救助机构等组织或者个人捐赠食品。有关组织根据需要，及时接收、分发食品。

国家鼓励社会力量参与食品捐赠活动。网络信息服务提供者可以搭建平台，为食品捐赠等提供服务。

第二十四条 产生厨余垃圾的单位、家庭和个人应当依法履行厨余垃圾源头减量义务。

第二十五条 国家组织开展营养状况监测、营养知识普及，引导公民形成科学的饮食习惯，减少不健康饮食引起的疾病风险。

第二十六条 县级以上人民政府应当采取措施，对防止食品浪费的科学研究、技术开发等活动予以支持。

政府采购有关商品和服务，应当有利于防止食品浪费。

国家实行有利于防止食品浪费的税收政策。

第二十七条 任何单位和个人发现食品生产经营者等有食品浪费行为的，有权向有关部门和机关举报。接到举报的部门和机关应当及时依法处理。

第二十八条 违反本法规定，餐饮服务经营者未主动对消费者进行防止食品浪费提示提醒的，由县级以上地方人民政府市场监督管理部门或者县级以上地方人民政府指定的部门责令改正，给予警告。

违反本法规定，餐饮服务经营者诱导、误导消费者超量点餐造成明显浪费的，由县级以上地方人民政府市场监督管理部门或者县级以上地方人民政府指定的部门责令改正，给予警告；拒不改正的，处一千元以上一万元以下罚款。

违反本法规定，食品生产经营者在食品生产经营过程中造成严重食品浪费的，由县级以上地方人民政府市场监督管理部门或者县级以上地方人民政府指定的部门责令改正，拒不改正的，处五千元以上五万元以下罚款。

第二十九条 违反本法规定，设有食堂的单位未制定或者未实施防止食品浪费措施的，由县级以上地方人民政府指定的部门责令改正，给予警告。

第三十条 违反本法规定，广播电台、电视台、网络音视频服务提供者制作、发布、传播宣扬量大多吃、暴饮暴食等浪费食品的节目或者音视频信息的，由广播电视、网信等部门按照各自职责责令改正，给予警告；拒不改正或者情节严重的，处一万元以上十万元以下罚款，并可以责令暂停相关业务、停业整顿，对直接负责的主管人员和其他直接责任人员依法追究法律责任。

第三十一条 省、自治区、直辖市或者设区的市、自治州根据具体情况和实际需要，制定本地方反食品浪费的具体办法。

第三十二条 本法自公布之日起施行。

市场监管总局办公厅关于《食品安全法实施条例》第81条适用有关事项的意见

（2021年1月6日 市监稽发〔2021〕2号）

各省、自治区、直辖市及新疆生产建设兵团市场监管局（厅、委）：

新修订的《食品安全法实施条例》自2019年12月1日施行以来，广东省、浙江省市场监管局等先后向总局请示如何适用该条例第81条。依照有关法律法规，经市场监管总局同意，现就有关事项提出如下意见：

一、县（区）级市场监管部门依照食品安全法及其实施条例拟对违法单位或者个人处以30万元以上罚款的，应当报设区的市级以上市场监管部门审核后，以县（区）级市场监管部门的名义制作行政处罚决定书。

二、县（区）级市场监管部门应当依据《市场监督管理行政处罚程序暂行规定》第54条，由负责人集体讨论作出拟行政处罚决定后，报设区的市级以上市场监管部门审核。

三、设区的市级以上市场监管部门应当在接到审核材料后及时作出是否同意的决定并加盖印章，如不同意应当提出书面意见和理由。同意或者不同意的相关文件，应当一并归入案卷。

四、直辖市的区（县）市场监管部门依照食品安全法及其条例拟对违法单位或者个人处以30万元以上罚款的规定，由直辖市市场监管部门结合本地实际确定。

二、食品安全风险监测和评估

食品安全风险监测管理规定

（2021 年 11 月 4 日　国卫食品发〔2021〕35 号）

第一条　为有效实施食品安全风险监测制度，规范食品安全风险监测工作，根据《中华人民共和国食品安全法》（以下简称《食品安全法》）及其实施条例，制定本规定。

第二条　食品安全风险监测是系统持续收集食源性疾病、食品污染以及食品中有害因素的监测数据及相关信息，并综合分析、及时报告和通报的活动。其目的是为食品安全风险评估、食品安全标准制定修订、食品安全风险预警和交流、监督管理等提供科学支持。

第三条　国家卫生健康委会同工业和信息化部、商务部、海关总署、市场监管总局、国家粮食和物资储备局等部门，制定实施国家食品安全风险监测计划。

省级卫生健康行政部门会同同级食品安全监督管理等部门，根据国家食品安全风险监测计划，结合本行政区域的具体情况，制定本行政区域的食品安全风险监测方案，报国家卫生健康委备案并实施。

县级以上卫生健康行政部门会同同级食品安全监督管理等部门，落实风险监测工作任务，建立食品安全风险监测会商机制，及时收集、汇总、分析本辖区食品安全风险监测数据，研判食品安全风险，形成食品安全风险监测分析报告，报本级人民政府和上一级卫生健康行政部门。

第四条　卫生健康行政部门重点对食源性疾病、食品污染物和有害因素基线水平、标准制定修订和风险评估专项实施风险监测。海关、市场监督管理、粮食和储备部门根据各自职责，配合开展不同环节风险监测。各部门风险监测结果数据共享、共用。

第五条　食源性疾病监测报告工作实行属地管理、分级负责的原则。

县级以上地方卫生健康行政部门负责辖区内食源性疾病监测报告的组织管理工作。

县级以上地方卫生健康行政部门负责制定本辖区食源性疾病监测报告工作制度，建立健全食源性疾病监测报告工作体系，组织协调疾病预防控制机构开展食品安全事故的流行病学调查。涉及食品安全的突发公共卫生事件相关信息，除按照突发公共卫生事件的报告要求报告突发公共卫生事件管理信息系统，还应当及时向同级食品安全监督管理部门通报，并向上级卫生健康行政部门报告，其中重大事件信息应当向国家卫生健康委报告。

第六条 接到食品安全事故报告后，县级以上食品安全监督管理部门应当立即会同同级卫生健康、农业行政等部门依法进行调查处理。食品安全监督管理部门应当对事故单位封存的食品及原料、工具、设备、设施等予以保护、封存，并通知疾病预防控制机构对与事故有关的因素开展流行病学调查。

疾病预防控制机构应当在调查结束后向同级食品安全监督管理、卫生健康行政部门同时提交流行病学调查报告。

第七条 国家食品安全风险监测计划应当征集国务院有关部门、国家食品安全风险评估专家委员会、农产品质量安全评估专家委员会、食品安全国家标准审评委员会、行业协会以及地方的意见建议，并对有关意见建议认真研究吸纳。

第八条 食品安全风险监测应当将以下情况作为优先监测内容：

（一）健康危害较大、风险程度较高以及风险水平呈上升趋势的；

（二）易于对婴幼儿、孕产妇等重点人群造成健康影响的；

（三）以往在国内导致食品安全事故或者受到消费者关注的；

（四）已在国外导致健康危害并有证据表明可能在国内存在的；

（五）新发现的可能影响食品安全的食品污染和有害因素；

（六）食品安全监督管理及风险监测相关部门认为需要优先监测的其他内容。

第九条 出现下列情况，有关部门应当及时调整国家食品安全风险监测计划和省级监测方案，组织开展应急监测：

（一）处置食品安全事故需要的；

（二）公众高度关注的食品安全风险需要解决的；

（三）发现食品、食品添加剂、食品相关产品可能存在安全隐患，开展风险评估需要新的监测数据支持的；

（四）其他有必要进行计划调整的情形。

第十条 国家食品安全风险监测计划应当规定监测的内容、任务分工、工作要求、组织保障、质量控制、考核评价措施等。

第十一条 国家食品安全风险监测计划由具备相关监测能力的技术机构承担。技术机构应当根据食品安全风险监测计划和监测方案开展监测工作，保证监测数据真实、准确，并按照食品安全风险监测计划和监测方案的要求及时报送监测数据和分析结果。国家食品安全风险评估中心负责汇总分析国家食品安全风险监测计划结果数据。

第十二条 县级以上疾病预防控制机构确定本单位负责食源性疾病监测报告工作的部门及人员，建立食源性疾病监测报告管理制度，对辖区内医疗机构食源性疾病监测报告工作进行培训和指导。

第十三条 县级以上卫生健康行政部门应当委托具备条件的技术机构，及时汇总分析和研判食品安全风险监测结果，发现可能存在食品安全隐患的，及时将已获悉的食品安全隐患相关信息和建议采取的措施等通报同级食品安全监督管理、相关行业主管等部门。食品安全监督管理等部门经进一步调查确认有必要通知相关食品生产经营者的，应当及时通知。

县级以上卫生健康行政部门、农业行政部门应当及时相互通报食品、食用农产品安全风险监测信息。

第十四条 县级以上卫生健康行政部门接到医疗机构或疾病预防控制机构报告的食源性疾病信息，应当组织研判，认为与食品安全有关的，应当及时通报同级食品安全监督管理部门，并向本级人民政府和上级卫生健康行政部门报告。

第十五条 县级以上卫生健康行政部门会同同级工业和信息化、农业农村、商务、海关、市场监管、粮食和储备等有关部门建立食品安全风险监测会商机制，根据工作需要，会商分析风险监测结果。会商内容主要包括：

（一）通报食品安全风险监测结果分析研判情况；

（二）通报新发现的食品安全风险信息；

（三）通报有关食品安全隐患核实处置情况；

（四）研究解决风险监测工作中的问题。

参与食品安全风险监测的各相关部门均可向卫生健康行政部门提出会商建议，并应在会商会前将本部门拟通报的风险监测或监管有关情况报送卫生健康行政部门。会商结束之后，卫生健康行政部门应整理会议纪要分送各相关部门，同时抄报本级人民政府和上级卫生健康行政部门。

会商结果供各有关部门食品安全监管工作参用。

第十六条 县级以上卫生健康行政部门根据食品安全风险监测工作的需要，将食品安全风险监测能力和食品安全事故流行病学调查能力统筹纳入本级食品安全整体建设规划，逐步建立食品安全风险监测数据信息平台，健全完善本级食品安全风险监测体系。

第十七条 对于拒绝、阻挠、干涉工作人员依法开展食品安全风险监测工作的，技术机构和人员提供虚假风险监测信息的，以及有关管理部门未按规定报告或通报食品安全隐患信息的，工作不力造成严重后果的，按照《食品安全法》等相关规定追究法律和行政责任。

第十八条 本规定自发布之日起实施。原卫生部、工业和信息化部、原工商总局、原质检总局、原国家食品药品监管局印发的《食品安全风险监测管理规定（试行）》（卫监督发〔2010〕17号）同时废止。

食品生产经营风险分级管理办法（试行）

（2016年9月5日　食药监食监一〔2016〕115号）

第一章　总　　则

第一条 为了强化食品生产经营风险管理，科学有效实施监管，落实食品安全监管责任，保障食品安全，根据《中华人民共和国食品安全法》（以下简称《食品安全法》）及其实施条例等法律法规，制定本办法。

第二条 本办法所称风险分级管理，是指食品药品监督管理部门以风险分析为基础，结合食品生产经营者的食品类别、经营业态及生产经营规模、食品安全管理能力和监督管理记录情况，按照风险评价指标，划分食品生产经营者风险等级，并结合当地监管资源和监管能力，对食品生产经营者实施的不同程度的监督管理。

第三条 食品药品监督管理部门对食品生产经营者实施风险分级管理，适用本办法。

食品生产、食品销售和餐饮服务等食品生产经营，以及食品添加剂生产适用本办法。

第四条 国家食品药品监督管理总局负责制定食品生产经营风险分级管理制度，指导和检查全国食品生产经营风险分级管理工作。

省级食品药品监督管理部门负责制定本省食品生产经营风险分级管理工作规范，结合本行政区域内实际情况，组织实施本省食品生产经营风险分级管理工作，对本省食品生产经营风险分级管理工作进行指导和检查。

各市、县级食品药品监督管理部门负责开展本地区食品生产经营风险分级管理的具体工作。

第五条 食品生产经营风险分级管理工作应当遵循风险分析、量化评价、动态管理、客观公正的原则。

第六条 食品生产经营者应当配合食品药品监督管理部门的风险分级管理工作，不得拒绝、逃避或者阻碍。

第二章 风险分级

第七条 食品药品监督管理部门对食品生产经营风险等级划分，应当结合食品生产经营企业风险特点，从生产经营食品类别、经营规模、消费对象等静态风险因素和生产经营条件保持、生产经营过程控制、管理制度建立及运行等动态风险因素，确定食品生产经营者风险等级，并根据对食品生产经营者监督检查、监督抽检、投诉举报、案件查处、产品召回等监督管理记录实施动态调整。

食品生产经营者风险等级从低到高分为A级风险、B级风险、C级风险、D级风险四个等级。

第八条 食品药品监督管理部门确定食品生产经营者风险等级，采用评分方法进行，以百分制计算。其中，静态风险因素量化分值为40分，动态风险因素量化分值为60分。分值越高，风险等级越高。

第九条 食品生产经营静态风险因素按照量化分值划分为Ⅰ档、Ⅱ档、Ⅲ档和Ⅳ档。

第十条 静态风险等级为Ⅰ档的食品生产经营者包括：

（一）低风险食品的生产企业；

（二）普通预包装食品销售企业；

（三）从事自制饮品制售、其他类食品制售等餐饮服务企业。

第十一条 静态风险等级为Ⅱ档的食品生产经营者包括：

（一）较低风险食品的生产企业；

（二）散装食品销售企业；

（三）从事不含高危易腐食品的热食类食品制售、糕点类食品制售、冷食类食品制售等餐饮服务企业；

（四）复配食品添加剂之外的食品添加剂生产企业。

第十二条 静态风险等级为Ⅲ档的食品生产经营者包括：

（一）中等风险食品的生产企业，应当包括糕点生产企业、豆制品生产企业等；

（二）冷冻冷藏食品的销售企业；

（三）从事含高危易腐食品的热食类食品制售、糕点类食品制售、冷食类食品制售、生食类食品制售等餐饮服务企业；

（四）复配食品添加剂生产企业。

第十三条 静态风险等级为Ⅳ档的食品生产经营者包括：

（一）高风险食品的生产企业，应当包括乳制品生产企业、肉制品生产企业等；

（二）专供婴幼儿和其他特定人群的主辅食品生产企业；

（三）保健食品的生产企业；

（四）主要为特定人群（包括病人、老人、学生等）提供餐饮服务的餐饮服务企业；

（五）大规模或者为大量消费者提供就餐服务的中央厨房、用餐配送单位、单位食堂等餐饮服务企业。

第十四条 生产经营多类别食品的，应当选择风险较高的食品类别确定该食品生产经营者的静态风险等级。

第十五条 《食品生产经营静态风险因素量化分值表》（以下简称为《静态风险表》，见附件1）由国家食品药品监督管理总局制定。

省级食品药品监督管理部门可根据本行政区域实际情况，对《静态风险表》进行调整，并在本行政区域内组织实施。

第十六条 对食品生产企业动态风险因素进行评价应当考虑企业资质、进货查验、生产过程控制、出厂检验等情况；特殊食品还应当考虑产品配方注册、质量管理体系运行等情况；保健食品还应当考虑委托加工等情况；食品添加剂还应当考虑生产原料和工艺符合产品标准规定等情况。

对食品销售者动态风险因素进行评价应当考虑经营资质、经营过程控制、食品贮存等情况。

对餐饮服务提供者动态风险因素进行评价应考虑经营资质、从业人员管理、原料控制、加工制作过程控制等情况。

第十七条 省级食品药品监督管理部门可以参照《食品生产经营日常监督检查要点表》制定食品生产经营动态风险因素评价量化分值表（以下简称为动态风险评价表），并组织实施。

但是，制定食品销售环节动态风险因素量化分值，应参照《食品销售环节动态风险因素量化分值表》（见附件2）。

第十八条 食品药品监督管理部门应当通过量化打分，将食品生产经营者静态风险因素量化分值，加上生产经营动态风险因素量化分值之和，确定食品生产经营者风险等级。

风险分值之和为0—30（含）分的，为A级风险；风险分值之和为30—45（含）分的，为B级风险；风险分值之和为45—60（含）分的，为C级风险；风险分值之和为60分以上的，为D级风险。

第十九条 食品药品监督管理部门可以根据食品生产经营者年度监督管理记录，调整食品生产经营者风险等级。

第三章 程序要求

第二十条 食品药品监督管理部门评定食品生产经营者静态风险因素量化分值时应当调取食品生产经营者的许可档案，根据静态风险因素量化分值表所列的项目，逐项计分，累加确定食品生产经营者静态风险因素量化分值。

食品生产经营许可档案内容不全的，食品药品监督管理部门可以要求食品生产经营者补充提交相关的材料。

第二十一条 对食品生产经营动态风险因素量化分值的评定，可以结合对食品生产经营者日常监督检查结果确定，或者组织人员进入企业现场按照动态风险评价表进行打分评价确定。

食品药品监督管理部门利用日常监督检查结果对食品生产经营者实施动态风险分值评定，应当结合上一年度日常监督检查全项目检查结果，并根据动态风险评价表逐项计分，累加确定。

食品药品监督管理部门对食品生产经营者实施动态风险因素现场打分评价，按照《食品生产经营日常监督检查管理办法》确定，必要时，可以聘请专业技术人员参与现场打分评价工作。

第二十二条 现场打分评价人员应当按照本办法和动态风险评价表的内容要求，如实作出评价，并将食品生产经营者存在的主要风险及防范要求告知其负责人。

第二十三条 监管人员应当根据量化评价结果，填写《食品生产经营者风险等级确定表》(以下简称为《风险等级确定表》，见附件3)。

第二十四条 评定新开办食品生产经营者的风险等级，可以按照食品生产经营者的静态风险分值确定。

食品生产者风险等级的评定还可以按照《食品、食品添加剂生产许可现场核查评分记录表》确定。

第二十五条 餐饮服务提供者风险等级评定结果可以作为量化分级调整的依据，具体办法由省级食品药品监督管理部门制定。

第二十六条 食品药品监督管理部门应当及时将食品生产经营者风险等级评定结果记入食品安全信用档案，并根据风险等级合理确定日常监督检查频次，实施动态调整。

鼓励食品药品监督管理部门采用信息化方式开展风险分级管理工作。

第二十七条 食品药品监督管理部门根据当年食品生产经营者日常监督检查、监督抽检、违法行为查处、食品安全事故应对、不安全食品召回等食品安全监督管理记录情况，对行政区域内的食品生产经营者的下一年度风险等级进行动态调整。

第二十八条 存在下列情形之一的，下一年度生产经营者风险等级可视情况调高一个或者两个等级：

（一）故意违反食品安全法律法规，且受到罚款、没收违法所得（非法财物）、责令停产停业等行政处罚的；

（二）有1次及以上国家或者省级监督抽检不符合食品安全标准的；

（三）违反食品安全法律法规规定，造成不良社会影响的；

（四）发生食品安全事故的；

（五）不按规定进行产品召回或者停止生产经营的；

（六）拒绝、逃避、阻挠执法人员进行监督检查，或者拒不配合执法人员依法进行案件调查的；

（七）具有法律、法规、规章和省级食品药品监督管理部门规定的其他可以上调风险等级的情形。

第二十九条 食品生产经营者遵守食品安全法律法规，当年食品安全监督管理记录中未出现本办法第二十八条所列情形的，下一年度食品生产经营者风险等级可不作调整。

第三十条 食品生产经营者符合下列情形之一的，下一年度食品生产经营者风险等级可以调低一个等级：

（一）连续3年食品安全监督管理记录没有违反本办法第二十八条所列情形的；

（二）获得良好生产规范、危害分析与关键控制点体系认证（特殊医学用途配方食品、婴幼儿配方乳粉企业除外）的；

（三）获得地市级以上人民政府质量奖的；

（四）具有法律、法规、规章和省级食品药品监督管理部门规定的其他可以下调风险等级的情形。

第四章 结果运用

第三十一条 食品药品监督管理部门根据食品生产经营者风险等级，结合当地监管资源和监管水平，合理确定企业的监督检查频次、监督检查内容、监督检查方式以及其他管理措施，作为制订年度监督检查计划的依据。

第三十二条 食品药品监督管理部门应当根据食品生产经营者风险等级划分结果，对较高风险生产经营者的监管优先于较低风险生产经营者的监管，实现监管资源的科学配置和有效利用。

（一）对风险等级为A级风险的食品生产经营者，原则上每年至少监督检查1次；

（二）对风险等级为B级风险的食品生产经营者，原则上每年至少监督检查1—2次；

（三）对风险等级为C级风险的食品生产经营者，原则上每年至少监督检查2—3次；

（四）对风险等级为D级风险的食品生产经营者，原则上每年至少监督检查3—4次。

具体检查频次和监管重点由各省级食品药品监督管理部门确定。

第三十三条 市县级食品药品监督管理部门应当统计分析行政区域内食品生产经营者风险分级结果，确定监管重点区域、重点行业、重点企业。及时排查食品安全风险隐患，在监督检查、监督抽检和风险监测中确定重点企业及产品。

第三十四条 市县级食品药品监督管理部门应当根据风险等级对食品生产经营者进行分类，可以建立行政区域内食品生产经营者的分类系统及数据平台，记录、汇总、分析食品生产经营风险分级信息，实行信息化管理。

第三十五条 市县级食品药品监督管理部门应当根据食品生产经营者风险等级和检查频次，确定本行政区域内所需检查力量及设施配备等，并合理调整检查力量分配。

第三十六条 各级食品药品监督管理部门的相关工作人员在风险分级管理工作中不得滥用职权、玩忽职守、徇私舞弊。

第三十七条 食品生产经营者应当根据风险分级结果，改进和提高生产经营控制水平，加强落实食品安全主体责任。

第五章 附 则

第三十八条 省级食品药品监督管理部门可参照本办法制定食用农产品市场销售、小作坊、食品摊贩的风险分级管理制度。

第三十九条 本办法由国家食品药品监督管理总局负责解释。

第四十条 本办法自2016年12月1日起施行。

附件： 1. 食品生产经营静态风险因素量化分值表（略）

2. 食品销售环节动态风险因素量化分值表（略）

3. 食品生产经营者风险等级确定表（略）

食品安全风险评估管理规定

（2021 年 11 月 4 日　国卫食品发〔2021〕34 号）

第一条　为规范食品安全风险评估工作，有效发挥风险评估对风险管理和风险交流的支持作用，根据《中华人民共和国食品安全法》（以下简称《食品安全法》）及其实施条例，制定本规定。

第二条　本规定适用于国家和省级卫生健康行政部门依据《食品安全法》和部门职责规定组织开展的食品安全风险评估（以下简称风险评估）工作。

第三条　风险评估是指对食品、食品添加剂、食品相关产品中的生物性、化学性和物理性危害对人体健康造成不良影响的可能性及其程度进行定性或定量估计的过程，包括危害识别、危害特征描述、暴露评估和风险特征描述等。

根据工作需要，可以参照风险评估技术指南有关要求开展应急风险评估和风险研判。应急风险评估是指在受时间等因素限制的特殊情形下，开展的紧急风险评估。风险研判是指在现有数据资料不能满足完成全部风险评估程序的情况下，就现有数据资料按照食品安全风险评估方法，对食品安全风险进行的综合描述。

第四条　食品安全风险评估结果是制定、修订食品安全国家和地方标准、规定食品中有害物质的临时限量值，以及实施食品安全监督管理的科学依据。

食品安全应急风险评估和风险研判主要为实施食品安全风险管理提供科学支持。

第五条　风险评估应当以食品安全风险监测和监督管理信息、科学数据以及其他有关信息为基础，遵循科学、透明和个案处理的原则进行。

第六条　国家卫生健康委负责组建管理国家食品安全风险评估专家委员会，制定委员会章程，完善风险评估工作制度，统筹风险评估体系能力建设，组织实施国家食品安全风险评估工作。

第七条 国家食品安全风险评估中心承担国家食品安全风险评估专家委员会秘书处工作，负责拟定风险评估计划和规划草案，研究建立完善风险评估技术和方法，收集国家食品安全风险评估科学信息数据，构建和管理信息数据库，对相关风险评估技术机构进行指导培训和技术支持。

第八条 国家食品安全风险评估项目应当列入风险评估计划。风险评估计划草案由国家食品安全风险评估中心组织起草，经国家食品安全风险评估专家委员会审议通过后，报国家卫生健康委审定后下达执行，同时将国家风险评估计划告知其他相关部门。

风险评估结果应当由国家食品安全风险评估专家委员会审议通过后，报送国家卫生健康委。国家食品安全风险评估中心每年向国家卫生健康委报告风险评估计划实施情况。

第九条 有下列情形需要开展风险评估的，可列入国家食品安全风险评估计划：

（一）通过食品安全风险监测或者接到举报发现食品、食品添加剂、食品相关产品可能存在安全隐患的；

（二）为制定或者修订食品安全国家标准的；

（三）为确定监督管理的重点领域、重点品种需要进行风险评估的；

（四）发现新的可能危害食品安全因素的；

（五）需要判断某一因素是否构成食品安全隐患的；

（六）国家卫生健康委认为需要进行风险评估的其他情形。

第十条 国务院食品安全监督管理、农业行政等部门结合本部门监管领域需要向国家卫生健康委提出风险评估建议时，需要填写《食品安全风险评估项目建议书》，并提供下列信息资料：

（一）开展风险评估的目的和必要性；

（二）风险的可能来源和性质（包括危害因素名称、可能的污染环节、涉及食品种类、食用人群、风险涉及的地域范围等）；

（三）相关检验数据、管理措施和结论等信息；

（四）其他有关信息和资料（包括信息来源、获得时间、核实情况等）。

国家卫生健康委可以根据风险评估工作需要，向相关部门提出补充或核实信息、资料的要求。

第十一条 国家卫生健康委委托国家食品安全风险评估中心对国务院食品安全监督管理、农业行政等部门依法提出的风险评估的建议进行研究。

第十二条 鼓励有条件的技术机构以接受国家食品安全风险评估中心委托等方式，积极参与国家食品安全风险评估工作。

承担风险评估项目的技术机构根据风险评估任务组建工作组，制定工作方案，组织开展评估工作。其工作方案应当报国家食品安全风险评估中心备案，按照规定的技术文件开展工作，接受国家食品安全风险评估专家委员会和国家食品安全风险评估中心的技术指导、监督以及对结果的审核。

第十三条 承担风险评估项目的技术机构应当在规定的时限内向国家食品安全风险评估中心提交风险评估报告草案及相关科学数据、技术信息、检验结果的收集、处理和分析的结果，保存与风险评估实施相关的档案资料备查。

第十四条 有下列情形之一的，不列入风险评估计划：

（一）违法添加或其他违反食品安全法律法规的行为导致食品安全隐患的；

（二）通过检验和产品安全性评估可以得出结论的；

（三）国际权威组织有明确资料对风险进行了科学描述且国家食品安全风险评估中心研判认为适于我国膳食暴露模式的；国内权威组织有明确资料对风险进行了科学描述且国家食品安全风险评估中心研判认为适于地方膳食暴露模式的；

（四）现有数据信息尚无法满足评估基本需求的；

（五）其他无法开展评估的情形。

第十五条 对作出不予评估决定和因缺乏数据信息难以做出评估结论的，卫生健康行政部门应当向有关方面说明原因和依据。

第十六条 国家食品安全风险评估专家委员会应当与农产品质量安全风险评估专家委员会建立沟通机制，对于涉及跨部门职责的食品安全问题，应当加强协同联合开展风险评估。

第十七条 国家食品安全风险评估结果由国家卫生健康委通报相关部门，委托国家食品安全风险评估中心分级分类有序向社会公布。风险评估结果涉及重大食品安全信息的按照《食品安全法》及相关规定处理。

第十八条 国家食品安全风险评估结果公布后，国家食品安全风险评估专家委员会、国家食品安全风险评估中心及承担风险评估项目的技术机构对风险评估结果进行解释和风险交流。

第十九条 需要开展应急风险评估的，由国家卫生健康委直接下达应急风险评估工作任务，国家食品安全风险评估中心应当立即组织开展应急风险评估，并在限定时间内提交应急风险评估报告。

应急风险评估报告应当经国家食品安全风险评估专家委员会临时专家组审核，并经专家委员会主任委员或副主任委员审核签字。

第二十条 省级卫生健康行政部门依照法律要求和部门职责规定，负责组建管理本级食品安全风险评估专家委员会，制定委员会章程，完善风险评估工作制度，统筹风险评估能力建设，组织实施辖区食品安全风险评估工作。

第二十一条 省级按照危害识别、危害特征描述、暴露评估和风险特征描述等步骤组织开展的风险评估，主要为制定或修订食品安全地方标准提供科学依据。

省级参照风险评估技术指南组织开展的风险研判，主要为地方实施食品安全风险管理措施提供科学支撑。

第二十二条 省级以制定、修订食品安全地方标准为目的组织开展食品安全风险评估前，应当与国家食品安全风险评估中心沟通。对于国家或其他省份的风险评估已有结论的，国家食品安全风险评估中心应当提出相应的工作建议。

第二十三条 省级风险评估、风险研判结果在本省级行政区域内适用，由省级卫生健康行政部门负责组织开展解读和风险交流。

第二十四条 本规定自发布之日起实施。原卫生部、工业和信息化部、原农业部、商务部、原工商总局、原质检总局、原国家食品药品监管局印发的《食品安全风险评估管理规定（试行）》（卫监督发〔2010〕8号）同时废止。

附表：食品安全风险评估项目建议书

附表

食品安全风险评估项目建议书

<table>
<tr><td>名　称</td><td colspan="3"></td></tr>
<tr><td>建议单位及地址</td><td></td><td>联系人及
联系方式</td><td></td></tr>
<tr><td rowspan="5">风险来源和性质</td><td>有害因素</td><td colspan="2"></td></tr>
<tr><td>可能的污染环节</td><td colspan="2"></td></tr>
<tr><td>涉及的食品</td><td colspan="2"></td></tr>
<tr><td>重点人群</td><td colspan="2"></td></tr>
<tr><td>风险涉及范围</td><td colspan="2"></td></tr>
<tr><td>建议理由（目的、
意义和必要性）</td><td colspan="3"></td></tr>
<tr><td>国内外相关检验、
评估结果和结论
（尽可能提供）</td><td colspan="3"></td></tr>
<tr><td>国内外已有的管理
措施（尽可能提供）</td><td colspan="3"></td></tr>
<tr><td>其他有关
信息和资料</td><td colspan="3">（包括信息来源、获得时间、
核实情况以及其他重要信息）</td></tr>
</table>

国务院食安委关于推动建立完善生产经营单位食品安全风险隐患内部报告奖励机制的意见

（2025 年 6 月 27 日　食安委发〔2025〕4 号）

各省、自治区、直辖市和新疆生产建设兵团食安委，国务院食安委各成员单位：

为充分调动生产经营单位从业人员积极性，提升食品安全责任意识，推动单位负责人和从业人员同向发力，深化食品安全风险隐患排查治理，全面落实主体责任，有效防范食品安全事故发生，根据《中华人民共和国食品安全法》《中华人民共和国农产品质量安全法》等法律法规，现就推动建立完善生产经营单位食品安全风险隐患内部报告奖励机制提出如下意见。

一、总体要求

坚持以习近平新时代中国特色社会主义思想为指导，认真贯彻落实习近平总书记关于食品安全的重要论述和重要指示批示精神，坚持问题导向、预防为主，推动建立完善生产经营单位食品安全风险隐患内部报告奖励机制，促进生产经营单位自觉主动、动态全面开展风险隐患自查自纠，走好食品安全领域“群众路线”，不断提高食品安全保障能力和水平。

2025 年 12 月底前，推动以下生产经营单位建立并实施食品安全风险隐患内部报告奖励机制：农产品生产企业、农民专业合作社、农业社会化服务组织；依法配备食品安全总监的食品生产经营企业和集中用餐单位食堂、实施生产许可管理的食品相关产品生产企业、网络食品交易平台；食品贮存、运输、寄递、配送单位。2026 年 12 月底前，推动其他食用农产品和食品生产经营单位、进口食品进口商及代理人、出口食品生产企业等单位建立并实施食品安全风险隐患内部报告奖励机制。

二、主要任务

各地区食安委和各有关部门要在畅通本地区或部门报告渠道的基础上，推动建立完善生产经营单位食品安全风险隐患内部报告奖励机制，要重点突出以下方面：

（一）明确报告内容。要推动生产经营单位结合自身业态实际和主要食品安全风险点，明确内部报告事项，包括但不限于：

1. 人的不安全行为。违反有关生产经营过程控制的食品、食用农产品安全法律法规、标准规范；违反生产经营单位制定的岗位职责、操作规范等内部食品安全管理规章制度；添加非食用物质和超范围、超限量使用农兽药、食品添加剂等行为。

2. 物的不安全状态。设施设备的数量不能满足所生产经营的食品品种、数量的需要；设施设备布局不合理可能造成交叉污染；未按照要求对设施设备进行维护、保养和检测；贮存、运输和装卸食品的容器、工具和设备未保持安全、无害和清洁，可能污染食品；食品及原料过期、腐败变质、感官性状异常或不符合相关食品安全标准等。

3. 环境的不安全因素。未保持生产加工经营场所环境整洁；未与有毒、有害场所及其他污染源保持规定的距离或采取必要的防范措施；未落实防鼠、防蝇、防虫等有害生物防制措施；生产加工经营场所或设施设备温度、湿度等不能保证食品安全等。

4. 食品安全管理存在的问题。未按照食品安全监管及行业管理法律法规、标准要求建立并落实保证食品及食用农产品安全的规章制度；未按要求配备食品安全总监、食品安全员等食品安全管理人员；未按要求建立和落实食品安全"日管控、周排查、月调度"工作制度；未依法对从业人员进行食品安全知识培训等。

鼓励从业人员在报告风险隐患的同时，提出整改的合理化建议。本意见中从业人员是指该单位从事生产经营活动各项工作的所有人员，包括管理人员、技术人员和各岗位工人，也包括生产经营单位临时聘用的人员和被派遣劳动者。

（二）明晰报告途径。推动生产经营单位明确受理从业人员报告食品安全风险隐患的部门和人员，一般由单位负责人或食品安全总监、食品安全员等担任，通过"全国食品安全内部知情人举报系统"受理报告，具体方式要在醒目位置向全员公示。从业人员如不选择内部报告，也可以在"全国食品安全内部知情人举报系统"向市场监管部门报告，各地市场监管部门要按照食品安全举报奖励工作有关规定及时核实处理。

（三）认真核查整改。对从业人员报告的食品安全风险隐患，生产经营单位相关负责人和管理人员要及时与报告人员沟通、商研并组织核查，核查属实的要立即整改；无法立即整改的，要建立台账实行闭环管理，确保后续整改到位。要注重对从业人员报告隐患情况的分析，举一反三研判现场管理、责任落实、设备设施、工艺技术等方面存在的问题，及时采取针对性措施加以改进，不断提高食品安全管理水平。

（四）及时实施奖励。鼓励生产经营单位对报告食品安全风险隐患的从业人员及时进行奖励，坚持物质奖励和精神激励相结合。推动生产经营单位将内部报告奖励纳入本单位食品安全管理制度并向全员公示，鼓励"小隐患小奖，大隐患大奖"，对报告重大风险隐患等突出问题的予以重奖。

三、组织实施

（一）加大力度推动。各地区食安委和各有关部门要充分认识实行内部报告奖励在消除突出问题隐患方面的积极作用，加强领导，协作配合，有力推动，把建立完善内部报告奖励机制作为加强改进食品安全工作的创新性、改革性举措抓实抓好；要把生产经营单位建立健全机制和核查处置内部报告风险隐患情况纳入年度食品安全考核评价内容；要用好食品安全“三书一函”等手段督促地方各级市场监管部门加大对生产经营单位相关工作落实情况的监督检查和抽查力度。

（二）加强宣传引导。各地区食安委和各有关部门要加强对内部报告奖励工作的宣传，指导生产经营单位开展食品安全培训，提升从业人员对本单位、本岗位食品安全风险隐患的辨识能力，鼓励员工积极主动通过“全国食品安全内部知情人举报系统”向内部报告或向市场监管部门报告，实现生产经营单位食品安全风险隐患内部报告、内部处理，内外贯通、协同解决，促进市场监管部门、生产经营单位负责人与从业人员同频共振、同向发力，及时消除突出问题隐患。

（三）注重正向激励。各地区食安委和各有关部门要加强对生产经营单位报告食品安全风险隐患从业人员合法权益的保护，结合实际对内部报告奖励工作开展较好的单位和个人给予激励。鼓励生产经营单位设立食品安全内部报告奖励专项资金，依托工会等组织开展相关工作，支持从业人员报告内部隐患，引导知情群众反映身边风险，确保取得实实在在的效果。

三、食品安全监督管理

国家食品安全事故应急预案

（国务院 2011年10月5日修订）

1 总 则

1.1 编制目的

建立健全应对食品安全事故运行机制，有效预防、积极应对食品安全事故，高效组织应急处置工作，最大限度地减少食品安全事故的危害，保障公众健康与生命安全，维护正常的社会经济秩序。

1.2 编制依据

依据《中华人民共和国突发事件应对法》、《中华人民共和国食品安全法》、《中华人民共和国农产品质量安全法》、《中华人民共和国食品安全法实施条例》、《突发公共卫生事件应急条例》和《国家突发公共事件总体应急预案》，制定本预案。

1.3 事故分级

食品安全事故，指食物中毒、食源性疾病、食品污染等源于食品，对人体健康有危害或者可能有危害的事故。食品安全事故共分四级，即特别重大食品安全事故、重大食品安全事故、较大食品安全事故和一般食品安全事故。事故等级的评估核定，由卫生行政部门会同有关部门依照有关规定进行。

1.4 事故处置原则

（1）以人为本，减少危害。把保障公众健康和生命安全作为应急处置的首要任务，最大限度减少食品安全事故造成的人员伤亡和健康损害。

（2）统一领导，分级负责。按照“统一领导、综合协调、分类管理、分级负责、属地管理为主”的应急管理体制，建立快速反应、协同应对的食品安全事故应急机制。

(3) 科学评估，依法处置。有效使用食品安全风险监测、评估和预警等科学手段；充分发挥专业队伍的作用，提高应对食品安全事故的水平和能力。

(4) 居安思危，预防为主。坚持预防与应急相结合，常态与非常态相结合，做好应急准备，落实各项防范措施，防患于未然。建立健全日常管理制度，加强食品安全风险监测、评估和预警；加强宣教培训，提高公众自我防范和应对食品安全事故的意识和能力。

2 组织机构及职责

2.1 应急机制启动

食品安全事故发生后，卫生行政部门依法组织对事故进行分析评估，核定事故级别。特别重大食品安全事故，由卫生部会同食品安全办向国务院提出启动I级响应的建议，经国务院批准后，成立国家特别重大食品安全事故应急处置指挥部（以下简称指挥部），统一领导和指挥事故应急处置工作；重大、较大、一般食品安全事故，分别由事故所在地省、市、县级人民政府组织成立相应应急处置指挥机构，统一组织开展本行政区域事故应急处置工作。

2.2 指挥部设置

指挥部成员单位根据事故的性质和应急处置工作的需要确定，主要包括卫生部、农业部、商务部、工商总局、质检总局、食品药品监管局、铁道部、粮食局、中央宣传部、教育部、工业和信息化部、公安部、监察部、民政部、财政部、环境保护部、交通运输部、海关总署、旅游局、新闻办、民航局和食品安全办等部门以及相关行业协会组织。当事故涉及国外、港澳台时，增加外交部、港澳办、台办等部门为成员单位。由卫生部、食品安全办等有关部门人员组成指挥部办公室。

2.3 指挥部职责

指挥部负责统一领导事故应急处置工作；研究重大应急决策和部署；组织发布事故的重要信息；审议批准指挥部办公室提交的应急处置工作报告；应急处置的其他工作。

2.4 指挥部办公室职责

指挥部办公室承担指挥部的日常工作，主要负责贯彻落实指挥部的各项部署，组织实施事故应急处置工作；检查督促相关地区和部门做好各项应急处置工作，及时有效地控制事故，防止事态蔓延扩大；研究协调解决事故应急处理工作中的具体问题；向国务院、指挥部及其成员单位报告、通报事故应急处置的工作情况；组织信息发布。指挥部办公室建立会商、发文、信息发布和督查等制度，确保快速反应、高效处置。

2.5 成员单位职责

各成员单位在指挥部统一领导下开展工作，加强对事故发生地人民政府有关部门工作的督促、指导，积极参与应急救援工作。

2.6 工作组设置及职责

根据事故处置需要，指挥部可下设若干工作组，分别开展相关工作。各工作组在指挥部的统一指挥下开展工作，并随时向指挥部办公室报告工作开展情况。

(1) 事故调查组

由卫生部牵头，会同公安部、监察部及相关部门负责调查事故发生原因，评估事故影响，尽快查明致病原因，作出调查结论，提出事故防范意见；对涉嫌犯罪的，由公安部负责，督促、指导涉案地公安机关立案侦办，查清事实，依法追究刑事责任；对监管部门及其他机关工作人员的失职、渎职等行为进行调查。根据实际需要，事故调查组可以设置在事故发生地或派出部分人员赴现场开展事故调查（简称前方工作组）。

(2) 危害控制组

由事故发生环节的具体监管职能部门牵头，会同相关监管部门监督、指导事故发生地政府职能部门召回、下架、封存有关食品、原料、食品添加剂及食品相关产品，严格控制流通渠道，防止危害蔓延扩大。

(3) 医疗救治组

由卫生部负责，结合事故调查组的调查情况，制定最佳救治方案，指导事故发生地人民政府卫生部门对健康受到危害的人员进行医疗救治。

(4) 检测评估组

由卫生部牵头，提出检测方案和要求，组织实施相关检测，综合分析各方检测数据，查找事故原因和评估事故发展趋势，预测事故后果，为制定现场抢救方案和采取控制措施提供参考。检测评估结果要及时报告指挥部办公室。

(5) 维护稳定组

由公安部牵头，指导事故发生地人民政府公安机关加强治安管理，维护社会稳定。

(6) 新闻宣传组

由中央宣传部牵头，会同新闻办、卫生部等部门组织事故处置宣传报道和舆论引导，并配合相关部门做好信息发布工作。

(7) 专家组

指挥部成立由有关方面专家组成的专家组，负责对事故进行分析评估，为应急响应的调整和解除以及应急处置工作提供决策建议，必要时参与应急处置。

2.7 应急处置专业技术机构

医疗、疾病预防控制以及各有关部门的食品安全相关技术机构作为食品安全事故应急处置专业技术机构，应当在卫生行政部门及有关食品安全监管部门组织领导下开展应急处置相关工作。

3 应急保障

3.1 信息保障

卫生部会同国务院有关监管部门建立国家统一的食品安全信息网络体系，包含食品安全监测、事故报告与通报、食品安全事故隐患预警等内容；建立健全医疗救治信息网络，实现信息共享。卫生部负责食品安全信息网络体系的统一管理。

有关部门应当设立信息报告和举报电话，畅通信息报告渠道，确保食品安全事故的及时报告与相关信息的及时收集。

3.2 医疗保障

卫生行政部门建立功能完善、反应灵敏、运转协调、持续发展的医疗救治体系，在食品安全事故造成人员伤害时迅速开展医疗救治。

3.3 人员及技术保障

应急处置专业技术机构要结合本机构职责开展专业技术人员食品安全事故应急处置能力培训，加强应急处置力量建设，提高快速应对能力和技术水平。健全专家队伍，为事故核实、级别核定、事故隐患预警及应急响应等相关技术工作提供人才保障。国务院有关部门加强食品安全事故监测、预警、预防和应急处置等技术研发，促进国内外交流与合作，为食品安全事故应急处置提供技术保障。

3.4　**物资与经费保障**

食品安全事故应急处置所需设施、设备和物资的储备与调用应当得到保障；使用储备物资后须及时补充；食品安全事故应急处置、产品抽样及检验等所需经费应当列入年度财政预算，保障应急资金。

3.5　**社会动员保障**

根据食品安全事故应急处置的需要，动员和组织社会力量协助参与应急处置，必要时依法调用企业及个人物资。在动用社会力量或企业、个人物资进行应急处置后，应当及时归还或给予补偿。

3.6　**宣教培训**

国务院有关部门应当加强对食品安全专业人员、食品生产经营者及广大消费者的食品安全知识宣传、教育与培训，促进专业人员掌握食品安全相关工作技能，增强食品生产经营者的责任意识，提高消费者的风险意识和防范能力。

4　监测预警、报告与评估

4.1　**监测预警**

卫生部会同国务院有关部门根据国家食品安全风险监测工作需要，在综合利用现有监测机构能力的基础上，制定和实施加强国家食品安全风险监测能力建设规划，建立覆盖全国的食源性疾病、食品污染和食品中有害因素监测体系。卫生部根据食品安全风险监测结果，对食品安全状况进行综合分析，对可能具有较高程度安全风险的食品，提出并公布食品安全风险警示信息。

有关监管部门发现食品安全隐患或问题，应及时通报卫生行政部门和有关方面，依法及时采取有效控制措施。

4.2　**事故报告**

4.2.1 事故信息来源

（1）食品安全事故发生单位与引发食品安全事故食品的生产经营单位报告的信息；

（2）医疗机构报告的信息；

(3) 食品安全相关技术机构监测和分析结果;

(4) 经核实的公众举报信息;

(5) 经核实的媒体披露与报道信息;

(6) 世界卫生组织等国际机构、其他国家和地区通报我国信息。

4.2.2 报告主体和时限

(1) 食品生产经营者发现其生产经营的食品造成或者可能造成公众健康损害的情况和信息,应当在2小时内向所在地县级卫生行政部门和负责本单位食品安全监管工作的有关部门报告。

(2) 发生可能与食品有关的急性群体性健康损害的单位,应当在2小时内向所在地县级卫生行政部门和有关监管部门报告。

(3) 接收食品安全事故病人治疗的单位,应当按照卫生部有关规定及时向所在地县级卫生行政部门和有关监管部门报告。

(4) 食品安全相关技术机构、有关社会团体及个人发现食品安全事故相关情况,应当及时向县级卫生行政部门和有关监管部门报告或举报。

(5) 有关监管部门发现食品安全事故或接到食品安全事故报告或举报,应当立即通报同级卫生行政部门和其他有关部门,经初步核实后,要继续收集相关信息,并及时将有关情况进一步向卫生行政部门和其他有关监管部门通报。

(6) 经初步核实为食品安全事故且需要启动应急响应的,卫生行政部门应当按规定向本级人民政府及上级人民政府卫生行政部门报告;必要时,可直接向卫生部报告。

4.2.3 报告内容

食品生产经营者、医疗、技术机构和社会团体、个人向卫生行政部门和有关监管部门报告疑似食品安全事故信息时,应当包括事故发生时间、地点和人数等基本情况。

有关监管部门报告食品安全事故信息时,应当包括事故发生单位、时间、地点、危害程度、伤亡人数、事故报告单位信息(含报告时间、报告单位联系人员及联系方式)、已采取措施、事故简要经过等内容;并随时通报或者补报工作进展。

4.3 事故评估

4.3.1 有关监管部门应当按有关规定及时向卫生行政部门提供相关信

息和资料，由卫生行政部门统一组织协调开展食品安全事故评估。

4.3.2 食品安全事故评估是为核定食品安全事故级别和确定应采取的措施而进行的评估。评估内容包括：

（1）污染食品可能导致的健康损害及所涉及的范围，是否已造成健康损害后果及严重程度；

（2）事故的影响范围及严重程度；

（3）事故发展蔓延趋势。

5 应急响应

5.1 分级响应

根据食品安全事故分级情况，食品安全事故应急响应分为Ⅰ级、Ⅱ级、Ⅲ级和Ⅳ级响应。核定为特别重大食品安全事故，报经国务院批准并宣布启动Ⅰ级响应后，指挥部立即成立运行，组织开展应急处置。重大、较大、一般食品安全事故分别由事故发生地的省、市、县级人民政府启动相应级别响应，成立食品安全事故应急处置指挥机构进行处置。必要时上级人民政府派出工作组指导、协助事故应急处置工作。

启动食品安全事故Ⅰ级响应期间，指挥部成员单位在指挥部的统一指挥与调度下，按相应职责做好事故应急处置相关工作。事发地省级人民政府按照指挥部的统一部署，组织协调地市级、县级人民政府全力开展应急处置，并及时报告相关工作进展情况。事故发生单位按照相应的处置方案开展先期处置，并配合卫生行政部门及有关部门做好食品安全事故的应急处置。

食源性疾病中涉及传染病疫情的，按照《中华人民共和国传染病防治法》和《国家突发公共卫生事件应急预案》等相关规定开展疫情防控和应急处置。

5.2 应急处置措施

事故发生后，根据事故性质、特点和危害程度，立即组织有关部门，依照有关规定采取下列应急处置措施，以最大限度减轻事故危害：

（1）卫生行政部门有效利用医疗资源，组织指导医疗机构开展食品安全事故患者的救治。

（2）卫生行政部门及时组织疾病预防控制机构开展流行病学调查与检

测，相关部门及时组织检验机构开展抽样检验，尽快查找食品安全事故发生的原因。对涉嫌犯罪的，公安机关及时介入，开展相关违法犯罪行为侦破工作。

（3）农业行政、质量监督、检验检疫、工商行政管理、食品药品监管、商务等有关部门应当依法强制性就地或异地封存事故相关食品及原料和被污染的食品用工具及用具，待卫生行政部门查明导致食品安全事故的原因后，责令食品生产经营者彻底清洗消毒被污染的食品用工具及用具，消除污染。

（4）对确认受到有毒有害物质污染的相关食品及原料，农业行政、质量监督、工商行政管理、食品药品监管等有关监管部门应当依法责令生产经营者召回、停止经营及进出口并销毁。检验后确认未被污染的应当予以解封。

（5）及时组织研判事故发展态势，并向事故可能蔓延到的地方人民政府通报信息，提醒做好应对准备。事故可能影响到国（境）外时，及时协调有关涉外部门做好相关通报工作。

5.3 检测分析评估

应急处置专业技术机构应当对引发食品安全事故的相关危险因素及时进行检测，专家组对检测数据进行综合分析和评估，分析事故发展趋势、预测事故后果，为制定事故调查和现场处置方案提供参考。有关部门对食品安全事故相关危险因素消除或控制，事故中伤病人员救治，现场、受污染食品控制，食品与环境，次生、衍生事故隐患消除等情况进行分析评估。

5.4 响应级别调整及终止

在食品安全事故处置过程中，要遵循事故发生发展的客观规律，结合实际情况和防控工作需要，根据评估结果及时调整应急响应级别，直至响应终止。

5.4.1 响应级别调整及终止条件

（1）级别提升

当事故进一步加重，影响和危害扩大，并有蔓延趋势，情况复杂难以控制时，应当及时提升响应级别。

当学校或托幼机构、全国性或区域性重要活动期间发生食品安全事故时，可相应提高响应级别，加大应急处置力度，确保迅速、有效控制食品安全事故，维护社会稳定。

（2）级别降低

事故危害得到有效控制，且经研判认为事故危害降低到原级别评估标准以下或无进一步扩散趋势的，可降低应急响应级别。

（3）响应终止

当食品安全事故得到控制，并达到以下两项要求，经分析评估认为可解除响应的，应当及时终止响应：

——食品安全事故伤病员全部得到救治，原患者病情稳定24小时以上，且无新的急性病症患者出现，食源性感染性疾病在末例患者后经过最长潜伏期无新病例出现；

——现场、受污染食品得以有效控制，食品与环境污染得到有效清理并符合相关标准，次生、衍生事故隐患消除。

5.4.2 响应级别调整及终止程序

指挥部组织对事故进行分析评估论证。评估认为符合级别调整条件的，指挥部提出调整应急响应级别建议，报同级人民政府批准后实施。应急响应级别调整后，事故相关地区人民政府应当结合调整后级别采取相应措施。评估认为符合响应终止条件时，指挥部提出终止响应的建议，报同级人民政府批准后实施。

上级人民政府有关部门应当根据下级人民政府有关部门的请求，及时组织专家为食品安全事故响应级别调整和终止的分析论证提供技术支持与指导。

5.5 信息发布

事故信息发布由指挥部或其办公室统一组织，采取召开新闻发布会、发布新闻通稿等多种形式向社会发布，做好宣传报道和舆论引导。

6 后期处置

6.1 善后处置

事发地人民政府及有关部门要积极稳妥、深入细致地做好善后处置工作，消除事故影响，恢复正常秩序。完善相关政策，促进行业健康发展。

食品安全事故发生后，保险机构应当及时开展应急救援人员保险受理和受灾人员保险理赔工作。

造成食品安全事故的责任单位和责任人应当按照有关规定对受害人给予赔偿，承担受害人后续治疗及保障等相关费用。

6.2 奖惩

6.2.1 奖励

对在食品安全事故应急管理和处置工作中作出突出贡献的先进集体和个人，应当给予表彰和奖励。

6.2.2 责任追究

对迟报、谎报、瞒报和漏报食品安全事故重要情况或者应急管理工作中有其他失职、渎职行为的，依法追究有关责任单位或责任人的责任；构成犯罪的，依法追究刑事责任。

6.3 总结

食品安全事故善后处置工作结束后，卫生行政部门应当组织有关部门及时对食品安全事故和应急处置工作进行总结，分析事故原因和影响因素，评估应急处置工作开展情况和效果，提出对类似事故的防范和处置建议，完成总结报告。

7 附 则

7.1 预案管理与更新

与食品安全事故处置有关的法律法规被修订，部门职责或应急资源发生变化，应急预案在实施过程中出现新情况或新问题时，要结合实际及时修订与完善本预案。

国务院有关食品安全监管部门、地方各级人民政府参照本预案，制定本部门和地方食品安全事故应急预案。

7.2 演习演练

国务院有关部门要开展食品安全事故应急演练，以检验和强化应急准备和应急响应能力，并通过对演习演练的总结评估，完善应急预案。

7.3 预案实施

本预案自发布之日起施行。

食品安全工作评议考核办法

（2023 年 3 月 7 日　国办发〔2023〕6 号）

第一条　为贯彻党中央、国务院关于加强食品安全工作的决策部署，落实食品安全“四个最严”要求，强化地方政府属地管理责任，提高从农田到餐桌全过程监管能力，不断提升全链条食品安全工作水平，保障人民群众身体健康和生命安全，根据《中华人民共和国食品安全法》、《中共中央 国务院关于深化改革加强食品安全工作的意见》、《中共中央办公厅 国务院办公厅关于印发〈地方党政领导干部食品安全责任制规定〉的通知》等法律法规和文件规定，制定本办法。

第二条　考核工作坚持目标导向、问题导向，坚持客观公正、奖惩分明、推动创新、注重实效的原则，突出工作重点，注重工作过程，强化责任落实。

第三条　考核对象为各省（自治区、直辖市）人民政府和新疆生产建设兵团（以下称各省级人民政府和兵团）。

第四条　考核工作由国务院食品安全委员会统一领导。国务院食品安全委员会办公室（以下简称国务院食品安全办）受国务院食品安全委员会委托，会同国务院食品安全委员会相关成员单位（以下简称相关成员单位）实施考核工作。

国务院食品安全办及相关成员单位根据职责分工，对各省级人民政府和兵团食品安全工作情况进行评价。

第五条　考核内容主要包括食品安全基础工作推进、年度重点工作落实、食品安全状况等，同时设置即时性工作评价和加减分项（考核内容要点见附件）。具体考核指标及分值在年度食品安全工作考核方案及其细则中明确，设置要科学合理，可操作、可评价、可区分，切实减轻基层负担。

第六条　每年 1 月 1 日至 12 月 31 日为一个考核年度。每年 6 月 30 日前，国务院食品安全办组织相关成员单位制定并发布本年度考核细则。

第七条　考核采取以下程序：

（一）日常考核。国务院食品安全办及相关成员单位按照考核方案及其细则，根据工作需要，采取资料审查、线上抽查、明查暗访、调研督导等方式，对各省级人民政府和兵团任务完成情况进行定期评价，形成日常考核结果并在评议考核信息系统中进行填报。国务院食品安全办及相关成员单位对日常考核结果的公平性、公正性、准确性负责。

（二）年中督促。国务院食品安全办确定抽查地区，会同相关成员单位组成工作组，实地督促上年度考核发现问题整改和本年度食品安全重点工作任务落实。

（三）食品安全状况评价。国务院食品安全办及相关成员单位对各省级人民政府和兵团开展食品安全群众满意度测评、抽检监测等，综合相关情况形成地方食品安全状况评价结果。

（四）年终自查。各省级人民政府和兵团按照考核方案及其细则，对本年度食品安全基础工作、重点工作、即时性工作情况进行自评，并在评议考核信息系统中进行填报。各省级人民政府和兵团对自评和相关材料的真实性、准确性负责。

（五）年终评审。国务院食品安全办及相关成员单位按照考核方案及其细则，结合地方自评和日常掌握情况，对相关考核指标进行评审，形成年终评审意见并在评议考核信息系统中进行评价。国务院食品安全办及相关成员单位对相关评审结果的公平性、公正性、准确性负责。

（六）综合评议。国务院食品安全办汇总各省级人民政府和兵团的日常考核结果、食品安全状况评价结果、年终评审意见，会同相关成员单位共同研究加减分项、降级和否决情形，综合评议形成考核结果报国务院食品安全委员会。

（七）结果通报。国务院食品安全委员会审定考核结果后，将考核结果通报各省级人民政府和兵团，抄送相关成员单位。

第八条 考核采取评分法，基准分为 100 分，加分项分值不超过 5 分，即时性工作、减分项分值在当年考核方案及其细则中明确。考核结果分 A、B、C、D 四个等级。得分排在前 10 名且无降级和否决情形的为 A 级，得分排在 10 名以后且无降级和否决情形的为 B 级。

有下列情形之一的，考核等级下调一级，最低降至 C 级：

（一）本行政区域内未能有效建立健全分层分级精准防控、末端发力终端见效工作机制，食品安全属地管理责任落实不到位的；

（二）本行政区域内推进落实企业主体责任不到位，食品生产经营者食品安全总监或安全员配备率较低、未有效建立风险防控机制的；

（三）本行政区域内存在生产经营食品过程中掺杂掺假、使用非食品原料生产食品、在食品中添加食品添加剂以外的化学物质等违法犯罪行为，未按规定有效处置，造成严重不良影响的；

（四）本行政区域内发生违法使用农药兽药导致食用农产品农药兽药残留超标问题，造成严重不良影响的；

（五）本行政区域内发生耕地土壤污染源头防治不力导致食用农产品重金属超标问题，造成严重不良影响的；

（六）本行政区域内发生校园食品安全事件，未按规定有效处置，造成严重不良影响的；

（七）省级人民政府和兵团或其相关部门在食品安全工作评议考核中弄虚作假的；

（八）其他应当下调等级的情形。

有下列情形之一的，考核等级为D级：

（一）对本行政区域内发生的食品安全事故，未及时组织协调有关部门开展有效处置应对，造成严重不良影响或者重大损失的；

（二）本行政区域内发生特别重大食品安全事故，或者连续发生重大食品安全事故的；

（三）省级人民政府和兵团或其相关部门隐瞒、谎报、缓报食品安全事故的；

（四）对本行政区域内涉及多环节的区域性食品安全问题，未及时组织整治，造成严重不良影响或者重大损失的；

（五）其他应当为D级的情形。

第九条 本考核年度考核结果通报之前，次年发生食品安全事件造成不良社会影响的，纳入本考核年度予以减分或降级，不再纳入次年年度考核。

第十条 各省级人民政府和兵团应当在考核结果通报后一个月内，向国务院食品安全委员会作出书面报告，对通报的问题提出整改措施与时限，并抄送国务院食品安全办。

国务院食品安全办根据职责，向相关成员单位通报各省级人民政府和兵团有关整改措施与时限。国务院食品安全办及相关成员单位应当督促各省级人民政府和兵团完成通报问题整改，对考核排名靠后的省份加强指导。

第十一条 考核结果交由干部主管部门作为各省级人民政府和兵团领导班子、领导干部综合考核评价的重要内容，作为干部奖惩和使用、调整的重要参考。评议考核中发现需要问责的问题线索移交纪检监察机关。

第十二条 各省级人民政府和兵团有下列情形之一的，由国务院食品安全委员会予以通报表扬：

（一）考核结果为 A 级的；

（二）考核排名较上一年度提升较大的；

（三）基础工作推进、重点工作落实、工作创新、食品安全状况等方面成效突出的。

对在食品安全工作中作出突出贡献的单位和个人，按照国家有关规定给予表彰、奖励。

国务院食品安全办及时对地方创新性示范经验做法进行总结推广，并通报相关成员单位。

第十三条 各省级人民政府和兵团有考核结果为 D 级或考核排名连续三年列最后 3 名情形的，由国务院食品安全委员会委托国务院食品安全办会同相关部门约谈省级人民政府和兵团有关负责人，必要时由国务院领导同志约谈省级人民政府和兵团主要负责人。

被约谈的省级人民政府和兵团有关领导干部不得参加有关表彰、年度评奖等。

各省级人民政府和兵团有考核排名退步较大或上年度考核发现问题未整改到位情形的，由国务院食品安全办会同相关部门视情约谈省级人民政府和兵团食品安全办主要负责人。

第十四条 对在食品安全工作评议考核中弄虚作假的，予以通报批评；情节严重的，依规依纪依法追究相关人员责任。

第十五条 各省级人民政府和兵团可参照本办法，结合各自实际情况，依法制定本地区食品安全工作评议考核办法。

第十六条 本办法由国务院食品安全办负责解释，自印发之日起施行。

附件：

考核内容要点

序号	考核内容	分值	考核要点
1	食品安全基础工作	100分	组织领导、制度机制建设、责任体系建设、能力建设、队伍建设等。
2	食品安全年度重点工作		标准实施、监督管理、风险管理、打击违法犯罪、落实生产经营者主体责任、产业发展、社会共治等。
3	食品安全状况		食品安全群众满意度、食品评价性抽检合格率、农产品例行监测合格率等。
4	即时性工作	≤15分	年度中党中央、国务院部署的新增重点专项工作（如应对重大自然灾害、重大突发事件和开展重大专项整治等），以及国务院食品安全委员会部署的新增专项工作完成情况。
5	加分项	≤5分	在落实党政同责（包括队伍建设、投入保障等）、监管工作、推动产业高质量发展、推进社会共治等方面形成创新性示范经验做法，以及在重大活动保障等方面取得突出成效。
6	减分项		发生食品安全事件、上年度考核发现问题未整改到位等。

有关说明：

1. 具体考核指标及分值根据年度重点工作进行调整，由国务院食品安全办在年度食品安全工作考核方案及其细则中明确。

2. 即时性工作由国务院食品安全办根据工作有无及难易程度情况确定具体分值，在当年考核方案及其细则中明确（相关成员单位拟纳入即时性工作考核事项，报国务院食品安全办统筹）。

3. 减分项分值在当年考核方案及其细则中明确。

地方党政领导干部食品安全责任制规定

（2019年2月5日）

第一章　总　　则

第一条　为了进一步落实食品安全党政同责要求，强化食品安全属地管理责任，健全食品安全工作责任制，保障人民群众“舌尖上的安全”，根据有关党内法规和国家法律，制定本规定。

第二条 本规定所称食品安全包括食用农产品质量安全。

本规定所称分管食品安全工作是指分管食用农产品质量安全监管、食品安全监管等工作。

本规定所称食品安全相关工作是指卫生健康、生态环境、粮食、教育、政法、宣传、民政、建设、文化、旅游、交通运输等行业或者领域与食品安全紧密相关的工作，以及为食品安全提供支持的发展改革、科技、工信、财政、商务等领域工作。

第三条 本规定适用于县级以上地方各级党委和政府领导班子成员（以下统称地方党政领导干部）。

第四条 实行地方党政领导干部食品安全责任制，必须坚持以习近平新时代中国特色社会主义思想为指导，增强“四个意识”、坚定“四个自信”、做到“两个维护”，牢固树立以人民为中心的发展思想，贯彻落实食品安全“四个最严”的要求，深入实施食品安全战略，承担起“促一方发展、保一方平安”的政治责任，不断提高食品安全工作水平，努力增强人民群众的获得感、幸福感、安全感。

第五条 建立地方党政领导干部食品安全工作责任制，应当遵循以下原则：

（一）坚持党政同责、一岗双责，权责一致、齐抓共管，失职追责、尽职免责；

（二）坚持谋发展必须谋安全，管行业必须管安全，保民生必须保安全；

（三）坚持综合运用考核、奖励、惩戒等措施，督促地方党政领导干部履行食品安全工作职责，确保党中央、国务院关于食品安全工作的决策部署贯彻落实。

第六条 地方各级党委和政府对本地区食品安全工作负总责，主要负责人是本地区食品安全工作第一责任人，班子其他成员对分管（含协管、联系，下同）行业或者领域内的食品安全工作负责。

第二章 职 责

第七条 地方各级党委主要负责人应当全面加强党对本地区食品安全

工作的领导，认真贯彻执行党中央关于食品安全工作的方针政策、决策部署和指示精神，上级党委的决定和相关法律法规要求，职责主要包括：

（一）组织学习贯彻习近平总书记关于食品安全工作的重要指示批示精神和党中央关于食品安全工作的方针政策、决策部署，不断提高地方党政领导干部的政治站位，增强做好食品安全工作的责任感和使命感；

（二）全面加强党对本地区食品安全工作的领导，将食品安全工作作为向党委全会报告的重要内容；

（三）建立健全党委常委会委员食品安全相关工作责任清单，督促党委常委会其他委员履行食品安全相关工作责任，并将食品安全工作纳入地方党政领导干部政绩考核内容；

（四）开展食品安全工作专题调研，召开党委常委会会议或者专题会议，听取食品安全工作专题汇报，及时研究解决食品安全工作重大问题，推动完善食品安全治理体系；

（五）加强食品安全工作部门领导班子建设、干部队伍建设和机构建设，不断提升食品安全治理能力；

（六）协调各方重视和支持食品安全工作，加强食品安全宣传，把握正确舆论导向，营造良好工作氛围。

第八条 地方各级政府主要负责人应当加强对本地区食品安全工作的领导，认真贯彻执行党中央、国务院关于食品安全工作的方针政策、决策部署和指示精神，上级党委和政府、本级党委的决定和相关法律法规要求，职责主要包括：

（一）领导本地区食品安全工作，组织推动地方政府落实食品安全属地管理责任；

（二）坚持新发展理念，正确处理发展和安全的关系，将食品安全工作纳入本地区国民经济和社会发展规划、政府工作重点，并接受人大、政协的监督；

（三）建立健全本地区食品安全监管责任体系，明确本级政府领导班子成员食品安全工作责任和政府相关部门食品安全工作职责，指导督促政府领导班子成员和相关部门落实工作责任；

（四）加强食品安全监管能力、执法能力建设，整合监管力量，优化监管机制，提高监管、执法队伍专业化水平，建立健全食品安全财政投入保障机制，保障监管、执法部门依法履职必需的经费和装备；

（五）开展食品安全工作专题调研，组织召开政府常务会议、办公会议或者专题会议，听取本地区食品安全工作汇报，及时研究解决食品安全工作突出问题；

（六）落实高质量发展要求，推进食品及食品相关产业转型升级，不断提高产业发展水平。

第九条 地方各级党委常委会其他委员应当按照职责分工，加强对分管行业或者领域内食品安全相关工作的领导，协助党委主要负责人，统筹推进分管行业或者领域内食品安全相关工作，督促指导相关部门依法履行工作职责，及时研究解决分管行业或者领域内食品安全相关工作问题。

第十条 地方各级政府分管食品安全工作负责人应当加强对本地区食品安全监管工作的领导，具体负责组织本地区食品安全监管工作，职责主要包括：

（一）协助党委和政府主要负责人落实食品安全属地管理责任，组织制定贯彻落实党中央、国务院关于食品安全工作的方针政策、决策部署和指示精神，上级以及本级党委和政府的决定和相关法律法规的具体措施；

（二）组织开展食品安全工作专题调研，研究制定本地区食品安全专项规划、年度重点工作计划，统筹推进本地区食品安全工作；

（三）组织协调食品安全监管部门和相关部门，及时分析食品安全形势，研究解决食品安全领域相关问题，推动完善“从农田到餐桌”全链条全过程食品安全监管机制；

（四）组织推动食品安全监管部门和相关部门建立信息共享机制，推进“互联网+”食品安全监管，不断提升食品安全监管效能和治理能力现代化水平；

（五）组织实施食品安全风险防控、隐患排查和专项治理，坚决防范系统性、区域性食品安全风险；

（六）组织制定食品安全事故应急预案，及时组织开展本地区食品安全突发事件应对处置和调查处理；

（七）组织开展食品安全工作评议考核，督促本级政府相关部门和下级政府落实食品安全工作责任；

（八）组织开展食品安全普法和科普宣传、安全教育、诚信体系建设等工作，推动食品安全社会共治。

第十一条 地方各级政府领导班子其他成员应当按照职责分工，加强对分管行业或者领域内食品安全相关工作的领导，协助政府主要负责人，统筹推进分管行业或者领域内食品安全相关工作，督促指导相关部门依法履行工作职责，及时研究解决分管行业或者领域内食品安全相关工作问题。

第三章 考核监督

第十二条 地方各级党委和政府应当对落实食品安全重大部署、重点工作情况进行跟踪督办。

第十三条 地方各级党委应当结合巡视巡察工作安排，对地方党政领导干部履行食品安全工作职责情况进行检查。

第十四条 地方各级党委和政府应当充分发挥评议考核“指挥棒”作用，推动地方党政领导干部落实食品安全工作责任。

第十五条 跟踪督办、履职检查、评议考核结果应当作为地方党政领导干部考核、奖惩和使用、调整的重要参考。因履职不到位被追究责任的地方党政领导干部，在评优评先、选拔任用等方面按照有关规定执行。

第四章 奖　惩

第十六条 地方党政领导干部在食品安全工作中敢于作为、勇于担当、履职尽责，有下列情形之一的，按照有关规定给予表彰奖励：

（一）及时有效组织预防食品安全事故和消除重大食品安全风险隐患，使国家和人民群众利益免受重大损失的；

（二）在食品安全工作中有重大创新并取得显著成效的；

（三）连续在食品安全工作评议考核中成绩优秀的；

（四）作出其他突出贡献的。

第十七条 地方党政领导干部在落实食品安全工作责任中有下列情形之一的，应当按照有关规定进行问责：

（一）未履行本规定职责和要求，或者履职不到位的；

（二）对本区域内发生的重大食品安全事故，或者社会影响恶劣的食品安全事件负有领导责任的；

（三）对本区域内发生的食品安全事故，未及时组织领导有关部门有效处置，造成不良影响或者较大损失的；

（四）对隐瞒、谎报、缓报食品安全事故负有领导责任的；

（五）违规插手、干预食品安全事故依法处理和食品安全违法犯罪案件处理的；

（六）有其他应当问责情形的。

第十八条 地方党政领导干部有本规定第十七条所列情形的，按照干部管理权限依规依纪依法进行问责。涉嫌职务违法犯罪的，由监察机关依法调查处置。

第十九条 地方党政领导干部及时报告失职行为并主动采取补救措施，有效预防或者减少食品安全事故重大损失、挽回社会严重不良影响，或者积极配合问责调查，并主动承担责任的，按照有关规定从轻、减轻追究责任。对工作不力导致重大或者特别重大食品安全事故，或者造成严重不良影响的，应当从重追究责任。

第五章 附 则

第二十条 乡镇（街道）党政领导干部，各类开发区管理机构党政领导干部，参照本规定执行。

第二十一条 本规定由市场监管总局会同农业农村部解释。

第二十二条 本规定自2019年2月5日起施行。

食品相关产品质量安全监督管理暂行办法

（2022年10月8日国家市场监督管理总局令第62号公布 自2023年3月1日起施行）

第一章 总 则

第一条 为了加强食品相关产品质量安全监督管理，保障公众身体健康和生命安全，根据《中华人民共和国食品安全法》《中华人民共和国产品质量法》等有关法律、法规，制定本办法。

第二条 在中华人民共和国境内生产、销售食品相关产品及其监督管理适用本办法。法律、法规、规章对食品相关产品质量安全监督管理另有规定的从其规定。

食品生产经营中使用食品相关产品的监督管理按照有关规定执行。

第三条 食品相关产品质量安全工作实行预防为主、风险管理、全程控制、社会共治，建立科学、严格的监督管理制度。

第四条 国家市场监督管理总局监督指导全国食品相关产品质量安全监督管理工作。

省级市场监督管理部门负责监督指导和组织本行政区域内食品相关产品质量安全监督管理工作。

市级及以下市场监督管理部门负责实施本行政区域内食品相关产品质量安全监督管理工作。

第二章 生产销售

第五条 生产者、销售者对其生产、销售的食品相关产品质量安全负责。

第六条 禁止生产、销售下列食品相关产品：

（一）使用不符合食品安全标准及相关公告的原辅料和添加剂，以及其他可能危害人体健康的物质生产的食品相关产品，或者超范围、超限量使用添加剂生产的食品相关产品；

（二）致病性微生物，农药残留、兽药残留、生物毒素、重金属等污染物质以及其他危害人体健康的物质含量和迁移量超过食品安全标准限量的食品相关产品；

（三）在食品相关产品中掺杂、掺假，以假充真，以次充好或者以不合格食品相关产品冒充合格食品相关产品；

（四）国家明令淘汰或者失效、变质的食品相关产品；

（五）伪造产地，伪造或者冒用他人厂名、厂址、质量标志的食品相关产品；

（六）其他不符合法律、法规、规章、食品安全标准及其他强制性规定的食品相关产品。

第七条 国家建立食品相关产品生产企业质量安全管理人员制度。食品相关产品生产者应当建立并落实食品相关产品质量安全责任制，配备与其企业规模、产品类别、风险等级、管理水平、安全状况等相适应的质量安全总监、质量安全员等质量安全管理人员，明确企业主要负责人、质量安全总监、质量安全员等不同层级管理人员的岗位职责。

企业主要负责人对食品相关产品质量安全工作全面负责，建立并落实质量安全主体责任的管理制度和长效机制。质量安全总监、质量安全员应当协助企业主要负责人做好食品相关产品质量安全管理工作。

第八条 在依法配备质量安全员的基础上，直接接触食品的包装材料等具有较高风险的食品相关产品生产者，应当配备质量安全总监。

食品相关产品质量安全总监和质量安全员具体管理要求，参照国家食品安全主体责任管理制度执行。

第九条 食品相关产品生产者应当建立并实施原辅料控制，生产、贮存、包装等生产关键环节控制，过程、出厂等检验控制，运输及交付控制等食品相关产品质量安全管理制度，保证生产全过程控制和所生产的食品相关产品符合食品安全标准及其他强制性规定的要求。

食品相关产品生产者应当制定食品相关产品质量安全事故处置方案，定期检查各项质量安全防范措施的落实情况，及时消除事故隐患。

第十条 食品相关产品生产者实施原辅料控制，应当包括采购、验收、贮存和使用等过程，形成并保存相关过程记录。

食品相关产品生产者应当对首次使用的原辅料、配方和生产工艺进行安全评估及验证，并保存相关记录。

第十一条 食品相关产品生产者应当通过自行检验，或者委托具备相应资质的检验机构对产品进行检验，形成并保存相应记录，检验合格后方可出厂或者销售。

食品相关产品生产者应当建立不合格产品管理制度，对检验结果不合格的产品进行相应处置。

第十二条 食品相关产品销售者应当建立并实施食品相关产品进货查验制度，验明供货者营业执照、相关许可证件、产品合格证明和产品标识，如实记录食品相关产品的名称、数量、进货日期以及供货者名称、地址、联系方式等内容，并保存相关凭证。

第十三条 本办法第十条、第十一条和第十二条要求形成的相关记录和凭证保存期限不得少于产品保质期，产品保质期不足二年的或者没有明确保质期的，保存期限不得少于二年。

第十四条 食品相关产品生产者应当建立食品相关产品质量安全追溯制度，保证从原辅料和添加剂采购到产品销售所有环节均可有效追溯。

鼓励食品相关产品生产者、销售者采用信息化手段采集、留存生产和销售信息，建立食品相关产品质量安全追溯体系。

第十五条 食品相关产品标识信息应当清晰、真实、准确，不得欺骗、误导消费者。标识信息应当标明下列事项：

（一）食品相关产品名称；

（二）生产者名称、地址、联系方式；

（三）生产日期和保质期（适用时）；

（四）执行标准；

（五）材质和类别；

（六）注意事项或者警示信息；

（七）法律、法规、规章、食品安全标准及其他强制性规定要求的应当标明的其他事项。

食品相关产品还应当按照有关标准要求在显著位置标注“食品接触用”“食品包装用”等用语或者标志。

食品安全标准对食品相关产品标识信息另有其他要求的，从其规定。

第十六条 鼓励食品相关产品生产者将所生产的食品相关产品有关内容向社会公示。鼓励有条件的食品相关产品生产者以电子信息、追溯信息码等方式进行公示。

第十七条 食品相关产品需要召回的，按照国家召回管理的有关规定执行。

第十八条 鼓励食品相关产品生产者、销售者参加相关安全责任保险。

第三章 监督管理

第十九条 对直接接触食品的包装材料等具有较高风险的食品相关产品，按照国家有关工业产品生产许可证管理的规定实施生产许可。食品相关产品生产许可实行告知承诺审批和全覆盖例行检查。

省级市场监督管理部门负责组织实施本行政区域内食品相关产品生产许可和监督管理。根据需要，省级市场监督管理部门可以将食品相关产品生产许可委托下级市场监督管理部门实施。

第二十条 市场监督管理部门建立分层分级、精准防控、末端发力、终端见效工作机制，以“双随机、一公开”监管为主要方式，随机抽取检查对象，随机选派检查人员对食品相关产品生产者、销售者实施日常监督检查，及时向社会公开检查事项及检查结果。

市场监督管理部门实施日常监督检查主要包括书面审查和现场检查。必要时，可以邀请检验检测机构、科研院所等技术机构为日常监督检查提供技术支撑。

第二十一条 对食品相关产品生产者实施日常监督检查的事项包括：生产者资质、生产环境条件、设备设施管理、原辅料控制、生产关键环节控制、检验控制、运输及交付控制、标识信息、不合格品管理和产品召回、从业人员管理、信息记录和追溯、质量安全事故处置等情况。

第二十二条 对食品相关产品销售者实施日常监督检查的事项包括：销售者资质、进货查验结果、食品相关产品贮存、标识信息、质量安全事故处置等情况。

第二十三条 市场监督管理部门实施日常监督检查，可以要求食品相关产品生产者、销售者如实提供本办法第二十一条、第二十二条规定的相关材料。必要时，可以要求被检查单位作出说明或者提供补充材料。

日常监督检查发现食品相关产品可能存在质量安全问题的，市场监督管理部门可以组织技术机构对工艺控制参数、记录的数据参数或者食品相关产品进行抽样检验、测试、验证。

市场监督管理部门应当记录、汇总和分析食品相关产品日常监督检查信息。

第二十四条 市场监督管理部门对其他部门移送、上级交办、投诉、举报等途径和检验检测、风险监测等方式发现的食品相关产品质量安全问题线索，根据需要可以对食品相关产品生产者、销售者及其产品实施针对性监督检查。

第二十五条 县级以上地方市场监督管理部门对食品相关产品生产者、销售者进行监督检查时，有权采取下列措施：

（一）进入生产、销售场所实施现场检查；

（二）对生产、销售的食品相关产品进行抽样检验；

（三）查阅、复制有关合同、票据、账簿以及其他有关资料；

（四）查封、扣押有证据证明不符合食品安全标准或者有证据证明存在质量安全隐患以及用于违法生产经营的食品相关产品、工具、设备；

（五）查封违法从事食品相关产品生产经营活动的场所；

（六）法律法规规定的其他措施。

第二十六条　县级以上地方市场监督管理部门应当对监督检查中发现的问题，书面提出整改要求及期限。被检查企业应当按期整改，并将整改情况报告市场监督管理部门。

对监督检查中发现的违法行为，应当依法查处；不属于本部门职责或者超出监管范围的，应当及时移送有权处理的部门；涉嫌构成犯罪的，应当及时移送公安机关。

第二十七条　市场监督管理部门对可能危及人体健康和人身、财产安全的食品相关产品，影响国计民生以及消费者、有关组织反映有质量安全问题的食品相关产品，依据产品质量监督抽查有关规定进行监督抽查。法律、法规、规章对食品相关产品质量安全的监督抽查另有规定的，依照有关规定执行。

第二十八条　县级以上地方市场监督管理部门应当建立完善本行政区域内食品相关产品生产者名录数据库。鼓励运用信息化手段实现电子化管理。

县级以上地方市场监督管理部门可以根据食品相关产品质量安全风险监测、风险评估结果和质量安全状况等，结合企业信用风险分类结果，对食品相关产品生产者实施质量安全风险分级监督管理。

第二十九条　国家市场监督管理总局按照有关规定实施国家食品相关产品质量安全风险监测。省级市场监督管理部门按照本行政区域的食品相关产品质量安全风险监测方案，开展食品相关产品质量安全风险监测工作。风险监测结果表明可能存在质量安全隐患的，应当将相关信息通报同级卫生行政等部门。

承担食品相关产品质量安全风险监测工作的技术机构应当根据食品相关产品质量安全风险监测计划和监测方案开展监测工作，保证监测数据真实、准确，并按照要求报送监测数据和分析结果。

第三十条　国家市场监督管理总局按照国家有关规定向相关部门通报食品相关产品质量安全信息。

县级以上地方市场监督管理部门按照有关要求向上一级市场监督管理部门、同级相关部门通报食品相关产品质量安全信息。通报信息涉及其他地区的，应当及时向相关地区同级部门通报。

第三十一条 食品相关产品质量安全信息包括以下内容：

（一）食品相关产品生产许可、监督抽查、监督检查和风险监测中发现的食品相关产品质量安全信息；

（二）有关部门通报的，行业协会和消费者协会等组织、企业和消费者反映的食品相关产品质量安全信息；

（三）舆情反映的食品相关产品质量安全信息；

（四）其他与食品相关产品质量安全有关的信息。

第三十二条 市场监督管理部门对食品相关产品质量安全风险信息可以组织风险研判，进行食品相关产品质量安全状况综合分析，或者会同同级人民政府有关部门、行业组织、企业等共同研判。认为需要进行风险评估的，应当向同级卫生行政部门提出风险评估的建议。

第三十三条 市场监督管理部门实施食品相关产品生产许可、全覆盖例行检查、监督检查以及产品质量监督抽查中作出的行政处罚信息，依法记入国家企业信用信息公示系统，向社会公示。

第四章 法律责任

第三十四条 违反本办法规定，法律、法规对违法行为处罚已有规定的，依照其规定执行。

第三十五条 违反本办法第六条第一项规定，使用不符合食品安全标准及相关公告的原辅料和添加剂，以及其他可能危害人体健康的物质作为原辅料生产食品相关产品，或者超范围、超限量使用添加剂生产食品相关产品的，处十万元以下罚款；情节严重的，处二十万元以下罚款。

第三十六条 违反本办法规定，有下列情形之一的，责令限期改正；逾期不改或者改正后仍然不符合要求的，处三万元以下罚款；情节严重的，处五万元以下罚款：

（一）食品相关产品生产者未建立并实施本办法第九条第一款规定的食品相关产品质量安全管理制度的；

（二）食品相关产品生产者未按照本办法第九条第二款规定制定食品

相关产品质量安全事故处置方案的；

（三）食品相关产品生产者未按照本办法第十条规定实施原辅料控制以及开展相关安全评估验证的；

（四）食品相关产品生产者未按照本办法第十一条第二款规定建立并实施不合格产品管理制度、对检验结果不合格的产品进行相应处置的；

（五）食品相关产品销售者未按照本办法第十二条建立并实施进货查验制度的。

第三十七条 市场监督管理部门工作人员，在食品相关产品质量安全监督管理工作中玩忽职守、滥用职权、徇私舞弊的，依法追究法律责任；涉嫌违纪违法的，移送纪检监察机关依纪依规依法给予党纪政务处分；涉嫌违法犯罪的，移送监察机关、司法机关依法处理。

第五章 附 则

第三十八条 本办法所称食品相关产品，是指用于食品的包装材料、容器、洗涤剂、消毒剂和用于食品生产经营的工具、设备。其中，消毒剂的质量安全监督管理按照有关规定执行。

第三十九条 本办法自2023年3月1日起施行。

食品生产经营企业落实食品安全主体责任监督管理规定

（2022年9月22日国家市场监督管理总局令第60号公布 根据2025年2月23日国家市场监督管理总局令第97号《国家市场监督管理总局关于修改〈企业落实食品安全主体责任监督管理规定〉的决定》修正）

第一条 为了督促食品生产经营企业落实食品安全主体责任，强化主要负责人食品安全责任，规范食品安全管理人员行为，保证食品安全，根据《中华人民共和国食品安全法》（以下简称食品安全法）及其实施条例等法律法规，制定本规定。

第二条 在中华人民共和国境内，食品生产经营企业及其主要负责人，以及食品安全总监、食品安全员等食品安全管理人员，依法落实食品安全责任的行为及其监督管理，适用本规定。

第三条 食品生产经营企业应当建立健全食品安全管理制度，落实食品安全责任制，依法配备与企业规模、食品类别、风险等级、管理水平、安全状况等相适应的食品安全总监、食品安全员等食品安全管理人员，明确企业主要负责人、食品安全总监、食品安全员等的岗位职责。

食品生产经营企业主要负责人对本企业食品安全工作全面负责，建立落实食品安全主体责任的长效机制并推动有效运行。食品安全总监、食品安全员应当按照岗位职责协助企业主要负责人做好食品安全管理工作。

第四条 食品生产经营企业主要负责人应当支持和保障食品安全总监、食品安全员依法开展食品安全管理工作，在作出涉及食品安全的重大决策前，应当充分听取食品安全总监和食品安全员的意见和建议。

第五条 食品安全总监、食品安全员发现有食品安全事故潜在风险的，应当提出停止相关食品生产经营活动等否决建议，食品生产经营企业主要负责人或者食品安全总监应当立即分析研判，采取处置措施，消除风险隐患。有发生食品安全事故潜在风险的，食品生产经营企业应当立即停止食品生产经营活动，并向所在地县级市场监督管理部门报告。

第六条 食品生产经营企业应当依法配备食品安全员，下列食品生产经营企业还应当配备食品安全总监：

（一）特殊食品生产企业；

（二）大中型食品生产企业；

（三）大中型食品销售企业；

（四）大中型餐饮服务企业（含中央厨房、供餐人数超过1000人的集体用餐配送单位）；

（五）连锁食品销售、连锁餐饮服务企业的总部。

县级以上地方市场监督管理部门应当结合实际，指导本辖区具备条件的食品生产经营企业配备食品安全总监。

第七条 食品安全总监、食品安全员应当具备下列食品安全管理能力：

（一）掌握相应的食品安全法律法规、食品安全标准；

（二）具备识别和防控相应食品安全风险的专业知识；

（三）熟悉本企业食品安全相关设施设备、工艺流程、操作规程等生产经营过程控制要求；

（四）参加食品安全管理人员培训并通过考核；

（五）其他应当具备的食品安全管理能力。

食品安全总监应当由食品生产经营企业管理层人员担任。

第八条 因食品安全违法被吊销许可证的食品生产经营者，其法定代表人、直接负责的主管人员和其他直接责任人员，自处罚决定作出之日起五年内不得在食品生产经营企业担任食品安全总监、食品安全员。

因食品安全犯罪被判处有期徒刑以上刑罚的人员，终身不得在食品生产经营企业担任食品安全总监、食品安全员。

第九条 食品安全总监按照职责要求直接对本企业主要负责人负责，协助主要负责人做好食品安全管理工作，承担下列职责：

（一）组织拟定食品安全管理制度，督促落实食品安全责任制，明确从业人员健康管理、供货者管理、进货查验、生产经营过程控制、出厂检验、追溯体系建设、投诉举报处理等食品安全方面的责任要求；

（二）组织拟定并督促落实食品安全风险防控措施，定期组织食品安全自查，评估食品安全状况，及时向企业主要负责人报告食品安全工作情况并提出改进措施，阻止、纠正食品安全违法行为，按照规定组织实施食品召回；

（三）组织拟定食品安全事故处置方案，组织开展应急演练，落实食品安全事故报告义务，采取措施防止事故扩大；

（四）负责管理、督促、指导食品安全员按照职责做好相关工作，组织开展职工食品安全教育、培训、考核；

（五）接受和配合监督管理部门开展食品安全监督检查等工作，如实提供有关情况，并对检查发现的问题组织整改落实；

（六）其他食品安全管理责任。

食品生产经营企业应当按照前款规定，结合企业实际，细化制定《食品安全总监职责》。

食品生产经营企业按照本规定无需配备且未配备食品安全总监的，食品安全总监职责由企业主要负责人或者企业指定的食品安全员履行。

第十条 食品安全员按照职责要求对食品安全总监或者企业主要负责

人负责，从事食品安全管理具体工作，承担下列职责：

（一）督促落实食品生产经营过程控制要求；

（二）检查食品安全管理制度执行情况，管理维护食品安全生产经营过程记录材料，按照要求保存相关资料；

（三）对不符合食品安全标准的食品或者有证据证明可能危害人体健康的食品以及发现的食品安全风险隐患，及时采取有效措施整改并报告；

（四）记录和管理从业人员健康状况、卫生状况；

（五）配合有关部门调查处理食品安全事故；

（六）其他食品安全管理责任。

食品生产经营企业应当按照前款规定，结合企业实际，细化制定《食品安全员守则》。

第十一条 食品生产经营企业应当建立基于食品安全风险防控的动态管理机制，结合企业实际，落实自查要求，制定《食品安全风险管控清单》，建立健全日管控、周排查、月调度工作制度和机制。

食品生产经营企业可以将日管控、周排查、月调度工作制度和机制与已经建立的工作制度和机制有机结合实施。

第十二条 食品生产经营企业应当建立食品安全日管控制度。生产经营期间，食品安全员每日根据《食品安全风险管控清单》进行检查，形成《每日食品安全检查记录》，对发现的食品安全风险隐患，应当立即采取防范措施，按照程序及时上报食品安全总监或者企业主要负责人。未发现问题的，也应当予以记录，实行零风险报告。

第十三条 食品生产经营企业应当建立食品安全周排查制度。生产经营期间，食品安全总监或者食品安全员每周至少组织 1 次风险隐患排查，分析研判食品安全管理情况，研究解决日管控中发现的问题，形成《每周食品安全排查治理报告》。

第十四条 食品生产经营企业应当建立食品安全月调度制度。生产经营期间，主要负责人每月至少听取 1 次食品安全总监管理工作情况汇报，对当月食品安全日常管理、风险隐患排查治理等情况进行工作总结，对下个月重点工作作出调度安排，形成《每月食品安全调度会议纪要》。

第十五条 食品生产经营企业应当将主要负责人、食品安全总监、食品安全员等人员的配备、调整情况，《食品安全风险管控清单》《食品安全总监职责》《食品安全员守则》《每日食品安全检查记录》《每周食品安全排查治理报告》《每月食品安全调度会议纪要》，以及食品安全总监、食品安全员提出的意见建议和报告等履职情况予以记录并存档备查。

第十六条 市场监督管理部门应当将食品生产经营企业建立并落实食品安全责任制等管理制度，食品生产经营企业在日管控、周排查、月调度中发现的食品安全风险隐患以及整改情况，作为监督检查的重点内容。

第十七条 食品生产经营企业应当组织对本企业职工进行食品安全知识培训，对食品安全总监、食品安全员进行法律、法规、规章、标准和专业知识培训、考核，并对培训、考核情况予以记录，存档备查。食品安全总监、食品安全员每年参加培训时间不少于40小时。

县级以上地方市场监督管理部门按照国家市场监督管理总局制定的企业食品安全管理人员监督抽查考核指南以及考核大纲、考试题库等，组织对本辖区食品生产经营企业的主要负责人以及食品安全总监、食品安全员等食品安全管理人员随机进行监督抽查考核并公布考核结果。监督抽查考核的方式和内容应当与食品生产经营企业类型、人员类别、生产经营食品种类（场所）、所在岗位（环节）等相适应，且不得收取费用。

抽查考核不合格，不再符合食品生产经营要求的，食品生产经营企业应当立即采取整改措施。

第十八条 食品生产经营企业应当为食品安全总监、食品安全员提供必要的工作条件、教育培训和岗位待遇，充分保障其依法履行职责。

鼓励食品生产经营企业建立对食品安全总监、食品安全员的激励机制，对工作成效显著的给予表彰和奖励。

第十九条 食品生产经营企业未按规定建立食品安全管理制度，或者未按规定配备、培训、考核食品安全总监、食品安全员等食品安全管理人员，或者未按责任制要求落实食品安全责任的，由县级以上地方市场监督管理部门依照食品安全法第一百二十六条第一款的规定责令改正，给予警告；拒不改正的，处5000元以上5万元以下罚款；情节严重的，责令停产停业，直至吊销许可证。

第二十条 食品生产经营企业有食品安全法规定的违法情形，除依照食品安全法的规定给予处罚外，有下列情形之一的，对企业的法定代表人、主要负责人、食品安全总监和食品安全员等直接负责的主管人员和其他直接责任人员处以其上一年度从本单位取得收入的1倍以上10倍以下罚款：

（一）故意实施违法行为；

（二）违法行为性质恶劣；

（三）违法行为造成严重后果。

食品生产经营企业及其主要负责人无正当理由未采纳食品安全总监、食品安全员依照本规定第五条提出的否决建议的，或者食品安全总监无正当理由未采纳食品安全员依照本规定第五条提出的否决建议的，属于前款规定的故意实施违法行为的情形。食品安全总监、食品安全员已经依法履职尽责的，不予处罚。

第二十一条 本规定下列用语的含义：

食品生产经营企业主要负责人，是指本企业生产经营活动中的主要决策人，包括实际承担全面领导责任的法定代表人、负责人、实际控制人等。

直接负责的主管人员，是指在违法行为中负有直接管理责任的人员，包括食品安全总监等。

其他直接责任人员，是指具体实施违法行为并起较大作用的人员，既可以是单位的生产经营管理人员，也可以是单位的职工，包括食品安全员等。

食品安全总监，是指食品生产经营企业在管理层中依法配备、承担本规定第九条所规定职责的食品安全管理人员。

食品安全员，是指食品生产经营企业依法配备、承担本规定第十条所规定职责的食品安全管理人员。

第二十二条 从事对温度、湿度等有特殊要求的食品贮存业务的非食品生产经营者，以及网络食品交易第三方平台、大型食品仓储企业、食品集中交易市场开办者、食品展销会举办者应当参照本规定执行。

省、自治区、直辖市市场监督管理部门应当根据本地区实际，参照本规定制定其他食品生产经营者落实食品安全主体责任的管理办法。

第二十三条 集中用餐单位落实食品安全主体责任的规定另行制定。

第二十四条 本规定自2022年11月1日起施行。

网络食品安全违法行为查处办法

（2016年7月13日国家食品药品监督管理总局令第27号公布　根据2021年4月2日国家市场监督管理总局令第38号第一次修订　根据2025年3月18日国家市场监督管理总局令第101号第二次修订）

第一章　总　　则

第一条　为依法查处网络食品安全违法行为，加强网络食品安全监督管理，保证食品安全，根据《中华人民共和国食品安全法》等法律法规，制定本办法。

第二条　在中华人民共和国境内网络食品交易第三方平台提供者以及通过第三方平台或者自建的网站进行交易的食品生产经营者（以下简称入网食品生产经营者）违反食品安全法律、法规、规章或者食品安全标准行为的查处，适用本办法。

第三条　国家市场监督管理总局负责监督指导全国网络食品安全违法行为查处工作。

县级以上地方市场监督管理部门负责本行政区域内网络食品安全违法行为查处工作。

第四条　网络食品交易第三方平台提供者和入网食品生产经营者应当履行法律、法规和规章规定的食品安全义务。

网络食品交易第三方平台提供者和入网食品生产经营者应当对网络食品安全信息的真实性负责。

第五条　网络食品交易第三方平台提供者和入网食品生产经营者应当配合市场监督管理部门对网络食品安全违法行为的查处，按照市场监督管理部门的要求提供网络食品交易相关数据和信息。

第六条　鼓励网络食品交易第三方平台提供者和入网食品生产经营者开展食品安全法律、法规以及食品安全标准和食品安全知识的普及工作。

第七条 任何组织或者个人均可向市场监督管理部门举报网络食品安全违法行为。

第二章 网络食品安全义务

第八条 网络食品交易第三方平台提供者应当在通信主管部门批准后30个工作日内，向所在地省级市场监督管理部门备案，取得备案号。

通过自建网站交易的食品生产经营者应当在通信主管部门批准后30个工作日内，向所在地市、县级市场监督管理部门备案，取得备案号。

省级和市、县级市场监督管理部门应当自完成备案后7个工作日内向社会公开相关备案信息。

备案信息包括域名、IP地址、电信业务经营许可证、企业名称、法定代表人或者负责人姓名、备案号等。

第九条 网络食品交易第三方平台提供者和通过自建网站交易的食品生产经营者应当具备数据备份、故障恢复等技术条件，保障网络食品交易数据和资料的可靠性与安全性。

第十条 网络食品交易第三方平台提供者应当建立入网食品生产经营者审查登记、食品安全自查、食品安全违法行为制止及报告、严重违法行为平台服务停止、食品安全投诉举报处理等制度，并在网络平台上公开。

第十一条 网络食品交易第三方平台提供者应当对入网食品生产经营者食品生产经营许可证、入网食品添加剂生产企业生产许可证等材料进行审查，如实记录并及时更新。

网络食品交易第三方平台提供者应当对入网食用农产品生产经营者营业执照、入网食品添加剂经营者营业执照以及入网交易食用农产品的个人的身份证号码、住址、联系方式等信息进行登记，如实记录并及时更新。

第十二条 网络食品交易第三方平台提供者应当建立入网食品生产经营者档案，记录入网食品生产经营者的基本情况、食品安全管理人员等信息。

第十三条 网络食品交易第三方平台提供者和通过自建网站交易食品的生产经营者应当记录、保存食品交易信息，保存时间不得少于产品保质期满后6个月；没有明确保质期的，保存时间不得少于2年。

第十四条 网络食品交易第三方平台提供者应当设置专门的网络食品

安全管理机构或者指定专职食品安全管理人员，对平台上的食品经营行为及信息进行检查。

网络食品交易第三方平台提供者发现存在食品安全违法行为的，应当及时制止，并向所在地县级市场监督管理部门报告。

第十五条 网络食品交易第三方平台提供者发现入网食品生产经营者有下列严重违法行为之一的，应当停止向其提供网络交易平台服务：

（一）入网食品生产经营者因涉嫌食品安全犯罪被立案侦查或者提起公诉的；

（二）入网食品生产经营者因食品安全相关犯罪被人民法院判处刑罚的；

（三）入网食品生产经营者因食品安全违法行为被公安机关拘留或者给予其他治安管理处罚的；

（四）入网食品生产经营者被市场监督管理部门依法作出吊销许可证、责令停产停业等处罚的。

第十六条 入网食品生产经营者应当依法取得许可，入网食品生产者应当按照许可的类别范围销售食品，入网食品经营者应当按照许可的经营项目范围从事食品经营。法律、法规规定不需要取得食品生产经营许可的除外。

取得食品生产许可的食品生产者，通过网络销售其生产的食品，不需要取得食品经营许可。取得食品经营许可的食品经营者通过网络销售其制作加工的食品，不需要取得食品生产许可。

第十七条 入网食品生产经营者不得从事下列行为：

（一）网上刊载的食品名称、成分或者配料表、产地、保质期、贮存条件，生产者名称、地址等信息与食品标签或者标识不一致。

（二）网上刊载的非保健食品信息明示或者暗示具有保健功能；网上刊载的保健食品的注册证书或者备案凭证等信息与注册或者备案信息不一致。

（三）网上刊载的婴幼儿配方乳粉产品信息明示或者暗示具有益智、增加抵抗力、提高免疫力、保护肠道等功能或者保健作用。

（四）对在贮存、运输、食用等方面有特殊要求的食品，未在网上刊载的食品信息中予以说明和提示。

（五）法律、法规规定禁止从事的其他行为。

第十八条 通过第三方平台进行交易的食品生产经营者应当在其经营活动主页面显著位置公示其食品生产经营许可证。通过自建网站交易的食品生产经营者应当在其网站首页显著位置公示营业执照、食品生产经营许可证。

第十九条 入网销售保健食品、特殊医学用途配方食品、婴幼儿配方乳粉的食品生产经营者，除依照本办法第十八条的规定公示相关信息外，还应当依法公示产品注册证书或者备案凭证，持有广告审查批准文号的还应当公示广告审查批准文号，并链接至市场监督管理部门网站对应的数据查询页面。保健食品还应当显著标明“本品不能代替药物”。

特殊医学用途配方食品中特定全营养配方食品不得进行网络交易。

第二十条 网络交易的食品有保鲜、保温、冷藏或者冷冻等特殊贮存条件要求的，入网食品生产经营者应当采取能够保证食品安全的贮存、运输措施，或者委托具备相应贮存、运输能力的企业贮存、配送。

第三章 网络食品安全违法行为查处管理

第二十一条 对网络食品交易第三方平台提供者食品安全违法行为的查处，由网络食品交易第三方平台提供者所在地县级以上地方市场监督管理部门管辖。

对网络食品交易第三方平台提供者分支机构的食品安全违法行为的查处，由网络食品交易第三方平台提供者所在地或者分支机构所在地县级以上地方市场监督管理部门管辖。

对入网食品生产经营者食品安全违法行为的查处，由入网食品生产经营者所在地或者生产经营场所所在地县级以上地方市场监督管理部门管辖；对应当取得食品生产经营许可而没有取得许可的违法行为的查处，由入网食品生产经营者所在地、实际生产经营地县级以上地方市场监督管理部门管辖。

因网络食品交易引发食品安全事故或者其他严重危害后果的，也可以由网络食品安全违法行为发生地或者违法行为结果地的县级以上地方市场监督管理部门管辖。

第二十二条 两个以上市场监督管理部门都有管辖权的网络食品安全

违法案件，由最先立案查处的市场监督管理部门管辖。对管辖有争议的，由双方协商解决。协商不成的，报请共同的上一级市场监督管理部门指定管辖。

第二十三条 消费者因网络食品安全违法问题进行投诉举报的，由网络食品交易第三方平台提供者所在地、入网食品生产经营者所在地或者生产经营场所所在地等县级以上地方市场监督管理部门处理。

第二十四条 县级以上地方市场监督管理部门，对网络食品安全违法行为进行调查处理时，可以行使下列职权：

（一）进入当事人网络食品交易场所实施现场检查；

（二）对网络交易的食品进行抽样检验；

（三）询问有关当事人，调查其从事网络食品交易行为的相关情况；

（四）查阅、复制当事人的交易数据、合同、票据、账簿以及其他相关资料；

（五）调取网络交易的技术监测、记录资料；

（六）法律、法规规定可以采取的其他措施。

第二十五条 县级以上市场监督管理部门通过网络购买样品进行检验的，应当按照相关规定填写抽样单，记录抽检样品的名称、类别以及数量，购买样品的人员以及付款账户、注册账号、收货地址、联系方式，并留存相关票据。买样人员应当对网络购买样品包装等进行查验，对样品和备份样品分别封样，并采取拍照或者录像等手段记录拆封过程。

第二十六条 检验结果不符合食品安全标准的，市场监督管理部门应当按照有关规定及时将检验结果通知被抽样的入网食品生产经营者。入网食品生产经营者应当采取停止生产经营、封存不合格食品等措施，控制食品安全风险。

通过网络食品交易第三方平台购买样品的，应当同时将检验结果通知网络食品交易第三方平台提供者。网络食品交易第三方平台提供者应当依法制止不合格食品的销售。

入网食品生产经营者联系方式不详的，网络食品交易第三方平台提供者应当协助通知。入网食品生产经营者无法联系的，网络食品交易第三方平台提供者应当停止向其提供网络食品交易平台服务。

第二十七条 网络食品交易第三方平台提供者和入网食品生产经营者

有下列情形之一的，县级以上市场监督管理部门可以对其法定代表人或者主要负责人进行责任约谈：

（一）发生食品安全问题，可能引发食品安全风险蔓延的；

（二）未及时妥善处理投诉举报的食品安全问题，可能存在食品安全隐患的；

（三）未及时采取有效措施排查、消除食品安全隐患，落实食品安全责任的；

（四）县级以上市场监督管理部门认为需要进行责任约谈的其他情形。

责任约谈不影响市场监督管理部门依法对其进行行政处理，责任约谈情况及后续处理情况应当向社会公开。

被约谈者无正当理由未按照要求落实整改的，县级以上地方市场监督管理部门应当增加监督检查频次。

第四章 法律责任

第二十八条 食品安全法等法律法规对网络食品安全违法行为已有规定的，从其规定。

第二十九条 违反本办法第八条规定，网络食品交易第三方平台提供者和通过自建网站交易的食品生产经营者未履行相应备案义务的，由县级以上地方市场监督管理部门责令改正，给予警告；拒不改正的，处5000元以上3万元以下罚款。

第三十条 违反本办法第九条规定，网络食品交易第三方平台提供者和通过自建网站交易的食品生产经营者不具备数据备份、故障恢复等技术条件，不能保障网络食品交易数据和资料的可靠性与安全性的，由县级以上地方市场监督管理部门责令改正，给予警告；拒不改正的，处3万元罚款。

第三十一条 违反本办法第十条规定，网络食品交易第三方平台提供者未按要求建立入网食品生产经营者审查登记、食品安全自查、食品安全违法行为制止及报告、严重违法行为平台服务停止、食品安全投诉举报处理等制度的或者未公开以上制度的，由县级以上地方市场监督管理部门责令改正，给予警告；拒不改正的，处5000元以上3万元以下罚款。

第三十二条 违反本办法第十一条规定，网络食品交易第三方平台提供者未对入网食品生产经营者的相关材料及信息进行审查登记、如实记录并更新的，由县级以上地方市场监督管理部门依照食品安全法第一百三十一条的规定处罚。

第三十三条 违反本办法第十二条规定，网络食品交易第三方平台提供者未建立入网食品生产经营者档案、记录入网食品生产经营者相关信息的，由县级以上地方市场监督管理部门责令改正，给予警告；拒不改正的，处5000元以上3万元以下罚款。

第三十四条 违反本办法第十三条规定，网络食品交易第三方平台提供者未按要求记录、保存食品交易信息的，由县级以上地方市场监督管理部门责令改正，给予警告；拒不改正的，处5000元以上3万元以下罚款。

第三十五条 违反本办法第十四条规定，网络食品交易第三方平台提供者未设置专门的网络食品安全管理机构或者指定专职食品安全管理人员对平台上的食品安全经营行为及信息进行检查的，由县级以上地方市场监督管理部门责令改正，给予警告；拒不改正的，处5000元以上3万元以下罚款。

第三十六条 违反本办法第十五条规定，网络食品交易第三方平台提供者发现入网食品生产经营者有严重违法行为未停止提供网络交易平台服务的，由县级以上地方市场监督管理部门依照食品安全法第一百三十一条的规定处罚。

第三十七条 网络食品交易第三方平台提供者未履行相关义务，导致发生下列严重后果之一的，由县级以上地方市场监督管理部门依照食品安全法第一百三十一条的规定责令停业，并将相关情况移送通信主管部门处理：

（一）致人死亡或者造成严重人身伤害的；

（二）发生较大级别以上食品安全事故的；

（三）发生较为严重的食源性疾病的；

（四）侵犯消费者合法权益，造成严重不良社会影响的；

（五）引发其他的严重后果的。

第三十八条 违反本办法第十六条规定，入网食品生产经营者未依法取得食品生产经营许可的，或者入网食品生产者超过许可的类别范围销售食品、入网食品经营者未按照规定申请许可事项变更的，依照《食品生产许可管理办法》《食品经营许可和备案管理办法》的有关规定处理。

第三十九条 入网食品生产经营者违反本办法第十七条禁止性规定的，

由县级以上地方市场监督管理部门责令改正，给予警告；拒不改正的，处5000元以上3万元以下罚款。

第四十条 违反本办法第十八条规定，入网食品生产经营者未按要求进行信息公示的，由县级以上地方市场监督管理部门依照《中华人民共和国电子商务法》第七十六条的规定处理。

第四十一条 违反本办法第十九条第一款规定，食品生产经营者未按要求公示特殊食品相关信息的，由县级以上地方市场监督管理部门责令改正，给予警告；拒不改正的，处5000元以上3万元以下罚款。

违反本办法第十九条第二款规定，食品生产经营者通过网络销售特定全营养配方食品的，由县级以上地方市场监督管理部门处3万元罚款。

第四十二条 违反本办法第二十条规定，入网食品生产经营者未按要求采取保证食品安全的贮存、运输措施，或者委托不具备相应贮存、运输能力的企业从事贮存、配送的，由县级以上地方市场监督管理部门依照食品安全法第一百三十二条的规定处罚。

第四十三条 违反本办法规定，网络食品交易第三方平台提供者、入网食品生产经营者提供虚假信息的，由县级以上地方市场监督管理部门责令改正，处1万元以上3万元以下罚款。

第四十四条 网络食品交易第三方平台提供者、入网食品生产经营者违反食品安全法规定，构成犯罪的，依法追究刑事责任。

第四十五条 市场监督管理部门工作人员不履行职责或者滥用职权、玩忽职守、徇私舞弊的，依法追究行政责任；构成犯罪的，移送司法机关，依法追究刑事责任。

第五章 附 则

第四十六条 对食品生产加工小作坊、食品摊贩等的网络食品安全违法行为的查处，可以参照本办法执行。

第四十七条 市场监督管理部门依法对网络食品安全违法行为进行查处的，应当依法公开行政处罚决定书。

第四十八条 本办法自2016年10月1日起施行。

四、食品安全标准

食品安全标准管理办法

（2023年11月3日国家卫生健康委员会令第10号公布　自2023年12月1日起施行）

第一章　总　　则

第一条　为规范食品安全标准管理工作，落实“最严谨的标准”要求，根据《中华人民共和国食品安全法》及其实施条例，制定本办法。

第二条　本办法适用于食品安全国家标准的制定、修改、公布等相关管理工作及食品安全地方标准备案工作。

食品安全标准是强制执行的标准，包括食品安全国家标准和食品安全地方标准。

第三条　国家卫生健康委员会（以下简称国家卫生健康委）依法会同国务院有关部门负责食品安全国家标准的制定、公布工作。

各省、自治区、直辖市人民政府卫生健康主管部门（以下简称省级卫生健康主管部门）负责食品安全地方标准制定、公布和备案工作。

第四条　制定食品安全标准应当以保障公众身体健康为宗旨，以食品安全风险评估结果为依据，做到科学合理、安全可靠。

第五条　食品安全国家标准制定工作包括规划、计划、立项、起草、征求意见、审查、批准、公布以及跟踪评价、修订、修改等。

第六条　国家卫生健康委组织成立食品安全国家标准审评委员会（以下简称审评委员会），负责审查食品安全国家标准，对食品安全国家标准工作提供咨询意见等。

审评委员会设专业委员会、技术总师、合法性审查工作组、秘书处和秘书处办公室。

第七条　公布的食品安全国家标准属于科技成果，可以按照国家有关规定对标准主要起草人给予激励。

第八条 县级以上卫生健康主管部门依职责对食品安全标准相关工作提供人员、经费等方面的保障。

第二章 食品安全国家标准立项

第九条 国家卫生健康委会同国务院有关部门，根据食品安全国家标准规划制定年度实施计划，并应公开征求意见。

第十条 各有关部门认为本部门负责监管的领域需要制定食品安全国家标准的，应当在每年编制食品安全国家标准制定计划前，向国家卫生健康委提出立项建议。

任何公民、法人和其他组织都可以提出食品安全国家标准立项建议。

第十一条 立项建议应当包括：要解决的主要食品安全问题、立项的背景和理由、现有食品安全风险监测和评估依据、可能产生的经济和社会影响、标准起草候选单位等。

第十二条 建议立项制定的食品安全国家标准，应当符合《中华人民共和国食品安全法》第二十六条规定。

第十三条 审评委员会根据食品安全标准工作需求，对食品安全国家标准立项建议进行研究，提出食品安全国家标准制定计划的咨询意见。

第十四条 列入食品安全国家标准年度制定计划的项目在起草过程中可以根据实际需要进行调整。

根据食品安全风险评估结果证明食品存在安全隐患，或食品安全风险管理中发现重大问题，可以紧急增补食品安全国家标准制定项目。

第三章 食品安全国家标准起草

第十五条 国家卫生健康委采取招标、委托等形式，择优选择具备相应技术能力的单位承担食品安全国家标准起草工作。

第十六条 食品安全国家标准制定实行标准项目承担单位负责制，对标准起草的合法性、科学性和实用性负责，并提供相关食品安全风险评估依据和社会风险评估结果资料。

第十七条 鼓励跨部门、跨领域的专家和团队组成标准协作组参与标准起草、跟踪评价和宣传培训等工作。

第十八条 标准项目承担单位应当具备以下条件：

（一）具备起草食品安全国家标准所需的技术能力；

（二）在承担项目所涉及的领域内无利益冲突；

（三）能够提供食品安全国家标准制定、修订工作所需人员、科研等方面的资源和保障条件；

（四）具备独立法人资格；

（五）标准项目经费纳入单位财务统一管理，单独核算，专款专用。

第十九条 标准项目承担单位应当指定项目负责人。项目负责人应当在食品安全及相关领域具有较高的造诣和业务水平，熟悉国内外食品安全相关法律法规和食品安全标准。

第二十条 起草食品安全国家标准，应当依据食品安全风险评估结果并充分考虑食用农产品安全风险评估结果，符合我国经济社会发展水平和客观实际需要，参照相关的国际标准和国际食品安全风险评估结果。

第二十一条 标准项目承担单位和项目负责人在起草过程中，应当深入调查研究，充分征求监管部门、行业协会学会、食品生产经营者等标准使用单位、有关技术机构和专家的意见。

第四章 食品安全国家标准审查

第二十二条 食品安全国家标准按照以下程序审查：

（一）秘书处办公室初审；

（二）专业委员会会议审查；

（三）技术总师会议审查；

（四）合法性审查工作组审查；

（五）秘书长会议审查；

（六）主任会议审议。

第二十三条 秘书处办公室负责对标准草案的合法性、科学性、规范性、与其他食品安全国家标准之间的协调性以及社会稳定风险评估等材料的完整性进行初审。

第二十四条 专业委员会会议负责对食品安全国家标准送审稿的科学性、规范性、与其他食品安全国家标准和相关标准的协调性以及其他技术问题进行审查，对食品安全国家标准的合法性和社会稳定风险评估报告进行初审。

第二十五条 专业委员会审查标准时，须有三分之二以上委员出席，采取协商一致的方式作出审查结论。在无法协商一致的情况下，应当在充分讨论的基础上进行表决。参会委员四分之三以上同意的方可作为会议审查通过结论。

第二十六条 标准草案经专业委员会会议审查通过后，应当向社会公开征求意见，并按照规定履行向世界贸易组织的通报程序。

第二十七条 技术总师会议负责对专业委员会的审查结果以及与其他食品安全国家标准的衔接情况进行审查，对食品安全国家标准的合法性和社会稳定风险评估报告进行复审。

第二十八条 合法性审查工作组负责对标准的合法性、社会稳定风险评估报告进行审查。

第二十九条 秘书长会议负责食品安全国家标准的行政审查和合法性审查，协调相关部门意见。

秘书长会议审查通过后形成标准报批稿。必要时可提请召开主任会议审议。

第三十条 标准审查各环节产生严重分歧或发现涉及食品安全、社会风险等重大问题的，秘书处办公室可以提请秘书处组织专项审查，必要时作出终止标准制定程序等决定。

第五章 食品安全国家标准公布

第三十一条 食品安全国家标准由国家卫生健康委会同国务院有关部门公布，由国家标准化管理委员会提供编号。

第三十二条 食品安全国家标准公布和实施日期之间一般设置一定时间的过渡期，供食品生产经营者和标准执行各方做好实施的准备。

食品生产经营者根据需要可以在标准公布后的过渡期内提前实施标准，但应公开提前实施情况。

第三十三条 国家卫生健康委负责食品安全国家标准的解释，标准解释与食品安全国家标准文本具有同等效力。

第三十四条 食品安全国家标准及标准解释在国家卫生健康委网站上公布，供公众免费查阅、下载。

第三十五条 食品安全国家标准公布后，主要技术内容需要修订时，修订程序按照本办法规定的立项、起草、审查和公布程序执行。

个别技术内容需作纠正、调整、修改时，以食品安全国家标准修改单形式修改。

对标准编辑性错误等内容进行调整时，通过公布标准勘误加以更正。

第三十六条 国家卫生健康委应当组织有关部门、省级卫生健康主管部门和相关责任单位对食品安全国家标准的实施情况进行跟踪评价。

任何公民、法人和其他组织均可对标准实施过程中存在的问题提出意见和建议。

跟踪评价结果应当作为食品安全国家标准制定、修订的重要依据。

第六章　食品安全地方标准备案

第三十七条　省级卫生健康主管部门应当在食品安全地方标准公布之日起30个工作日内向国家卫生健康委提交备案。省级卫生健康主管部门对提交备案的食品安全地方标准的科学性、合法性和社会稳定性负责。

第三十八条　提交备案的材料应当包括：食品安全地方标准发布公告、标准文本、编制说明、专家组论证意见、食品安全风险评估报告。

专家组论证意见应当包括：地方特色食品的认定、食品类别的界定、安全性评估结论、与相关法律法规标准以及相关地方标准之间是否存在矛盾等。

第三十九条　食品安全地方标准有以下情形的不予备案：

（一）现有食品安全国家标准已经涵盖的；

（二）不属于地方特色食品的安全要求、配套生产经营过程卫生要求或检验方法的；

（三）食品类别属于婴幼儿配方食品、特殊医学用途配方食品、保健食品的；

（四）食品类别属于列入国家药典的物质的（列入按照传统既是食品又是中药材物质目录的除外）；

（五）其他与法律、法规和食品安全国家标准相矛盾的情形。

第四十条　国家卫生健康委发现备案的地方标准违反法律、法规或者食品安全国家标准的，应当及时予以纠正，省级卫生健康主管部门应当及时调整、修订或废止相应地方标准。

第四十一条　地方标准公布实施后，如需制定食品安全国家标准的，应当按照食品安全国家标准工作程序制定。

食品安全国家标准公布实施后，省级卫生健康主管部门应当及时废止相应的地方标准，将废止情况在网站公布并在30个工作日内报国家卫生健康委。

第七章　附　　则

第四十二条　本办法未规定的食品安全国家标准制定、起草、审查和公布相关具体工作程序和要求，按照食品安全国家标准审评委员会章程、工作程序等规定执行。

第四十三条 进口尚无食品安全国家标准食品的相关标准审查，以及食品中有害物质的临时限量值和临时检验方法的制定，按照国家卫生健康委有关规定执行。

第四十四条 食品中农药残留、兽药残留的限量规定及其检验方法与规程，以及屠宰畜、禽的检验规程的制定工作，根据国家卫生健康委和农业农村部等有关部门的协商意见和有关规定执行。

第四十五条 本办法自2023年12月1日起施行。原卫生部2010年10月20日发布的《食品安全国家标准管理办法》（卫生部令第77号）同时废止。

食品安全标准跟踪评价工作方案

（2023年2月9日 国卫办食品函〔2023〕37号）

为贯彻落实《中华人民共和国食品安全法》《中共中央 国务院关于深化改革 加强食品安全工作的意见》《食品安全标准与监测评估“十四五”规划》要求，推动食品安全标准跟踪评价工作有效开展，加强食品安全标准体系建设，在总结前期工作成果的基础上，制定本方案。

一、工作目标与原则

贯彻落实习近平总书记“最严谨的标准”重要指示精神，顺应公众健康保护、食品安全监管和食品产业发展需求，以提升食品安全标准质量、推动食品安全标准有效实施为目的，为食品安全标准制定、修订及解读、宣贯等工作开展提供依据。

（一）坚持问题导向，务求实效。跟踪评价工作聚焦重点食品安全领域、重点食品安全标准，聚焦食品安全标准执行中的突出问题，深入调查研究，夯实标准制定修订基础，提升标准工作针对性、有效性。

（二）创新模式方法，提升质量。充分利用信息化手段，拓展跟踪评价工作维度广度。坚持线上、线下相结合，坚持常态评价、专项评价和专题研究相结合，坚持跟踪评价与宣传培训相结合。承担食品安全与营养健康综合试验区、区域营养创新平台建设的省份，要主动将综合试验区、创新平台建设与跟踪评价工作有机结合，推进本地区跟踪评价深入开展。

（三）坚持统筹推进，分工协作。强化卫生健康与市场监管、农业农村等部门协作配合，促进跟踪评价与其他各项工作衔接配合，分工合作，共同推动。各地结合自身实际，深入参与跟踪评价专项工作，提升标准应用能力水平。

（四）加强宣贯培训，重在实施。将跟踪评价工作与食品安全标准宣贯培训和解读等工作有机融合，扩大标准宣贯培训覆盖面，提升食品安全标准指导解答服务水平，提升工作精准度，促进各方理解掌握标准内容，推动食品安全标准执行。

二、工作内容与方式

（一）常态评价。

侧重对日常食品安全标准执行中问题及意见的收集分析。国家食品评估中心负责“食品安全国家标准跟踪评价及意见反馈平台”（以下简称“跟踪评价意见反馈平台”）建设运行，持续收集各方对现行食品安全国家标准的意见建议。省级卫生健康行政部门与同级农业农村、市场监管、进出口食品监管等部门以及行业组织、技术机构建立常态化沟通协调机制，并将人大建议、政协提案、信访咨询、网络舆情等涉及的食品安全标准相关意见建议纳入常态评价范围，及时沟通、共同研究基层监管部门、行业企业等在执行食品安全标准中遇到的问题。各省级卫生健康、农业农村、市场监管、进出口食品监管等部门对收集到的意见，要及时分析研究，将有效意见、合理建议通过平台在线填报。社会各方也可通过该平台反馈食品安全标准执行中遇到的问题及建议，并提供相关依据。

（二）专项评价。

侧重对重点食品安全标准开展深度评价，评价范围包括新发布实施的食品安全国家标准以及涵盖范围广、影响面大、监管急需的标准，主要围绕标准适用范围的全面性、完整性、准确性，限量指标的科学性、可行性，相关规定的合理性、实用性，与其他标准的协调性等内容开展专项评价。

国家食品评估中心负责专项评价的组织实施，确定每年专项评价的食品安全标准名单并在“跟踪评价意见反馈平台”公开，负责组织开展问卷设计，汇总分析各地意见。各省级卫生健康行政部门要会同相关部门组织开展专项评价，主要通过在线填写专项评价问卷、调研和座谈等方式，专项收集监管部门、行业企业、检测机构、专业人员等意见，组织专家对意见进行分析，提出标准制定、修订建议。各省级也可视本辖区需求，组织对名单外的其他食品安全标准开展专项评价。

（三）专题研究。

以研究课题形式，重点对食品安全标准体系建设重点难点问题（包括与食用农产品标准衔接、与质量指标相关性研究、新型食品风险管理措施研究等）、标准执行中的突出问题（包括重点食品生产经营过程卫生要求、指示性微生物指标在重点食品类别中的适用性研究）、标准制定修订需求（包括社会经济影响评价方法在食品安全标准中的应用研究）等开展系统研究。通过专题研究，获得风险监测和评估数据、完整的行业调研数据、科学的评价方法及社会经济影响评估结果等，为完善食品安全标准体系、确定重点标准制定修订项目等奠定基础。

专题研究项目由国家食品评估中心拟定，经征求食品安全国家标准审评委员会意见后确定，每年在国家食品评估中心网站公布。鼓励各地卫生健康行政部门等组建工作组，联合相关部门、技术机构、高等学校、科研院所、行业组织等共同承担专题研究工作。项目牵头单位负责项目组织实施，包括制定工作方案、组建工作组、明确任务分工，推进专题研究及结果分析、汇总报告等。

（四）宣贯培训。

各级卫生健康与相关监管部门要积极沟通配合，在部署开展跟踪评价工作时，一并推进食品安全标准的宣贯培训、指导解答等工作。要坚持对监管人员、从业人员开展标准宣传培训，做好社会公众宣传引导，常抓不懈、持续开展，坚持主动讲、经常讲，融知识性和通俗性、时效性于一体，要注重创新工作方式，扩大培训受众，提升工作效果，保证工作质量。

三、组织实施

（一）任务分工。国家卫生健康委会同农业农村部、市场监管总局等部门承担跟踪评价工作的组织管理，按照部门分工，做好督促检查。国家食品评估中心负责跟踪评价工作的组织实施，做好工作指导、反馈研究意见、维护在线平台，组织专项评价和专题研究等。省级卫生健康行政部门会同同级农业农村、市场监管等部门组织本辖区跟踪评价工作，并积极争取财政经费投入，确保必要的工作保障。

（二）材料报送。各省级卫生健康行政部门从2023年起，每年12月底前向国家食品评估中心报送跟踪评价工作报告，包括常态评价情况、专项评价结果和对食品安全标准其他意见建议等，承担专题研究项目的省份，应一并提交专题研究结果。国家食品评估中心应及时汇总并分析研究，提出重点问题研究报告、食品安全标准的制定修订意见等。

（三）工作要求。省级跟踪评价工作已纳入中央对地方基本公共卫生服务转移支付项目绩效评价和本级食品安全风险监测评估与营养工作年度绩效评价。各地要高度重视，有效推进，保证工作进度和质量，及时报送工作进展。

食品安全地方标准制定及备案指南

（2014年9月12日　国卫办食品函〔2014〕825号）

为进一步规范食品安全地方标准备案工作，根据《食品安全法》及其实施条例、《食品安全地方标准管理办法》和《关于加强食品安全标准工作的指导意见》，制定本指南。

一、制定范围

食品安全地方标准应当在贯彻食品安全国家标准的基础上，补充和完善具有地方特色的食品产品和工艺要求、国家标准未覆盖的检验方法与规程及促进地方食品安全监管的生产加工过程要求，符合以下要求：

（一）《食品安全法》及其实施条例关于食品安全标准的规定。

（二）《食品安全地方标准管理办法》关于食品安全地方标准的规定。

二、制定要求

（一）以保障公众身体健康为宗旨，做到科学合理、安全可靠。

（二）反映地方食品特点和食品产业发展需求。

（三）有利于解决地方食品安全监管工作中的问题。

（四）在制定过程中应当广泛听取各方意见，提高标准制定、修订过程的透明度。

（五）以食品安全风险监测、评估结果为依据，将对人体健康可能造成食品安全风险的因素为控制重点，科学合理设置标准内容。

（六）充分参考食品安全国家标准和其他地方食品安全标准，确保与相关食品安全标准相协调。

（七）食品安全指标的设置严于食品安全国家标准时，应当有充分的食品安全风险监测和风险评估依据。

（八）相关质量指标应当为能反映产品特征的指标。

三、标准的主要内容

食品安全地方标准文本可包括但不限于以下内容：

（一）名称。基于食品行业的分类方式选择能够反映产品真实属性的食品名称；具有地方特色的食品应当能反映食品特点；与相关行业标准表述相协调。

（二）适用范围。说明该标准具体适用于哪些食品。

（三）术语和定义。标准中出现的、需要加以明确解释的各类术语；需要定义的食品产品名称、需要加以进一步明确的食品分类要求。

（四）食品产品标准技术要求。

1. 原料要求：说明该食品产品的原料应当满足的食品安全要求或应当符合的标准。

2. 感官要求：对产品的色、香、味等感官指标进行的描述。

3. 理化指标：反映产品特征的、与食品安全相关的理化指标。

4. 污染物限量：基于食品安全风险监测、风险评估结果确定的食品污染物指标，应当说明是否执行《食品安全国家标准食品中污染物限量》（GB 2762-2012），以及在该标准中的食品类别。

5. 真菌毒素限量：基于食品安全风险监测、风险评估结果确定的真菌毒素指标，应当说明是否执行《食品安全国家标准食品中真菌毒素限量》（GB 2761-2011），以及在该标准中的食品类别。

6. 微生物限量：基于食品安全风险监测、风险评估结果确定的致病菌限量指标，应当说明是否执行《食品安全国家标准食品中致病菌限量》（GB 29921-2013），以及在该标准中的食品类别。

7. 食品添加剂及营养强化剂：基于食品安全风险监测、风险评估结果确定的相关指标，应当说明执行《食品安全国家标准食品添加剂使用标准》（GB 2760-2011）和《食品安全国家标准 食品营养强化剂使用标准》（GB 14880-2012）相关规定。

8. 其他需要规定的食品安全指标，如农药残留或兽药残留等，说明其与相应食品安全国家标准的关系。

9. 其他需要规定的指标。

（五）食品检验方法地方标准相关要求参考食品安全国家标准相关规定。

（六）食品生产经营规范地方标准相关要求建议参考《食品安全国家标准 食品生产通用卫生规范》（GB 14881-2013）规定，可根据各地实际情况调整。

四、文本及编制说明的要求

食品安全地方标准的文本及编制说明应当参考《食品安全国家标准工作程序手册》的相关要求。

五、制定程序

食品安全地方标准的制定、修订程序可参考食品安全国家标准的相关程序，包括以下程序：

（一）征集立项建议，形成食品安全地方标准立项建议草案。

（二）公开征求意见，咨询食品安全国家标准审评委员会秘书处意见。

（三）确定项目计划及具体标准承担单位。

（四）起草单位开展调研和收集风险评估资料，形成标准草案。

（五）形成征求意见稿，公开征求意见。

（六）形成送审稿，送地方食品安全标准审评委员会审查。

（七）形成报批稿，并批准发布。

（八）报食品安全国家标准审评委员会秘书处备案。

六、备案程序

（一）各省级卫生计生行政部门在食品安全地方标准公布之日起20日内向秘书处提交以下备案材料（包括纸质和电子文件）：

1. 标准批准发布文件。

2. 标准正式文本。

3. 标准编制说明。

4. 其他资料。

（二）省级卫生计生行政部门在修订已备案的地方标准后，应当按上述程序重新报送备案。

（三）省级卫生计生行政部门应当及时关注食品安全国家标准发布情况，如发现有与已备案的地方标准相对应的国家标准发布实施，应当及时废止相应的地方标准，并将废止的文件于废止之日起20日内报送秘书处。

七、备案机构

食品安全国家标准审评委员会秘书处受国家卫生和计划生育委员会委托，承担食品安全地方标准备案工作。

五、食品安全法律责任

最高人民法院关于审理食品安全民事纠纷案件适用法律若干问题的解释（一）

（2020年10月19日最高人民法院审判委员会第1813次会议通过　2020年12月8日最高人民法院公告公布　自2021年1月1日起施行　法释〔2020〕14号）

为正确审理食品安全民事纠纷案件，保障公众身体健康和生命安全，根据《中华人民共和国民法典》《中华人民共和国食品安全法》《中华人民共和国消费者权益保护法》《中华人民共和国民事诉讼法》等法律的规定，结合民事审判实践，制定本解释。

第一条　消费者因不符合食品安全标准的食品受到损害，依据食品安全法第一百四十八条第一款规定诉请食品生产者或者经营者赔偿损失，被诉的生产者或者经营者以赔偿责任应由生产经营者中的另一方承担为由主张免责的，人民法院不予支持。属于生产者责任的，经营者赔偿后有权向生产者追偿；属于经营者责任的，生产者赔偿后有权向经营者追偿。

第二条　电子商务平台经营者以标记自营业务方式所销售的食品或者虽未标记自营但实际开展自营业务所销售的食品不符合食品安全标准，消费者依据食品安全法第一百四十八条规定主张电子商务平台经营者承担作为食品经营者的赔偿责任的，人民法院应予支持。

电子商务平台经营者虽非实际开展自营业务，但其所作标识等足以误导消费者让消费者相信系电子商务平台经营者自营，消费者依据食品安全法第一百四十八条规定主张电子商务平台经营者承担作为食品经营者的赔偿责任的，人民法院应予支持。

第三条　电子商务平台经营者违反食品安全法第六十二条和第一百三十一条规定，未对平台内食品经营者进行实名登记、审查许可证，或者未履行报告、停止提供网络交易平台服务等义务，使消费者的合法权益受到损害，消费者主张电子商务平台经营者与平台内食品经营者承担连带责任的，人民法院应予支持。

第四条 公共交通运输的承运人向旅客提供的食品不符合食品安全标准，旅客主张承运人依据食品安全法第一百四十八条规定承担作为食品生产者或者经营者的赔偿责任的，人民法院应予支持；承运人以其不是食品的生产经营者或者食品是免费提供为由进行免责抗辩的，人民法院不予支持。

第五条 有关单位或者个人明知食品生产经营者从事食品安全法第一百二十三条第一款规定的违法行为而仍为其提供设备、技术、原料、销售渠道、运输、储存或者其他便利条件，消费者主张该单位或者个人依据食品安全法第一百二十三条第二款的规定与食品生产经营者承担连带责任的，人民法院应予支持。

第六条 食品经营者具有下列情形之一，消费者主张构成食品安全法第一百四十八条规定的“明知”的，人民法院应予支持：

（一）已过食品标明的保质期但仍然销售的；

（二）未能提供所售食品的合法进货来源的；

（三）以明显不合理的低价进货且无合理原因的；

（四）未依法履行进货查验义务的；

（五）虚假标注、更改食品生产日期、批号的；

（六）转移、隐匿、非法销毁食品进销货记录或者故意提供虚假信息的；

（七）其他能够认定为明知的情形。

第七条 消费者认为生产经营者生产经营不符合食品安全标准的食品同时构成欺诈的，有权选择依据食品安全法第一百四十八条第二款或者消费者权益保护法第五十五条第一款规定主张食品生产者或者经营者承担惩罚性赔偿责任。

第八条 经营者经营明知是不符合食品安全标准的食品，但向消费者承诺的赔偿标准高于食品安全法第一百四十八条规定的赔偿标准，消费者主张经营者按照承诺赔偿的，人民法院应当依法予以支持。

第九条 食品符合食品安全标准但未达到生产经营者承诺的质量标准，

消费者依照民法典、消费者权益保护法等法律规定主张生产经营者承担责任的，人民法院应予支持，但消费者主张生产经营者依据食品安全法第一百四十八条规定承担赔偿责任的，人民法院不予支持。

第十条 食品不符合食品安全标准，消费者主张生产者或者经营者依据食品安全法第一百四十八条第二款规定承担惩罚性赔偿责任，生产者或者经营者以未造成消费者人身损害为由抗辩的，人民法院不予支持。

第十一条 生产经营未标明生产者名称、地址、成分或者配料表，或者未清晰标明生产日期、保质期的预包装食品，消费者主张生产者或者经营者依据食品安全法第一百四十八条第二款规定承担惩罚性赔偿责任的，人民法院应予支持，但法律、行政法规、食品安全国家标准对标签标注事项另有规定的除外。

第十二条 进口的食品不符合我国食品安全国家标准或者国务院卫生行政部门决定暂予适用的标准，消费者主张销售者、进口商等经营者依据食品安全法第一百四十八条规定承担赔偿责任，销售者、进口商等经营者仅以进口的食品符合出口地食品安全标准或者已经过我国出入境检验检疫机构检验检疫为由进行免责抗辩的，人民法院不予支持。

第十三条 生产经营不符合食品安全标准的食品，侵害众多消费者合法权益，损害社会公共利益，民事诉讼法、消费者权益保护法等法律规定的机关和有关组织依法提起公益诉讼的，人民法院应予受理。

第十四条 本解释自2021年1月1日起施行。

本解释施行后人民法院正在审理的一审、二审案件适用本解释。

本解释施行前已经终审，本解释施行后当事人申请再审或者按照审判监督程序决定再审的案件，不适用本解释。

最高人民法院以前发布的司法解释与本解释不一致的，以本解释为准。

最高人民法院关于审理食品药品纠纷案件适用法律若干问题的规定

（2013年12月9日最高人民法院审判委员会第1599次会议通过　根据2020年12月23日最高人民法院审判委员会第1823次会议通过的《最高人民法院关于修改〈最高人民法院关于在民事审判工作中适用《中华人民共和国工会法》若干问题的解释〉等二十七件民事类司法解释的决定》第一次修正　2021年11月15日最高人民法院审判委员会第1850次会议通过的《最高人民法院关于修改〈最高人民法院关于审理食品药品纠纷案件适用法律若干问题的规定〉的决定》第二次修正　2021年11月18日最高人民法院公告公布　自2021年12月1日起施行　法释〔2021〕17号）

为正确审理食品药品纠纷案件，根据《中华人民共和国民法典》《中华人民共和国消费者权益保护法》《中华人民共和国食品安全法》《中华人民共和国药品管理法》《中华人民共和国民事诉讼法》等法律的规定，结合审判实践，制定本规定。

第一条　消费者因食品、药品纠纷提起民事诉讼，符合民事诉讼法规定受理条件的，人民法院应予受理。

第二条　因食品、药品存在质量问题造成消费者损害，消费者可以分别起诉或者同时起诉销售者和生产者。

消费者仅起诉销售者或者生产者的，必要时人民法院可以追加相关当事人参加诉讼。

第三条　因食品、药品质量问题发生纠纷，购买者向生产者、销售者主张权利，生产者、销售者以购买者明知食品、药品存在质量问题而仍然购买为由进行抗辩的，人民法院不予支持。

第四条　食品、药品生产者、销售者提供给消费者的食品或者药品的赠品发生质量安全问题，造成消费者损害，消费者主张权利，生产者、销售者以消费者未对赠品支付对价为由进行免责抗辩的，人民法院不予支持。

第五条 消费者举证证明所购买食品、药品的事实以及所购食品、药品不符合合同的约定，主张食品、药品的生产者、销售者承担违约责任的，人民法院应予支持。

消费者举证证明因食用食品或者使用药品受到损害，初步证明损害与食用食品或者使用药品存在因果关系，并请求食品、药品的生产者、销售者承担侵权责任的，人民法院应予支持，但食品、药品的生产者、销售者能证明损害不是因产品不符合质量标准造成的除外。

第六条 食品的生产者与销售者应当对于食品符合质量标准承担举证责任。认定食品是否安全，应当以国家标准为依据；对地方特色食品，没有国家标准的，应当以地方标准为依据。没有前述标准的，应当以食品安全法的相关规定为依据。

第七条 食品、药品虽在销售前取得检验合格证明，且食用或者使用时尚在保质期内，但经检验确认产品不合格，生产者或者销售者以该食品、药品具有检验合格证明为由进行抗辩的，人民法院不予支持。

第八条 集中交易市场的开办者、柜台出租者、展销会举办者未履行食品安全法规定的审查、检查、报告等义务，使消费者的合法权益受到损害的，消费者请求集中交易市场的开办者、柜台出租者、展销会举办者承担连带责任的，人民法院应予支持。

第九条 消费者通过网络交易第三方平台购买食品、药品遭受损害，网络交易第三方平台提供者不能提供食品、药品的生产者或者销售者的真实名称、地址与有效联系方式，消费者请求网络交易第三方平台提供者承担责任的，人民法院应予支持。

网络交易第三方平台提供者承担赔偿责任后，向生产者或者销售者行使追偿权的，人民法院应予支持。

网络交易第三方平台提供者知道或者应当知道食品、药品的生产者、销售者利用其平台侵害消费者合法权益，未采取必要措施，给消费者造成损害，消费者要求其与生产者、销售者承担连带责任的，人民法院应予支持。

第十条 未取得食品生产资质与销售资质的民事主体，挂靠具有相应资质的生产者与销售者，生产、销售食品，造成消费者损害，消费者请求挂靠者与被挂靠者承担连带责任的，人民法院应予支持。

消费者仅起诉挂靠者或者被挂靠者的，必要时人民法院可以追加相关当事人参加诉讼。

第十一条 消费者因虚假广告推荐的食品、药品存在质量问题遭受损害，依据消费者权益保护法等法律相关规定请求广告经营者、广告发布者承担连带责任的，人民法院应予支持。

其他民事主体在虚假广告中向消费者推荐食品、药品，使消费者遭受损害，消费者依据消费者权益保护法等法律相关规定请求其与食品、药品的生产者、销售者承担连带责任的，人民法院应予支持。

第十二条 食品检验机构故意出具虚假检验报告，造成消费者损害，消费者请求其承担连带责任的，人民法院应予支持。

食品检验机构因过失出具不实检验报告，造成消费者损害，消费者请求其承担相应责任的，人民法院应予支持。

第十三条 食品认证机构故意出具虚假认证，造成消费者损害，消费者请求其承担连带责任的，人民法院应予支持。

食品认证机构因过失出具不实认证，造成消费者损害，消费者请求其承担相应责任的，人民法院应予支持。

第十四条 生产、销售的食品、药品存在质量问题，生产者与销售者需同时承担民事责任、行政责任和刑事责任，其财产不足以支付，当事人依照民法典等有关法律规定，请求食品、药品的生产者、销售者首先承担民事责任的，人民法院应予支持。

第十五条 生产不符合安全标准的食品或者销售明知是不符合安全标准的食品，消费者除要求赔偿损失外，依据食品安全法等法律规定向生产者、销售者主张赔偿金的，人民法院应予支持。

生产假药、劣药或者明知是假药、劣药仍然销售、使用的，受害人或者其近亲属除请求赔偿损失外，依据药品管理法等法律规定向生产者、销售者主张赔偿金的，人民法院应予支持。

第十六条 食品、药品的生产者与销售者以格式合同、通知、声明、告示等方式作出排除或者限制消费者权利，减轻或者免除经营者责任、加重消费者责任等对消费者不公平、不合理的规定，消费者依法请求认定该内容无效的，人民法院应予支持。

第十七条 消费者与化妆品、保健食品等产品的生产者、销售者、广告经营者、广告发布者、推荐者、检验机构等主体之间的纠纷，参照适用本规定。

法律规定的机关和有关组织依法提起公益诉讼的，参照适用本规定。

第十八条 本规定所称的“药品的生产者”包括药品上市许可持有人和药品生产企业，“药品的销售者”包括药品经营企业和医疗机构。

第十九条 本规定施行后人民法院正在审理的一审、二审案件适用本规定。

本规定施行前已经终审，本规定施行后当事人申请再审或者按照审判监督程序决定再审的案件，不适用本规定。

最高人民法院关于审理食品药品惩罚性赔偿纠纷案件适用法律若干问题的解释

（2024年3月18日最高人民法院审判委员会第1918次会议通过 2024年8月21日最高人民法院公告公布 自2024年8月22日起施行 法释〔2024〕9号）

为正确审理食品药品惩罚性赔偿纠纷案件，依法保护食品药品安全和消费者合法权益，根据《中华人民共和国民法典》、《中华人民共和国消费者权益保护法》、《中华人民共和国食品安全法》、《中华人民共和国药品管理法》等法律规定，结合审判实践，制定本解释。

第一条 购买者因个人或者家庭生活消费需要购买的食品不符合食品安全标准，购买后依照食品安全法第一百四十八条第二款规定请求生产者或者经营者支付惩罚性赔偿金的，人民法院依法予以支持。

没有证据证明购买者明知所购买食品不符合食品安全标准仍然购买的，人民法院应当根据购买者请求以其实际支付价款为基数计算价款十倍的惩罚性赔偿金。

第二条 购买者明知所购买食品不符合食品安全标准或者所购买药品是假药、劣药，购买后请求经营者返还价款的，人民法院应予支持。

经营者请求购买者返还食品、药品，如果食品标签、标志或者说明书不符合食品安全标准，食品生产者在采取补救措施且能保证食品安全的情况下可以继续销售的，人民法院应予支持；应当对食品、药品采取无害化处理、销毁等措施的，依照食品安全法、药品管理法的相关规定处理。

第三条 受托人明知购买者委托购买的是不符合食品安全标准的食品或者假药、劣药仍然代购，购买者依照食品安全法第一百四十八条第二款或者药品管理法第一百四十四条第三款规定请求受托人承担惩罚性赔偿责任的，人民法院应予支持，但受托人不以代购为业的除外。

以代购为业的受托人明知是不符合食品安全标准的食品或者假药、劣药仍然代购，向购买者承担惩罚性赔偿责任后向生产者追偿的，人民法院不予支持。受托人不知道是不符合食品安全标准的食品或者假药、劣药而代购，向购买者承担赔偿责任后向生产者追偿的，人民法院依法予以支持。

第四条 食品生产加工小作坊和食品摊贩等生产经营的食品不符合食品安全标准，购买者请求生产者或者经营者依照食品安全法第一百四十八条第二款规定承担惩罚性赔偿责任的，人民法院应予支持。

食品生产加工小作坊和食品摊贩等生产经营的食品不符合省、自治区、直辖市制定的具体管理办法等规定，但符合食品安全标准，购买者请求生产者或者经营者依照食品安全法第一百四十八条第二款规定承担惩罚性赔偿责任的，人民法院不予支持。

第五条 食品不符合食品中危害人体健康物质的限量规定，食品添加剂的品种、使用范围、用量要求，特定人群的主辅食品的营养成分要求，与卫生、营养等食品安全要求有关的标签、标志、说明书要求以及与食品安全有关的质量要求等方面的食品安全标准，购买者依照食品安全法第一百四十八条第二款规定请求生产者或者经营者承担惩罚性赔偿责任的，人民法院应予支持。

第六条 购买者以食品的标签、说明书不符合食品安全标准为由请求生产者或者经营者支付惩罚性赔偿金，生产者或者经营者以食品的标签、说明书瑕疵不影响食品安全且不会对消费者造成误导为由进行抗辩，存在下列情形之一的，人民法院对生产者或者经营者的抗辩不予支持：

（一）未标明食品安全标准要求必须标明的事项，但属于本解释第八条规定情形的除外；

（二）故意错标食品安全标准要求必须标明的事项；

（三）未正确标明食品安全标准要求必须标明的事项，足以导致消费者对食品安全产生误解。

第七条 购买者以食品的标签、说明书不符合食品安全标准为由请求生产者或者经营者支付惩罚性赔偿金，生产者或者经营者以食品的标签、说明书虽不符合食品安全标准但不影响食品安全为由进行抗辩的，人民法院对其抗辩不予支持，但食品的标签、说明书瑕疵同时符合下列情形的除外：

（一）根据食品安全法第一百五十条关于食品安全的规定，足以认定标签、说明书瑕疵不影响食品安全；

（二）根据购买者在购买食品时是否明知瑕疵存在、瑕疵是否会导致普通消费者对食品安全产生误解等事实，足以认定标签、说明书瑕疵不会对消费者造成误导。

第八条 购买者以食品的标签、说明书不符合食品安全标准为由请求生产者或者经营者支付惩罚性赔偿金，食品的标签、说明书虽存在瑕疵但属于下列情形之一的，人民法院不予支持：

（一）文字、符号、数字的字号、字体、字高不规范，或者外文字号、字高大于中文；

（二）出现错别字、多字、漏字、繁体字或者外文翻译不准确，但不会导致消费者对食品安全产生误解；

（三）净含量、规格的标示方式和格式不规范，食品、食品添加剂以及配料使用的俗称或者简称等不规范，营养成分表、配料表顺序、数值、单位标示不规范，或者营养成分表数值修约间隔、“0”界限值、标示单位不规范，但不会导致消费者对食品安全产生误解；

（四）对没有特殊贮存条件要求的食品，未按照规定标示贮存条件；

（五）食品的标签、说明书存在其他瑕疵，但不影响食品安全且不会对消费者造成误导。

第九条 经营明知是不符合食品安全标准的食品或者明知是假药、劣药仍然销售、使用的行为构成欺诈，购买者选择依照食品安全法第一百四十八条第二款、药品管理法第一百四十四条第三款或者消费者权益保护法第五十五条第一款规定起诉请求经营者承担惩罚性赔偿责任的，人民法院应予支持。

购买者依照食品安全法第一百四十八条第二款或者药品管理法第一百

四十四条第三款规定起诉请求经营者承担惩罚性赔偿责任，人民法院经审理认为购买者请求不成立但经营者行为构成欺诈，购买者变更为依照消费者权益保护法第五十五条第一款规定请求经营者承担惩罚性赔偿责任的，人民法院应当准许。

第十条 购买者因个人或者家庭生活消费需要购买的药品是假药、劣药，依照药品管理法第一百四十四条第三款规定请求生产者或者经营者支付惩罚性赔偿金的，人民法院依法予以支持。

第十一条 购买者依照药品管理法第一百四十四条第三款规定请求生产者或者经营者支付惩罚性赔偿金，生产者或者经营者抗辩不应适用药品管理法第一百四十四条第三款规定，存在下列情形之一的，人民法院对其抗辩应予支持：

（一）不以营利为目的实施带有自救、互助性质的生产、销售少量药品行为，且未造成他人伤害后果；

（二）根据民间传统配方制售药品，数量不大，且未造成他人伤害后果；

（三）不以营利为目的实施带有自救、互助性质的进口少量境外合法上市药品行为。

对于是否属于民间传统配方难以确定的，可以根据地市级以上药品监督管理部门或者有关部门出具的意见，结合其他证据作出认定。

行政机关作出的处罚决定或者行政机关、药品检验机构提供的检验结论、认定意见等证据足以证明生产、销售或者使用的药品属于假药、劣药的，不适用本条第一款规定。

第十二条 购买者明知所购买食品不符合食品安全标准，依照食品安全法第一百四十八条第二款规定请求生产者或者经营者支付价款十倍的惩罚性赔偿金的，人民法院应当在合理生活消费需要范围内依法支持购买者诉讼请求。

人民法院可以综合保质期、普通消费者通常消费习惯等因素认定购买者合理生活消费需要的食品数量。

生产者或者经营者主张购买者明知所购买食品不符合食品安全标准仍然购买索赔的，应当提供证据证明其主张。

第十三条 购买者明知食品不符合食品安全标准，在短时间内多次购买，并依照食品安全法第一百四十八条第二款规定起诉请求同一生产者或者经营者按每次购买金额分别计算惩罚性赔偿金的，人民法院应当根据购买者多次购买相同食品的总数，在合理生活消费需要范围内依法支持其诉讼请求。

第十四条 购买者明知所购买食品不符合食品安全标准，在短时间内多次购买，并多次依照食品安全法第一百四十八条第二款规定就同一不符合食品安全标准的食品起诉请求同一生产者或者经营者支付惩罚性赔偿金的，人民法院应当在合理生活消费需要范围内依法支持其诉讼请求。

人民法院可以综合保质期、普通消费者通常消费习惯、购买者的购买频次等因素认定购买者每次起诉的食品数量是否超出合理生活消费需要。

第十五条 人民法院在审理食品药品纠纷案件过程中，发现购买者恶意制造生产者或者经营者违法生产经营食品、药品的假象，以投诉、起诉等方式相要挟，向生产者或者经营者索取赔偿金，涉嫌敲诈勒索的，应当及时将有关违法犯罪线索、材料移送公安机关。

第十六条 购买者恶意制造生产者或者经营者违法生产经营食品、药品的假象，起诉请求生产者或者经营者承担赔偿责任的，人民法院应当驳回购买者诉讼请求；构成虚假诉讼的，人民法院应当依照民事诉讼法相关规定，根据情节轻重对其予以罚款、拘留。

购买者行为侵害生产者或者经营者的名誉权等权利，生产者或者经营者请求购买者承担损害赔偿等民事责任的，人民法院应予支持。

第十七条 人民法院在审理食品药品纠纷案件过程中，发现当事人的行为涉嫌生产、销售有毒、有害食品及假药、劣药，虚假诉讼等违法犯罪的，应当及时将有关违法犯罪线索、材料移送有关行政机关和公安机关。

第十八条 人民法院在审理食品药品纠纷案件过程中，发现违法生产、销售、使用食品、药品行为的，可以向有关行政机关、生产者或者经营者发出司法建议。

第十九条 本解释自2024年8月22日起施行。

本解释施行后尚未终审的民事案件，适用本解释；本解释施行前已经终审，当事人申请再审或者按照审判监督程序决定再审的民事案件，不适用本解释。

最高人民法院关于依法惩处生产销售伪劣食品、药品等严重破坏市场经济秩序犯罪的通知

（2004 年 6 月 21 日　法〔2004〕118 号）

各省、自治区、直辖市高级人民法院，解放军军事法院，新疆维吾尔自治区高级人民法院生产建设兵团分院：

全国开展整顿和规范市场经济秩序工作以来，各级人民法院充分发挥审判职能，及时依法惩处了一大批各种严重破坏市场经济秩序的犯罪分子，维护了社会主义市场经济秩序，保障了公民、法人和其他组织的合法权益，为整顿和规范市场经济秩序工作提供了有力的司法保障。前不久，全国整顿和规范市场经济秩序工作领导小组第二次会议要求，进一步加大整治工作力度，紧紧抓住关系人民群众身体健康、生命安全和切身利益的突出问题，以开展食品卫生专项整治、打击“血头血霸”和非法采血供血、加强知识产权保护等为重点，扎扎实实推进今年的整顿和规范市场经济秩序工作。5 月 13 日国务院召开全国食品安全专项整治电视电话会议，部署在全国范围内深入开展食品安全专项整治工作。及时审理好生产、销售伪劣食品、药品等犯罪案件，依法惩处严重破坏市场经济秩序的犯罪分子，是人民法院当前一项重要的审判工作。为此，特通知如下：

一、提高认识，把审理生产、销售伪劣食品、药品等破坏市场经济秩序犯罪案件的工作切实抓紧抓好

各种破坏社会主义市场经济秩序的犯罪，不但直接影响国民经济的健康运行，而且严重损害人民群众的切身利益。今年以来，安徽省阜阳市发生的劣质奶粉致多名婴儿死亡事件和广东省广州市发生的有毒白酒致死人命事件，一再提醒我们，整顿和规范市场经济秩序是一项长期的、艰巨的任务，必须以对人民高度负责的精神，抓紧抓好，常抓不懈。各级人民法院一定要从践行“三个代表”重要思想、落实司法为民要求的高度，充分认识整顿和规范市场经济秩序工作的重要性、必要性、紧迫性和长期性，把依法及时审理好破坏社会主义市场经济秩序犯罪案件作为一项经常性的重要工作，切实加强领导，安排得力审判力量，保证起诉到法院的生产、

销售伪劣食品、药品等犯罪案件及时依法审结，有力打击犯罪分子的嚣张气焰，保障食品安全等专项整治工作的顺利进行。

二、突出重点，依法惩处严重破坏社会主义市场经济秩序的犯罪分子

各级法院要坚定不移地贯彻依法从严惩处的方针，对严重破坏社会主义市场经济秩序的犯罪分子严格依照刑法的规定定罪判刑。当前，要重点打击生产销售有毒有害食品以及不符合卫生标准的食品的犯罪；生产销售假药、劣药以及不符合卫生标准的医用器械犯罪；生产销售伪劣农药、兽药、化肥、种子的犯罪；生产销售不符合安全标准的产品以及其他伪劣产品的犯罪；强迫卖血、非法组织卖血和非法采集、制作、供应血液及血液制品犯罪；假冒注册商标、销售侵权复制品以及伪造、擅自制造他人注册商标标识等侵犯知识产权犯罪。对起诉到法院的走私、偷税、抗税、骗税、合同诈骗、金融诈骗、非法传销和变相传销等严重破坏市场经济秩序的犯罪分子，要继续依法从严惩处。各地法院要根据实际确定打击重点，注重实效。要把犯罪数额巨大、情节恶劣、危害严重、群众反映强烈，给国家和人民利益造成重大损失的案件，特别是有国家工作人员参与或者包庇纵容的案件，作为大案要案，抓紧及时审理，依法从严判处。依法应当重判的，要坚决重判。在依法适用主刑的同时，必须充分适用财产刑。法律规定应当并处罚金或者没收财产的，要坚决判处罚金或者没收财产；法律规定可以并处罚金或者没收财产的，一般也要判处罚金或者没收财产。对犯罪分子违法所得的财物要依法追缴或者责令退赔；对其用于犯罪的本人财物要依法予以没收。

三、依法妥善处理涉及众多受害人的案件

对于涉及大量受害群众的案件，在审理过程中一定要注意严格依法办事，妥善慎重处理；做好群众工作，确保社会稳定。被害人对涉嫌生产销售伪劣商品和侵犯知识产权等犯罪案件，直接向人民法院起诉的，人民法院应当依法立案并审理；如果属于严重危害社会秩序和国家利益或者受害群众较多的，应当依靠当地党委并与有关部门及时协调，依法通过公诉案件审理程序处理。要重视刑事附带民事诉讼的审理。注意最大限度依法挽回受害人和受害单位的损失。被告人和被告单位积极、主动赔偿受害人和受害单位损失的，可以酌情、适当从轻处罚。

四、通过审判活动积极参与市场经济秩序的综合治理

整顿和规范市场经济秩序是一项综合性的系统工程，既要治标，又要治本。人民法院的审判活动在治标和治本上都能发挥重要的作用。各级法院要精心做好破坏市场经济秩序犯罪案件的开庭审判工作，通过公开审理、公开宣判、庭审直播等形式；扩大审判的社会效果；在办案的同时，要注意发现在市场管理制度和环节上存在漏洞和隐患，及时提出司法建议，提醒和督促有关部门和单位健全制度，加强管理，防止发生犯罪；要注意选择具有教育意义的典型案件到案发当地公开宣判，并通过新闻媒体，采取就案说法等各种形式，广泛宣传法律，教育广大群众，提高全体公民运用法律保障和维护自身合法权益的意识和能力。要注意通过审判活动，大力加强法制宣传，增强全民法治观念和诚信观念，在全社会形成自觉守法和诚实守信的社会主义商业道德风尚。

近年来，最高法院在指导各级法院审理好与整顿和规范市场经济秩序有关案件的同时，选择典型案件，通过新闻媒体定期向社会公布，取得了很好的社会效果。各高级法院要进一步加强对辖区内有关督办案件的指导，严格按照最高人民法院有关通知的要求，确定联络员，加强信息沟通，随时了解审理进度，及时报送审判信息，对最高法院挂牌督办的案件和其他有重大影响的案件，一旦起诉到法院即应将受理情况层报最高法院。被最高法院确定为宣传报道的案件，有关法院要积极配合最高法院搞好大要案件督办和通过中央新闻媒体公布判决结果的工作。

以上通知，请认真遵照执行。

最高人民法院、最高人民检察院关于办理危害食品安全刑事案件适用法律若干问题的解释

（2021年12月13日最高人民法院审判委员会第1856次会议、2021年12月29日最高人民检察院第十三届检察委员会第八十四次会议通过　2021年12月30日最高人民法院、最高人民检察院公告公布　自2022年1月1日起施行　法释〔2021〕24号）

为依法惩治危害食品安全犯罪，保障人民群众身体健康、生命安全，根据《中华人民共和国刑法》《中华人民共和国刑事诉讼法》的有关规定，对办理此类刑事案件适用法律的若干问题解释如下：

第一条　生产、销售不符合食品安全标准的食品，具有下列情形之一

的，应当认定为刑法第一百四十三条规定的“足以造成严重食物中毒事故或者其他严重食源性疾病”：

（一）含有严重超出标准限量的致病性微生物、农药残留、兽药残留、生物毒素、重金属等污染物质以及其他严重危害人体健康的物质的；

（二）属于病死、死因不明或者检验检疫不合格的畜、禽、兽、水产动物肉类及其制品的；

（三）属于国家为防控疾病等特殊需要明令禁止生产、销售的；

（四）特殊医学用途配方食品、专供婴幼儿的主辅食品营养成分严重不符合食品安全标准的；

（五）其他足以造成严重食物中毒事故或者严重食源性疾病的情形。

第二条 生产、销售不符合食品安全标准的食品，具有下列情形之一的，应当认定为刑法第一百四十三条规定的“对人体健康造成严重危害”：

（一）造成轻伤以上伤害的；

（二）造成轻度残疾或者中度残疾的；

（三）造成器官组织损伤导致一般功能障碍或者严重功能障碍的；

（四）造成十人以上严重食物中毒或者其他严重食源性疾病的；

（五）其他对人体健康造成严重危害的情形。

第三条 生产、销售不符合食品安全标准的食品，具有下列情形之一的，应当认定为刑法第一百四十三条规定的“其他严重情节”：

（一）生产、销售金额二十万元以上的；

（二）生产、销售金额十万元以上不满二十万元，不符合食品安全标准的食品数量较大或者生产、销售持续时间六个月以上的；

（三）生产、销售金额十万元以上不满二十万元，属于特殊医学用途配方食品、专供婴幼儿的主辅食品的；

（四）生产、销售金额十万元以上不满二十万元，且在中小学校园、托幼机构、养老机构及周边面向未成年人、老年人销售的；

（五）生产、销售金额十万元以上不满二十万元，曾因危害食品安全犯罪受过刑事处罚或者二年内因危害食品安全违法行为受过行政处罚的；

（六）其他情节严重的情形。

第四条 生产、销售不符合食品安全标准的食品，具有下列情形之一的，应当认定为刑法第一百四十三条规定的“后果特别严重”：

（一）致人死亡的；

（二）造成重度残疾以上的；

（三）造成三人以上重伤、中度残疾或者器官组织损伤导致严重功能障碍的；

（四）造成十人以上轻伤、五人以上轻度残疾或者器官组织损伤导致一般功能障碍的；

（五）造成三十人以上严重食物中毒或者其他严重食源性疾病的；

（六）其他特别严重的后果。

第五条 在食品生产、销售、运输、贮存等过程中，违反食品安全标准，超限量或者超范围滥用食品添加剂，足以造成严重食物中毒事故或者其他严重食源性疾病的，依照刑法第一百四十三条的规定以生产、销售不符合安全标准的食品罪定罪处罚。

在食用农产品种植、养殖、销售、运输、贮存等过程中，违反食品安全标准，超限量或者超范围滥用添加剂、农药、兽药等，足以造成严重食物中毒事故或者其他严重食源性疾病的，适用前款的规定定罪处罚。

第六条 生产、销售有毒、有害食品，具有本解释第二条规定情形之一的，应当认定为刑法第一百四十四条规定的“对人体健康造成严重危害”。

第七条 生产、销售有毒、有害食品，具有下列情形之一的，应当认定为刑法第一百四十四条规定的“其他严重情节”：

（一）生产、销售金额二十万元以上不满五十万元的；

（二）生产、销售金额十万元以上不满二十万元，有毒、有害食品数量较大或者生产、销售持续时间六个月以上的；

（三）生产、销售金额十万元以上不满二十万元，属于特殊医学用途配方食品、专供婴幼儿的主辅食品的；

（四）生产、销售金额十万元以上不满二十万元，且在中小学校园、托幼机构、养老机构及周边面向未成年人、老年人销售的；

（五）生产、销售金额十万元以上不满二十万元，曾因危害食品安全犯罪受过刑事处罚或者二年内因危害食品安全违法行为受过行政处罚的；

（六）有毒、有害的非食品原料毒害性强或者含量高的；

（七）其他情节严重的情形。

第八条 生产、销售有毒、有害食品，生产、销售金额五十万元以上，或者具有本解释第四条第二项至第六项规定的情形之一的，应当认定为刑法第一百四十四条规定的“其他特别严重情节”。

第九条 下列物质应当认定为刑法第一百四十四条规定的“有毒、有害的非食品原料”：

（一）因危害人体健康，被法律、法规禁止在食品生产经营活动中添加、使用的物质；

（二）因危害人体健康，被国务院有关部门列入《食品中可能违法添加的非食用物质名单》《保健食品中可能非法添加的物质名单》和国务院有关部门公告的禁用农药、《食品动物中禁止使用的药品及其他化合物清单》等名单上的物质；

（三）其他有毒、有害的物质。

第十条 刑法第一百四十四条规定的“明知”，应当综合行为人的认知能力、食品质量、进货或者销售的渠道及价格等主、客观因素进行认定。

具有下列情形之一的，可以认定为刑法第一百四十四条规定的“明知”，但存在相反证据并经查证属实的除外：

（一）长期从事相关食品、食用农产品生产、种植、养殖、销售、运输、贮存行业，不依法履行保障食品安全义务的；

（二）没有合法有效的购货凭证，且不能提供或者拒不提供销售的相关食品来源的；

（三）以明显低于市场价格进货或者销售且无合理原因的；

（四）在有关部门发出禁令或者食品安全预警的情况下继续销售的；

（五）因实施危害食品安全行为受过行政处罚或者刑事处罚，又实施同种行为的；

（六）其他足以认定行为人明知的情形。

第十一条 在食品生产、销售、运输、贮存等过程中，掺入有毒、有害的非食品原料，或者使用有毒、有害的非食品原料生产食品的，依照刑法第一百四十四条的规定以生产、销售有毒、有害食品罪定罪处罚。

在食用农产品种植、养殖、销售、运输、贮存等过程中，使用禁用农药、食品动物中禁止使用的药品及其他化合物等有毒、有害的非食品原料，适用前款的规定定罪处罚。

在保健食品或者其他食品中非法添加国家禁用药物等有毒、有害的非食品原料的，适用第一款的规定定罪处罚。

第十二条 在食品生产、销售、运输、贮存等过程中，使用不符合食品安全标准的食品包装材料、容器、洗涤剂、消毒剂，或者用于食品生产经营的工具、设备等，造成食品被污染，符合刑法第一百四十三条、第一百四十四条规定的，以生产、销售不符合安全标准的食品罪或者生产、销售有毒、有害食品罪定罪处罚。

第十三条 生产、销售不符合食品安全标准的食品，有毒、有害食品，符合刑法第一百四十三条、第一百四十四条规定的，以生产、销售不符合安全标准的食品罪或者生产、销售有毒、有害食品罪定罪处罚。同时构成其他犯罪的，依照处罚较重的规定定罪处罚。

生产、销售不符合食品安全标准的食品，无证据证明足以造成严重食物中毒事故或者其他严重食源性疾病，不构成生产、销售不符合安全标准的食品罪，但构成生产、销售伪劣产品罪，妨害动植物防疫、检疫罪等其他犯罪的，依照该其他犯罪定罪处罚。

第十四条 明知他人生产、销售不符合食品安全标准的食品，有毒、有害食品，具有下列情形之一的，以生产、销售不符合安全标准的食品罪或者生产、销售有毒、有害食品罪的共犯论处：

（一）提供资金、贷款、账号、发票、证明、许可证件的；

（二）提供生产、经营场所或者运输、贮存、保管、邮寄、销售渠道等便利条件的；

（三）提供生产技术或者食品原料、食品添加剂、食品相关产品或者有毒、有害的非食品原料的；

（四）提供广告宣传的；

（五）提供其他帮助行为的。

第十五条 生产、销售不符合食品安全标准的食品添加剂，用于食品的包装材料、容器、洗涤剂、消毒剂，或者用于食品生产经营的工具、设备等，符合刑法第一百四十条规定的，以生产、销售伪劣产品罪定罪处罚。

生产、销售用超过保质期的食品原料、超过保质期的食品、回收食品作为原料的食品，或者以更改生产日期、保质期、改换包装等方式销售超过保质期的食品、回收食品，适用前款的规定定罪处罚。

实施前两款行为，同时构成生产、销售不符合安全标准的食品罪，生产、销售不符合安全标准的产品罪等其他犯罪的，依照处罚较重的规定定罪处罚。

第十六条 以提供给他人生产、销售食品为目的，违反国家规定，生产、销售国家禁止用于食品生产、销售的非食品原料，情节严重的，依照刑法第二百二十五条的规定以非法经营罪定罪处罚。

以提供给他人生产、销售食用农产品为目的，违反国家规定，生产、销售国家禁用农药、食品动物中禁止使用的药品及其他化合物等有毒、有害的非食品原料，或者生产、销售添加上述有毒、有害的非食品原料的农药、兽药、饲料、饲料添加剂、饲料原料，情节严重的，依照前款的规定定罪处罚。

第十七条 违反国家规定，私设生猪屠宰厂（场），从事生猪屠宰、销售等经营活动，情节严重的，依照刑法第二百二十五条的规定以非法经营罪定罪处罚。

在畜禽屠宰相关环节，对畜禽使用食品动物中禁止使用的药品及其他化合物等有毒、有害的非食品原料，依照刑法第一百四十四条的规定以生产、销售有毒、有害食品罪定罪处罚；对畜禽注水或者注入其他物质，足以造成严重食物中毒事故或者其他严重食源性疾病的，依照刑法第一百四十三条的规定以生产、销售不符合安全标准的食品罪定罪处罚；虽不足以造成严重食物中毒事故或者其他严重食源性疾病，但符合刑法第一百四十条规定的，以生产、销售伪劣产品罪定罪处罚。

第十八条 实施本解释规定的非法经营行为，非法经营数额在十万元以上，或者违法所得数额在五万元以上的，应当认定为刑法第二百二十五条规定的“情节严重”；非法经营数额在五十万元以上，或者违法所得数额在二十五万元以上的，应当认定为刑法第二百二十五条规定的“情节特别严重”。

实施本解释规定的非法经营行为，同时构成生产、销售伪劣产品罪，生产、销售不符合安全标准的食品罪，生产、销售有毒、有害食品罪，生产、销售伪劣农药、兽药罪等其他犯罪的，依照处罚较重的规定定罪处罚。

第十九条 违反国家规定，利用广告对保健食品或者其他食品作虚假宣传，符合刑法第二百二十二条规定的，以虚假广告罪定罪处罚；以非法占有为目的，利用销售保健食品或者其他食品诈骗财物，符合刑法第二百六十六条规定的，以诈骗罪定罪处罚。同时构成生产、销售伪劣产品罪等其他犯罪的，依照处罚较重的规定定罪处罚。

第二十条 负有食品安全监督管理职责的国家机关工作人员，滥用职权或者玩忽职守，构成食品监管渎职罪，同时构成徇私舞弊不移交刑事案件罪、商检徇私舞弊罪、动植物检疫徇私舞弊罪、放纵制售伪劣商品犯罪行为罪等其他渎职犯罪的，依照处罚较重的规定定罪处罚。

负有食品安全监督管理职责的国家机关工作人员滥用职权或者玩忽职守，不构成食品监管渎职罪，但构成前款规定的其他渎职犯罪的，依照该其他犯罪定罪处罚。

负有食品安全监督管理职责的国家机关工作人员与他人共谋，利用其职务行为帮助他人实施危害食品安全犯罪行为，同时构成渎职犯罪和危害食品安全犯罪共犯的，依照处罚较重的规定定罪从重处罚。

第二十一条 犯生产、销售不符合安全标准的食品罪，生产、销售有毒、有害食品罪，一般应当依法判处生产、销售金额二倍以上的罚金。

共同犯罪的，对各共同犯罪人合计判处的罚金一般应当在生产、销售金额的二倍以上。

第二十二条 对实施本解释规定之犯罪的犯罪分子，应当依照刑法规定的条件，严格适用缓刑、免予刑事处罚。对于依法适用缓刑的，可以根据犯罪情况，同时宣告禁止令。

对于被不起诉或者免予刑事处罚的行为人，需要给予行政处罚、政务处分或者其他处分的，依法移送有关主管机关处理。

第二十三条 单位实施本解释规定的犯罪的，对单位判处罚金，并对直接负责的主管人员和其他直接责任人员，依照本解释规定的定罪量刑标准处罚。

第二十四条 “足以造成严重食物中毒事故或者其他严重食源性疾病”“有毒、有害的非食品原料”等专门性问题难以确定的，司法机关可以依据鉴定意见、检验报告、地市级以上相关行政主管部门组织出具的书面意见，结合其他证据作出认定。必要时，专门性问题由省级以上相关行政主管部门组织出具书面意见。

第二十五条 本解释所称“二年内”，以第一次违法行为受到行政处罚的生效之日与又实施相应行为之日的时间间隔计算确定。

第二十六条 本解释自 2022 年 1 月 1 日起施行。本解释公布实施后，《最高人民法院、最高人民检察院关于办理危害食品安全刑事案件适用法律若干问题的解释》（法释〔2013〕12 号）同时废止；之前发布的司法解释与本解释不一致的，以本解释为准。

六、食品生产经营

食品生产许可管理办法

（2020年1月2日国家市场监督管理总局令第24号公布　自2020年3月1日起施行）

第一章　总　　则

第一条　为规范食品、食品添加剂生产许可活动，加强食品生产监督管理，保障食品安全，根据《中华人民共和国行政许可法》《中华人民共和国食品安全法》《中华人民共和国食品安全法实施条例》等法律法规，制定本办法。

第二条　在中华人民共和国境内，从事食品生产活动，应当依法取得食品生产许可。

食品生产许可的申请、受理、审查、决定及其监督检查，适用本办法。

第三条　食品生产许可应当遵循依法、公开、公平、公正、便民、高效的原则。

第四条　食品生产许可实行一企一证原则，即同一个食品生产者从事食品生产活动，应当取得一个食品生产许可证。

第五条　市场监督管理部门按照食品的风险程度，结合食品原料、生产工艺等因素，对食品生产实施分类许可。

第六条　国家市场监督管理总局负责监督指导全国食品生产许可管理工作。

县级以上地方市场监督管理部门负责本行政区域内的食品生产许可监督管理工作。

第七条　省、自治区、直辖市市场监督管理部门可以根据食品类别和食品安全风险状况，确定市、县级市场监督管理部门的食品生产许可管理权限。

保健食品、特殊医学用途配方食品、婴幼儿配方食品、婴幼儿辅助食品、食盐等食品的生产许可，由省、自治区、直辖市市场监督管理部门负责。

第八条 国家市场监督管理总局负责制定食品生产许可审查通则和细则。

省、自治区、直辖市市场监督管理部门可以根据本行政区域食品生产许可审查工作的需要，对地方特色食品制定食品生产许可审查细则，在本行政区域内实施，并向国家市场监督管理总局报告。国家市场监督管理总局制定公布相关食品生产许可审查细则后，地方特色食品生产许可审查细则自行废止。

县级以上地方市场监督管理部门实施食品生产许可审查，应当遵守食品生产许可审查通则和细则。

第九条 县级以上地方市场监督管理部门应当加快信息化建设，推进许可申请、受理、审查、发证、查询等全流程网上办理，并在行政机关的网站上公布生产许可事项，提高办事效率。

第二章　申请与受理

第十条 申请食品生产许可，应当先行取得营业执照等合法主体资格。

企业法人、合伙企业、个人独资企业、个体工商户、农民专业合作组织等，以营业执照载明的主体作为申请人。

第十一条 申请食品生产许可，应当按照以下食品类别提出：粮食加工品，食用油、油脂及其制品，调味品，肉制品，乳制品，饮料，方便食品，饼干，罐头，冷冻饮品，速冻食品，薯类和膨化食品，糖果制品，茶叶及相关制品，酒类，蔬菜制品，水果制品，炒货食品及坚果制品，蛋制品，可可及焙烤咖啡产品，食糖，水产制品，淀粉及淀粉制品，糕点，豆制品，蜂产品，保健食品，特殊医学用途配方食品，婴幼儿配方食品，特殊膳食食品，其他食品等。

国家市场监督管理总局可以根据监督管理工作需要对食品类别进行调整。

第十二条 申请食品生产许可，应当符合下列条件：

（一）具有与生产的食品品种、数量相适应的食品原料处理和食品加工、包装、贮存等场所，保持该场所环境整洁，并与有毒、有害场所以及其他污染源保持规定的距离；

（二）具有与生产的食品品种、数量相适应的生产设备或者设施，有相应的消毒、更衣、盥洗、采光、照明、通风、防腐、防尘、防蝇、防鼠、防虫、洗涤以及处理废水、存放垃圾和废弃物的设备或者设施；保健食品生产工艺有原料提取、纯化等前处理工序的，需要具备与生产的品种、数量相适应的原料前处理设备或者设施；

（三）有专职或者兼职的食品安全专业技术人员、食品安全管理人员和保证食品安全的规章制度；

（四）具有合理的设备布局和工艺流程，防止待加工食品与直接入口食品、原料与成品交叉污染，避免食品接触有毒物、不洁物；

（五）法律、法规规定的其他条件。

第十三条 申请食品生产许可，应当向申请人所在地县级以上地方市场监督管理部门提交下列材料：

（一）食品生产许可申请书；

（二）食品生产设备布局图和食品生产工艺流程图；

（三）食品生产主要设备、设施清单；

（四）专职或者兼职的食品安全专业技术人员、食品安全管理人员信息和食品安全管理制度。

第十四条 申请保健食品、特殊医学用途配方食品、婴幼儿配方食品等特殊食品的生产许可，还应当提交与所生产食品相适应的生产质量管理体系文件以及相关注册和备案文件。

第十五条 从事食品添加剂生产活动，应当依法取得食品添加剂生产许可。

申请食品添加剂生产许可，应当具备与所生产食品添加剂品种相适应的场所、生产设备或者设施、食品安全管理人员、专业技术人员和管理制度。

第十六条 申请食品添加剂生产许可，应当向申请人所在地县级以上地方市场监督管理部门提交下列材料：

（一）食品添加剂生产许可申请书；

（二）食品添加剂生产设备布局图和生产工艺流程图；

（三）食品添加剂生产主要设备、设施清单；

（四）专职或者兼职的食品安全专业技术人员、食品安全管理人员信息和食品安全管理制度。

第十七条 申请人应当如实向市场监督管理部门提交有关材料和反映真实情况，对申请材料的真实性负责，并在申请书等材料上签名或者盖章。

第十八条 申请人申请生产多个类别食品的，由申请人按照省级市场监督管理部门确定的食品生产许可管理权限，自主选择其中一个受理部门提交申请材料。受理部门应当及时告知有相应审批权限的市场监督管理部门，组织联合审查。

第十九条 县级以上地方市场监督管理部门对申请人提出的食品生产许可申请，应当根据下列情况分别作出处理：

（一）申请事项依法不需要取得食品生产许可的，应当即时告知申请人不受理；

（二）申请事项依法不属于市场监督管理部门职权范围的，应当即时作出不予受理的决定，并告知申请人向有关行政机关申请；

（三）申请材料存在可以当场更正的错误的，应当允许申请人当场更正，由申请人在更正处签名或者盖章，注明更正日期；

（四）申请材料不齐全或者不符合法定形式的，应当当场或者在5个工作日内一次告知申请人需要补正的全部内容。当场告知的，应当将申请材料退回申请人；在5个工作日内告知的，应当收取申请材料并出具收到申请材料的凭据。逾期不告知的，自收到申请材料之日起即为受理；

（五）申请材料齐全、符合法定形式，或者申请人按照要求提交全部补正材料的，应当受理食品生产许可申请。

第二十条 县级以上地方市场监督管理部门对申请人提出的申请决定予以受理的，应当出具受理通知书；决定不予受理的，应当出具不予受理通知书，说明不予受理的理由，并告知申请人依法享有申请行政复议或者提起行政诉讼的权利。

第三章　审查与决定

第二十一条 县级以上地方市场监督管理部门应当对申请人提交的申请材料进行审查。需要对申请材料的实质内容进行核实的，应当进行现场核查。

市场监督管理部门开展食品生产许可现场核查时，应当按照申请材料进行核查。对首次申请许可或者增加食品类别的变更许可的，根据食品生产工艺流程等要求，核查试制食品的检验报告。开展食品添加剂生产许可现场核查时，可以根据食品添加剂品种特点，核查试制食品添加剂的检验报告和复配食品添加剂配方等。试制食品检验可以由生产者自行检验，或者委托有资质的食品检验机构检验。

现场核查应当由食品安全监管人员进行，根据需要可以聘请专业技术人员作为核查人员参加现场核查。核查人员不得少于2人。核查人员应当出示有效证件，填写食品生产许可现场核查表，制作现场核查记录，经申请人核对无误后，由核查人员和申请人在核查表和记录上签名或者盖章。申请人拒绝签名或者盖章的，核查人员应当注明情况。

申请保健食品、特殊医学用途配方食品、婴幼儿配方乳粉生产许可，在产品注册或者产品配方注册时经过现场核查的项目，可以不再重复进行现场核查。

市场监督管理部门可以委托下级市场监督管理部门，对受理的食品生产许可申请进行现场核查。特殊食品生产许可的现场核查原则上不得委托下级市场监督管理部门实施。

核查人员应当自接受现场核查任务之日起5个工作日内，完成对生产场所的现场核查。

第二十二条 除可以当场作出行政许可决定的外，县级以上地方市场监督管理部门应当自受理申请之日起10个工作日内作出是否准予行政许可的决定。因特殊原因需要延长期限的，经本行政机关负责人批准，可以延长5个工作日，并应当将延长期限的理由告知申请人。

第二十三条 县级以上地方市场监督管理部门应当根据申请材料审查和现场核查等情况，对符合条件的，作出准予生产许可的决定，并自作出决定之日起5个工作日内向申请人颁发食品生产许可证；对不符合条件的，应当及时作出不予许可的书面决定并说明理由，同时告知申请人依法享有申请行政复议或者提起行政诉讼的权利。

第二十四条 食品添加剂生产许可申请符合条件的，由申请人所在地县级以上地方市场监督管理部门依法颁发食品生产许可证，并标注食品添加剂。

第二十五条 食品生产许可证发证日期为许可决定作出的日期，有效期为5年。

第二十六条 县级以上地方市场监督管理部门认为食品生产许可申请涉及公共利益的重大事项，需要听证的，应当向社会公告并举行听证。

第二十七条 食品生产许可直接涉及申请人与他人之间重大利益关系的，县级以上地方市场监督管理部门在作出行政许可决定前，应当告知申请人、利害关系人享有要求听证的权利。

申请人、利害关系人在被告知听证权利之日起5个工作日内提出听证申请的，市场监督管理部门应当在20个工作日内组织听证。听证期限不计算在行政许可审查期限之内。

第四章 许可证管理

第二十八条 食品生产许可证分为正本、副本。正本、副本具有同等法律效力。

国家市场监督管理总局负责制定食品生产许可证式样。省、自治区、直辖市市场监督管理部门负责本行政区域食品生产许可证的印制、发放等管理工作。

第二十九条 食品生产许可证应当载明：生产者名称、社会信用代码、法定代表人（负责人）、住所、生产地址、食品类别、许可证编号、有效期、发证机关、发证日期和二维码。

副本还应当载明食品明细。生产保健食品、特殊医学用途配方食品、婴幼儿配方食品的，还应当载明产品或者产品配方的注册号或者备案登记号；接受委托生产保健食品的，还应当载明委托企业名称及住所等相关信息。

第三十条 食品生产许可证编号由SC（“生产”的汉语拼音字母缩写）和14位阿拉伯数字组成。数字从左至右依次为：3位食品类别编码、2位省（自治区、直辖市）代码、2位市（地）代码、2位县（区）代码、4位顺序码、1位校验码。

第三十一条 食品生产者应当妥善保管食品生产许可证，不得伪造、涂改、倒卖、出租、出借、转让。

食品生产者应当在生产场所的显著位置悬挂或者摆放食品生产许可证正本。

第五章　变更、延续与注销

第三十二条　食品生产许可证有效期内，食品生产者名称、现有设备布局和工艺流程、主要生产设备设施、食品类别等事项发生变化，需要变更食品生产许可证载明的许可事项的，食品生产者应当在变化后 10 个工作日内向原发证的市场监督管理部门提出变更申请。

食品生产者的生产场所迁址的，应当重新申请食品生产许可。

食品生产许可证副本载明的同一食品类别内的事项发生变化的，食品生产者应当在变化后 10 个工作日内向原发证的市场监督管理部门报告。

食品生产者的生产条件发生变化，不再符合食品生产要求，需要重新办理许可手续的，应当依法办理。

第三十三条　申请变更食品生产许可的，应当提交下列申请材料：

（一）食品生产许可变更申请书；

（二）与变更食品生产许可事项有关的其他材料。

第三十四条　食品生产者需要延续依法取得的食品生产许可的有效期的，应当在该食品生产许可有效期届满 30 个工作日前，向原发证的市场监督管理部门提出申请。

第三十五条　食品生产者申请延续食品生产许可，应当提交下列材料：

（一）食品生产许可延续申请书；

（二）与延续食品生产许可事项有关的其他材料。

保健食品、特殊医学用途配方食品、婴幼儿配方食品的生产企业申请延续食品生产许可的，还应当提供生产质量管理体系运行情况的自查报告。

第三十六条　县级以上地方市场监督管理部门应当根据被许可人的延续申请，在该食品生产许可有效期届满前作出是否准予延续的决定。

第三十七条　县级以上地方市场监督管理部门应当对变更或者延续食品生产许可的申请材料进行审查，并按照本办法第二十一条的规定实施现场核查。

申请人声明生产条件未发生变化的，县级以上地方市场监督管理部门可以不再进行现场核查。

申请人的生产条件及周边环境发生变化，可能影响食品安全的，市场监督管理部门应当就变化情况进行现场核查。

保健食品、特殊医学用途配方食品、婴幼儿配方食品注册或者备案的生产工艺发生变化的，应当先办理注册或者备案变更手续。

第三十八条 市场监督管理部门决定准予变更的，应当向申请人颁发新的食品生产许可证。食品生产许可证编号不变，发证日期为市场监督管理部门作出变更许可决定的日期，有效期与原证书一致。但是，对因迁址等原因而进行全面现场核查的，其换发的食品生产许可证有效期自发证之日起计算。

因食品安全国家标准发生重大变化，国家和省级市场监督管理部门决定组织重新核查而换发的食品生产许可证，其发证日期以重新批准日期为准，有效期自重新发证之日起计算。

第三十九条 市场监督管理部门决定准予延续的，应当向申请人颁发新的食品生产许可证，许可证编号不变，有效期自市场监督管理部门作出延续许可决定之日起计算。

不符合许可条件的，市场监督管理部门应当作出不予延续食品生产许可的书面决定，并说明理由。

第四十条 食品生产者终止食品生产，食品生产许可被撤回、撤销，应当在20个工作日内向原发证的市场监督管理部门申请办理注销手续。

食品生产者申请注销食品生产许可的，应当向原发证的市场监督管理部门提交食品生产许可注销申请书。

食品生产许可被注销的，许可证编号不得再次使用。

第四十一条 有下列情形之一，食品生产者未按规定申请办理注销手续的，原发证的市场监督管理部门应当依法办理食品生产许可注销手续，并在网站进行公示：

（一）食品生产许可有效期届满未申请延续的；

（二）食品生产者主体资格依法终止的；

（三）食品生产许可依法被撤回、撤销或者食品生产许可证依法被吊销的；

（四）因不可抗力导致食品生产许可事项无法实施的；

（五）法律法规规定的应当注销食品生产许可的其他情形。

第四十二条 食品生产许可证变更、延续与注销的有关程序参照本办法第二章、第三章的有关规定执行。

第六章 监督检查

第四十三条 县级以上地方市场监督管理部门应当依据法律法规规定的职责，对食品生产者的许可事项进行监督检查。

第四十四条 县级以上地方市场监督管理部门应当建立食品许可管理信息平台，便于公民、法人和其他社会组织查询。

县级以上地方市场监督管理部门应当将食品生产许可颁发、许可事项检查、日常监督检查、许可违法行为查处等情况记入食品生产者食品安全信用档案，并通过国家企业信用信息公示系统向社会公示；对有不良信用记录的食品生产者应当增加监督检查频次。

第四十五条 县级以上地方市场监督管理部门及其工作人员履行食品生产许可管理职责，应当自觉接受食品生产者和社会监督。

接到有关工作人员在食品生产许可管理过程中存在违法行为的举报，市场监督管理部门应当及时进行调查核实。情况属实的，应当立即纠正。

第四十六条 县级以上地方市场监督管理部门应当建立食品生产许可档案管理制度，将办理食品生产许可的有关材料、发证情况及时归档。

第四十七条 国家市场监督管理总局可以定期或者不定期组织对全国食品生产许可工作进行监督检查；省、自治区、直辖市市场监督管理部门可以定期或者不定期组织对本行政区域内的食品生产许可工作进行监督检查。

第四十八条 未经申请人同意，行政机关及其工作人员、参加现场核查的人员不得披露申请人提交的商业秘密、未披露信息或者保密商务信息，法律另有规定或者涉及国家安全、重大社会公共利益的除外。

第七章 法律责任

第四十九条 未取得食品生产许可从事食品生产活动的，由县级以上地方市场监督管理部门依照《中华人民共和国食品安全法》第一百二十二条的规定给予处罚。

食品生产者生产的食品不属于食品生产许可证上载明的食品类别的，视为未取得食品生产许可从事食品生产活动。

第五十条 许可申请人隐瞒真实情况或者提供虚假材料申请食品生产

许可的，由县级以上地方市场监督管理部门给予警告。申请人在1年内不得再次申请食品生产许可。

第五十一条 被许可人以欺骗、贿赂等不正当手段取得食品生产许可的，由原发证的市场监督管理部门撤销许可，并处1万元以上3万元以下罚款。被许可人在3年内不得再次申请食品生产许可。

第五十二条 违反本办法第三十一条第一款规定，食品生产者伪造、涂改、倒卖、出租、出借、转让食品生产许可证的，由县级以上地方市场监督管理部门责令改正，给予警告，并处1万元以下罚款；情节严重的，处1万元以上3万元以下罚款。

违反本办法第三十一条第二款规定，食品生产者未按规定在生产场所的显著位置悬挂或者摆放食品生产许可证的，由县级以上地方市场监督管理部门责令改正；拒不改正的，给予警告。

第五十三条 违反本办法第三十二条第一款规定，食品生产许可证有效期内，食品生产者名称、现有设备布局和工艺流程、主要生产设备设施等事项发生变化，需要变更食品生产许可证载明的许可事项，未按规定申请变更的，由原发证的市场监督管理部门责令改正，给予警告；拒不改正的，处1万元以上3万元以下罚款。

违反本办法第三十二条第二款规定，食品生产者的生产场所迁址后未重新申请取得食品生产许可从事食品生产活动的，由县级以上地方市场监督管理部门依照《中华人民共和国食品安全法》第一百二十二条的规定给予处罚。

违反本办法第三十二条第三款、第四十条第一款规定，食品生产许可证副本载明的同一食品类别内的事项发生变化，食品生产者未按规定报告的，食品生产者终止食品生产，食品生产许可被撤回、撤销或者食品生产许可证被吊销，未按规定申请办理注销手续的，由原发证的市场监督管理部门责令改正；拒不改正的，给予警告，并处5000元以下罚款。

第五十四条 食品生产者违反本办法规定，有《中华人民共和国食品安全法实施条例》第七十五条第一款规定的情形的，依法对单位的法定代表人、主要负责人、直接负责的主管人员和其他直接责任人员给予处罚。

被吊销生产许可证的食品生产者及其法定代表人、直接负责的主管人员和其他直接责任人员自处罚决定作出之日起5年内不得申请食品生产经营许可，或者从事食品生产经营管理工作、担任食品生产经营企业食品安全管理人员。

第五十五条 市场监督管理部门对不符合条件的申请人准予许可，或者超越法定职权准予许可的，依照《中华人民共和国食品安全法》第一百四十四条的规定给予处分。

第八章 附 则

第五十六条 取得食品经营许可的餐饮服务提供者在其餐饮服务场所制作加工食品，不需要取得本办法规定的食品生产许可。

第五十七条 食品添加剂的生产许可管理原则、程序、监督检查和法律责任，适用本办法有关食品生产许可的规定。

第五十八条 对食品生产加工小作坊的监督管理，按照省、自治区、直辖市制定的具体管理办法执行。

第五十九条 各省、自治区、直辖市市场监督管理部门可以根据本行政区域实际情况，制定有关食品生产许可管理的具体实施办法。

第六十条 市场监督管理部门制作的食品生产许可电子证书与印制的食品生产许可证书具有同等法律效力。

第六十一条 本办法自2020年3月1日起施行。原国家食品药品监督管理总局2015年8月31日公布，根据2017年11月7日原国家食品药品监督管理总局《关于修改部分规章的决定》修正的《食品生产许可管理办法》同时废止。

食品生产许可审查通则

（2022年10月8日国家市场监督管理总局公告2022年第33号发布 自2022年11月1日起施行）

第一章 总 则

第一条 为了加强食品、食品添加剂（以下统称食品）生产许可管理，规范食品生产许可审查工作，依据《中华人民共和国食品安全法》

《中华人民共和国食品安全法实施条例》《食品生产许可管理办法》（以下简称《办法》）等法律法规、规章和食品安全国家标准，制定本通则。

第二条 本通则适用于市场监督管理部门组织对食品生产许可和变更许可、延续许可等审查工作。

第三条 食品生产许可审查包括申请材料审查和现场核查。

申请材料审查应当审查申请材料的完整性、规范性、符合性；现场核查应当审查申请材料与实际状况的一致性、生产条件的符合性。

第四条 本通则应当与相应的食品生产许可审查细则（以下简称审查细则）结合使用。使用地方特色食品生产许可审查细则开展食品生产许可审查的，应当符合《办法》第八条的规定。

对未列入《食品生产许可分类目录》和无审查细则的食品品种，县级以上地方市场监督管理部门应当依据《办法》和本通则的相关要求，结合类似食品的审查细则和产品执行标准制定审查方案（婴幼儿配方食品、特殊医学用途配方食品除外），实施食品生产许可审查。

第五条 法律、法规、规章和标准对食品生产许可审查有特别规定的，还应当遵守其规定。

第二章　申请材料审查

第六条 申请人应当具有申请食品生产许可的主体资格。申请材料应当符合《办法》规定，以电子或纸质方式提交。申请人应当对申请材料的真实性负责。

符合法定要求的电子申请材料、电子证照、电子印章、电子签名、电子档案与纸质申请材料、纸质证照、实物印章、手写签名或者盖章、纸质档案具有同等法律效力。

第七条 负责许可审批的市场监督管理部门（以下称审批部门）要求申请人提交纸质申请材料的，应当根据食品生产许可审查、日常监管和存档需要确定纸质申请材料的份数。

申请材料应当种类齐全、内容完整，符合法定形式和填写要求。

第八条 申请人有下列情形之一的，审批部门应当按照申请食品生产许可的要求审查：

（一）非因不可抗力原因，食品生产许可证有效期届满后提出食品生产许可申请的；

（二）生产场所迁址，重新申请食品生产许可的；

（三）生产条件发生重大变化，需要重新申请食品生产许可的。

第九条 申请食品生产许可的申请材料应当按照以下要求进行审查：

（一）完整性

1. 食品生产许可的申请材料符合《办法》第十三条和第十四条的要求；

2. 食品添加剂生产许可的申请材料符合《办法》第十六条的要求。

（二）规范性

1. 申请材料符合法定形式和填写要求，纸质申请材料应当使用钢笔、签字笔填写或者打印，字迹应当清晰、工整，修改处应当加盖申请人公章或者由申请人的法定代表人（负责人）签名；

2. 申请人名称、法定代表人（负责人）、统一社会信用代码、住所等填写内容与营业执照一致；

3. 生产地址为申请人从事食品生产活动的详细地址；

4. 申请材料应当由申请人的法定代表人（负责人）签名或者加盖申请人公章，复印件还应由申请人注明“与原件一致”；

5. 产品信息表中食品、食品添加剂类别，类别编号，类别名称，品种明细及备注的填写符合《食品生产许可分类目录》的有关要求。分装生产的，应在相应品种明细后注明。

（三）符合性

1. 申请人具有申请食品生产许可的主体资格；

2. 食品生产主要设备、设施清单符合《办法》第十二条第（二）项和相应审查细则要求；

3. 食品生产设备布局图和食品生产工艺流程图完整、准确，布局图按比例标注，设备布局、工艺流程合理，符合《办法》第十二条第（一）项和第（四）项要求，符合相应审查细则和所执行标准要求；

4. 申请人配备专职或者兼职的食品安全专业技术人员和食品安全管理人员，符合相应审查细则要求，符合《中华人民共和国食品安全法》第一百三十五条的要求；

5. 食品安全管理制度清单内容符合《办法》第十二条第（三）项和相

应审查细则要求。

第十条 申请人有下列情形之一，依法申请变更食品生产许可的，审批部门应当按照变更食品生产许可的要求审查：

（一）现有设备布局和工艺流程发生变化的；

（二）主要生产设备设施发生变化的；

（三）生产的食品类别发生变化的；

（四）生产场所改建、扩建的；

（五）其他生产条件或生产场所周边环境发生变化，可能影响食品安全的；

（六）食品生产许可证载明的其他事项发生变化，需要变更的。

第十一条 变更食品生产许可的申请材料应当按照以下要求审查：

（一）申请材料符合《办法》第三十三条要求；

（二）申请变更的事项属于本通则第十条规定的变更范畴；

（三）涉及变更事项的申请材料符合本通则第九条中关于规范性及符合性的要求。

第十二条 申请人依法申请延续食品生产许可的，审批部门应当按照延续食品生产许可的要求审查。

第十三条 延续食品生产许可的申请材料应当按照以下要求审查：

（一）申请材料符合《办法》第三十五条要求；

（二）涉及延续事项的申请材料符合本通则第九条中关于规范性及符合性的要求。

第十四条 审批部门对申请人提交的食品生产申请材料审查，符合有关要求不需要现场核查的，应当按规定程序作出行政许可决定。对需要现场核查的，应当及时作出现场核查的决定，并组织现场核查。

第三章 现场核查

第十五条 有下列情形之一的，应当组织现场核查：

（一）属于本通则第八条申请食品生产许可情形的；

（二）属于本通则第十条变更食品生产许可情形第一至五项，可能影响食品安全的；

（三）属于本通则第十二条延续食品生产许可情形的，申请人声明生产条件或周边环境发生变化，可能影响食品安全的；

（四）需要对申请材料内容、食品类别、与相关审查细则及执行标准要求相符情况进行核实的；

（五）因食品安全国家标准发生重大变化，国家和省级市场监督管理部门决定组织重新核查的；

（六）法律、法规和规章规定需要实施现场核查的其他情形。

第十六条 对下列情形可以不再进行现场核查：

（一）特殊食品注册时已完成现场核查的（注册现场核查后生产条件发生变化的除外）；

（二）申请延续换证，申请人声明生产条件未发生变化的。

第十七条 审批部门或其委托的下级市场监督管理部门实施现场核查前，应当组建核查组，制作并及时向申请人、实施食品安全日常监督管理的市场监督管理部门（以下称日常监管部门）送达《食品生产许可现场核查通知书》，告知现场核查有关事项。

第十八条 核查组由食品安全监管人员组成，根据需要可以聘请专业技术人员作为核查人员参加现场核查。核查人员应当具备满足现场核查工作要求的素质和能力，与申请人存在直接利害关系或者其他可能影响现场核查公正情形的，应当回避。

核查组中食品安全监管人员不得少于 2 人，实行组长负责制。实施现场核查的市场监督管理部门应当指定核查组组长。

第十九条 核查组应当确保核查客观、公正、真实，确保核查报告等文书和记录完整、准确、规范。

核查组组长负责组织现场核查、协调核查进度、汇总核查结论、上报核查材料等工作，对核查结论负责。

核查组成员对现场核查分工范围内的核查项目评分负责，对现场核查结论有不同意见时，及时与核查组组长研究解决，仍有不同意见时，可以在现场核查结束后 1 个工作日内书面向审批部门报告。

第二十条 日常监管部门应当派食品安全监管人员作为观察员，配合并协助现场核查工作。核查组成员中有日常监管部门的食品安全监管人员时，不再指派观察员。

观察员对现场核查程序、过程、结果有异议的，可在现场核查结束后

1个工作日内书面向审批部门报告。

第二十一条 核查组进入申请人生产场所实施现场核查前，应当召开首次会议。核查组长向申请人介绍核查组成员及核查目的、依据、内容、程序、安排和要求等，并代表核查组作出保密承诺和廉洁自律声明。

参加首次会议人员包括核查组成员和观察员，以及申请人的法定代表人（负责人）或者其代理人、相关食品安全管理人员和专业技术人员，并在《食品、食品添加剂生产许可现场核查首次会议签到表》（附件1）上签名。

第二十二条 核查组应当依据《食品、食品添加剂生产许可现场核查评分记录表》（附件2）所列核查项目，采取核查场所及设备、查阅文件、核实材料及询问相关人员等方法实施现场核查。

必要时，核查组可以对申请人的食品安全管理人员、专业技术人员进行抽查考核。

第二十三条 现场核查范围主要包括生产场所、设备设施、设备布局和工艺流程、人员管理、管理制度及其执行情况，以及试制食品检验合格报告。

现场核查应当按照食品的类别分别核查、评分。审查细则对现场核查相关内容进行细化或者有特殊要求的，应当一并核查并在《食品、食品添加剂生产许可现场核查评分记录表》中记录。

对首次申请许可或者增加食品类别变更食品生产许可的，应当按照相应审查细则和执行标准的要求，核查试制食品的检验报告。申请变更许可及延续许可的，申请人声明其生产条件及周边环境发生变化的，应当就变化情况实施现场核查，不涉及变更的核查项目应当作为合理缺项，不作为评分项目。

现场核查对每个项目按照符合要求、基本符合要求、不符合要求3个等级判定得分，全部核查项目的总分为100分。某个核查项目不适用时，不参与评分，在“核查记录”栏目中说明不适用的原因。

现场核查结果以得分率进行判定。参与评分项目的实际得分占参与评分项目应得总分的百分比作为得分率。核查项目单项得分无0分项且总得分率≥85%的，该类别名称及品种明细判定为通过现场核查；核查项目单项得分有0分项或者总得分率<85%的，该类别名称及品种明细判定为未通

过现场核查。

第二十四条 根据现场核查情况，核查组长应当召集核查人员共同研究各自负责核查项目的得分，汇总核查情况，形成初步核查意见。

核查组应当就初步核查意见向申请人的法定代表人（负责人）通报，并听取其意见。

第二十五条 核查组对初步核查意见和申请人的反馈意见会商后，应当根据不同类别名称的食品现场核查情况分别评分判定，形成核查结论，并汇总填写《食品、食品添加剂生产许可现场核查报告》(附件3)。

第二十六条 核查组应当召开末次会议，由核查组长宣布核查结论。核查人员及申请人的法定代表人（负责人）应当在《食品、食品添加剂生产许可现场核查评分记录表》《食品、食品添加剂生产许可现场核查报告》上签署意见并签名、盖章。观察员应当在《食品、食品添加剂生产许可现场核查报告》上签字确认。

《食品、食品添加剂生产许可现场核查报告》一式两份，现场交申请人留存一份，核查组留存一份。

申请人拒绝签名、盖章的，核查组长应当在《食品、食品添加剂生产许可现场核查报告》上注明情况。

参加末次会议人员范围与参加首次会议人员相同，参会人员应当在《食品、食品添加剂生产许可现场核查末次会议签到表》(附件4）上签名。

第二十七条 因申请人的下列原因导致现场核查无法开展的，核查组应当向委派其实施现场核查的市场监督管理部门报告，本次现场核查的结论判定为未通过现场核查：

(一）不配合实施现场核查的；

(二）现场核查时生产设备设施不能正常运行的；

(三）存在隐瞒有关情况或者提供虚假材料的；

(四）其他因申请人主观原因导致现场核查无法正常开展的。

第二十八条 核查组应当自接受现场核查任务之日起5个工作日内完成现场核查，并将《食品、食品添加剂生产许可核查材料清单》(附件5）所列的相关材料上报委派其实施现场核查的市场监督管理部门。

第二十九条 因不可抗力原因，或者供电、供水等客观原因导致现场核查无法开展的，申请人应当向审批部门书面提出许可中止申请。中止时间原则上不超过10个工作日，中止时间不计入食品生产许可审批时限。

因自然灾害等原因造成申请人生产条件不符合规定条件的，申请人应当申请终止许可。

申请人申请的中止时间到期仍不能开展现场核查的，或者申请人申请终止许可的，审批部门应当终止许可。

第三十条 因申请人涉嫌食品安全违法被立案调查或者涉嫌食品安全犯罪被立案侦查的，审批部门应当中止食品生产许可程序。中止时间不计入食品生产许可审批时限。

立案调查作出行政处罚决定为限制开展生产经营活动、责令停产停业、责令关闭、限制从业、暂扣许可证件、吊销许可证件的，或者立案侦查后移送检察院起诉的，应当终止食品生产许可程序。立案调查作出行政处罚决定为警告、通报批评、罚款、没收违法所得、没收非法财物且申请人履行行政处罚的，或者立案调查、立案侦查作出撤案决定的，申请人申请恢复食品生产许可后，审批部门应当恢复食品生产许可程序。

第四章 审查结果与整改

第三十一条 审批部门应当根据申请材料审查和现场核查等情况，对符合条件的，作出准予食品生产许可的决定，颁发食品生产许可证；对不符合条件的，应当及时作出不予许可的书面决定并说明理由，同时告知申请人依法享有申请行政复议或者提起行政诉讼的权利。

现场核查结论判定为通过的婴幼儿配方食品、特殊医学用途配方食品申请人应当立即对现场核查中发现的问题进行整改，整改结果通过验收后，审批部门颁发食品生产许可证；申请人整改直至通过验收所需时间不计入许可时限。

第三十二条 作出准予食品生产许可决定的，审批部门应当及时将申请人的申请材料及相关许可材料送达申请人的日常监管部门。

第三十三条 现场核查结论判定为通过的，申请人应当自作出现场核查结论之日起1个月内完成对现场核查中发现问题的整改，并将整改结果向其日常监管部门书面报告。

因不可抗力原因，申请人无法在规定时限内完成整改的，应当及时向其日常监管部门提出延期申请。

第三十四条 申请人的日常监管部门应当在申请人取得食品生产许可后3个月内对获证企业开展一次监督检查。对已实施现场核查的企业，重点检查现场核查中发现问题的整改情况；对申请人声明生产条件未发生变化的延续换证企业，重点检查生产条件保持情况。

第五章 附 则

第三十五条 申请人的试制食品不得作为食品销售。

第三十六条 特殊食品生产许可审查细则另有规定的，从其规定。

第三十七条 省级市场监督管理部门可以根据本通则，结合本区域实际情况制定有关食品生产许可管理文件，补充、细化《食品、食品添加剂生产许可现场核查评分记录表》《食品、食品添加剂生产许可现场核查报告》。

第三十八条 本通则由国家市场监督管理总局负责解释。

第三十九条 本通则自2022年11月1日起施行。原国家食品药品监督管理总局2016年8月9日发布的《食品生产许可审查通则》同时废止。

附件： 1. 食品、食品添加剂生产许可现场核查首次会议签到表（略）

2. 食品、食品添加剂生产许可现场核查评分记录表（略）

3. 食品、食品添加剂生产许可现场核查报告（略）

4. 食品、食品添加剂生产许可现场核查末次会议签到表（略）

5. 食品、食品添加剂生产许可核查材料清单（略）

食品经营许可和备案管理办法

（2023年6月15日国家市场监督管理总局令第78号公布 自2023年12月1日起施行）

第一章 总 则

第一条 为了规范食品经营许可和备案活动，加强食品经营安全监督管理，落实食品安全主体责任，保障食品安全，根据《中华人民共和国行政许可法》、《中华人民共和国食品安全法》、《中华人民共和国食品安全法实施条例》等法律法规，制定本办法。

第二条 食品经营许可的申请、受理、审查、决定，仅销售预包装食品（含保健食品、特殊医学用途配方食品、婴幼儿配方乳粉以及其他婴幼儿配方食品等特殊食品，下同）的备案，以及相关监督检查工作，适用本办法。

第三条 食品经营许可和备案应当遵循依法、公开、公平、公正、便民、高效的原则。

第四条 在中华人民共和国境内从事食品销售和餐饮服务活动，应当依法取得食品经营许可。

下列情形不需要取得食品经营许可：

（一）销售食用农产品；

（二）仅销售预包装食品；

（三）医疗机构、药品零售企业销售特殊医学用途配方食品中的特定全营养配方食品；

（四）已经取得食品生产许可的食品生产者，在其生产加工场所或者通过网络销售其生产的食品；

（五）法律、法规规定的其他不需要取得食品经营许可的情形。

除上述情形外，还开展其他食品经营项目的，应当依法取得食品经营许可。

第五条 仅销售预包装食品的，应当报所在地县级以上地方市场监督管理部门备案。

仅销售预包装食品的食品经营者在办理备案后，增加其他应当取得食品经营许可的食品经营项目的，应当依法取得食品经营许可；取得食品经营许可之日起备案自行失效。

食品经营者已经取得食品经营许可，增加预包装食品销售的，不需要另行备案。

已经取得食品生产许可的食品生产者在其生产加工场所或者通过网络销售其生产的预包装食品的，不需要另行备案。

医疗机构、药品零售企业销售特殊医学用途配方食品中的特定全营养配方食品不需要备案，但是向医疗机构、药品零售企业销售特定全营养配方食品的经营企业，应当取得食品经营许可或者进行备案。

第六条 食品展销会的举办者应当在展销会举办前十五个工作日内，向所在地县级市场监督管理部门报告食品经营区域布局、经营项目、经营期限、食品安全管理制度以及入场食品经营者主体信息核验情况等。法律、法规、规章或者县级以上地方人民政府有规定的，依照其规定。

食品展销会的举办者应当依法承担食品安全管理责任，核验并留存入场食品经营者的许可证或者备案情况等信息，明确入场食品经营者的食品安全义务和责任并督促落实，定期对其经营环境、条件进行检查，发现有食品安全违法行为的，应当及时制止并立即报告所在地县级市场监督管理部门。

本条规定的展销会包括交易会、博览会、庙会等。

第七条 食品经营者在不同经营场所从事食品经营活动的，应当依法分别取得食品经营许可或者进行备案。通过自动设备从事食品经营活动或者仅从事食品经营管理活动的，取得一个经营场所的食品经营许可或者进行备案后，即可在本省级行政区域内的其他经营场所开展已取得许可或者备案范围内的经营活动。

利用自动设备跨省经营的，应当分别向经营者所在地和自动设备放置地点所在地省级市场监督管理部门报告。

跨省从事食品经营管理活动的，应当分别向经营者所在地和从事经营管理活动所在地省级市场监督管理部门报告。

第八条 国家市场监督管理总局负责指导全国食品经营许可和备案管理工作。

县级以上地方市场监督管理部门负责本行政区域内的食品经营许可和备案管理工作。

省、自治区、直辖市市场监督管理部门可以根据食品经营主体业态、经营项目和食品安全风险状况等，结合食品安全风险管理实际，确定本行政区域内市场监督管理部门的食品经营许可和备案管理权限。

第九条 县级以上地方市场监督管理部门应当加强食品经营许可和备案信息化建设，在行政机关网站公开食品经营许可和备案管理权限、办事指南等事项。

县级以上地方市场监督管理部门应当通过食品经营许可和备案管理信息平台实施食品经营许可和备案全流程网上办理。

食品经营许可电子证书与纸质食品经营许可证书具有同等法律效力。

第二章 申请与受理

第十条 申请食品经营许可，应当先行取得营业执照等合法主体资格。

企业法人、合伙企业、个人独资企业、个体工商户等，以营业执照载明的主体作为申请人。

机关、事业单位、社会团体、民办非企业单位、企业等申办食堂，以机关或者事业单位法人登记证、社会团体登记证或者营业执照等载明的主体作为申请人。

第十一条 申请食品经营许可，应当按照食品经营主体业态和经营项目分类提出。

食品经营主体业态分为食品销售经营者、餐饮服务经营者、集中用餐单位食堂。食品经营者从事食品批发销售、中央厨房、集体用餐配送的，利用自动设备从事食品经营的，或者学校、托幼机构食堂，应当在主体业态后以括号标注。主体业态以主要经营项目确定，不可以复选。

食品经营项目分为食品销售、餐饮服务、食品经营管理三类。食品经营项目可以复选。

食品销售，包括散装食品销售、散装食品和预包装食品销售。

餐饮服务，包括热食类食品制售、冷食类食品制售、生食类食品制售、半成品制售、自制饮品制售等，其中半成品制售仅限中央厨房申请。

食品经营管理，包括食品销售连锁管理、餐饮服务连锁管理、餐饮服务管理等。

食品经营者从事散装食品销售中的散装熟食销售、冷食类食品制售中的冷加工糕点制售和冷荤类食品制售应当在经营项目后以括号标注。

具有热、冷、生、固态、液态等多种情形，难以明确归类的食品，可以按照食品安全风险等级最高的情形进行归类。

国家市场监督管理总局可以根据监督管理工作需要对食品经营项目进行调整。

第十二条 申请食品经营许可，应当符合与其主体业态、经营项目相适应的食品安全要求，具备下列条件：

（一）具有与经营的食品品种、数量相适应的食品原料处理和食品加工、销售、贮存等场所，保持该场所环境整洁，并与有毒、有害场所以及其他污染源保持规定的距离；

（二）具有与经营的食品品种、数量相适应的经营设备或者设施，有相应的消毒、更衣、盥洗、采光、照明、通风、防腐、防尘、防蝇、防鼠、防虫、洗涤以及处理废水、存放垃圾和废弃物的设备或者设施；

（三）有专职或者兼职的食品安全总监、食品安全员等食品安全管理人员和保证食品安全的规章制度；

（四）具有合理的设备布局和工艺流程，防止待加工食品与直接入口食品、原料与成品交叉污染，避免食品接触有毒物、不洁物；

（五）食品安全相关法律、法规规定的其他条件。

从事食品经营管理的，应当具备与其经营规模相适应的食品安全管理能力，建立健全食品安全管理制度，并按照规定配备食品安全管理人员，对其经营管理的食品安全负责。

第十三条 申请食品经营许可，应当提交下列材料：

（一）食品经营许可申请书；

（二）营业执照或者其他主体资格证明文件复印件；

（三）与食品经营相适应的主要设备设施、经营布局、操作流程等文件；

（四）食品安全自查、从业人员健康管理、进货查验记录、食品安全事故处置等保证食品安全的规章制度目录清单。

利用自动设备从事食品经营的，申请人应当提交每台设备的具体放置地点、食品经营许可证的展示方法、食品安全风险管控方案等材料。

营业执照或者其他主体资格证明文件能够实现网上核验的，申请人不需要提供本条

第一款第二项规定的材料。从事食品经营管理的食品经营者，可以不提供主要设备设施、经营布局材料。仅从事食品销售类经营项目的不需要提供操作流程。

申请人委托代理人办理食品经营许可申请的，代理人应当提交授权委托书以及代理人的身份证明文件。

第十四条 食品经营者从事解冻、简单加热、冲调、组合、摆盘、洗切等食品安全风险较低的简单制售的，县级以上地方市场监督管理部门在保证食品安全的前提下，可以适当简化设备设施、专门区域等审查内容。

从事生食类食品、冷加工糕点、冷荤类食品等高风险食品制售的不适用前款规定。

第十五条 学校、托幼机构、养老机构、建筑工地等集中用餐单位的食堂应当依法取得食品经营许可，落实食品安全主体责任。

承包经营集中用餐单位食堂的，应当取得与承包内容相适应的食品经营许可，具有与所承包的食堂相适应的食品安全管理制度和能力，按照规定配备食品安全管理人员，并对食堂的食品安全负责。集中用餐单位应当落实食品安全管理责任，按照规定配备食品安全管理人员，对承包方的食品经营活动进行监督管理，督促承包方落实食品安全管理制度。

第十六条 食品经营者从事网络经营的，外设仓库（包括自有和租赁）的，或者集体用餐配送单位向学校、托幼机构供餐的，应当在开展相关经营活动之日起十个工作日内向所在地县级以上地方市场监督管理部门报告。所在地县级以上地方市场监督管理部门应当在食品经营许可和备案管理信息平台记录报告情况。

第十七条 申请人应当如实向县级以上地方市场监督管理部门提交有关材料并反映真实情况，对申请材料的真实性负责，并在申请书等材料上签名或者盖章。符合法律规定的可靠电子签名、电子印章与手写签名或者盖章具有同等法律效力。

第十八条 县级以上地方市场监督管理部门对申请人提出的食品经营许可申请，应当根据下列情况分别作出处理：

（一）申请事项依法不需要取得食品经营许可的，应当即时告知申请人不受理。

（二）申请事项依法不属于市场监督管理部门职权范围的，应当即时作出不予受理的决定，并告知申请人向有关行政机关申请。

（三）申请材料存在可以当场更正的错误的，应当允许申请人当场更正，由申请人在更正处签名或者盖章，注明更正日期。

（四）申请材料不齐全或者不符合法定形式的，应当当场或者自收到申请材料之日起五个工作日内一次告知申请人需要补正的全部内容和合理的补正期限。申请人无正当理由逾期不予补正的，视为放弃行政许可申请，市场监督管理部门不需要作出不予受理的决定。市场监督管理部门逾期未告知申请人补正的，自收到申请材料之日起即为受理。

（五）申请材料齐全、符合法定形式，或者申请人按照要求提交全部补正材料的，应当受理食品经营许可申请。

第十九条 县级以上地方市场监督管理部门对申请人提出的申请决定予以受理的，应当出具受理通知书；当场作出许可决定并颁发许可证的，不需要出具受理通知书；决定不予受理的，应当出具不予受理通知书，说明理由，并告知申请人依法享有申请行政复议或者提起行政诉讼的权利。

第三章 审查与决定

第二十条 县级以上地方市场监督管理部门应当对申请人提交的许可申请材料进行审查。需要对申请材料的实质内容进行核实的，应当进行现场核查。食品经营许可申请包含预包装食品销售的，对其中的预包装食品销售项目不需要进行现场核查。

现场核查应当由符合要求的核查人员进行。核查人员不得少于两人。核查人员应当出示有效证件，填写食品经营许可现场核查表，制作现场核查记录，经申请人核对无误后，由核查人员和申请人在核查表上签名或者盖章。申请人拒绝签名或者盖章的，核查人员应当注明情况。

上级地方市场监督管理部门可以委托下级地方市场监督管理部门，对受理的食品经营许可申请进行现场核查。

核查人员应当自接受现场核查任务之日起五个工作日内，完成对经营场所的现场核查。经核查，通过现场整改能够符合条件的，应当允许现场整改；需要通过一定时限整改的，应当明确整改要求和整改时限，并经市场监督管理部门负责人同意。

第二十一条 县级以上地方市场监督管理部门应当自受理申请之日起十个工作日内作出是否准予行政许可的决定。因特殊原因需要延长期限的，经市场监督管理部门负责人批准，可以延长五个工作日，并应当将延长期限的理由告知申请人。鼓励有条件的地方市场监督管理部门优化许可工作流程，压减现场核查、许可决定等工作时限。

第二十二条 县级以上地方市场监督管理部门应当根据申请材料审查和现场核查等情况，对符合条件的，作出准予行政许可的决定，并自作出决定之日起五个工作日内向申请人颁发食品经营许可证；对不符合条件的，应当作出不予许可的决定，说明理由，并告知申请人依法享有申请行政复议或者提起行政诉讼的权利。

第二十三条 食品经营许可证发证日期为许可决定作出的日期，有效期为五年。

第二十四条 县级以上地方市场监督管理部门认为食品经营许可申请涉及公共利益的重大事项，需要听证的，应当向社会公告并举行听证。

食品经营许可直接涉及申请人与他人之间重大利益关系的，县级以上地方市场监督管理部门在作出行政许可决定前，应当告知申请人、利害关系人享有要求听证的权利。申请人、利害关系人在被告知听证权利之日起五个工作日内提出听证申请的，市场监督管理部门应当在二十个工作日内组织听证。听证期限不计算在行政许可审查期限之内。

第四章 许可证管理

第二十五条 食品经营许可证分为正本、副本。正本、副本具有同等法律效力。

国家市场监督管理总局负责制定食品经营许可证正本、副本式样。省、自治区、直辖市市场监督管理部门负责本行政区域内食品经营许可证的印制和发放等管理工作。

第二十六条 食品经营许可证应当载明：经营者名称、统一社会信用代码、法定代表人（负责人）、住所、经营场所、主体业态、经营项目、许可证编号、有效期、投诉举报电话、发证机关、发证日期，并赋有二维码。其中，经营场所、主体业态、经营项目属于许可事项，其他事项不属于许可事项。

食品经营者取得餐饮服务、食品经营管理经营项目的，销售预包装食品不需要在许可证上标注食品销售类经营项目。

第二十七条 食品经营许可证编号由JY（“经营”的汉语拼音首字母缩写）和十四位阿拉伯数字组成。数字从左至右依次为：一位主体业态代码、两位省（自治区、直辖市）代码、两位市（地）代码、两位县（区）代码、六位顺序码、一位校验码。

第二十八条 食品经营者应当妥善保管食品经营许可证，不得伪造、涂改、倒卖、出租、出借、转让。

食品经营者应当在经营场所的显著位置悬挂、摆放纸质食品经营许可证正本或者展示其电子证书。

利用自动设备从事食品经营的，应当在自动设备的显著位置展示食品经营者的联系方式、食品经营许可证复印件或者电子证书、备案编号。

第五章　变更、延续、补办与注销

第二十九条　食品经营许可证载明的事项发生变化的，食品经营者应当在变化后十个工作日内向原发证的市场监督管理部门申请变更食品经营许可。食品经营者地址迁移，不在原许可经营场所从事食品经营活动的，应当重新申请食品经营许可。

第三十条　发生下列情形的，食品经营者应当在变化后十个工作日内向原发证的市场监督管理部门报告：

（一）食品经营者的主要设备设施、经营布局、操作流程等发生较大变化，可能影响食品安全的；

（二）从事网络经营情况发生变化的；

（三）外设仓库（包括自有和租赁）地址发生变化的；

（四）集体用餐配送单位向学校、托幼机构供餐情况发生变化的；

（五）自动设备放置地点、数量发生变化的；

（六）增加预包装食品销售的。

符合前款第一项、第五项情形的，县级以上地方市场监督管理部门应当在收到食品经营者的报告后三十个工作日内对其实施监督检查，重点检查食品经营实际情况与报告内容是否相符、食品经营条件是否符合食品安全要求等。

第三十一条　食品经营者申请变更食品经营许可的，应当提交食品经营许可变更申请书，以及与变更食品经营许可事项有关的材料。食品经营者取得纸质食品经营许可证正本、副本的，应当同时提交。

第三十二条　食品经营者需要延续依法取得的食品经营许可有效期的，应当在该食品经营许可有效期届满前九十个工作日至十五个工作日期间，向原发证的市场监督管理部门提出申请。

县级以上地方市场监督管理部门应当根据被许可人的延续申请，在该食品经营许可有效期届满前作出是否准予延续的决定。

在食品经营许可有效期届满前十五个工作日内提出延续许可申请的，原食品经营许可有效期届满后，食品经营者应当暂停食品经营活动，原发证的市场监督管理部门作出准予延续的决定后，方可继续开展食品经营活动。

第三十三条 食品经营者申请延续食品经营许可的，应当提交食品经营许可延续申请书，以及与延续食品经营许可事项有关的其他材料。食品经营者取得纸质食品经营许可证正本、副本的，应当同时提交。

第三十四条 县级以上地方市场监督管理部门应当对变更或者延续食品经营许可的申请材料进行审查。

申请人的经营条件发生变化或者增加经营项目，可能影响食品安全的，市场监督管理部门应当就变化情况进行现场核查。

申请变更或者延续食品经营许可时，申请人声明经营条件未发生变化、经营项目减项或者未发生变化的，市场监督管理部门可以不进行现场核查，对申请材料齐全、符合法定形式的，当场作出准予变更或者延续食品经营许可决定。

未现场核查的，县级以上地方市场监督管理部门应当自申请人取得食品经营许可之日起三十个工作日内对其实施监督检查。现场核查发现实际情况与申请材料内容不相符的，食品经营者应当立即采取整改措施，经整改仍不相符的，依法撤销变更或者延续食品经营许可决定。

第三十五条 原发证的市场监督管理部门决定准予变更的，应当向申请人颁发新的食品经营许可证。食品经营许可证编号不变，发证日期为市场监督管理部门作出变更许可决定的日期，有效期与原证书一致。

不符合许可条件的，原发证的市场监督管理部门应当作出不予变更食品经营许可的书面决定，说明理由，并告知申请人依法享有申请行政复议或者提起行政诉讼的权利。

第三十六条 原发证的市场监督管理部门决定准予延续的，应当向申请人颁发新的食品经营许可证，许可证编号不变，有效期自作出延续许可决定之日起计算。

不符合许可条件的，原发证的市场监督管理部门应当作出不予延续食品经营许可的书面决定，说明理由，并告知申请人依法享有申请行政复议或者提起行政诉讼的权利。

第三十七条 食品经营许可证遗失、损坏，应当向原发证的市场监督管理部门申请补办，并提交下列材料：

（一）食品经营许可证补办申请书；

（二）书面遗失声明或者受损坏的食品经营许可证。

材料符合要求的，县级以上地方市场监督管理部门应当在受理后十个工作日内予以补发。

因遗失、损坏补发的食品经营许可证，许可证编号不变，发证日期和有效期与原证书保持一致。

第三十八条 食品经营者申请注销食品经营许可的，应当向原发证的市场监督管理部门提交食品经营许可注销申请书，以及与注销食品经营许可有关的其他材料。食品经营者取得纸质食品经营许可证正本、副本的，应当同时提交。

第三十九条 有下列情形之一，原发证的市场监督管理部门应当依法办理食品经营许可注销手续：

（一）食品经营许可有效期届满未申请延续的；

（二）食品经营者主体资格依法终止的；

（三）食品经营许可依法被撤回、撤销或者食品经营许可证依法被吊销的；

（四）因不可抗力导致食品经营许可事项无法实施的；

（五）法律、法规规定的应当注销食品经营许可的其他情形。

食品经营许可被注销的，许可证编号不得再次使用。

第四十条 食品经营许可证变更、延续、补办与注销的有关程序参照本办法第二章和第三章的有关规定执行。

第六章 仅销售预包装食品备案

第四十一条 备案人应当取得营业执照等合法主体资格，并具备与销售的食品品种、数量等相适应的经营条件。

第四十二条 拟从事仅销售预包装食品活动的，在办理市场主体登记注册时，可以一并进行仅销售预包装食品备案，并提交仅销售预包装食品备案信息采集表。已经取得合法主体资格的备案人从事仅销售预包装食品活动的，应当在开展销售活动之日起五个工作日内向县级以上地方市场监督管理部门提交备案信息材料。材料齐全的，获得备案编号。备案人对所提供的备案信息的真实性、完整性负责。

利用自动设备仅销售预包装食品的，备案人应当提交每台设备的具体放置地点、备案编号的展示方法、食品安全风险管控方案等材料。

第四十三条 县级以上地方市场监督管理部门应当在备案后五个工作日内将经营者名称、经营场所、经营种类、备案编号等相关备案信息向社会公开。

第四十四条 备案信息发生变化的，备案人应当自发生变化后十五个工作日内向原备案的市场监督管理部门进行备案信息更新。

第四十五条 备案实施唯一编号管理。备案编号由 YB（“预”、“备”的汉语拼音首字母缩写）和十四位阿拉伯数字组成。数字从左至右依次为：一位业态类型代码（1 为批发、2 为零售）、两位省（自治区、直辖市）代码、两位市（地）代码、两位县（区）代码、六位顺序码、一位校验码。食品经营者主体资格依法终止的，备案编号自行失效。

第七章 监督检查

第四十六条 县级以上地方市场监督管理部门应当依据法律、法规规定的职责，对食品经营者的许可和备案事项进行监督检查。

第四十七条 县级以上地方市场监督管理部门应当建设完善食品经营许可和备案管理信息平台，便于公民、法人和其他社会组织查询。

县级以上地方市场监督管理部门应当将食品经营许可颁发、备案情况、监督检查、违法行为查处等情况记入食品经营者食品安全信用档案，并依法通过国家企业信用信息公示系统向社会公示；对有不良信用记录、信用风险高的食品经营者应当增加监督检查频次，并按照规定实施联合惩戒。

第四十八条 县级以上地方市场监督管理部门负责辖区内食品经营者许可和备案事项的监督检查，应当按照规定的频次对辖区内的食品经营者实施全覆盖检查。必要时，应当依法对相关食品贮存、运输服务提供者进行检查。

第四十九条 县级以上地方市场监督管理部门及其工作人员履行食品经营许可和备案管理职责，应当自觉接受食品经营者和社会监督。接到有关工作人员在食品经营许可和备案管理过程中存在违法行为的举报，市场监督管理部门应当及时进行调查核实，并依法处理。

第五十条 县级以上地方市场监督管理部门应当建立食品经营许可和备案档案管理制度，将办理食品经营许可和备案的有关材料、发证情况及时归档。

第五十一条 国家市场监督管理总局可以定期或者不定期组织对全国食品经营许可和备案管理工作进行监督检查；省、自治区、直辖市市场监督管理部门可以定期或者不定期组织对本行政区域内的食品经营许可和备案管理工作进行监督检查。

第八章 法律责任

第五十二条 未取得食品经营许可从事食品经营活动的，由县级以上地方市场监督管理部门依照《中华人民共和国食品安全法》第一百二十二条的规定给予处罚。

食品经营者地址迁移，不在原许可的经营场所从事食品经营活动，未按照规定重新申请食品经营许可的，或者食品经营许可有效期届满，未按照规定申请办理延续手续，仍继续从事食品经营活动的，由县级以上地方市场监督管理部门依照《中华人民共和国食品安全法》第一百二十二条的规定给予处罚。

食品经营许可证载明的主体业态、经营项目等许可事项发生变化，食品经营者未按照规定申请变更的，由县级以上地方市场监督管理部门依照《中华人民共和国食品安全法》第一百二十二条的规定给予处罚。但是，有下列情形之一，依照《中华人民共和国行政处罚法》第三十二条、第三十三条的规定从轻、减轻或者不予行政处罚：

（一）主体业态、经营项目发生变化，但食品安全风险等级未升高的；

（二）增加经营项目类型，但增加的经营项目所需的经营条件被已经取得许可的经营项目涵盖的；

（三）违法行为轻微，未对消费者人身健康和生命安全等造成危害后果的；

（四）法律、法规、规章规定的其他情形。

食品经营许可证载明的除许可事项以外的其他事项发生变化，食品经营者未按照规定申请变更的，由县级以上地方市场监督管理部门责令限期改正；逾期不改的，处一千元以上一万元以下罚款。

第五十三条 许可申请人隐瞒真实情况或者提供虚假材料申请食品经营许可的，由县级以上地方市场监督管理部门给予警告。申请人在一年内不得再次申请食品经营许可。

第五十四条 被许可人以欺骗、贿赂等不正当手段取得食品经营许可的，由原发证的市场监督管理部门撤销许可，处一万元以上三万元以下罚款；造成危害后果的，处三万元以上二十万元以下罚款。被许可人在三年内不得再次申请食品经营许可。

第五十五条 违反本办法第六条第一款规定，食品展销会举办者未按照规定在展销会举办前报告的，由县级以上地方市场监督管理部门依照《中华人民共和国食品安全法实施条例》第七十二条的规定给予处罚。

违反本办法第六条第二款规定，食品展销会举办者未履行检查、报告义务的，由县级以上地方市场监督管理部门依照《中华人民共和国食品安全法》第一百三十条的规定给予处罚。

第五十六条 违反本办法第七条第二款、第三款或者第十六条规定的，由县级以上地方市场监督管理部门责令限期改正；逾期不改的，处一千元以上一万元以下罚款。

第五十七条 违反本办法第二十八条第一款规定的，由县级以上地方市场监督管理部门责令改正，给予警告，并处一万元以上三万元以下罚款；情节严重的，处三万元以上十万元以下罚款；造成危害后果的，处十万元以上二十万元以下罚款。

违反本办法第二十八条第二款、第三款规定的，由县级以上地方市场监督管理部门责令限期改正；逾期不改的，给予警告。

第五十八条 违反本办法第三十条第一款第一项规定的，由县级以上地方市场监督管理部门责令限期改正；逾期不改的，处两千元以上一万元以下罚款；情节严重的，处一万元以上五万元以下罚款；造成危害后果的，处五万元以上二十万元以下罚款。

违反本办法第三十条第一款第二项至第六项规定的，由县级以上地方市场监督管理部门责令限期改正；逾期不改的，处一千元以上一万元以下罚款。

第五十九条 未按照规定提交备案信息或者备案信息发生变化未按照规定进行备案信息更新的，由县级以上地方市场监督管理部门责令限期改正；逾期不改的，处两千元以上一万元以下罚款。

备案时提供虚假信息的，由县级以上地方市场监督管理部门取消备案，处五千元以上三万元以下罚款。

第六十条 被吊销食品经营许可证的食品经营者及其法定代表人、直接负责的主管人员和其他直接责任人员自处罚决定作出之日起五年内不得申请食品生产经营许可，或者从事食品生产经营管理工作，担任食品生产经营企业食品安全管理人员。

第六十一条 市场监督管理部门对不符合条件的申请人准予许可，或者超越法定职权准予许可的，依照《中华人民共和国食品安全法》第一百四十四条的规定给予处分。

第九章　附　　则

第六十二条 本办法用语的含义：

（一）集中用餐单位食堂，指设于机关、事业单位、社会团体、民办非企业单位、企业等，供应内部职工、学生等集中就餐的餐饮服务提供者。

（二）中央厨房，指由食品经营企业建立，具有独立场所和设施设备，集中完成食品成品或者半成品加工制作并配送给本单位连锁门店，供其进一步加工制作后提供给消费者的经营主体。

（三）集体用餐配送单位，指主要服务于集体用餐单位，根据其订购要求，集中加工、分送食品但不提供就餐场所的餐饮服务提供者。

（四）食品销售连锁管理，指食品销售连锁企业总部对其管理的门店实施统一的采购配送、质量管理、经营指导，或者品牌管理等规范化管理的活动。

（五）餐饮服务连锁管理，指餐饮服务连锁企业总部对其管理的门店实施统一的采购配送、质量管理、经营指导，或者品牌管理等规范化管理的活动。

（六）餐饮服务管理，指为餐饮服务提供者提供人员、加工制作、经营或者食品安全管理等服务的第三方管理活动。

（七）散装食品，指在经营过程中无食品生产者预先制作的定量包装或者容器、需要称重或者计件销售的食品，包括无包装以及称重或者计件后添加包装的食品。在经营过程中，食品经营者进行的包装，不属于定量包装。

（八）热食类食品，指食品原料经过粗加工、切配并经过蒸、煮、烹、煎、炒、烤、炸、焙烤等烹饪工艺制作的即食食品，含热加工糕点、汉堡，以及火锅和烧烤等烹饪方式加工而成的食品等。

（九）冷食类食品，指最后一道工艺是在常温或者低温条件下进行的，包括解冻、切配、调制等过程，加工后在常温或者低温条件下即可食用的食品，含生食瓜果蔬菜、腌菜、冷加工糕点、冷荤类食品等。

（十）生食类食品，一般特指生食动物性水产品（主要是海产品）。

（十一）半成品，指原料经初步或者部分加工制作后，尚需进一步加工制作的非直接入口食品，不包括储存的已加工成成品的食品。

（十二）自制饮品，指经营者现场制作的各种饮料，含冰淇淋等。

（十三）冷加工糕点，指在各种加热熟制工序后，在常温或者低温条件下再进行二次加工的糕点。

第六十三条 省、自治区、直辖市市场监督管理部门可以根据本行政区域实际情况，制定有关食品经营许可和备案管理的具体实施办法。

第六十四条 省、自治区、直辖市依照《中华人民共和国食品安全法》第三十六条的规定对食品摊贩、小餐饮、小食品店等的监督管理作出规定的，依照其规定执行。其中，规定对用餐人数较少的小型食堂（学校、托幼机构、养老机构的食堂除外）参照小餐饮管理的，依照其规定；未作出规定的，省、自治区、直辖市市场监督管理部门可以制定具体管理办法，明确纳入食品经营活动管理的具体人数范围等监督管理要求。

第六十五条 从事对温度、湿度等有特殊要求食品贮存业务的非食品生产经营者备案参照仅销售预包装食品备案管理。

第六十六条 本办法自2023年12月1日起施行。2015年8月31日原国家食品药品监督管理总局令第17号公布的《食品经营许可管理办法》同时废止。

食品经营许可审查通则

（2024年3月30日国家市场监督管理总局公告2024年第12号公布　自公布之日起施行）

第一章　总　　则

第一条　为规范食品经营许可，根据《中华人民共和国食品安全法》《中华人民共和国食品安全法实施条例》《食品经营许可和备案管理办法》等法律法规规章的规定，制定本通则。

第二条　本通则适用于市场监督管理部门对食品经营许可申请的审查。

第三条　市场监督管理部门按照食品经营主体业态、食品经营项目，结合食品安全风险高低，对食品经营许可申请进行分类审查。

第四条　食品经营主体业态分为食品销售经营者、餐饮服务经营者、集中用餐单位食堂。

食品经营者从事食品批发销售、中央厨房、集体用餐配送的，利用自动设备从事食品经营的，或者学校、托幼机构食堂，应在主体业态后以括号标注。

学校、托幼机构食堂应标注学校自营食堂、学校承包食堂（含承包企业名称）、托幼机构自营食堂、托幼机构承包食堂（含承包企业名称）。

第五条　食品经营项目分为食品销售、餐饮服务、食品经营管理三类。食品销售，包括散装食品销售、散装食品和预包装食品销售。餐饮服务，包括热食类食品制售、冷食类食品制售、生食类食品制售、半成品制售、自制饮品制售等，其中半成品制售仅限中央厨房申请。食品经营管理，包括食品销售连锁管理、餐饮服务连锁管理、餐饮服务管理等。

食品经营者从事散装食品销售中的散装熟食销售、冷食类食品制售中的冷加工糕点制售和冷荤类食品制售应在经营项目后以括号标注。

食品经营者从事解冻、简单加热、冲调、组合、摆盘、洗切等食品安全风险较低的简单制售，应取得相应的经营项目，并在食品经营许可证副本中标注简单制售。

第二章　许可审查通用要求

第六条　食品经营者应依法建立健全食品安全自查、食品安全追溯、从业人员健康管理等规章制度，并明确保证食品安全的相关规范要求。从事餐饮服务类经营项目的食品经营者还应建立定期清洗消毒空调及通风设施的制度、定期清洁卫生间的制度。

食品经营企业还应制定食品安全风险管控清单，建立健全日管控、周排查、月调度工作制度和机制。建立健全食品安全管理人员培训和考核制度、进货查验记录制度、场所及设施设备清洗消毒和维修保养制度、食品贮存管理制度、废弃物处置制度、不合格食品处置制度、食品安全事故处置方案以及食品经营过程控制制度等。食品批发经营企业还应建立食品销售记录制度。

中央厨房、集体用餐配送单位、集中用餐单位食堂以及从事食品经营管理的还应建立原料供货商管理评价制度以及退出机制等。有中央厨房、配送中心、门店等的连锁企业总部还应建立相应的食品安全管理制度。

第七条　食品经营企业应按照规定配备与企业规模、食品类别、风险等级、管理水平、安全状况等相适应的食品安全总监、食品安全员等食品安全管理人员，明确企业主要负责人、食品安全总监、食品安全员等的岗位职责。

中央厨房、集体用餐配送单位、集中用餐单位食堂等应配备专职食品安全管理人员。

第八条　食品经营者应具有与经营的食品品种、数量相适应的食品经营场所。食品经营场所不得设在易受到污染的区域，应距离粪坑、污水池、暴露垃圾场（站）、旱厕等污染源25米以上。

第九条　食品经营场所布局、流程应合理，符合食品安全要求。

第十条　食品经营者应根据经营项目设置相应的经营设备或设施，以及相应的消毒、更衣、盥洗、采光、照明、通风、防腐、防尘、防蝇、防鼠、防虫等设备或设施。

第十一条　食品经营者采购和使用食品相关产品，应建立查验食品相关产品产品合格证明的制度，食品相关产品应符合食品安全国家标准。采购和使用实行许可管理的食品相关产品，还应建立查验供货商许可证的制度。直接接触食品的设备或设施、工器具、餐饮具等材质应无毒、无味、抗腐蚀，易于清洁保养和消毒。

第十二条 无实体门店的互联网食品经营者应具有与经营的食品类别、数量相适应的固定食品经营场所，贮存场所视同食品经营场所；不得申请所有食品制售项目以及散装熟食销售。

贮存场所、人员及保证食品安全的各项制度和规范等均应符合本章通用要求。

第十三条 中央厨房、集体用餐配送单位应具备自行或者委托食品检验的条件。自行检验的，应设置相应的检验室，配备与检验项目相适应的检验设备和检验人员。不具备自行检验能力的，应提交与有法定资质的检测机构签订的相关委托协议等证明文件。检验项目包括农药残留、兽药残留、致病性微生物、餐用具清洗消毒效果等。

第三章　餐饮服务的许可审查要求

第一节　通用要求

第十四条 餐饮服务场所应选择地面干燥、有给排水条件和电力供应的区域，应设置相应的初加工、切配、烹饪以及餐用具清洗消毒、备餐等操作场所，以及食品贮存、更衣、清洁工用具存放场所等。

第十五条 食品处理区应按照原料进入、原料制作、半成品制作、成品供应的流程合理布局。

第十六条 食品处理区地面的铺设材料应无毒、无异味、不透水、耐腐蚀，地面平坦防滑、无裂缝、无破损、无积水积垢，结构有利于排污、清洗、消毒的需要。排水管道出水口安装的篦子应使用金属材料制成，篦子缝隙间距或网眼应小于10mm。

食品处理区墙壁的涂覆或铺设材料应无毒、无异味、不透水、防霉、不易脱落、易于清洗。食品处理区内需经常冲洗的场所（包括初加工制作、切配、烹饪和餐用具清洗消毒等场所），应铺设1. 5m以上、浅色、不吸水、易清洗的墙裙。食品处理区的门、窗应闭合严密，采用不透水、坚固、不变形的材料制成，结构上应易于维护、清洁。需经常冲洗场所的门，表面还应光滑、不易积垢。餐饮服务场所与外界直接相通的门、窗应安装空气幕、防蝇胶帘、防虫纱窗、防鼠板等设施，防鼠板高度不低于60cm，门的缝隙应小于6mm。防蝇胶帘应覆盖整个门框，底部离地距离小于2cm，相邻胶帘条的重叠部分不少于2cm。与外界直接相通的通风口、换气窗外，应加装不小于16目的防虫筛网。

天花板涂覆或装修的材料应无毒、无异味、坚固、无裂缝、防霉、不易脱落、易于清洁，具备防止鼠类等有害生物掉落的条件和管理措施。食品烹饪、食品冷却、餐用具清洗消毒等区域天花板涂覆或装修的材料应不吸水、耐高温、耐腐蚀。食品半成品、成品和清洁的餐用具暴露区域上方的天花板应能避免灰尘散落，在结构上不利于冷凝水垂直下落。水蒸汽较多区域的天花板有适当坡度。

食品处理区应有充足的自然光或人工照明，光泽和亮度应能满足食品制作需要。

第十七条 食品处理区应设置足够数量的洗手设施；洗手设施应采用不透水、不易积垢、易于清洁的材料制成；洗手设施附近应配备洗手用品和干手设施等。

第十八条 食品处理区内的操作场所应根据制作品种和规模设置食品原料清洗水池等设施设备，并有明显的区分标识，动物性食品原料、植物性食品原料及水产品原料应分别设置清洗水池。

应分别设置盛放动物性食品、植物性食品及水产品原料的容器和制作使用的工用具，并有明显的区分标识。

第十九条 食品制作使用水应符合国家生活饮用水卫生标准。制作现榨果蔬汁、食用冰等直接入口食品的，应配备符合相关规定的净水处理设备或者煮沸设施设备。

第二十条 餐用具清洗消毒、保洁设施与设备的容量和数量应能满足需要。

应分别设置餐用具、食品原料、清洁工用具的清洗设施、设备，并有明显的区分标识。采用化学消毒方法的，应配备计量工具，分别设置清洗、消毒设施设备。

餐用具清洗消毒设施、设备应采用不透水、不易积垢、易于清洁的材料制成。

应设置存放消毒后餐用具的专用保洁设施。保洁设施应采用不易积垢、易于清洁的材料制成。清洁工用具等存放设施应与食品存放设施、餐具保洁存放设施有明显的区分标识。

第二十一条 食品处理区应设置非手动带盖的废弃物存放容器。废弃物存放容器应与食品容器有明显的区分标识。

第二十二条 原料、半成品、成品的盛放容器和制作工具、设备应分开并有明显的区分标识。

第二十三条 根据食品原料、半成品、成品的贮存要求，应设置相应的食品库房或者贮存场所、贮存设施以及冷冻、冷藏设施。按照规定需留样的，应配备留样专用容器和冷藏设施，以及留样管理人员。

同一库房内贮存原料、半成品、成品、包装材料的，应分设存放区域并有明显的区分标识；库房应设通风、防潮设施。

冷冻、冷藏柜（库）应设有可正确指示内部温度的测温装置。

第二十四条 食品处理区产生油烟的设备、工序上方，应设置机械排风及油烟过滤装置。产生大量蒸汽的设备、工序上方，应设置机械排风排汽装置。

第二十五条 更衣区与食品处理区应处于同一建筑内，应位于食品处理区入口处附近，更衣设施的数量应满足需要。

第二十六条 卫生间不得设置在食品处理区内，卫生间出入口不应与食品处理区直接连通。卫生间应设置独立的排风装置，排风口不应直对食品处理区或就餐区。卫生间的排污管道应与食品处理区排水管道分开设置。卫生间出口附近应设置符合条件的洗手设施。

第二节　专间及专用操作区的许可审查要求

第二十七条 从事冷荤类食品制售、冷加工糕点制售、生食类食品制售，中央厨房和集体用餐配送单位进行直接入口易腐食品的冷却和分装、分切操作的（在封闭的自动设备中操作的除外），应分别设置相应的专间。

第二十八条 从事备餐，自制饮品制售（在封闭的自动设备中操作和饮品的现场调配、冲泡、分装除外），果蔬拼盘等的制作，仅制作植物性冷食类食品（不含非发酵豆制品），对预包装食品进行拆封、装盘、分切、调味等简单制作后即供应的，调制供消费者直接食用的调味料，应设置专间或专用操作区。

第二十九条 专间要求

（一）专间内无明沟，地漏带水封。应设置可开闭式食品传递窗口，除传递窗口和人员通道外，原则上不设置其他门窗。专间的墙裙应铺设到墙顶。

专间的门、窗应闭合严密、无变形、无破损。专间的门应坚固、不吸水、易清洗，能自动关闭。专间内外运送食品的窗口应专用，大小以可通过运送食品的容器为准。

（二）专间内应设有独立的空调设施、专用清洗消毒设施、专用冷藏设施和与专间面积相适应的空气消毒设施。专间内的水龙头和废弃物容器盖子应为非手动开启式。

（三）专间入口处应设置独立的洗手、消毒、干手、更衣设施，水龙头应采用非手动开启式。

（四）应配备专用的食品容器、工用具、设备和清洁工具。

第三十条 专用操作区要求

（一）与其他场所相对独立，专区专用，应设立专用的食品容器、工用具、设备和清洁工具。

（二）专用操作区内无明沟，地漏带水封。

（三）必要时，应设工具清洗消毒设施和专用冷藏设施。

（四）入口处应设置洗手、干手、消毒设施或用品。水龙头应采用非手动开启式。

第三节 中央厨房的许可审查要求

第三十一条 场所设置和面积要求

（一）食品制作和贮存场所面积应与制作食品的品种和数量相适应。

（二）地面应采用便于清洗的硬质材料铺设，有良好的排水系统。窗户、墙角、柱脚、墙面、地面设置应易于清洁。

（三）如设置窗台，其结构应能避免灰尘积存且易于清洗。

（四）应设有冷却和分装、分切直接入口易腐食品等的专间，在封闭的自动设备中操作的除外。

第三十二条 设施设备要求

（一）制作场所入口处应设置更衣场所、风淋或风幕装置。

（二）应根据制作工艺，配备原料清洗、切配、熟制、速冷、包装、异物检测等设施设备。

（三）应配备在食品的包装、容器或者配送箱上标注相关信息的设施设备。

第三十三条 运输设备要求

（一）应配备封闭式专用运输车辆，以及专用密闭运输容器。

（二）运输车辆、容器内部材质和结构应便于清洗、消毒。

（三）应根据食物特点，配备保温或冷藏等设施，保证食品配送过程的温度等条件符合食品安全要求。

第四节 集体用餐配送单位的许可审查要求

第三十四条 场所设置和面积要求

（一）集体用餐配送单位食品处理区面积与单次最大供餐人数相适应，各省、自治区、直辖市市场监督管理部门可依据实际制定食品处理区面积与供餐人数比例。

（二）集体用餐配送单位需要分餐的应设置分餐间。分餐间的设置应符合本章第二节专间的要求。

（三）地面应采用便于清洗的硬质材料铺设，有良好的排水系统。窗户、墙角、柱脚、墙面、地面设置应易于清洁。

（四）如设置窗台，其结构应能避免灰尘积存且易于清洗。

（五）应设有冷却和分装、分切直接入口易腐食品等的专间，在封闭的自动设备中操作的除外。

第三十五条 设施设备要求

（一）制作场所入口处应设置更衣场所、风淋或风幕装置。

（二）应根据制作工艺，配备原料清洗、切配、熟制、速冷、包装、异物检测等设施设备。

（三）应配备能够满足需求的餐用具清洗消毒设施设备。

（四）采用冷藏方式贮存的，应配备符合规定时间内降至冷藏温度要求的设施设备。

（五）应配备在食品的包装、容器或者配送箱上标注相关信息的设备设施。

第三十六条 运输设备要求

（一）应配备封闭式专用运输车辆，以及专用密闭运输容器。

（二）运输车辆和容器内部材质和结构应便于清洗、消毒。

（三）应配备冷藏或保温等设施，保证运输时冷藏温度保持在0℃-8℃，保温温度保持在60℃以上。

第五节 集中用餐单位食堂的许可审查要求

第三十七条 集中用餐单位食堂需要集中备餐的，应设专用的备餐间或专用操作区，符合本章第二节的相应条款要求。

第三十八条 集中用餐单位开办食堂的，应以机关或者事业单位法人登记证、社会团体登记证或者营业执照等载明的主体作为申请人取得食品经营许可。

第三十九条 供餐对象为中小学生的学校食堂、托幼机构食堂不得申请生食类食品制售项目，不得申请冷食类食品制售中的冷荤类食品制售、冷加工糕点制售等高风险食品制售项目。

第四十条 高校申请集中用餐单位食堂许可的，由省级市场监督管理部门根据教育管理层级对应关系和食品经营主体业态、经营项目、食品安全风险状况等，结合食品安全风险管理实际，确定本行政区域内中央部属高校、省属高校和其他高校的食品经营许可和审查权限。

第六节 集中用餐单位食堂承包经营的许可审查要求

第四十一条 集中用餐单位引入社会经营单位承包或委托经营（以下简称承包经营）食堂的，除符合通用要求外，还应建立承包经营管理制度。承包经营管理制度包括但不限于以下内容：

承包经营企业的食品经营许可情况、与承包经营企业签订的食品安全责任协议、承包经营企业评价和退出制度（机制）、承包经营企业的食品安全义务和责任，定期对承包经营企业食品安全进行检查的规定，发现食品安全违法行为及时制止并立即报告，发生食品安全事件后能够保障供餐的应急管理措施等要求。

第四十二条 学校、托幼机构食堂变更经营形式，自营改为承包经营的，以及承包经营企业发生变化的，应按照《食品经营许可和备案管理办法》第二十九条规定申请变更食品经营许可，监管部门对经营条件发生变化，可能影响食品安全的，应进行现场核查。

除学校、托幼机构食堂以外的集中用餐单位食堂发生《食品经营许可和备案管理办法》第三十条列举的情形以及变更经营形式，自营改为承包经营的、承包经营企业发生变化的，应在变化后十个工作日内向原发证的市场监督管理部门报告。监管部门应在收到食品经营者的报告后三十个工作日内对其实施监督检查，重点检查食品经营实际情况与报告内容是否相符、食品经营条件是否符合食品安全要求等。

第四十三条 承包经营企业应在集中用餐单位食堂所在地取得食品经营许可。

承包经营企业的经营规模和食品安全风险防控能力应与拟承包食堂的经营面积、经营项目、供餐人数等相匹配。

跨省承包经营集中用餐单位食堂的，应向集中用餐单位食堂所在地和营业执照标注的住所或主要经营场所所在地省级市场监督管理部门报告，并对提交材料的真实性负责。

相关报告情况记入食品经营许可管理信息平台。

第四十四条 被列入严重违法失信名单的企业不得承包集中用餐单位食堂。

第四十五条 承包经营企业应按要求配备专职食品安全管理人员。

第七节 其 他

第四十六条 申请热食类制售经营项目的，应符合第二章和本章第一节的要求。

第四十七条 申请冷食类食品制售、生食类食品制售、自制饮品制售（在封闭的自动设备中操作和饮品的现场调配、冲泡、分装除外）的，除符合第二章和本章第一节通用要求外，还应符合本章第二节相应条款的要求。

第四十八条 中央厨房、集体用餐配送单位、集中用餐单位食堂、承包经营企业申请许可的，除符合第二章和本章第一节通用要求外，还应符合本章第二节至第六节的相应规定。

第四十九条 简单制售食品安全风险较低食品的（生食类食品制售项

目，冷食类食品制售中的冷荤类食品制售、冷加工糕点制售等高风险食品制售项目的除外），需取得相应食品经营项目许可，但可以适当简化设备设施、专门区域等审查内容。

第四章　食品销售的许可审查要求

第一节　通用要求

第五十条　食品销售场所和食品贮存场所应环境整洁，有良好的通风、采光、照明条件，并避免日光直接照射。地面应做到硬化，平坦防滑并易于清洁消毒，并有适当措施防止积水。

食品销售场所和食品贮存场所应与生活区分隔。

第五十一条　销售场所的食品经营区域与非食品经营区域分开，生食区域与熟食区域分开，待加工食品区域与直接入口食品区域分开，经营水产品的区域应与其他食品经营区域分开。

散装食品销售场所应具有相对独立的区域或显著的隔离措施，直接入口散装食品应与生鲜畜禽、水产品分区设置，并有一定距离的物理隔离。

第五十二条　食品贮存应设专门区域，不得与有毒有害物品同库存放。贮存的食品应与墙壁、地面保持适当距离。食品与非食品、生食与熟食应有明显的区域或隔离措施、固定的存放位置和明显的区分标识。

散装食品贮存场所应具有相对独立的区域或显著的隔离措施。

第五十三条　销售、贮存对温度湿度有特殊要求的食品，应配备与经营品种、数量相适应的冷藏冷冻设施设备。冷藏冷冻设施设备应设有有效的温度控制装置，设有可正确显示内部温度的温度监测设备，冷冻库温度记录和显示设备应放置在冷库外部便于监测和控制的地方，并建立定期校准、维护制度。

第五十四条　直接入口散装食品的销售、贮存区域应设置防腐、防尘、防蝇、防鼠、防虫以及防污染等设施设备，使用有效覆盖或隔离容器盛放食品。散装食品售货工具应放入防尘、防蝇、防污染的专用密闭保洁柜内或存放于专用的散装食品售货工具存放容器内。从事接触直接入口食品工作的从业人员应具有健康证明。

第五十五条　以散装形式销售的不易于挑拣异物或易引起交叉污染的

食品，应采用小包装计量或使用密闭容器。使用密闭容器的应设置便于消费者查看、取用食品的工用具。

第二节　散装熟食销售的许可审查要求

第五十六条　申请散装熟食销售的，除符合第二章通用要求和本章第一节通用要求外，还应有销售专间、专区或专柜，应配备具有防腐、防尘、防蝇、防鼠、防虫及保温或冷藏功能的设施，设置可开闭式食品传递设施。

第五十七条　申请散装熟食销售的，如需进行切割、分装等简单处理，应具有专间或专用操作区，符合第三章第二节的相应条款要求。

第五章　其他类食品经营的许可审查要求

第一节　连锁企业总部的许可审查要求

第五十八条　食品销售连锁企业总部和餐饮服务连锁企业总部应设置独立的食品安全管理部门和组织机构。

第五十九条　食品销售连锁企业总部和餐饮服务连锁企业总部根据其经营模式，应相应具备以下条件：

（一）配备与经营规模相适应的食品安全专业技术人员，建立保证食品安全的规章制度。

（二）配备专职食品安全总监、专职食品安全员等食品安全管理人员。

（三）具有与配送食品品种和数量相适应的食品仓库、运输工具和保温、冷藏（冻）等设备设施。

（四）建立食品安全追溯体系。建立食品采购、配送管理台账，内容包括：供货商信息、产品采购信息、配送点信息（名称、地址、联系方式以及配送食品的品种等）、配送清单（单位名称、配送对象、配送日期、品种、数量、生产日期或批号、发货人、收货人）等。

（五）具有与连锁管理运营模式相适应的中央厨房管理、配送中心管理、门店巡查、内控等制度。

（六）具有对中央厨房、配送中心、门店选址及设备布局和工艺流程的要求。

（七）具有对中央厨房、配送中心、门店的设备或者设施要求，包括消毒、更衣、盥洗、采光、照明、通风、防腐、防尘、防蝇、防鼠、防虫、洗涤以及处理废水、存放垃圾和废弃物的设备或者设施要求。

第六十条 食品销售连锁企业总部和餐饮服务连锁企业总部，除符合本节要求外，还应符合第二章相应条款的要求。

第二节 餐饮服务管理企业的许可审查要求

第六十一条 餐饮服务管理企业应设置独立的食品安全管理部门和组织机构。

第六十二条 餐饮服务管理企业根据其经营模式，应相应具备以下条件：

（一）具备与经营规模相适应数量的人员以及食品安全专业技术人员、食品安全管理能力，建立保证食品安全的规章制度。

（二）配备专职食品安全总监、专职食品安全员等食品安全管理人员。食品安全管理人员应具备三年以上实体店餐饮服务管理经验。

（三）设立分公司的，应具有对分公司统一的人员管理、食品安全管理等制度。确保分公司具有与其经营规模相适应数量的人员以及食品安全管理能力。

（四）设立子公司、绝对控股其他企业的，应具有对子公司、绝对控股的其他企业的人员管理、食品安全管理、品牌管理等制度。

第六十三条 承包集中用餐单位食堂的，还应符合第三章第六节相应条款的要求。

第六十四条 餐饮服务管理企业，除符合本节要求外，还应符合第二章相应条款的要求。

第三节 利用食品自动设备从事食品经营的许可审查要求

第六十五条 利用食品自动设备从事食品经营的食品经营者应建立食品安全自查和巡查、进货查验记录、场所及设备设施清洗消毒和维修保养、食品及食品原辅料的贮存和清洗、变质或超过保质期食品的处置、从业人员健康管理、食品安全事故处置方案以及食品安全风险管控方案等制度。

第六十六条 食品自动设备应设置在固定地点，并在设备上展示便于消费者直接查看的食品经营许可证。固定地点应符合本通则第八条规定。

应提供食品自动设备放置地点清单。

第六十七条 利用食品自动设备从事食品经营的，应提交自动设备的产品合格证明，食品自动设备直接接触食品及原料的材质应符合食品安全国家标准。食品自动设备密闭性应能有效防止鼠、蝇、蟑螂等有害生物侵入。

第六十八条 食品自动设备应具备经营食品所需的冷藏冷冻或者热藏条件，具有温度控制和监测设施。

第六十九条 食品自动设备具备食品制售功能的，与原料、成品直接接触的容器、管道及其他部位需要清洗消毒的，应具备内置的自动洗消装置或相应的洗消设备设施。

第七十条 利用食品自动设备从事食品经营的，不得申请生食类食品制售项目，不得申请冷食类食品制售中冷荤类食品制售、冷加工糕点制售等高风险食品制售项目。

第七十一条 利用食品自动设备从事食品销售的，应建立查验食品供货者的食品生产经营许可证、食品出厂检验合格证或者其他合格证明的制度。

利用食品自动设备从事食品制售的，应建立查验其食品、半成品供货商食品生产经营许可证的制度。

第七十二条 利用食品自动设备从事食品经营的，除符合本节要求外，还应符合第二章相应条款的要求。

第六章 附 则

第七十三条 各省、自治区、直辖市市场监督管理部门应根据本通则结合地方实际制定实施细则。食品摊贩、小餐饮、小食品店等业态的审查条件由各省、自治区、直辖市结合地方实际制定。

第七十四条 本通则由国家市场监督管理总局负责解释。

第七十五条 本通则自发布之日起实施。2015 年 9 月 30 日原国家食品药品监督管理总局公布的《食品经营许可审查通则（试行）》同时废止。

食品生产经营监督检查管理办法

（2021年12月24日国家市场监督管理总局令第49号公布 自2022年3月15日起施行）

第一章 总 则

第一条 为了加强和规范对食品生产经营活动的监督检查，督促食品生产经营者落实主体责任，保障食品安全，根据《中华人民共和国食品安全法》及其实施条例等法律法规，制定本办法。

第二条 市场监督管理部门对食品（含食品添加剂）生产经营者执行食品安全法律、法规、规章和食品安全标准等情况实施监督检查，适用本办法。

第三条 监督检查应当遵循属地负责、风险管理、程序合法、公正公开的原则。

第四条 食品生产经营者应当对其生产经营食品的安全负责，积极配合市场监督管理部门实施监督检查。

第五条 县级以上地方市场监督管理部门应当按照规定在覆盖所有食品生产经营者的基础上，结合食品生产经营者信用状况，随机选取食品生产经营者、随机选派监督检查人员实施监督检查。

第六条 市场监督管理部门应当加强监督检查信息化建设，记录、归集、分析监督检查信息，加强数据整合、共享和利用，完善监督检查措施，提升智慧监管水平。

第二章 监督检查事权

第七条 国家市场监督管理总局负责监督指导全国食品生产经营监督检查工作，可以根据需要组织开展监督检查。

第八条 省级市场监督管理部门负责监督指导本行政区域内食品生产经营监督检查工作，重点组织和协调对产品风险高、影响区域广的食品生产经营者的监督检查。

第九条 设区的市级（以下简称市级）、县级市场监督管理部门负责本行政区域内食品生产经营监督检查工作。

市级市场监督管理部门可以结合本行政区域食品生产经营者规模、风险、分布等实际情况，按照本级人民政府要求，划分本行政区域监督检查事权，确保监督检查覆盖本行政区域所有食品生产经营者。

第十条 市级以上市场监督管理部门根据监督管理工作需要，可以对由下级市场监督管理部门负责日常监督管理的食品生产经营者实施随机监督检查，也可以组织下级市场监督管理部门对食品生产经营者实施异地监督检查。

市场监督管理部门应当协助、配合上级市场监督管理部门在本行政区域内开展监督检查。

第十一条 市场监督管理部门之间涉及管辖争议的监督检查事项，应当报请共同上一级市场监督管理部门确定。

第十二条 上级市场监督管理部门可以定期或者不定期组织对下级市场监督管理部门的监督检查工作进行监督指导。

第三章 监督检查要点

第十三条 国家市场监督管理总局根据法律、法规、规章和食品安全标准等有关规定，制定国家食品生产经营监督检查要点表，明确监督检查的主要内容。按照风险管理的原则，检查要点表分为一般项目和重点项目。

第十四条 省级市场监督管理部门可以按照国家食品生产经营监督检查要点表，结合实际细化，制定本行政区域食品生产经营监督检查要点表。

省级市场监督管理部门针对食品生产经营新业态、新技术、新模式，补充制定相应的食品生产经营监督检查要点，并在出台后30日内向国家市场监督管理总局报告。

第十五条 食品生产环节监督检查要点应当包括食品生产者资质、生产环境条件、进货查验、生产过程控制、产品检验、贮存及交付控制、不合格食品管理和食品召回、标签和说明书、食品安全自查、从业人员管理、信息记录和追溯、食品安全事故处置等情况。

第十六条 委托生产食品、食品添加剂的，委托方、受托方应当遵守法律、法规、食品安全标准以及合同的约定，并将委托生产的食品品种、委托期限、委托方对受托方生产行为的监督等情况予以单独记录，留档备查。市场监督管理部门应当将上述委托生产情况作为监督检查的重点。

第十七条 食品销售环节监督检查要点应当包括食品销售者资质、一般规定执行、禁止性规定执行、经营场所环境卫生、经营过程控制、进货查验、食品贮存、食品召回、温度控制及记录、过期及其他不符合食品安全标准食品处置、标签和说明书、食品安全自查、从业人员管理、食品安全事故处置、进口食品销售、食用农产品销售、网络食品销售等情况。

第十八条 特殊食品生产环节监督检查要点，除应当包括本办法第十五条规定的内容，还应当包括注册备案要求执行、生产质量管理体系运行、原辅料管理等情况。保健食品生产环节的监督检查要点还应当包括原料前处理等情况。

特殊食品销售环节监督检查要点，除应当包括本办法第十七条规定的内容，还应当包括禁止混放要求落实、标签和说明书核对等情况。

第十九条 集中交易市场开办者、展销会举办者监督检查要点应当包括举办前报告、入场食品经营者的资质审查、食品安全管理责任明确、经营环境和条件检查等情况。

对温度、湿度有特殊要求的食品贮存业务的非食品生产经营者的监督检查要点应当包括备案、信息记录和追溯、食品安全要求落实等情况。

第二十条 餐饮服务环节监督检查要点应当包括餐饮服务提供者资质、从业人员健康管理、原料控制、加工制作过程、食品添加剂使用管理、场所和设备设施清洁维护、餐饮具清洗消毒、食品安全事故处置等情况。

餐饮服务环节的监督检查应当强化学校等集中用餐单位供餐的食品安全要求。

第四章 监督检查程序

第二十一条 县级以上地方市场监督管理部门应当按照本级人民政府食品安全年度监督管理计划，综合考虑食品类别、企业规模、管理水平、食品安全状况、风险等级、信用档案记录等因素，编制年度监督检查计划。

县级以上地方市场监督管理部门按照国家市场监督管理总局的规定，根据风险管理的原则，结合食品生产经营者的食品类别、业态规模、风险控制能力、信用状况、监督检查等情况，将食品生产经营者的风险等级从低到高分为A级风险、B级风险、C级风险、D级风险四个等级。

第二十二条 市场监督管理部门应当每两年对本行政区域内所有食品生产经营者至少进行一次覆盖全部检查要点的监督检查。

市场监督管理部门应当对特殊食品生产者，风险等级为C级、D级的食品生产者，风险等级为D级的食品经营者以及中央厨房、集体用餐配送单位等高风险食品生产经营者实施重点监督检查，并可以根据实际情况增加日常监督检查频次。

市场监督管理部门可以根据工作需要，对通过食品安全抽样检验等发现问题线索的食品生产经营者实施飞行检查，对特殊食品、高风险大宗消费食品生产企业和大型食品经营企业等的质量管理体系运行情况实施体系检查。

第二十三条 市场监督管理部门组织实施监督检查应当由2名以上(含2名)监督检查人员参加。检查人员较多的，可以组成检查组。市场监督管理部门根据需要可以聘请相关领域专业技术人员参加监督检查。

检查人员与检查对象之间存在直接利害关系或者其他可能影响检查公正情形的，应当回避。

第二十四条 检查人员应当当场出示有效执法证件或者市场监督管理部门出具的检查任务书。

第二十五条 市场监督管理部门实施监督检查，有权采取下列措施，被检查单位不得拒绝、阻挠、干涉：

(一) 进入食品生产经营等场所实施现场检查；

(二) 对被检查单位生产经营的食品进行抽样检验；

(三) 查阅、复制有关合同、票据、账簿以及其他有关资料；

(四) 查封、扣押有证据证明不符合食品安全标准或者有证据证明存在安全隐患以及用于违法生产经营的食品、工具和设备；

(五) 查封违法从事食品生产经营活动的场所；

(六) 法律法规规定的其他措施。

第二十六条 食品生产经营者应当配合监督检查工作，按照市场监督管理部门的要求，开放食品生产经营场所，回答相关询问，提供相关合同、票据、账簿以及前次监督检查结果和整改情况等其他有关资料，协助生产经营现场检查和抽样检验，并为检查人员提供必要的工作条件。

第二十七条 检查人员应当按照本办法规定和检查要点要求开展监督检查，并对监督检查情况如实记录。除飞行检查外，实施监督检查应当覆盖检查要点所有检查项目。

第二十八条 市场监督管理部门实施监督检查，可以根据需要，依照食品安全抽样检验管理有关规定，对被检查单位生产经营的原料、半成品、成品等进行抽样检验。

第二十九条 市场监督管理部门实施监督检查时，可以依法对企业食品安全管理人员随机进行监督抽查考核并公布考核情况。抽查考核不合格的，应当督促企业限期整改，并及时安排补考。

第三十条 检查人员在监督检查中应当对发现的问题进行记录，必要时可以拍摄现场情况，收集或者复印相关合同、票据、账簿以及其他有关资料。

检查人员认为食品生产经营者涉嫌违法违规的相关证据可能灭失或者以后难以取得的，可以依法采取证据保全或者行政强制措施，并执行市场监管行政处罚程序相关规定。

检查记录以及相关证据，可以作为行政处罚的依据。

第三十一条 检查人员应当综合监督检查情况进行判定，确定检查结果。

有发生食品安全事故潜在风险的，食品生产经营者应当立即停止生产经营活动。

第三十二条 发现食品生产经营者不符合监督检查要点表重点项目，影响食品安全的，市场监督管理部门应当依法进行调查处理。

第三十三条 发现食品生产经营者不符合监督检查要点表一般项目，但情节显著轻微不影响食品安全的，市场监督管理部门应当当场责令其整改。

可以当场整改的，检查人员应当对食品生产经营者采取的整改措施以及整改情况进行记录；需要限期整改的，市场监督管理部门应当书面提出整改要求和时限。被检查单位应当按期整改，并将整改情况报告市场监督管理部门。市场监督管理部门应当跟踪整改情况并记录整改结果。

不符合监督检查要点表一般项目，影响食品安全的，市场监督管理部门应当依法进行调查处理。

第三十四条 食品生产经营者应当按照检查人员要求，在现场检查、询问、抽样检验等文书以及收集、复印的有关资料上签字或者盖章。

被检查单位拒绝在相关文书、资料上签字或者盖章的，检查人员应当注明原因，并可以邀请有关人员作为见证人签字、盖章，或者采取录音、录像等方式进行记录，作为监督执法的依据。

第三十五条 检查人员应当将监督检查结果现场书面告知食品生产经营者。需要进行检验检测的，市场监督管理部门应当及时告知检验结论。

上级市场监督管理部门组织的监督检查，还应当将监督检查结果抄送食品生产经营者所在地市场监督管理部门。

第五章 监督管理

第三十六条 市场监督管理部门在监督检查中发现食品不符合食品安全法律、法规、规章和食品安全标准的，在依法调查处理的同时，应当及时督促食品生产经营者追查相关食品的来源和流向，查明原因、控制风险，并根据需要通报相关市场监督管理部门。

第三十七条 监督检查中发现生产经营的食品、食品添加剂的标签、说明书存在食品安全法第一百二十五条第二款规定的瑕疵的，市场监督管理部门应当责令当事人改正。经食品生产者采取补救措施且能保证食品安全的食品、食品添加剂可以继续销售；销售时应当向消费者明示补救措施。

认定标签、说明书瑕疵，应当综合考虑标注内容与食品安全的关联性、当事人的主观过错、消费者对食品安全的理解和选择等因素。有下列情形之一的，可以认定为食品安全法第一百二十五条第二款规定的标签、说明书瑕疵：

（一）文字、符号、数字的字号、字体、字高不规范，出现错别字、多字、漏字、繁体字，或者外文翻译不准确以及外文字号、字高大于中文等的；

（二）净含量、规格的标示方式和格式不规范，或者对没有特殊贮存条件要求的食品，未按照规定标注贮存条件的；

（三）食品、食品添加剂以及配料使用的俗称或者简称等不规范的；

（四）营养成分表、配料表顺序、数值、单位标示不规范，或者营养成分表数值修约间隔、“0”界限值、标示单位不规范的；

（五）对有证据证明未实际添加的成分，标注了“未添加”，但未按照规定标示具体含量的；

（六）国家市场监督管理总局认定的其他情节轻微，不影响食品安全，没有故意误导消费者的情形。

第三十八条 市场监督管理部门在监督检查中发现违法案件线索，对不属于本部门职责或者超出管辖范围的，应当及时移送有权处理的部门；涉嫌犯罪的，应当依法移送公安机关。

第三十九条 市场监督管理部门应当于检查结果信息形成后20个工作日内向社会公开。

检查结果对消费者有重要影响的，食品生产经营者应当按照规定在食品生产经营场所醒目位置张贴或者公开展示监督检查结果记录表，并保持至下次监督检查。有条件的可以通过电子屏幕等信息化方式向消费者展示监督检查结果记录表。

第四十条 监督检查中发现存在食品安全隐患，食品生产经营者未及时采取有效措施消除的，市场监督管理部门可以对食品生产经营者的法定代表人或者主要负责人进行责任约谈。

第四十一条 监督检查结果，以及市场监督管理部门约谈食品生产经营者情况和食品生产经营者整改情况应当记入食品生产经营者食品安全信用档案。对存在严重违法失信行为的，按照规定实施联合惩戒。

第四十二条 对同一食品生产经营者，上级市场监督管理部门已经开展监督检查的，下级市场监督管理部门原则上三个月内不再重复检查已检查的项目，但食品生产经营者涉嫌违法或者存在明显食品安全隐患等情形的除外。

第四十三条 上级市场监督管理部门发现下级市场监督管理部门的监督检查工作不符合法律法规和本办法规定要求的，应当根据需要督促其再次组织监督检查或者自行组织监督检查。

第四十四条 县级以上市场监督管理部门应当加强专业化职业化检查员队伍建设，定期对检查人员开展培训与考核，提升检查人员食品安全法律、法规、规章、标准和专业知识等方面的能力和水平。

第四十五条 县级以上市场监督管理部门应当按照规定安排充足的经费，配备满足监督检查工作需要的采样、检验检测、拍摄、移动办公、安全防护等工具、设备。

第四十六条 检查人员（含聘用制检查人员和相关领域专业技术人员）在实施监督检查过程中，应当严格遵守有关法律法规、廉政纪律和工作要求，不得违反规定泄露监督检查相关情况以及被检查单位的商业秘密、未披露信息或者保密商务信息。

实施飞行检查，检查人员不得事先告知被检查单位飞行检查内容、检查人员行程等检查相关信息。

第四十七条 鼓励食品生产经营者选择有相关资质的食品安全第三方专业机构及其专业化、职业化的专业技术人员对自身的食品安全状况进行评价，评价结果可以作为市场监督管理部门监督检查的参考。

第六章 法律责任

第四十八条 食品生产经营者未按照规定在显著位置张贴或者公开展示相关监督检查结果记录表，撕毁、涂改监督检查结果记录表，或者未保持日常监督检查结果记录表至下次日常监督检查的，由县级以上地方市场监督管理部门责令改正；拒不改正的，给予警告，可以并处5000元以上5万元以下罚款。

第四十九条 食品生产经营者有下列拒绝、阻挠、干涉市场监督管理部门进行监督检查情形之一的，由县级以上市场监督管理部门依照食品安全法第一百三十三条第一款的规定进行处理：

（一）拒绝、拖延、限制检查人员进入被检查场所或者区域的，或者限制检查时间的；

（二）拒绝或者限制抽取样品、录像、拍照和复印等调查取证工作的；

（三）无正当理由不提供或者延迟提供与检查相关的合同、记录、票据、账簿、电子数据等材料的；

（四）以主要负责人、主管人员或者相关工作人员不在岗为由，或者故意以停止生产经营等方式欺骗、误导、逃避检查的；

（五）以暴力、威胁等方法阻碍检查人员依法履行职责的；

（六）隐藏、转移、变卖、损毁检查人员依法查封、扣押的财物的；

（七）伪造、隐匿、毁灭证据或者提供虚假情况的；

（八）其他妨碍检查人员履行职责的。

第五十条 食品生产经营者拒绝、阻挠、干涉监督检查，违反治安管理处罚相关规定的，由市场监督管理部门依法移交公安机关处理。

食品生产经营者以暴力、威胁等方法阻碍检查人员依法履行职责，涉嫌犯罪的，由市场监督管理部门依法移交公安机关处理。

第五十一条 发现食品生产经营者有食品安全法实施条例第六十七条第一款规定的情形，属于情节严重的，市场监督管理部门应当依法从严处理。对情节严重的违法行为处以罚款时，应当依法从重从严。

食品生产经营者违反食品安全法律、法规、规章和食品安全标准的规定，属于初次违法且危害后果轻微并及时改正的，可以不予行政处罚。

当事人有证据足以证明没有主观过错的，不予行政处罚。法律、行政法规另有规定的，从其规定。

第五十二条 市场监督管理部门及其工作人员有违反法律、法规以及本办法规定和有关纪律要求的，应当依据食品安全法和相关规定，对直接负责的主管人员和其他直接责任人员，给予相应的处分；涉嫌犯罪的，依法移交司法机关处理。

第七章 附 则

第五十三条 本办法所称日常监督检查是指市级、县级市场监督管理部门按照年度食品生产经营监督检查计划，对本行政区域内食品生产经营者开展的常规性检查。

本办法所称飞行检查是指市场监督管理部门根据监督管理工作需要以及问题线索等，对食品生产经营者依法开展的不预先告知的监督检查。

本办法所称体系检查是指市场监督管理部门以风险防控为导向，对特殊食品、高风险大宗食品生产企业和大型食品经营企业等的质量管理体系执行情况依法开展的系统性监督检查。

第五十四条 地方市场监督管理部门对食品生产加工小作坊、食品摊贩、小餐饮等的监督检查，省、自治区、直辖市没有规定的，可以参照本办法执行。

第五十五条 本办法自2022年3月15日起施行。原国家食品药品监督管理总局2016年3月4日发布的《食品生产经营日常监督检查管理办法》同时废止。

食品添加剂新品种管理办法

（2010 年 3 月 30 日中华人民共和国卫生部令第 73 号公布　根据 2017 年 12 月 26 日《国家卫生计生委关于修改〈新食品原料安全性审查管理办法〉等 7 件部门规章的决定》修订）

第一条　为加强食品添加剂新品种管理，根据《食品安全法》和《食品安全法实施条例》有关规定，制定本办法。

第二条　食品添加剂新品种是指：

（一）未列入食品安全国家标准的食品添加剂品种；

（二）未列入国家卫生计生委公告允许使用的食品添加剂品种；

（三）扩大使用范围或者用量的食品添加剂品种。

第三条　食品添加剂应当在技术上确有必要且经过风险评估证明安全可靠。

第四条　使用食品添加剂应当符合下列要求：

（一）不应当掩盖食品腐败变质；

（二）不应当掩盖食品本身或者加工过程中的质量缺陷；

（三）不以掺杂、掺假、伪造为目的而使用食品添加剂；

（四）不应当降低食品本身的营养价值；

（五）在达到预期的效果下尽可能降低在食品中的用量；

（六）食品工业用加工助剂应当在制成最后成品之前去除，有规定允许残留量的除外。

第五条　国家卫生计生委负责食品添加剂新品种的审查许可工作，组织制定食品添加剂新品种技术评价和审查规范。

国家卫生计生委食品添加剂新品种技术审评机构（以下简称审评机构）负责食品添加剂新品种技术审查，提出综合审查结论及建议。

第六条　申请食品添加剂新品种生产、经营、使用或者进口的单位或者个人（以下简称申请人），应当提出食品添加剂新品种许可申请，并提交以下材料：

（一）添加剂的通用名称、功能分类，用量和使用范围；

（二）证明技术上确有必要和使用效果的资料或者文件；

（三）食品添加剂的质量规格要求、生产工艺和检验方法，食品中该添加剂的检验方法或者相关情况说明；

（四）安全性评估材料，包括生产原料或者来源、化学结构和物理特性、生产工艺、毒理学安全性评价资料或者检验报告、质量规格检验报告；

（五）标签、说明书和食品添加剂产品样品；

（六）其他国家（地区）、国际组织允许生产和使用等有助于安全性评估的资料。

申请食品添加剂品种扩大使用范围或者用量的，可以免于提交前款第四项材料，但是技术评审中要求补充提供的除外。

第七条 申请首次进口食品添加剂新品种的，除提交第六条规定的材料外，还应当提交以下材料：

（一）出口国（地区）相关部门或者机构出具的允许该添加剂在本国（地区）生产或者销售的证明材料；

（二）生产企业所在国（地区）有关机构或者组织出具的对生产企业审查或者认证的证明材料。

第八条 申请人应当如实提交有关材料，反映真实情况，并对申请材料内容的真实性负责，承担法律后果。

第九条 申请人应当在其提交的本办法第六条第一款第一项、第二项、第三项材料中注明不涉及商业秘密，可以向社会公开的内容。

食品添加剂新品种技术上确有必要和使用效果等情况，应当向社会公开征求意见，同时征求质量监督、工商行政管理、食品药品监督管理、工业和信息化、商务等有关部门和相关行业组织的意见。

对有重大意见分歧，或者涉及重大利益关系的，可以举行听证会听取意见。

反映的有关意见作为技术评审的参考依据。

第十条 国家卫生计生委应当在受理后60日内组织医学、农业、食品、营养、工艺等方面的专家对食品添加剂新品种技术上确有必要性和安全性评估资料进行技术审查，并作出技术评审结论。对技术评审中需要补充有关资料的，应当及时通知申请人，申请人应当按照要求及时补充有关材料。

必要时，可以组织专家对食品添加剂新品种研制及生产现场进行核实、评价。

第十一条 食品添加剂新品种行政许可的具体程序按照《行政许可法》和《卫生行政许可管理办法》等有关规定执行。

第十二条 审评机构提出的综合审查结论，应当包括安全性、技术必要性审查结果和社会稳定风险评估结果。

第十三条 根据技术评审结论，国家卫生计生委决定对在技术上确有必要性和符合食品安全要求的食品添加剂新品种准予许可并列入允许使用的食品添加剂名单予以公布。

对缺乏技术上必要性和不符合食品安全要求的，不予许可并书面说明理由。

对发现可能添加到食品中的非食用化学物质或者其他危害人体健康的物质，按照《食品安全法实施条例》第四十九条执行。

第十四条 国家卫生计生委根据技术上必要性和食品安全风险评估结果，将公告允许使用的食品添加剂的品种、使用范围、用量按照食品安全国家标准的程序，制定、公布为食品安全国家标准。

第十五条 有下列情形之一的，国家卫生计生委应当及时组织对食品添加剂进行重新评估：

（一）科学研究结果或者有证据表明食品添加剂安全性可能存在问题的；

（二）不再具备技术上必要性的。

对重新审查认为不符合食品安全要求的，国家卫生计生委可以公告撤销已批准的食品添加剂品种或者修订其使用范围和用量。

第十六条 申请人隐瞒有关情况或者提供虚假材料申请食品添加剂新品种许可的，国家卫生计生委不予受理或者不予行政许可，并给予警告，且申请人在一年内不得再次申请食品添加剂新品种许可。

以欺骗、贿赂等不正当手段通过食品添加剂新品种审查并取得许可的，国家卫生计生委应当撤销许可，且申请人在三年内不得再次申请食品添加剂新品种许可。

第十七条 本办法自公布之日起施行。卫生部 2002 年 3 月 28 日发布的《食品添加剂卫生管理办法》同时废止。

食品添加剂滥用问题综合治理方案

（2025年4月18日　食安办发〔2025〕5号）

为深入贯彻落实食品安全“四个最严”要求，巩固近年来食品添加剂专项整治成果，全面加强从农田到餐桌全过程食品添加剂监管，有效防控食品添加剂滥用风险，切实保障人民群众饮食安全，制定本方案。

一、总体要求

以习近平新时代中国特色社会主义思想为指导，全面贯彻党的二十大精神，坚持以人民为中心的发展思想，统筹发展和安全。聚焦人民群众关心的食品添加剂滥用问题，进一步强化全链条监管，全面加强农业、工业、海关源头治理，强化食品添加剂生产经营全过程监管，规范食品生产加工、餐饮服务环节使用监管，进一步健全制度机制和标准体系。要坚持问题导向，紧盯重点品种、重点环节、重点业态、重点地区，加强全面风险排查和违法违规行为查处。要强化协调联动，健全部门间、区域间协同机制，风险排查要切实覆盖从农田到餐桌的全过程、线上线下全主体，案件查处要深挖细查，向上查清源头、向下追查去向，切实强化跨区域、跨业态监管合力。要做到多措并举，切实加强日常监督检查、监督抽检，强化风险排查和分析研判，加大重大案件查办、典型案例曝光力度，督促广大生产经营者落实主体责任。要实现打建结合，依法查处一批重点案件、曝光一批典型案例，规范一批重点品种、清理一批违法产品，选树一批经验做法、形成一批制度成果，实现标本兼治，有效遏制食品添加剂滥用事件。

二、重点任务

（一）加强食用农产品监管。加强食用农产品从种植养殖环节到进入批发、零售市场或者生产加工企业前（“三前”）环节使用具有防腐、保鲜功能的农药监管，开展相关食用农产品风险监测。严厉打击农产品生产中使用国家禁止使用的农业投入品或者其他有毒有害物质等违法行为。（农业农村部）对农产品生产企业、农民专业合作社以及从事农产品收购的单位或者个人销售的农产品，依法监督承诺达标合格证制度落实情况。不符

合规定的食用农产品不得进入市场销售，不得流入下游食品生产加工环节和餐饮服务单位。（农业农村部、市场监管总局分工负责）

（二）加强进口产品监管。加强进口食品添加剂检验监管，加大对进口食品添加剂未如实申报等违法行为的打击力度，禁止未被我国批准使用的食品添加剂进口。对进口食品依照进出口商品检验相关法律、行政法规实施合格评定，对合格评定中发现的不合格食品依法严格处置。（海关总署）督促进口商落实食品、食品添加剂进口和销售记录制度，如实记录食品、食品添加剂的名称、境外出口商和购货者名称等信息。（海关总署、市场监管总局分工负责）

（三）加强工业产品监管。加强相关化工产品、工业原料生产行业管理。对照《食品中可能违法添加的非食用物质和易滥用的食品添加剂名单》所列的非食用物质，督促相关生产企业落实管理规定，在产品包装和标签上显著标示“严禁用于食品和饲料”等警示语，并建立销售台账，实行实名购销制度，严禁向食品生产经营者销售。防控相关化工产品、工业原料流入食品领域风险，严厉打击化工产品生产者将食品添加剂以外化学物质标示为“食品添加剂”，违规向食品生产经营者销售非食用物质等违法行为。（工业和信息化部、市场监管总局分工负责）

（四）严格食品添加剂生产监管。制定《食品添加剂生产许可审查细则》，细化食品添加剂生产条件审查要求，指导各地规范食品添加剂生产许可审查。开展食品添加剂生产许可风险排查，清理不符合许可制度要求的生产企业，依法撤销、注销、吊销违规企业食品生产许可证。严格食品添加剂生产过程监管，督促企业严格按照食品安全国家标准规定的原料、工艺和技术指标组织生产，规范食品添加剂标签标识，标明复配保水剂、复配防腐剂、复配着色剂等复配食品添加剂产品配方。严厉打击生产假冒伪劣食品添加剂、与下游食品企业合谋生产含有非法添加物的产品等违法行为，坚决取缔无证生产食品添加剂的各类违法主体。（市场监管总局）

（五）加强食品添加剂经营监管。深入开展食品添加剂销售环节风险排查，对网络平台、各类市场、商超等线上线下渠道销售的食品添加剂产品进行全面排查清理。规范食品添加剂经营行为，督促食品添加剂经营者严格查验供货者的许可证和产品合格证明文件，如实记录食品添加剂的名称、供货者名称等相关信息，严禁销售产品标签、说明书不符合法律法规和标准要求，未提供产品合格证明文件的食品添加剂产品。督促网络食品交易第三方平台对销售食品添加剂行为加强管理，监督平台内经营者完整真实展示产品标签信息，不得进行虚假宣传。依法查处销售“三无”产品、虚假标注生产者信息产品、未标明食品生产许可证编号产品等违法行为，清理下架标签标识不符合《食品安全国家标准 食品添加剂标识通则》（GB 29924）、《食品安全国家标准 复配食品添加剂通则》（GB 26687）的产品。加强对入网食品添加剂销售者抽查抽检，依法查处将食品添加剂以外的化学物质、非食品原料、饲料添加剂等宣称为“食用”“食品级”进行销售的违法行为。（市场监管总局）

（六）规范食品生产环节使用食品添加剂。开展食品生产环节超范围、超限量使用食品添加剂突出问题整治，依法严查重处违法犯罪行为。以乳制品、肉制品、水产制品、食用植物油、饮料、复合调味料、淀粉及淀粉制品为重点品种，督促生产企业落实食品添加剂使用管理制度，严格原料控制、投料管理、生产过程控制，规范复配食品添加剂使用，规范食品标签中食品添加剂标注。对监督抽检发现食品添加剂项目不合格的企业加强核查处置，全面核查生产过程，查清食品添加剂项目不合格的原因。鼓励有条件的食品生产企业改进生产环境、工艺和贮存运输条件，降低对食品添加剂的使用需求。加强食品加工小作坊使用食品添加剂监管。（市场监管总局）

（七）规范餐饮环节使用食品添加剂。加强餐饮服务环节食品添加剂使用监管，督促餐饮服务提供者加强进货查验，不得购买和使用不符合食品安全国家标准的食品添加剂，倡导公示餐饮食品加工制作过程中使用的食品添加剂信息。依法查处餐饮服务提供者销售自制食品添加剂产品，以及在不得添加食品用香料、香精的食品制作过程中使用香料或香精等行为，严厉打击采购、贮存、使用亚硝酸盐等禁止在餐饮业使用的食品添加剂品种等行为。（市场监管总局）

（八）全面加强社会共治。督促指导相关食品行业协会加强行业自律，组织行业企业作出规范使用食品添加剂承诺，引导行业企业切实落实食品添加剂非必要不添加的使用原则。充分发挥媒体宣传与监督作用，加强食品安全科普宣传和谣言治理。及时发布政策宣传、标准解读、典型案例、科普常识、消费提示等信息，引导广大消费者理性认识食品添加剂。健全投诉举报机制，鼓励企业内部吹哨人反映问题线索，鼓励消费者通过全国12315平台和热线对违法违规线索进行投诉举报。（各部门分工负责）

（九）完善制度机制。开展食品添加剂销售监管等立法调研，推动完善食品添加剂生产经营法规制度。（市场监管总局牵头）研究建立《食品添加剂使用规定动态调整机制》，健全食品添加剂品种动态管理制度；完善食品添加剂风险评估制度。（国家卫生健康委牵头，工业和信息化部、市场监管总局配合）强化部门间会商机制，定期通报研判食品添加剂风险问题，强化协调联动。健全区域间案件协查机制，强化跨区域违法行为查处，对违法主体实施线上线下跨部门协同监管。（各级食安办牵头，各级农业农村、卫生健康、海关、市场监管部门配合）

（十）完善标准体系。研究完善食品用香精等非单一品种食品添加剂产品质量规格标准，规范食品添加剂带入管理。研究明确预拌粉、半成品、提取物、新食品原料等非传统类别产品中食品添加剂使用标准适用问题，完善监管执法依据。研究完善食品添加剂检验方法标准。（国家卫生健康委、市场监管总局分工负责）

三、工作措施

（一）开展排查整治

各部门组织对本方案明确的重点任务和本条线相关风险问题开展排查清理，摸清底数、梳理突出问题，依法查处和纠正排查清理过程中发现的违法违规行为，查处一批重点案件、曝光一批典型案例。

（二）突出问题治理

各部门在集中排查整治的基础上，聚焦突出问题，对重点品种、重点环节、重点区域深挖细查，对发现的问题跟踪整改，采取针对性措施，规范一批重点品种、清理一批违法产品。

（三）完善制度机制

各部门结合问题治理情况，深入分析问题根源，总结经验成效，建立健全长效机制，选树一批经验做法、形成一批制度成果。

四、组织保障

各地区、各有关部门要高度重视，切实加强组织领导，整合监管资源，凝聚治理合力。各省级食安办会同相关部门加强统筹协调，跟进各项工作进展，及时进行工作调度，推动综合治理行动走深走实。各部门要加强对重大问题、重大案件的分类指导、挂牌督办，督促各地加强行业管理，加大案件查办力度。各地区、各有关部门要强化舆论引导，向全社会做好相关法律、法规、标准、政策的宣传解读，及时曝光典型案例，形成有力震慑，营造良好社会氛围。要及时总结典型案例、经验做法，加强治理成果转化、制度固化。综合治理工作成果及重大问题要及时向上级机关报告。

食品标识监督管理办法

（2025 年 3 月 14 日国家市场监督管理总局令第 100 号公布 自 2027 年 3 月 16 日起施行）

第一章 总 则

第一条 为了规范食品标识标注，加强食品标识监督管理，保护消费者合法权益，根据《中华人民共和国食品安全法》《中华人民共和国食品安全法实施条例》等法律法规，制定本办法。

第二条 在中华人民共和国境内生产、销售的食品和食品添加剂（以下称食品）的标识标注及其监督管理，适用本办法。

第三条 本办法所称食品标识是指在预包装食品标签、说明书和散装食品容器、外包装上，向消费者展示食品及其生产经营者相关信息的文字、符号、数字、图案以及其他说明。

第四条 食品标识应当符合法律、法规、规章和食品安全国家标准的规定。

食品标识应当清楚、明显，易于消费者辨认和识读。

第五条 食品生产经营者应当对其提供的食品标识的真实性、准确性、合法性负责，明确具体机构或者人员对食品标识进行审核把关。

鼓励食品生产经营者选择第三方专业机构或者专业技术人员，对其提供的食品标识进行合规评价。

第六条 国家市场监督管理总局负责组织实施和监督指导全国食品标识监督管理工作。

县级以上地方市场监督管理部门负责本行政区域内食品标识监督管理工作。

第七条 食品标识不得标注下列内容：

（一）涉及疾病预防、治疗功能；

（二）以欺骗、误导、夸大等方式作虚假描述；

（三）违背科学常识、有违公序良俗、宣扬封建迷信；

（四）标称“特供”“专供”“内供”党政机关或者军队等；

（五）法律、法规、规章和食品安全国家标准禁止标注的其他内容。

保健食品之外的其他食品不得在食品标识中声称具有保健功能（功效）。

第八条 没有法律、法规、规章、食品安全国家标准或者行业标准依据的，食品标识不得标称适合未成年人食用，欺骗、误导消费者。

第二章 预包装食品标签一般规定

第九条 预包装食品标签应当标明《中华人民共和国食品安全法》第六十七条和食品安全国家标准规定的强制标示事项。

食品添加剂标签、说明书应当标明《中华人民共和国食品安全法》第七十条和食品安全国家标准规定的强制标示事项。

第十条 预包装食品标签强制标示事项应当在最小销售单元外包装上标注。

最小销售单元有多个独立包装或者有多层包装的，如外包装易于开启识读或者透过外包装能清晰识读内包装上的强制标示事项，可以不在外包装上重复标注。

第十一条 预包装食品标签强制标示事项使用的文字应当为规范汉字，可以同时使用与标注内容有对应关系的繁体字、拼音和外文，但是使用的繁体字、拼音和外文字高不得大于相应内容的规范汉字字高。少数民族文字的使用按照国家有关规定执行。

第十二条 预包装食品标签强制标示事项应当使用与背景颜色对比明显的文字、符号、数字、图案进行标注，其中生产日期、保质期到期日应当以白底黑字等对比明显的形式标注，保证清晰识读。

第十三条 预包装食品标签强制标示事项应当使用高度不小于 1.8 毫

米的文字、符号、数字进行标注，且字体的高度与宽度比值应当不大于3。

预包装食品包装最大表面面积大于150平方厘米的，营养成分表以外的文字、符号、数字高度应当不小于2.0毫米；最大表面面积大于400平方厘米的，营养成分表以外的文字、符号、数字高度应当不小于2.5毫米。

生产日期和保质期到期日的字体高度应当不小于3.0毫米，但是预包装食品包装最大表面面积小于35平方厘米的，生产日期和保质期到期日的字体高度应当不小于2.0毫米。

第十四条 预包装食品的生产日期和保质期到期日应当在包装上设置独立区域具体标注，且标注的具体日期不易脱落。独立区域未设置在包装主要展示版面的，应当在主要展示版面上标注“见包装物某部位”字样，且清晰明显、描述准确，标注具体日期的部位应当易于查找。

第十五条 预包装食品生产日期应当根据生产工序完成情况确定，最小销售单元为单层包装的，应当以包装工序完成的日期作为生产日期；最小销售单元有多层包装的，应当以与食品直接接触的包装工序完成的日期作为生产日期；包装完成后仍需灭菌、发酵等工序的，可以将相应工序完成日期作为生产日期。

最小销售单元有多个独立包装的，应当标注不晚于最早到期食品的保质期到期日，或者逐一标注保质期到期日。

第十六条 预包装食品标签应当标注反映食品真实属性的名称，不得欺骗、误导消费者。

存在下列情形的，食品名称应当按照相应要求标注：

（一）以动物源性食品原料制成的食品，其名称体现畜禽肉或者动物性水产品原料的，该原料应当为主要原料。其中，名称仅体现一种的，所用原料应当全部来自该种畜禽肉或者动物性水产品；名称体现二种以上的，所用原料应当按照添加量从高到低在名称中排序；

（二）以植物源性食品原料制成的模拟动物源性食品，应当在名称中冠以“仿”“素”或者“某植物”等字样；

（三）食品中没有添加某种配料，仅使用食品用香精、香料调配出该配料风味的食品，且在食品名称中体现该配料风味的，应当在名称中冠以“某味”“某风味”等字样。

第十七条 预包装食品标签标注的生产者名称、地址应当是食品生产许可证上载明的生产者名称、生产地址，标注的联系方式应当真实有效。

依法不能独立承担法律责任的分公司等生产基地生产的预包装食品，其标签上还应当标注能依法独立承担法律责任的主体名称、地址。

预包装食品标签标注多个生产者信息的，实际生产者信息应当易于识别。

委托生产的预包装食品，其标签上应当在紧邻位置标注委托方的名称、地址、联系方式和受托方的名称、地址，在名称前冠以“委托方、受托方”或者“委托单位、受托单位”等字样。

第十八条 预包装食品标签标注的配料表应当以“配料”或者“配料表”为引导词。当加工过程中所用的原料已改变为其他成分时，可以用“原料”或者“原料与辅料”代替。

分装食品应当注明“分装”字样，其配料表应当标注被分装食品的配料表信息。

第十九条 定量预包装食品标签标注的净含量应当符合《定量包装商品计量监督管理办法》的规定。

液态、半固态或者黏性食品，应当用体积或者质量单位标示；固态食品应当用质量单位标示；不宜用质量和体积单位标示的食品，可以用长度单位标示。含有固、液两相物质的食品，且固相物质为主要食品原料时，除标示净含量外，还应当以质量或者质量分数的形式标示沥干物（固形物）的含量。

以计量方式销售的非定量预包装食品无法标注净含量的，应当标注“计量称重”等字样。

第二十条 同一预包装食品内含有多件定量包装食品的，应当标注规格。其中，定量包装食品属于同种的，应当标注单件净含量和总件数，或者标注总净含量；定量包装食品属于不同种的，应当标注每种不同定量包装食品的单件净含量及相应件数，或者每种不同定量包装食品的总净含量。

第二十一条 预包装食品标签标注食品所执行的产品标准代号包括标准代号、顺序号和发布年代号，可以仅标注标准代号和顺序号，但是应当执行生产时对应标准的有效版本。

进口预包装食品标签上可以不标注产品标准代号。

第二十二条 预包装食品标签标注的食品生产许可证编号应当是实际

生产者食品生产许可证上载明的编号。

进口预包装食品标签可以不标注食品生产许可证编号。

第二十三条 预包装食品标签标注的贮存条件、警示标志、警示语或者注意事项，应当符合法律、法规、规章和食品安全国家标准的规定。

第二十四条 在食品包装上同时采用二维码等信息化手段展示食品标签内容的，其内容应当符合本办法要求，并与食品包装上同时展示的食品标签内容保持一致。

第三章 特殊食品标签规定

第二十五条 特殊食品的标签、说明书内容应当与注册或者备案的标签、说明书一致。

标签已涵盖说明书全部内容的，可以不另附说明书。

第二十六条 保健食品标签、说明书应当标明《中华人民共和国食品安全法》第六十七条、第七十八条规定的事项。

除前款规定外，保健食品标签、说明书应当同时标明保健食品标志、保健食品注册号或者备案号等信息，并设置警示用语区、标明警示用语。营养素补充剂产品还应当标明“营养素补充剂”字样。

保健食品最小销售单元最大表面面积小于35平方厘米的，在标签上至少应当标明注册或者备案的内容，以及保健食品标志、生产企业名称、食品生产许可证编号、生产日期和保质期到期日、警示用语等。

第二十七条 保健食品标志、产品名称、注册号或者备案号、警示用语区以及警示用语、净含量和规格等信息应当集中在最小销售单元标签的同一区域展示。

最小销售单元有多个独立包装或者有多层包装的，外包装应当符合本办法关于最小销售单元的标注要求，其中直接接触食品的包装应当标明产品名称、净含量和规格、生产日期和保质期到期日、食用量以及食用方法。但是，拆除外包装后能够单独销售的保健食品包装，也应当符合本办法关于最小销售单元的标注要求。

第二十八条 保健食品名称应当按照注册或者备案的产品名称标注。产品名称中所包含的商标名、通用名、属性名不得分开标注，且字体、颜色和字号应当一致。

使用产品名称中商标名对应商标以外的商标，该商标的面积不得大于产品名称面积的四分之一，且小于产品名称中商标名面积，不得与产品名称连用，不得引人误解其为产品名称的一部分。

第二十九条 保健食品标签标注的规格应当为最小制剂单位的质量或者体积；标注的净含量应当为最小销售单元中所含产品的质量或者体积，或者最小制剂单位的规格及其对应数量。

第三十条 适用于0—6月龄的婴儿配方食品不得在标签上进行含量声称和功能声称。适用于6月龄以上的婴幼儿配方食品不得在标签上对必需成分进行含量声称和功能声称。

第三十一条 特殊医学用途配方食品标志、产品名称、注册号、净含量（规格）、适用人群以及“请在医生或者临床营养师指导下使用”应当集中在最小销售单元标签的同一区域展示。

第三十二条 本章未规定的，适用本办法关于预包装食品标签一般规定以及国家市场监督管理总局的其他规定。

第四章 食品销售标示要求

第三十三条 销售散装食品，应当在散装食品的容器、外包装上标明食品的名称、成分或者配料表、生产日期或者生产批号、保质期以及生产经营者名称、地址、联系方式等内容。

拆除预包装食品的外包装后以计量方式销售的，应当按照前款规定标明相应内容。拆除外包装后的独立包装上已标明前款规定的全部信息的，可以不另行标明。

第三十四条 食品生产经营者通过网络销售的预包装食品，应当在销售主页面刊载食品名称、净含量、成分或者配料表、保质期、产品标准代号、贮存条件、生产者名称、地址、特殊食品注册或者备案信息等食品标签信息。

除生产日期、保质期到期日等动态变化的内容外，销售主页面刊载的食品标签信息应当与实际销售的食品标签信息保持一致。

第三十五条 网络食品交易第三方平台提供者应当对平台内经营者发布的食品标识信息建立检查监控制度，设置专门的网络食品安全管理机构或者指定专职食品安全管理人员，对平台上的食品经营行为及信息进行检查。

网络食品交易第三方平台提供者发现平台内的食品标识信息违反法律、

法规、规章和食品安全国家标准的，应当依法采取必要的处置措施，保存有关记录，并向平台住所地县级以上市场监督管理部门报告。

第三十六条 销售特殊食品的，应当设立专区或者专柜，并分别具体注明保健食品、特殊医学用途配方食品或者婴幼儿配方食品销售。

保健食品经营者应当在实体经营场所的显著位置、网络销售保健食品主页面显著位置标注“保健食品不是药物，不能代替药物治疗疾病”等消费提示信息。

第五章 监督管理

第三十七条 市场监督管理部门应当依据法律、法规规定的职责，对食品标识标注进行监督检查。

第三十八条 市场监督管理部门发现平台内经营者有食品标识违法行为，依法要求网络食品交易第三方平台提供者采取措施制止的，网络食品交易第三方平台提供者应当予以配合。

第三十九条 市场监督管理部门可以综合考虑标注内容与食品安全的关联性、食品生产经营者的主观过错、消费者对食品安全的理解和选择等因素认定预包装食品标签、说明书瑕疵。预包装食品有下列情形之一的，一般可以认定为《中华人民共和国食品安全法》第一百二十五条第二款规定的标签、说明书瑕疵：

（一）文字、符号、数字的字号、字体、字高不规范，出现错别字、多字、漏字、繁体字，或者外文翻译不准确以及外文字号、字高大于中文等的；

（二）净含量、规格的标示方式和格式不规范，或者对没有特殊贮存条件要求的食品，未按照规定标注贮存条件的；

（三）食品、食品添加剂以及配料使用的俗称或者简称等不规范的；

（四）营养成分表、配料表顺序、数值、单位标示不规范，或者营养成分表数值修约间隔、“0”界限值、标示单位不规范的；

（五）其他情节轻微，不影响食品安全，没有故意误导消费者的情形。

第六章 法律责任

第四十条 法律、行政法规对食品标识违法行为已有规定的，依照其规定。

第四十一条 违反本办法第七条第一款第一项至第三项、第九条、第十六条、第十七条第一款、第二十二条第一款、第二十六条第一款规定的，由县级以上市场监督管理部门依照《中华人民共和国食品安全法》第一百二十五条第一款的规定给予处罚。

第四十二条 违反本办法第七条第一款第四项规定的，由县级以上市场监督管理部门处一万元以上三万元以下罚款；情节严重的，处三万元以上十万元以下罚款。

第四十三条 违反本办法第七条第二款、第二十五条第一款规定的，由县级以上市场监督管理部门依照《中华人民共和国食品安全法实施条例》第六十八条的规定给予处罚。

第四十四条 违反本办法第八条、第十条至第十四条、第十七条第二款至第四款、第十八条、第二十六条第二款和第三款、第二十七条、第二十八条规定的，由县级以上市场监督管理部门责令改正，可以处三万元以下罚款。

第四十五条 违反本办法第十五条规定，标注虚假生产日期、保质期到期日的，由县级以上市场监督管理部门依照《中华人民共和国食品安全法》第一百二十四条第一款的规定给予处罚。

第四十六条 违反本办法第十九条第一款规定的，按照《定量包装商品计量监督管理办法》有关规定处理。

违反本办法第十九条第二款、第三款，第二十条、第二十九条规定，未正确、清晰地标注净含量、规格的，由县级以上市场监督管理部门责令改正；未标注净含量、规格的，限期改正，处三万元以下罚款。

第四十七条 违反本办法第三十三条规定的，由县级以上市场监督管理部门依照《中华人民共和国食品安全法》第一百二十六条第一款的规定给予处罚。

第四十八条 违反本办法第三十四条、第三十六条规定的，由县级以上市场监督管理部门责令改正，给予警告；拒不改正的，处五千元以上三万元以下罚款。

第四十九条 违反本办法第三十五条第一款规定的，由县级以上市场监督管理部门责令改正，给予警告；拒不改正的，处五千元以上三万元以下罚款。

违反本办法第三十五条第二款规定的，由县级以上市场监督管理部门责令改正，可以处一万元以上三万元以下罚款。

第五十条 违反本办法规定，违法行为轻微并及时改正，没有造成危害后果的，不予行政处罚；主动消除或者减轻违法行为危害后果的，从轻或者减轻行政处罚。

第七章 附 则

第五十一条 餐饮服务环节的现制现售食品和市场销售的食用农产品的标识标注及其监督管理不适用本办法。

第五十二条 在中华人民共和国境内生产仅用于出口的食品，其标签应当符合进口国（地区）的标准或者合同要求。

第五十三条 食品生产加工小作坊生产经营的预包装食品的标签，可以参照本办法执行。

第五十四条 本办法自2027年3月16日起施行。原国家质量监督检验检疫总局公布的《食品标识管理规定》、原卫生部公布的《保健食品标识规定》同时废止。

食品召回管理办法

（2015年3月11日国家食品药品监督管理总局令第12号公布 根据2020年10月23日《国家市场监督管理总局关于修改部分规章的决定》修订）

第一章 总 则

第一条 为加强食品生产经营管理，减少和避免不安全食品的危害，保障公众身体健康和生命安全，根据《中华人民共和国食品安全法》及其实施条例等法律法规的规定，制定本办法。

第二条 在中华人民共和国境内，不安全食品的停止生产经营、召回和处置及其监督管理，适用本办法。

不安全食品是指食品安全法律法规规定禁止生产经营的食品以及其他

有证据证明可能危害人体健康的食品。

第三条 食品生产经营者应当依法承担食品安全第一责任人的义务，建立健全相关管理制度，收集、分析食品安全信息，依法履行不安全食品的停止生产经营、召回和处置义务。

第四条 国家市场监督管理总局负责指导全国不安全食品停止生产经营、召回和处置的监督管理工作。

县级以上地方市场监督管理部门负责本行政区域的不安全食品停止生产经营、召回和处置的监督管理工作。

第五条 县级以上市场监督管理部门组织建立由医学、毒理、化学、食品、法律等相关领域专家组成的食品安全专家库，为不安全食品的停止生产经营、召回和处置提供专业支持。

第六条 国家市场监督管理总局负责汇总分析全国不安全食品的停止生产经营、召回和处置信息，根据食品安全风险因素，完善食品安全监督管理措施。

县级以上地方市场监督管理部门负责收集、分析和处理本行政区域不安全食品的停止生产经营、召回和处置信息，监督食品生产经营者落实主体责任。

第七条 鼓励和支持食品行业协会加强行业自律，制定行业规范，引导和促进食品生产经营者依法履行不安全食品的停止生产经营、召回和处置义务。

鼓励和支持公众对不安全食品的停止生产经营、召回和处置等活动进行社会监督。

第二章　停止生产经营

第八条 食品生产经营者发现其生产经营的食品属于不安全食品的，应当立即停止生产经营，采取通知或者公告的方式告知相关食品生产经营者停止生产经营、消费者停止食用，并采取必要的措施防控食品安全风险。

食品生产经营者未依法停止生产经营不安全食品的，县级以上市场监督管理部门可以责令其停止生产经营不安全食品。

第九条 食品集中交易市场的开办者、食品经营柜台的出租者、食品展销会的举办者发现食品经营者经营的食品属于不安全食品的，应当及时采取有效措施，确保相关经营者停止经营不安全食品。

第十条 网络食品交易第三方平台提供者发现网络食品经营者经营的食品属于不安全食品的，应当依法采取停止网络交易平台服务等措施，确保网络食品经营者停止经营不安全食品。

第十一条 食品生产经营者生产经营的不安全食品未销售给消费者，尚处于其他生产经营者控制中的，食品生产经营者应当立即追回不安全食品，并采取必要措施消除风险。

第三章 召 回

第十二条 食品生产者通过自检自查、公众投诉举报、经营者和监督管理部门告知等方式知悉其生产经营的食品属于不安全食品的，应当主动召回。

食品生产者应当主动召回不安全食品而没有主动召回的，县级以上市场监督管理部门可以责令其召回。

第十三条 根据食品安全风险的严重和紧急程度，食品召回分为三级：

（一）一级召回：食用后已经或者可能导致严重健康损害甚至死亡的，食品生产者应当在知悉食品安全风险后24小时内启动召回，并向县级以上地方市场监督管理部门报告召回计划。

（二）二级召回：食用后已经或者可能导致一般健康损害，食品生产者应当在知悉食品安全风险后48小时内启动召回，并向县级以上地方市场监督管理部门报告召回计划。

（三）三级召回：标签、标识存在虚假标注的食品，食品生产者应当在知悉食品安全风险后72小时内启动召回，并向县级以上地方市场监督管理部门报告召回计划。标签、标识存在瑕疵，食用后不会造成健康损害的食品，食品生产者应当改正，可以自愿召回。

第十四条 食品生产者应当按照召回计划召回不安全食品。

县级以上地方市场监督管理部门收到食品生产者的召回计划后，必要时可以组织专家对召回计划进行评估。评估结论认为召回计划应当修改的，食品生产者应当立即修改，并按照修改后的召回计划实施召回。

第十五条 食品召回计划应当包括下列内容：

（一）食品生产者的名称、住所、法定代表人、具体负责人、联系方式等基本情况；

（二）食品名称、商标、规格、生产日期、批次、数量以及召回的区域范围；

（三）召回原因及危害后果；

（四）召回等级、流程及时限；

（五）召回通知或者公告的内容及发布方式；

（六）相关食品生产经营者的义务和责任；

（七）召回食品的处置措施、费用承担情况；

（八）召回的预期效果。

第十六条 食品召回公告应当包括下列内容：

（一）食品生产者的名称、住所、法定代表人、具体负责人、联系电话、电子邮箱等；

（二）食品名称、商标、规格、生产日期、批次等；

（三）召回原因、等级、起止日期、区域范围；

（四）相关食品生产经营者的义务和消费者退货及赔偿的流程。

第十七条 不安全食品在本省、自治区、直辖市销售的，食品召回公告应当在省级市场监督管理部门网站和省级主要媒体上发布。省级市场监督管理部门网站发布的召回公告应当与国家市场监督管理总局网站链接。

不安全食品在两个以上省、自治区、直辖市销售的，食品召回公告应当在国家市场监督管理总局网站和中央主要媒体上发布。

第十八条 实施一级召回的，食品生产者应当自公告发布之日起 10 个工作日内完成召回工作。

实施二级召回的，食品生产者应当自公告发布之日起 20 个工作日内完成召回工作。

实施三级召回的，食品生产者应当自公告发布之日起 30 个工作日内完成召回工作。

情况复杂的，经县级以上地方市场监督管理部门同意，食品生产者可以适当延长召回时间并公布。

第十九条 食品经营者知悉食品生产者召回不安全食品后，应当立即采取停止购进、销售，封存不安全食品，在经营场所醒目位置张贴生产者发布的召回公告等措施，配合食品生产者开展召回工作。

第二十条 食品经营者对因自身原因所导致的不安全食品，应当根据法律法规的规定在其经营的范围内主动召回。

食品经营者召回不安全食品应当告知供货商。供货商应当及时告知生产者。

食品经营者在召回通知或者公告中应当特别注明系因其自身的原因导致食品出现不安全问题。

第二十一条 因生产者无法确定、破产等原因无法召回不安全食品的，食品经营者应当在其经营的范围内主动召回不安全食品。

第二十二条 食品经营者召回不安全食品的程序，参照食品生产者召回不安全食品的相关规定处理。

第四章 处 置

第二十三条 食品生产经营者应当依据法律法规的规定，对因停止生产经营、召回等原因退出市场的不安全食品采取补救、无害化处理、销毁等处置措施。

食品生产经营者未依法处置不安全食品的，县级以上地方市场监督管理部门可以责令其依法处置不安全食品。

第二十四条 对违法添加非食用物质、腐败变质、病死畜禽等严重危害人体健康和生命安全的不安全食品，食品生产经营者应当立即就地销毁。

不具备就地销毁条件的，可由不安全食品生产经营者集中销毁处理。食品生产经营者在集中销毁处理前，应当向县级以上地方市场监督管理部门报告。

第二十五条 对因标签、标识等不符合食品安全标准而被召回的食品，食品生产者可以在采取补救措施且能保证食品安全的情况下继续销售，销售时应当向消费者明示补救措施。

第二十六条 对不安全食品进行无害化处理，能够实现资源循环利用的，食品生产经营者可以按照国家有关规定进行处理。

第二十七条 食品生产经营者对不安全食品处置方式不能确定的，应当组织相关专家进行评估，并根据评估意见进行处置。

第二十八条 食品生产经营者应当如实记录停止生产经营、召回和处置不安全食品的名称、商标、规格、生产日期、批次、数量等内容。记录保存期限不得少于2年。

第五章 监督管理

第二十九条 县级以上地方市场监督管理部门发现不安全食品的，应当通知相关食品生产经营者停止生产经营或者召回，采取相关措施消除食品安全风险。

第三十条 县级以上地方市场监督管理部门发现食品生产经营者生产经营的食品可能属于不安全食品的，可以开展调查分析，相关食品生产经营者应当积极协助。

第三十一条 县级以上地方市场监督管理部门可以对食品生产经营者停止生产经营、召回和处置不安全食品情况进行现场监督检查。

第三十二条 食品生产经营者停止生产经营、召回和处置的不安全食品存在较大风险的，应当在停止生产经营、召回和处置不安全食品结束后5个工作日内向县级以上地方市场监督管理部门书面报告情况。

第三十三条 县级以上地方市场监督管理部门可以要求食品生产经营者定期或者不定期报告不安全食品停止生产经营、召回和处置情况。

第三十四条 县级以上地方市场监督管理部门可以对食品生产经营者提交的不安全食品停止生产经营、召回和处置报告进行评价。

评价结论认为食品生产经营者采取的措施不足以控制食品安全风险的，县级以上地方市场监督管理部门应当责令食品生产经营者采取更为有效的措施停止生产经营、召回和处置不安全食品。

第三十五条 为预防和控制食品安全风险，县级以上地方市场监督管理部门可以发布预警信息，要求相关食品生产经营者停止生产经营不安全食品，提示消费者停止食用不安全食品。

第三十六条 县级以上地方市场监督管理部门将不安全食品停止生产经营、召回和处置情况记入食品生产经营者信用档案。

第六章 法律责任

第三十七条 食品生产经营者违反本办法有关不安全食品停止生产经营、召回和处置的规定，食品安全法律法规有规定的，依照相关规定处理。

第三十八条 食品生产经营者违反本办法第八条第一款、第十二条第一款、第十三条、第十四条、第二十条第一款、第二十一条、第二十三条第一款、第二十四条第一款的规定，不立即停止生产经营、不主动召回、不按规定时限启动召回、不按照召回计划召回不安全食品或者不按照规定处置不安全食品的，由市场监督管理部门给予警告，并处 1 万元以上 3 万元以下罚款。

第三十九条 食品经营者违反本办法第十九条的规定，不配合食品生产者召回不安全食品的，由市场监督管理部门给予警告，并处 5000 元以上 3 万元以下罚款。

第四十条 食品生产经营者违反本办法第十三条、第二十四条第二款、第三十二条的规定，未按规定履行相关报告义务的，由市场监督管理部门责令改正，给予警告；拒不改正的，处 2000 元以上 2 万元以下罚款。

第四十一条 食品生产经营者违反本办法第二十三条第二款的规定，市场监督管理部门责令食品生产经营者依法处置不安全食品，食品生产经营者拒绝或者拖延履行的，由市场监督管理部门给予警告，并处 2 万元以上 3 万元以下罚款。

第四十二条 食品生产经营者违反本办法第二十八条的规定，未按规定记录保存不安全食品停止生产经营、召回和处置情况的，由市场监督管理部门责令改正，给予警告；拒不改正的，处 2000 元以上 2 万元以下罚款。

第四十三条 食品生产经营者停止生产经营、召回和处置不安全食品，不免除其依法应当承担的其他法律责任。

食品生产经营者主动采取停止生产经营、召回和处置不安全食品措施，消除或者减轻危害后果的，依法从轻或者减轻处罚；违法情节轻微并及时纠正，没有造成危害后果的，不予行政处罚。

第四十四条 县级以上地方市场监督管理部门不依法履行本办法规定的职责，造成不良后果的，依照《中华人民共和国食品安全法》的有关规定，对直接负责的主管人员和其他直接责任人员给予行政处分。

第七章 附 则

第四十五条 本办法适用于食品、食品添加剂和保健食品。

食品生产经营者对进入批发、零售市场或者生产加工企业后的食用农产品的停止经营、召回和处置，参照本办法执行。

第四十六条 本办法自 2015 年 9 月 1 日起施行。

食用农产品市场销售质量安全监督管理办法

(2023年6月30日国家市场监督管理总局令第81号公布　自2023年12月1日起施行)

第一条　为了规范食用农产品市场销售行为，加强食用农产品市场销售质量安全监督管理，保障食用农产品质量安全，根据《中华人民共和国食品安全法》(以下简称食品安全法)、《中华人民共和国农产品质量安全法》、《中华人民共和国食品安全法实施条例》(以下简称食品安全法实施条例)等法律法规，制定本办法。

第二条　食用农产品市场销售质量安全及其监督管理适用本办法。

本办法所称食用农产品市场销售，是指通过食用农产品集中交易市场(以下简称集中交易市场)、商场、超市、便利店等固定场所销售食用农产品的活动，不包括食用农产品收购行为。

第三条　国家市场监督管理总局负责制定食用农产品市场销售质量安全监督管理制度，监督指导全国食用农产品市场销售质量安全的监督管理工作。

省、自治区、直辖市市场监督管理部门负责监督指导本行政区域食用农产品市场销售质量安全的监督管理工作。

市、县级市场监督管理部门负责本行政区域食用农产品市场销售质量安全的监督管理工作。

第四条　县级以上市场监督管理部门应当与同级农业农村等相关部门建立健全食用农产品市场销售质量安全监督管理协作机制，加强信息共享，推动产地准出与市场准入衔接，保证市场销售的食用农产品可追溯。

第五条　食用农产品市场销售相关行业组织应当加强行业自律，督促集中交易市场开办者和销售者履行法律义务，规范集中交易市场食品安全管理行为和销售者经营行为，提高食用农产品质量安全保障水平。

第六条　在严格执行食品安全标准的基础上，鼓励食用农产品销售企业通过应用推荐性国家标准、行业标准以及团体标准等促进食用农产品高质量发展。

第七条 食用农产品销售者（以下简称销售者）应当保持销售场所环境整洁，与有毒、有害场所以及其他污染源保持适当的距离，防止交叉污染。

销售生鲜食用农产品，不得使用对食用农产品的真实色泽等感官性状造成明显改变的照明等设施误导消费者对商品的感官认知。

鼓励采用净菜上市、冷鲜上市等方式销售食用农产品。

第八条 销售者采购食用农产品，应当依照食品安全法第六十五条的规定建立食用农产品进货查验记录制度，索取并留存食用农产品进货凭证，并核对供货者等有关信息。

采购按照规定应当检疫、检验的肉类，应当索取并留存动物检疫合格证明、肉品品质检验合格证等证明文件。采购进口食用农产品，应当索取并留存海关部门出具的入境货物检验检疫证明等证明文件。

供货者提供的销售凭证、食用农产品采购协议等凭证中含有食用农产品名称、数量、供货日期以及供货者名称、地址、联系方式等进货信息的，可以作为食用农产品的进货凭证。

第九条 从事连锁经营和批发业务的食用农产品销售企业应当主动加强对采购渠道的审核管理，优先采购附具承诺达标合格证或者其他产品质量合格凭证的食用农产品，不得采购不符合食品安全标准的食用农产品。对无法提供承诺达标合格证或者其他产品质量合格凭证的，鼓励销售企业进行抽样检验或者快速检测。

除生产者或者供货者出具的承诺达标合格证外，自检合格证明、有关部门出具的检验检疫合格证明等也可以作为食用农产品的产品质量合格凭证。

第十条 实行统一配送销售方式的食用农产品销售企业，对统一配送的食用农产品可以由企业总部统一建立进货查验记录制度并保存进货凭证和产品质量合格凭证；所属各销售门店应当保存总部的配送清单，提供可查验相应凭证的方式。配送清单保存期限不得少于六个月。

第十一条 从事批发业务的食用农产品销售企业应当建立食用农产品销售记录制度，如实记录批发食用农产品的名称、数量、进货日期、销售日期以及购货者名称、地址、联系方式等内容，并保存相关凭证。记录和凭证保存期限不得少于六个月。

第十二条 销售者销售食用农产品，应当在销售场所明显位置或者带包装产品的包装上如实标明食用农产品的名称、产地、生产者或者销售者的名称或者姓名等信息。产地应当具体到县（市、区），鼓励标注到乡镇、村等具体产地。对保质期有要求的，应当标注保质期；保质期与贮存条件有关的，应当予以标明；在包装、保鲜、贮存中使用保鲜剂、防腐剂等食品添加剂的，应当标明食品添加剂名称。

销售即食食用农产品还应当如实标明具体制作时间。

食用农产品标签所用文字应当使用规范的中文，标注的内容应当清楚、明显，不得含有虚假、错误或者其他误导性内容。

鼓励销售者在销售场所明显位置展示食用农产品的承诺达标合格证。带包装销售食用农产品的，鼓励在包装上标明生产日期或者包装日期、贮存条件以及最佳食用期限等内容。

第十三条 进口食用农产品的包装或者标签应当符合我国法律、行政法规的规定和食品安全标准的要求，并以中文载明原产国（地区），以及在中国境内依法登记注册的代理商、进口商或者经销者的名称、地址和联系方式，可以不标示生产者的名称、地址和联系方式。

进口鲜冻肉类产品的外包装上应当以中文标明规格、产地、目的地、生产日期、保质期、贮存条件等内容。

分装销售的进口食用农产品，应当在包装上保留原进口食用农产品全部信息以及分装企业、分装时间、地点、保质期等信息。

第十四条 销售者通过去皮、切割等方式简单加工、销售即食食用农产品的，应当采取有效措施做好食品安全防护，防止交叉污染。

第十五条 禁止销售者采购、销售食品安全法第三十四条规定情形的食用农产品。

可拣选的果蔬类食用农产品带泥、带沙、带虫、部分枯萎，以及可拣选的水产品带水、带泥、带沙等，不属于食品安全法第三十四条第六项规定的腐败变质、霉变生虫、污秽不洁、混有异物、掺假掺杂或者感官性状异常等情形。

第十六条 销售者贮存食用农产品，应当定期检查，及时清理腐败变质、油脂酸败、霉变生虫或者感官性状异常的食用农产品。贮存对温度、湿度等有特殊要求的食用农产品，应当具备保温、冷藏或者冷冻等设施设备，并保持有效运行。

销售者委托贮存食用农产品的，应当选择取得营业执照等合法主体资格、能够保障食品安全的贮存服务提供者，并监督受托方按照保证食品安全的要求贮存食用农产品。

第十七条 接受销售者委托贮存食用农产品的贮存服务提供者，应当按照保证食品安全的要求，加强贮存过程管理，履行下列义务：

（一）如实记录委托方名称或者姓名、地址、联系方式等内容，记录保存期限不得少于贮存结束后二年；

（二）非食品生产经营者从事对温度、湿度等有特殊要求的食用农产品贮存业务的，应当自取得营业执照之日起三十个工作日内向所在地县级市场监督管理部门备案，备案信息包括贮存场所名称、地址、贮存能力以及法定代表人或者负责人姓名、统一社会信用代码、联系方式等信息；

（三）保证贮存食用农产品的容器、工具和设备安全无害，保持清洁，防止污染，保证食品安全所需的温度、湿度和环境等特殊要求，不得将食用农产品与有毒、有害物品一同贮存；

（四）贮存肉类冻品应当查验并留存有关动物检疫合格证明、肉品品质检验合格证等证明文件；

（五）贮存进口食用农产品，应当查验并留存海关部门出具的入境货物检验检疫证明等证明文件；

（六）定期检查库存食用农产品，发现销售者有违法行为的，应当及时制止并立即报告所在地县级市场监督管理部门；

（七）法律、法规规定的其他义务。

第十八条 食用农产品的运输容器、工具和设备应当安全无害，保持清洁，防止污染，不得将食用农产品与有毒、有害物品一同运输。运输对温度、湿度等有特殊要求的食用农产品，应当具备保温、冷藏或者冷冻等设备设施，并保持有效运行。

销售者委托运输食用农产品的，应当对承运人的食品安全保障能力进行审核，并监督承运人加强运输过程管理，如实记录委托方和收货方的名称或者姓名、地址、联系方式等内容，记录保存期限不得少于运输结束后二年。

第十九条 集中交易市场开办者应当建立健全食品安全管理制度，履行入场销售者登记建档、签订协议、入场查验、场内检查、信息公示、食品安全违法行为制止及报告、食品安全事故处置、投诉举报处置等管理义务，食用农产品批发市场（以下简称批发市场）开办者还应当履行抽样检验、统一销售凭证格式以及监督入场销售者开具销售凭证等管理义务。

第二十条 集中交易市场开办者应当在市场开业前向所在地县级市场监督管理部门如实报告市场名称、住所、类型、法定代表人或者负责人姓名、食用农产品主要种类等信息。

集中交易市场开办者应当建立入场销售者档案并及时更新，如实记录销售者名称或者姓名、统一社会信用代码或者身份证号码、联系方式，以及市场自查和抽检中发现的问题和处理信息。入场销售者档案信息保存期限不少于销售者停止销售后六个月。

第二十一条 集中交易市场开办者应当按照食用农产品类别实行分区销售，为入场销售者提供符合食品安全要求的环境、设施、设备等经营条件，定期检查和维护，并做好检查记录。

第二十二条 鼓励集中交易市场开办者改造升级，为入场销售者提供满足经营需要的冷藏、冷冻、保鲜等专业贮存场所，更新设施、设备，提高食品安全保障能力和水平。

鼓励集中交易市场开办者采用信息化手段统一采集食用农产品进货、贮存、运输、交易等数据信息，提高食品安全追溯能力和水平。

第二十三条 集中交易市场开办者应当查验入场食用农产品的进货凭证和产品质量合格凭证，与入场销售者签订食用农产品质量安全协议，列明违反食品安全法律法规规定的退市条款。未签订食用农产品质量安全协议的销售者和无法提供进货凭证的食用农产品不得进入市场销售。

集中交易市场开办者对声称销售自产食用农产品的，应当查验自产食用农产品的承诺达标合格证或者查验并留存销售者身份证号码、联系方式、住所以及食用农产品名称、数量、入场日期等信息。

对无法提供承诺达标合格证或者其他产品质量合格凭证的食用农产品，集中交易市场开办者应当进行抽样检验或者快速检测，结果合格的，方可允许进入市场销售。

鼓励和引导有条件的集中交易市场开办者对场内销售的食用农产品集中建立进货查验记录制度。

第二十四条 集中交易市场开办者应当配备食品安全员等食品安全管理人员，加强对食品安全管理人员的培训和考核；批发市场开办者还应当配备食品安全总监。

食品安全管理人员应当加强对入场销售者的食品安全宣传教育，对入场销售者的食用农产品经营行为进行检查。检查中发现存在违法行为的，集中交易市场开办者应当及时制止，并向所在地县级市场监督管理部门报告。

第二十五条 批发市场开办者应当依照食品安全法第六十四条的规定，对场内销售的食用农产品进行抽样检验。采取快速检测的，应当采用国家规定的快速检测方法。鼓励零售市场开办者配备检验设备和检验人员，或者委托具有资质的食品检验机构，进行食用农产品抽样检验。

集中交易市场开办者发现场内食用农产品不符合食品安全标准的，应当要求入场销售者立即停止销售，依照集中交易市场管理规定或者与入场销售者签订的协议进行销毁或者无害化处理，如实记录不合格食用农产品数量、产地、销售者、销毁方式等内容，留存不合格食用农产品销毁影像信息，并向所在地县级市场监督管理部门报告。记录保存期限不少于销售者停止销售后六个月。

第二十六条 集中交易市场开办者应当在醒目位置及时公布本市场食品安全管理制度、食品安全管理人员、投诉举报电话、市场自查结果、食用农产品抽样检验信息以及不合格食用农产品处理结果等信息。

公布的食用农产品抽样检验信息应当包括检验项目和检验结果。

第二十七条 批发市场开办者应当向入场销售者提供包括批发市场名称、食用农产品名称、产地、数量、销售日期以及销售者名称、摊位信息、联系方式等项目信息的统一销售凭证，或者指导入场销售者自行印制包括上述项目信息的销售凭证。

批发市场开办者印制或者按照批发市场要求印制的销售凭证，以及包括前款所列项目信息的电子凭证可以作为入场销售者的销售记录和相关购货者的进货凭证。销售凭证保存期限不得少于六个月。

第二十八条 与屠宰厂（场）、食用农产品种植养殖基地签订协议的批发市场开办者应当对屠宰厂（场）和食用农产品种植养殖基地进行实地考察，了解食用农产品生产过程以及相关信息。

第二十九条 县级以上市场监督管理部门按照本行政区域食品安全年度监督管理计划，对集中交易市场开办者、销售者及其委托的贮存服务提供者遵守本办法情况进行日常监督检查：

（一）对食用农产品销售、贮存等场所、设施、设备，以及信息公示情况等进行现场检查；

（二）向当事人和其他有关人员调查了解与食用农产品销售活动和质量安全有关的情况；

（三）检查食用农产品进货查验记录制度落实情况，查阅、复制与食用农产品质量安全有关的记录、协议、发票以及其他资料；

（四）检查集中交易市场抽样检验情况；

（五）对集中交易市场的食品安全总监、食品安全员随机进行监督抽查考核并公布考核结果；

（六）对食用农产品进行抽样，送有资质的食品检验机构进行检验；

（七）对有证据证明不符合食品安全标准或者有证据证明存在质量安全隐患以及用于违法生产经营的食用农产品，有权查封、扣押、监督销毁；

（八）依法查封违法从事食用农产品销售活动的场所。

集中交易市场开办者、销售者及其委托的贮存服务提供者对市场监督管理部门依法实施的监督检查应当予以配合，不得拒绝、阻挠、干涉。

第三十条 市、县级市场监督管理部门可以采用国家规定的快速检测方法对食用农产品质量安全进行抽查检测，抽查检测结果表明食用农产品可能存在质量安全隐患的，销售者应当暂停销售；抽查检测结果确定食用农产品不符合食品安全标准的，可以作为行政处罚的证据。

被抽查人对快速检测结果有异议的，可以自收到检测结果时起四小时内申请复检。复检结论仍不合格的，复检费用由申请人承担。复检不得采用快速检测方法。

第三十一条 市、县级市场监督管理部门应当依据职责公布食用农产品质量安全监督管理信息。

公布食用农产品质量安全监督管理信息，应当做到准确、及时、客观，并进行必要的解释说明，避免误导消费者和社会舆论。

第三十二条 县级以上市场监督管理部门应当加强信息化建设，汇总分析食用农产品质量安全信息，加强监督管理，防范食品安全风险。

第三十三条 县级以上地方市场监督管理部门应当将监督检查、违法行为查处等情况记入集中交易市场开办者、销售者食品安全信用档案，并依法通过国家企业信用信息公示系统向社会公示。

对于性质恶劣、情节严重、社会危害较大，受到市场监督管理部门较重行政处罚的，依法列入市场监督管理严重违法失信名单，采取提高检查频次等管理措施，并依法实施联合惩戒。

市、县级市场监督管理部门应当逐步建立销售者市场准入前信用承诺制度，要求销售者以规范格式向社会作出公开承诺，如存在违法失信销售行为将自愿接受信用惩戒。信用承诺纳入销售者信用档案，接受社会监督，并作为事中事后监督管理的参考。

第三十四条 食用农产品在销售过程中存在质量安全隐患，未及时采取有效措施消除的，市、县级市场监督管理部门可以对集中交易市场开办者、销售企业负责人进行责任约谈。被约谈者无正当理由拒不按时参加约谈或者未按要求落实整改的，市场监督管理部门应当记入集中交易市场开办者、销售企业信用档案。

第三十五条 市、县级市场监督管理部门发现批发市场有国家法律法规及本办法禁止销售的食用农产品，在依法处理的同时，应当及时追查食用农产品来源和流向，查明原因、控制风险并报告上级市场监督管理部门，同时通报所涉地同级市场监督管理部门；涉及种植养殖和进出口环节的，还应当通报农业农村主管部门和海关部门。所涉地市场监督管理部门接到通报后应当积极配合开展调查，控制风险，并加强与事发地市场监督管理部门的信息通报和执法协作。

市、县级市场监督管理部门发现超出其管辖范围的食用农产品质量安全案件线索，应当及时移送有管辖权的市、县级市场监督管理部门。

第三十六条 市、县级市场监督管理部门发现下列情形之一的，应当及时通报所在地同级农业农村主管部门：

（一）农产品生产企业、农民专业合作社、从事农产品收购的单位或者个人未按照规定出具承诺达标合格证；

（二）承诺达标合格证存在虚假信息；

（三）附具承诺达标合格证的食用农产品不合格；

（四）其他有关承诺达标合格证违法违规行为。

农业农村主管部门发现附具承诺达标合格证的食用农产品不合格，向所在地市、县级市场监督管理部门通报的，市、县级市场监督管理部门应当根据农业农村主管部门提供的流向信息，及时追查不合格食用农产品并依法处理。

第三十七条 县级以上地方市场监督管理部门在监督管理中发现食用

农产品质量安全事故，或者接到食用农产品质量安全事故的投诉举报，应当立即会同相关部门进行调查处理，采取措施防止或者减少社会危害。按照应急预案的规定报告当地人民政府和上级市场监督管理部门，并在当地人民政府统一领导下及时开展食用农产品质量安全事故调查处理。

第三十八条 销售者违反本办法第七条第一、二款、第十六条、第十八条规定，食用农产品贮存和运输受托方违反本办法第十七条、第十八条规定，有下列情形之一的，由县级以上市场监督管理部门责令改正，给予警告；拒不改正的，处五千元以上三万元以下罚款：

（一）销售和贮存场所环境、设施、设备等不符合食用农产品质量安全要求的；

（二）销售、贮存和运输对温度、湿度等有特殊要求的食用农产品，未配备必要的保温、冷藏或者冷冻等设施设备并保持有效运行的；

（三）贮存期间未定期检查，及时清理腐败变质、油脂酸败、霉变生虫或者感官性状异常的食用农产品的。

第三十九条 有下列情形之一的，由县级以上市场监督管理部门依照食品安全法第一百二十六条第一款的规定给予处罚：

（一）销售者违反本办法第八条第一款规定，未按要求建立食用农产品进货查验记录制度，或者未按要求索取进货凭证的；

（二）销售者违反本办法第八条第二款规定，采购、销售按规定应当检疫、检验的肉类或进口食用农产品，未索取或留存相关证明文件的；

（三）从事批发业务的食用农产品销售企业违反本办法第十一条规定，未按要求建立食用农产品销售记录制度的。

第四十条 销售者违反本办法第十二条、第十三条规定，未按要求标明食用农产品相关信息的，由县级以上市场监督管理部门责令改正；拒不改正的，处二千元以上一万元以下罚款。

第四十一条 销售者违反本办法第十四条规定，加工、销售即食食用农产品，未采取有效措施做好食品安全防护，造成污染的，由县级以上市场监督管理部门责令改正；拒不改正的，处五千元以上三万元以下罚款。

第四十二条 销售者违反本办法第十五条规定，采购、销售食品安全法第三十四条规定情形的食用农产品的，由县级以上市场监督管理部门依照食品安全法有关规定给予处罚。

第四十三条 集中交易市场开办者违反本办法第十九条、第二十四条规定，未按规定建立健全食品安全管理制度，或者未按规定配备、培训、考核食品安全总监、食品安全员等食品安全管理人员的，由县级以上市场监督管理部门依照食品安全法第一百二十六条第一款的规定给予处罚。

第四十四条 集中交易市场开办者违反本办法第二十条第一款规定，未按要求向所在地县级市场监督管理部门如实报告市场有关信息的，由县级以上市场监督管理部门依照食品安全法实施条例第七十二条的规定给予处罚。

第四十五条 集中交易市场开办者违反本办法第二十条第二款、第二十一条、第二十三条规定，有下列情形之一的，由县级以上市场监督管理部门责令改正；拒不改正的，处五千元以上三万元以下罚款：

（一）未按要求建立入场销售者档案并及时更新的；

（二）未按照食用农产品类别实施分区销售，经营条件不符合食品安全要求，或者未按规定对市场经营环境和条件进行定期检查和维护的；

（三）未按要求查验入场销售者和入场食用农产品的相关凭证信息，允许无法提供进货凭证的食用农产品入场销售，或者对无法提供食用农产品质量合格凭证的食用农产品未经抽样检验合格即允许入场销售的。

第四十六条 集中交易市场开办者违反本办法第二十五条第二款规定，抽检发现场内食用农产品不符合食品安全标准，未按要求处理并报告的，由县级以上市场监督管理部门责令改正；拒不改正的，处五千元以上三万元以下罚款。

集中交易市场开办者违反本办法第二十六条规定，未按要求公布食用农产品相关信息的，由县级以上市场监督管理部门责令改正；拒不改正的，处二千元以上一万元以下罚款。

第四十七条 批发市场开办者违反本办法第二十五条第一款规定，未依法对进入该批发市场销售的食用农产品进行抽样检验的，由县级以上市场监督管理部门依照食品安全法第一百三十条第二款的规定给予处罚。

批发市场开办者违反本办法第二十七条规定，未按要求向入场销售者提供统一格式的销售凭证或者指导入场销售者自行印制符合要求的销售凭证的，由县级以上市场监督管理部门责令改正；拒不改正的，处五千元以上三万元以下罚款。

第四十八条 销售者履行了本办法规定的食用农产品进货查验等义务，

有充分证据证明其不知道所采购的食用农产品不符合食品安全标准，并能如实说明其进货来源的，可以免予处罚，但应当依法没收其不符合食品安全标准的食用农产品；造成人身、财产或者其他损害的，依法承担赔偿责任。

第四十九条 本办法下列用语的含义：

食用农产品，指来源于种植业、林业、畜牧业和渔业等供人食用的初级产品，即在农业活动中获得的供人食用的植物、动物、微生物及其产品，不包括法律法规禁止食用的野生动物产品及其制品。

即食食用农产品，指以生鲜食用农产品为原料，经过清洗、去皮、切割等简单加工后，可供人直接食用的食用农产品。

食用农产品集中交易市场，是指销售食用农产品的批发市场和零售市场（含农贸市场等集中零售市场）。

食用农产品集中交易市场开办者，指依法设立、为食用农产品批发、零售提供场地、设施、服务以及日常管理的企业法人或者其他组织。

食用农产品销售者，指通过固定场所销售食用农产品的个人或者企业，既包括通过集中交易市场销售食用农产品的入场销售者，也包括销售食用农产品的商场、超市、便利店等食品经营者。

第五十条 食品摊贩等销售食用农产品的具体管理规定由省、自治区、直辖市制定。

第五十一条 本办法自2023年12月1日起施行。2016年1月5日原国家食品药品监督管理总局令第20号公布的《食用农产品市场销售质量安全监督管理办法》同时废止。

特殊医学用途配方食品注册管理办法

（2023年11月28日国家市场监督管理总局令第85号公布 自2024年1月1日起施行）

第一章 总 则

第一条 为了规范特殊医学用途配方食品注册行为，保证特殊医学用途配方食品质量安全，根据《中华人民共和国行政许可法》《中华人民共和国食品安全法》（以下简称《食品安全法》）《中华人民共和国食品安全法实施条例》等法律法规，制定本办法。

第二条 在中华人民共和国境内生产销售和进口的特殊医学用途配方食品的注册管理，适用本办法。

第三条 特殊医学用途配方食品注册，是指国家市场监督管理总局依据本办法规定的程序和要求，对申请注册的特殊医学用途配方食品进行审查，并决定是否准予注册的活动。

第四条 特殊医学用途配方食品注册管理，以临床营养需求为导向，遵循科学、公开、公平、公正的原则，鼓励创新。

第五条 国家市场监督管理总局负责特殊医学用途配方食品的注册管理工作。

国家市场监督管理总局食品审评机构（食品审评中心，以下简称审评机构）负责特殊医学用途配方食品注册申请的受理、技术审评、现场核查、制证送达等工作，并根据需要组织专家进行论证。

省、自治区、直辖市市场监督管理部门应当配合特殊医学用途配方食品注册的现场核查等工作。

第六条 特殊医学用途配方食品注册申请人（以下简称申请人）应当对所提交材料的真实性、完整性、合法性和可溯源性负责，并承担法律责任。

申请人应当配合市场监督管理部门开展与注册相关的现场核查、抽样检验等工作，提供必要的工作条件。

第二章　申请与注册

第七条 申请人应当为拟在中华人民共和国境内生产并销售特殊医学用途配方食品的生产企业或者拟向中华人民共和国出口特殊医学用途配方食品的境外生产企业。

申请人应当具备与所生产特殊医学用途配方食品相适应的研发能力、生产能力、检验能力，设立特殊医学用途配方食品研发机构，按照良好生产规范要求建立与所生产特殊医学用途配方食品相适应的生产质量管理体系，对出厂产品按照有关法律法规、食品安全国家标准和技术要求规定的项目实施逐批检验。

研发机构中应当有食品相关专业高级职称或者相应专业能力的人员。

第八条 申请特殊医学用途配方食品注册，应当向国家市场监督管理总局提交下列材料：

（一）特殊医学用途配方食品注册申请书；

（二）申请人主体资质文件；

（三）产品研发报告；

（四）产品配方及其设计依据；

（五）生产工艺资料；

（六）产品标准和技术要求；

（七）产品标签、说明书样稿；

（八）产品检验报告；

（九）研发能力、生产能力、检验能力的材料；

（十）其他表明产品安全性、营养充足性以及特殊医学用途临床效果的材料。

申请特定全营养配方食品注册，一般还应当提交临床试验报告。

第九条 申请人应当按照国家有关规定对申请材料中的商业秘密、未披露信息或者保密商务信息进行标注并注明依据。

第十条 对申请人提出的注册申请，应当根据下列情况分别作出处理：

（一）申请事项依法不需要进行注册的，应当即时告知申请人不受理；

（二）申请事项依法不属于国家市场监督管理总局职权范围的，应当即时作出不予受理的决定，并告知申请人向有关行政机关申请；

（三）申请材料存在可以当场更正的错误的，应当允许申请人当场更正；

（四）申请材料不齐全或者不符合法定形式的，应当当场或者在五个工作日内一次告知申请人需要补正的全部内容；逾期不告知的，自收到申请材料之日起即为受理；

（五）申请事项属于国家市场监督管理总局职权范围，申请材料齐全、符合法定形式，或者申请人按照要求提交全部补正申请材料的，应当受理注册申请。

受理或者不予受理注册申请，应当出具加盖国家市场监督管理总局行政许可专用章和注明日期的凭证。

第十一条 审评机构应当对申请注册产品的产品配方、生产工艺、标签、说明书以及产品安全性、营养充足性和特殊医学用途临床效果进行审查，自受理之日起六十个工作日内完成审评工作。

特殊情况下需要延长审评时限的，经审评机构负责人同意，可以延长三十个工作日，延长决定应当书面告知申请人。

第十二条 审评过程中认为需要申请人补正材料的，审评机构应当一次告知需要补正的全部内容。申请人应当在六个月内按照补正通知的要求一次补正材料。补正材料的时间不计算在审评时限内。

第十三条 审评机构可以组织营养学、临床医学、食品安全、食品加工等领域专家对审评过程中遇到的问题进行论证，并形成专家意见。

第十四条 审评机构根据食品安全风险组织对申请人进行生产现场核查和抽样检验，对临床试验进行现场核查。必要时，可对食品原料、食品添加剂生产企业等开展延伸核查。

第十五条 审评机构应当通过书面或者电子等方式告知申请人核查事项。

申请人应当在三十个工作日内反馈接受现场核查的日期。因不可抗力等因素无法在规定时限内反馈的，申请人应当书面提出延期申请并说明理由。

第十六条 审评机构应当自申请人确认的生产现场核查日期起二十个工作日内完成对申请人的研发能力、生产能力、检验能力以及申请材料与实际情况的一致性等的现场核查，并出具生产现场核查报告。

审评机构通知申请人所在地省级市场监督管理部门参与现场核查的，省级市场监督管理部门应当派员参与。

第十七条 审评机构在生产现场核查中抽取动态生产的样品，委托具有法定资质的食品检验机构进行检验。

检验机构应当自收到样品之日起三十个工作日内按照食品安全国家标准和技术要求完成样品检验，并向审评机构出具样品检验报告。

第十八条 对于申请特定全营养配方食品注册的临床试验现场核查，审评机构应当自申请人确认的临床试验现场核查日期起三十个工作日内完成对临床试验的真实性、完整性、合法性和可溯源性等情况的现场核查，并出具临床试验现场核查报告。

第十九条 审评机构应当根据申请人提交的申请材料、现场核查报告、样品检验报告等资料开展审评，并作出审评结论。

第二十条 申请人的申请符合法定条件、标准，产品科学、安全，生产工艺合理、可行，产品质量可控，技术要求和检验方法科学、合理，现场核查报告结论、样品检验报告结论符合注册要求的，审评机构应当作出建议准予注册的审评结论。

第二十一条 有下列情形之一的，审评机构应当作出拟不予注册的审评结论：

（一）申请材料弄虚作假、不真实的；

（二）申请材料不支持产品安全性、营养充足性以及特殊医学用途临床效果的；

（三）申请人不具备与所申请注册产品相适应的研发能力、生产能力或者检验能力的；

（四）申请人未在规定时限内提交补正材料，或者提交的补正材料不符合要求的；

（五）逾期不能确认现场核查日期，拒绝或者不配合现场核查、抽样检验的；

（六）现场核查报告结论或者样品检验报告结论为不符合注册要求的；

（七）其他不符合法律、法规、规章、食品安全国家标准和技术要求等注册要求的情形。

审评机构作出不予注册审评结论的，应当向申请人发出拟不予注册通知并说明理由。申请人对审评结论有异议的，应当自收到通知之日起二十个工作日内向审评机构提出书面复审申请并说明复审理由。复审的内容仅限于原申请事项及申请材料。

审评机构应当自受理复审申请之日起三十个工作日内作出复审决定，并通知申请人。

第二十二条 现场核查、抽样检验、复审所需要的时间不计算在审评时限内。

对境外现场核查、抽样检验的工作时限，根据实际情况确定。

第二十三条 国家市场监督管理总局在审评结束后，依法作出是否批准的决定。对准予注册的，颁发特殊医学用途配方食品注册证书。对不予注册的，发给不予注册决定书，说明理由，并告知申请人享有依法申请行政复议或者提起行政诉讼的权利。

第二十四条 国家市场监督管理总局应当自受理之日起二十个工作日内作出决定。

审评机构应当自国家市场监督管理总局作出决定之日起十个工作日内向申请人送达特殊医学用途配方食品注册证书或者不予注册决定书。

第二十五条 特殊医学用途配方食品注册证书及附件应当载明下列事项：

（一）产品名称；

（二）企业名称、生产地址；

（三）注册号、批准日期及有效期；

（四）产品类别；

（五）产品配方；

（六）生产工艺；

（七）产品标签、说明书样稿；

（八）产品其他技术要求。

特殊医学用途配方食品注册号的格式为：国食注字 TY+四位年代号+四位顺序号，其中 TY 代表特殊医学用途配方食品。

特殊医学用途配方食品注册证书有效期五年，电子证书与纸质证书具有同等法律效力。

第二十六条 特殊医学用途配方食品注册证书有效期内，申请人需要变更注册证书及其附件载明事项的，应当向国家市场监督管理总局提出变更注册申请，并提交下列材料：

（一）特殊医学用途配方食品变更注册申请书；

（二）产品变更论证报告；

（三）与变更事项有关的其他材料。

第二十七条 申请人申请产品配方变更、生产工艺变更等可能影响产品安全性、营养充足性或者特殊医学用途临床效果的，审评机构应当按照本办法第十一条的规定组织开展审评，作出审评结论。

申请人申请企业名称变更、生产地址名称变更、产品名称变更等不影响产品安全性、营养充足性以及特殊医学用途临床效果的，审评机构应当自受理之日起十个工作日内作出审评结论。申请人企业名称变更的，应当以变更后的名称申请。

第二十八条 国家市场监督管理总局自审评结论作出之日起十个工作日内作出准予变更或者不予变更的决定。准予变更注册的，向申请人换发注册证书，标注变更时间和变更事项，注册证书发证日期以变更批准日期为准，原注册号不变，证书有效期不变；不予批准变更注册的，发给不予变更注册决定书，说明理由，并告知申请人享有依法申请行政复议或者提起行政诉讼的权利。

第二十九条 产品的食品原料和食品添加剂品种不变、配料表顺序不变、营养成分表不变，使用量在一定范围内合理波动或者调整的，不需要申请变更。

第三十条 特殊医学用途配方食品注册证书有效期届满需要延续的，申请人应当在注册证书有效期届满六个月前向国家市场监督管理总局提出延续注册申请，并提交下列材料：

（一）特殊医学用途配方食品延续注册申请书；

（二）申请人主体资质文件；

（三）企业研发能力、生产能力、检验能力情况；

（四）企业生产质量管理体系自查报告；

（五）产品安全性、营养充足性和特殊医学临床效果方面的跟踪评价情况；

（六）生产企业所在地省、自治区、直辖市市场监督管理部门延续注册意见书；

（七）与延续注册有关的其他材料。

第三十一条 审评机构应当按照本办法第十一条的规定对延续注册申请组织开展审评，并作出审评结论。

第三十二条 国家市场监督管理总局自受理申请之日起二十个工作日内作出准予延续注册或者不予延续注册的决定。准予延续注册的，向申请人换发注册证书，原注册号不变，证书有效期自批准之日起重新计算；不予延续注册的，发给不予延续注册决定书，说明理由，并告知申请人享有依法申请行政复议或者提起行政诉讼的权利。逾期未作决定的，视为准予延续。

第三十三条 有下列情形之一的，不予延续注册：

（一）未在规定时限内提出延续注册申请的；

（二）注册产品连续十二个月内在省级以上监督抽检中出现三批次及以上不合格的；

（三）申请人未能保持注册时研发能力、生产能力、检验能力的；

（四）其他不符合有关规定的情形。

第三十四条 申请人申请注册特殊医学用途配方食品有下列情形之一，

可以申请适用优先审评审批程序：

（一）罕见病类特殊医学用途配方食品；

（二）临床急需且尚未批准过的新类型特殊医学用途配方食品；

（三）国家市场监督管理总局规定的其他优先审评审批的情形。

第三十五条 申请人在提出注册申请前，应当与审评机构沟通交流，经确认后，在提出注册申请的同时，向审评机构提出优先审评审批申请。经审查，符合本办法第三十四条规定的情形，且经公示无异议后，审评机构纳入优先审评审批程序。

第三十六条 纳入优先审评审批程序的特殊医学用途配方食品，审评时限为三十个工作日；经沟通交流确认后，申请人可以补充提交技术材料；需要开展现场核查、抽样检验的，优先安排。

第三十七条 审评过程中，发现纳入优先审评审批程序的特殊医学用途配方食品注册申请不能满足优先审评审批条件的，审评机构应当终止该产品优先审评审批程序，按照正常审评程序继续审评，并告知申请人。

第三十八条 特殊医学用途配方食品变更注册、延续注册、优先审评审批的程序未作规定的，适用特殊医学用途配方食品注册相关规定。

第三章 临床试验

第三十九条 开展特定全营养配方食品注册临床试验，应当经伦理委员会审查同意。

第四十条 临床试验应当按照特殊医学用途配方食品临床试验质量管理规范开展。

特殊医学用途配方食品临床试验质量管理规范由国家市场监督管理总局发布。

第四十一条 申请人应当委托符合要求的临床机构开展临床试验。接受委托开展临床试验的临床机构应当出具临床试验报告，临床试验报告应当包括完整的统计分析报告和数据。

第四十二条 申请人组织开展多中心临床试验的，应当明确组长单位和统计单位。

第四十三条 申请人应当对用于临床试验的试验样品和对照样品的质量安全负责。

用于临床试验的试验样品应当由申请人按照申请注册的产品配方、生产工艺生产，生产条件应当符合特殊医学用途配方食品良好生产规范要求，产品应当符合相应食品安全国家标准和技术要求。

第四章　标签和说明书

第四十四条　特殊医学用途配方食品的标签、说明书应当符合法律、法规、规章和食品安全国家标准，并按照国家市场监督管理总局的规定进行标识。

第四十五条　特殊医学用途配方食品的名称应当反映食品的真实属性，使用食品安全国家标准规定的分类名称或者等效名称。

第四十六条　特殊医学用途配方食品的标签应当在主要展示版面标注产品名称、注册号、适用人群以及“请在医生或者临床营养师指导下使用”。

第四十七条　特殊医学用途配方食品标签、说明书应当对产品的配方特点或者营养学特征进行描述，并按照食品安全国家标准的规定标示“不适用于非目标人群使用”“本品禁止用于肠外营养支持和静脉注射”。

第四十八条　申请人对其提供的特殊医学用途配方食品标签、说明书的内容负责。标签、说明书应当真实、准确、清楚、明显；不得含有虚假内容，不得涉及疾病预防、治疗功能，不得对产品中的营养素及其他成分进行功能声称，不得误导消费者。

第四十九条　特殊医学用途配方食品的标签和说明书的内容应当一致，涉及特殊医学用途配方食品注册证书内容的，应当与注册证书内容一致。

标签已经涵盖说明书全部内容的，可以不另附说明书。

第五章　监 督 管 理

第五十条　承担技术审评、现场核查、抽样检验的机构和人员应当对出具的审评结论、现场核查报告、样品检验报告等负责；参加论证的专家出具专家意见，应当恪守职业道德。

技术审评、现场核查、抽样检验、专家论证应当依照法律、法规、规章、食品安全国家标准、技术规范等开展，保证相关工作科学、客观和公正。

第五十一条　市场监督管理部门接到有关单位或者个人举报的特殊医学用途配方食品注册工作中的违法违规行为，应当及时核实处理。

第五十二条　未经申请人同意，参与特殊医学用途配方食品注册工作的机构和人员不得披露申请人提交的商业秘密、未披露信息或者保密商务信息，法律另有规定或者涉及国家安全、重大社会公共利益的除外。

第五十三条 特殊医学用途配方食品申请受理后，申请人提出撤回特殊医学用途配方食品注册申请的，应当提交书面申请并说明理由。同意撤回申请的，国家市场监督管理总局终止其注册程序。

技术审评、现场核查和抽样检验过程中发现涉嫌存在隐瞒真实情况或者提供虚假信息等违法行为的，应当依法处理，申请人不得撤回注册申请。

第五十四条 有下列情形之一的，国家市场监督管理总局根据利害关系人的请求或者依据职权，可以撤销特殊医学用途配方食品注册：

（一）工作人员滥用职权、玩忽职守作出准予注册决定的；

（二）超越法定职权作出准予注册决定的；

（三）违反法定程序作出准予注册决定的；

（四）对不具备申请资格或者不符合法定条件的申请人准予注册的；

（五）食品生产许可证被吊销的；

（六）依法可以撤销注册的其他情形。

第五十五条 有下列情形之一的，国家市场监督管理总局应当依法办理特殊医学用途配方食品注册注销手续：

（一）企业申请注销的；

（二）企业依法终止的；

（三）注册证书有效期届满未延续的；

（四）注册证书依法被撤销、撤回或者依法被吊销的；

（五）法律、法规规定应当注销注册的其他情形。

第六章　法律责任

第五十六条 《食品安全法》等法律法规对特殊医学用途配方食品注册违法行为已有规定的，从其规定。

第五十七条 申请人隐瞒有关情况或者提供虚假材料申请特殊医学用途配方食品注册的，国家市场监督管理总局不予受理或者不予注册，对申请人给予警告；申请人在一年内不得再次申请特殊医学用途配方食品注册；涉嫌犯罪的，依法移送公安机关，追究刑事责任。

第五十八条 申请人以欺骗、贿赂等不正当手段取得特殊医学用途配方食品注册证书的，国家市场监督管理总局依法予以撤销，被许可人三年内不得再次申请特殊医学用途配方食品注册；处一万元以上三万元以下罚款；造成危害后果的，处三万元以上二十万元以下罚款；涉嫌犯罪的，依法移送公安机关，追究刑事责任。

第五十九条 伪造、涂改、倒卖、出租、出借、转让特殊医学用途配方食品注册证书的，由县级以上市场监督管理部门处三万元以上十万元以下罚款；造成危害后果的，处十万元以上二十万元以下罚款；涉嫌犯罪的，依法移送公安机关，追究刑事责任。

第六十条 申请人变更不影响产品安全性、营养充足性以及特殊医学用途临床效果的事项，未依法申请变更的，由县级以上市场监督管理部门责令限期改正；逾期不改的，处一千元以上一万元以下罚款。

申请人变更产品配方、生产工艺等可能影响产品安全性、营养充足性以及特殊医学用途临床效果的事项，未依法申请变更的，由县级以上市场监督管理部门依照《食品安全法》第一百二十四条的规定进行处罚。

第六十一条 市场监督管理部门及其工作人员对不符合条件的申请人准予注册，或者超越法定职权准予注册的，依照《食品安全法》第一百四十四条的规定处理。

市场监督管理部门及其工作人员在注册审批过程中滥用职权、玩忽职守、徇私舞弊的，依照《食品安全法》第一百四十五条的规定处理。

第七章 附 则

第六十二条 本办法所称特殊医学用途配方食品，是指为满足进食受限、消化吸收障碍、代谢紊乱或者特定疾病状态人群对营养素或者膳食的特殊需要，专门加工配制而成的配方食品，包括适用于0月龄至12月龄的特殊医学用途婴儿配方食品和适用于1岁以上人群的特殊医学用途配方食品。

适用于1岁以上人群的特殊医学用途配方食品，包括全营养配方食品、特定全营养配方食品、非全营养配方食品。

第六十三条 医疗机构等配制供病人食用的营养餐不适用本办法。

第六十四条 本办法自2024年1月1日起施行。2016年3月7日原国家食品药品监督管理总局令第24号公布的《特殊医学用途配方食品注册管理办法》同时废止。

七、食品检验

食品检验工作规范

（2016年12月30日　食药监科〔2016〕170号）

第一章　总　　则

第一条　为规范食品检验工作，依据《中华人民共和国食品安全法》（以下简称《食品安全法》）及其实施条例，特制定本规范。

第二条　本规范适用于依据《食品安全法》及其实施条例的规定开展的食品检验工作。

第三条　食品检验机构（以下简称检验机构）及其检验人应当依照有关法律法规的规定，并按照本规范和食品安全标准对食品进行检验。但是，法律法规另有规定的除外。检验机构及其检验人应当尊重科学，恪守职业道德，保证出具的检验数据和结论客观、公正、准确、可追溯，不得出具虚假检验数据和报告。

第四条　检验机构应当符合《食品检验机构资质认定条件》，并按照国家有关认证认可的规定取得资质认定后，方可在资质有效期和批准的检验能力范围内开展食品检验工作，法律法规另有规定的除外。承担复检工作的检验机构还应当按照《食品安全法》规定取得食品复检机构资格。

第五条　检验机构应当确保其组织、管理体系、检验能力、人员、环境和设施、设备和标准物质等方面持续符合资质认定条件和要求，并与其所开展的检验工作相适应。

第六条　检验机构及其检验人员应当遵循客观独立、公平公正、诚实信用原则，独立于食品检验工作所涉及的利益相关方，并通过识别诚信要素、实施针对性监控、建立保障制度等措施确保不受任何来自内外部的不正当的商业、财务和其他方面的压力和影响，保证检验工作的独立性、公正性和诚信。检验机构及其检验人员不得有以下情形：

（一）与其所从事的检验工作委托方、数据和结果使用方或者其他相关方，存在影响公平公正的关系；

（二）利用检验数据和结果进行检验工作之外的有偿活动；

（三）参与和检验项目或者类似的竞争性项目有关系的产品的生产、经营活动；

（四）向委托方、利益相关方索取不正当利益；

（五）泄露检验工作中所知悉的国家秘密、商业秘密和技术秘密；

（六）以广告或者其他形式向消费者推荐食品；

（七）参与其他任何影响检验工作独立性、公正性和诚信的活动。

第七条 食品检验实行检验机构与检验人负责制。检验机构和检验人对出具的食品检验数据和报告及检验工作行为负责。

第八条 检验机构应当履行社会责任，主动参与食品安全社会共治。在查办食品安全案件、协助司法机关进行检验、认定，以及发生食品安全突发事件时，检验机构应当建立绿色通道，配合政府相关部门优先完成相应的稽查检验和应急检验等任务。

第九条 检验机构应当按照国家有关法律法规的规定，实施实验室安全控制、人员健康保护和环境保护，规范危险品、废弃物、实验动物等的管理和处置，加强安全检查，制定安全事故应急处置程序，保障实验室安全和公共安全。

第十条 检验机构应当明确各类技术人员和管理人员职责和权限，建立检验责任追究制度以及检验事故分析、评估和处理制度等相应工作制度，强化责任意识，确保管理体系有效运行。

第十一条 鼓励和支持检验机构围绕食品安全监管、食品产业现状和发展需求，积极开展检验技术、设备、标准物质研发，参与食品安全标准的制修订工作，加强质量管理方法研究，并利用信息技术建设抽样系统、业务流程管理平台和检验数据共享平台等信息化管理系统，不断提高检验能力、工作效率、管理水平和服务水平。

第二章 抽（采）样和样品的管理

第十二条 承担抽（采）样工作的检验机构应当建立食品抽（采）样工作控制程序，制定抽（采）样计划，明确技术要求，规范抽（采）样流程，加强对抽（采）样人员的培训考核，确保抽（采）样工作的有效性。

第十三条 检验机构应当按照相关标准、技术规范或委托方的要求进行样品采集、运输、流转、处置等，并保存相关记录。抽（采）样过程应当确保样品的完整性、安全性和稳定性。样品数量应当满足检验工作的需要。网络食品的抽取还应当按照国家相关规定做好电子版样品信息和有关凭证的保存以及样品查验工作。

风险监测、案件稽查、事故调查、应急处置等工作中的抽（采）样，应当按照国家相关规定执行。

第十四条 检验机构应当有样品的标识系统，并规范样品的接收、储存、流转、制备、处置等工作，确保样品在整个检验期间处于受控状态，避免混淆、污染、损坏、丢失、退化等影响检验工作的情况出现。样品的保存期限应当满足相关法律法规、标准要求。

第十五条 检验机构应当建立超过保存期限的样品无害化处置程序并保存相关审批、处置记录。

第三章 检 验

第十六条 食品检验由检验机构指定的检验人独立进行，检验应当严格依据标准检验方法或经确认的非标准检验方法，确保方法中相关要求的有效实施。因实际情况，对方法的合理性偏离，应当有文件规定，并经技术判断和批准以及在客户接受的情况下实施。

第十七条 检验机构应当对检验工作如实进行记录，原始记录应当有检验人员的签名或者等效标识，确保检验记录信息完整，可追溯、复现检验过程。

第十八条 检验机构应当建立检验结果复验程序，在检验结果不合格或存疑等情况时进行复验并保存记录，确保数据结果准确可靠。

第十九条 检验机构应当规范检验方法的使用管理。标准检验方法使用前应当进行证实，并保存相关记录。因工作需要，检验机构可以采用经确认的非标准检验方法，但应事先征得委托方同意。如检验方法发生变化，应当重新进行证实或确认。

第二十条 因风险监测、案件稽查、事故调查、应急处置等工作以及其他食品安全紧急情况需要，对尚未建立食品安全标准检验方法的，检验机构可采用非食品安全标准等规定的检验项目和检验方法，并符合国家相关规定的要求。

第二十一条 检验机构应当严格按照相关法律法规的规定开展复检工作，确保复检程序合法合规，检验结果公正有效。初检机构可对复检过程进行观察，复检机构应当予以配合。

第四章 结果报告

第二十二条 食品检验报告应当有检验机构资质认定标志以及检验机构公章或经法人授权的检验机构检验专用章，并有授权签字人的签名或者等效标识。检验机构出具的电子版检验报告和原始记录的效力按照国家有关签章的法律法规执行。

第二十三条 检验机构应当严格按照相关法律法规关于检验时限规定和客户要求，在规定的期限内完成委托检验工作，出具结果报告。

第二十四条 检验机构应当建立食品安全风险信息报告制度，在检验工作中发现食品存在严重安全问题或高风险问题，以及区域性、系统性、行业性食品安全风险隐患时，应当及时向所在地县级以上食品药品监督管理部门报告，并保留书面报告复印件、检验报告和原始记录。

第五章 质量管理

第二十五条 检验机构应当健全组织机构，建立、实施和持续保持与检验工作相适应的管理体系。开展人体功能性评价的机构还应当具备独立的伦理审评委员会，建立与人体试食试验相适应的管理体系。

第二十六条 检验机构应当建立健全人员持证上岗制度，规范人员的录用、培训、管理，加强对人员关于食品安全法律法规、标准规范、操作技能、质量控制要求、实验室安全与防护知识、量值溯源和数据处理知识等的培训考核，确保人员能力持续满足工作需求。从事国家规定的特定检验工作的人员应当取得相关法律法规所规定的资格。检验机构不得聘用相关法律法规禁止从事食品检验工作的人员。

第二十七条 检验机构应当确保其环境条件不会使检验结果无效，或不会对检验质量产生不良影响。对相互影响的检验区域应当有效隔离，防止干扰或者交叉污染。微生物实验室和毒理学实验室生物安全等级管理应当符合国家相关规定。开展动物实验的实验室空间布局、环境设施还应当满足国家关于相应级别动物实验室管理的要求。

第二十八条 检验机构应当建立健全仪器设备、标准物质、标准菌（毒）种管理制度，规范管理使用，加强核查，确保其准确可靠，并满足溯源性要求。

第二十九条 检验机构应当密切关注食品安全风险信息和食品行业的发展动态，及时收集政府相关部门发布的食品安全和检验检测相关法律法规、公告公示，确保管理体系内部和外部文件有效。检验机构还应当定期开展食品安全标准查新，及时证实能够正确使用更新的标准检验方法，并向资质认定部门申请标准检验方法变更。

第三十条 检验机构应当规范对影响检验结果的标准物质、标准菌（毒）种、血清、试剂和消耗材料等供应品的购买、验收、储存等工作，并定期对供应商进行评价，列出合格供应商名单。实验动物和动物饲料的购买、验收、使用还应当满足国家相关规定的要求。

第三十一条 检验机构应当建立健全投诉处理制度，及时处理对检验结果的异议和投诉，并保存有关记录。

第三十二条 检验机构应当建立健全档案管理制度，指定专人负责，并有措施确保存档材料的安全性、完整性。档案保存期限应当满足相关法律法规要求和检验工作追溯需要。

第三十三条 检验机构应当对检验工作实施内部质量控制和质量监督，有计划地进行内部审核和管理评审，采取纠正和预防等措施定期审查和完善管理体系，不断提升检验能力，并保存相关记录。

第三十四条 检验机构应当定期采取但不限于加标回收、样品复测、人员比对、仪器比对、空白试验、对照试验、使用有证标准物质或质控样品、通过质控图持续监控等方式，加强结果质量控制，确保检验结果准确可靠。

第三十五条 检验机构应当积极参加实验室间比对试验或能力验证，覆盖领域和参加频次应当与其检验能力情况和检验工作需求相适应，并针对可疑或不满意结果采取有效措施进行改进。

第三十六条 运用计算机与信息技术或自动化设备对检验数据和相关信息采集、记录、处理、分析、报告、存储、传输或检索的，以及利用

“互联网+”模式为客户提供服务的，检验机构应当确保数据信息的安全性、完整性和真实性，并对上述工作与认证认可相关要求和本规范附件要求的符合性进行完整的确认，保留确认记录。

第三十七条 承担政府相关部门委托检验的机构应当制定相应的工作制度和程序，实施针对性的专项质量控制活动，严格按照任务委托部门制定的计划、实施方案和指定的检验方法进行抽（采）样、检验和结果上报，不得有意回避或者选择性抽样，不得事先有意告知被抽样单位，不得瞒报、谎报数据结果等信息，不得擅自对外发布或者泄露数据。根据工作需要，检验机构应当接受任务委托部门安排，完成稽查检验和应急检验等任务。

第六章 监督管理

第三十八条 检验机构应当在其官方网站或者以其他公开方式，公布取得资质认定的检验能力范围、工作流程和期限、异议处理和投诉程序以及向社会公开遵守法律法规、独立公正从业、履行社会责任等承诺，并接受社会公众监督。

第三十九条 违反本规范规定，检验机构和检验人员有出具虚假检验数据和检验报告等法律法规禁止行为的，未建立食品安全风险信息报告制度不能及时上报安全风险隐患的，以及承担政府相关部门委托检验任务违反有关工作要求的，依照《食品安全法》及其实施条例等法律法规的有关规定予以追究法律责任。

第四十条 国家食品药品监督管理总局负责本规范实施的监督工作。各级食品药品监督管理部门依照本规范对承担其委托检验任务的检验机构开展监督管理工作。

第七章 附 则

第四十一条 适用本规范的检验机构主要包括政府有关部门设立的检验机构和高等院校、科研院所、社会第三方等单位所属的检验机构等依法取得资质认定的机构。

本规范所要求的检验方法证实，指检验机构提供证据证明能够正确使用标准方法实施检验；所要求的检验方法确认，指检验机构提供证据证明方法能够满足预期用途；所要求的复验是指同一检验机构对原样品进行的再次检验，以进一步确认检验结果。

第四十二条 本规范由国家食品药品监督管理总局负责解释。

第四十三条 本规范自发布之日起施行。

附件：食品检验计算机信息系统要求（略）

食品安全抽样检验管理办法

（2019 年 8 月 8 日国家市场监督管理总局令第 15 号公布　根据 2022 年 9 月 29 日国家市场监督管理总局令第 61 号第一次修正　根据 2025 年 3 月 18 日国家市场监督管理总局令第 101 号第二次修正）

第一章　总　　则

第一条 为规范食品安全抽样检验工作，加强食品安全监督管理，保障公众身体健康和生命安全，根据《中华人民共和国食品安全法》等法律法规，制定本办法。

第二条 市场监督管理部门组织实施的食品安全监督抽检和风险监测的抽样检验工作，适用本办法。

第三条 国家市场监督管理总局负责组织开展全国性食品安全抽样检验工作，监督指导地方市场监督管理部门组织实施食品安全抽样检验工作。

县级以上地方市场监督管理部门负责组织开展本级食品安全抽样检验工作，并按照规定实施上级市场监督管理部门组织的食品安全抽样检验工作。

第四条 市场监督管理部门应当按照科学、公开、公平、公正的原则，以发现和查处食品安全问题为导向，依法对食品生产经营活动全过程组织开展食品安全抽样检验工作。

食品生产经营者是食品安全第一责任人，应当依法配合市场监督管理部门组织实施的食品安全抽样检验工作。

第五条 市场监督管理部门应当与承担食品安全抽样、检验任务的技术机构（以下简称承检机构）签订委托协议，明确双方权利和义务。

承检机构应当依照有关法律、法规规定取得资质认定后方可从事检验活动。承检机构进行检验，应当尊重科学，恪守职业道德，保证出具的检验数据和结论客观、公正，不得出具虚假检验报告。

市场监督管理部门应当对承检机构的抽样检验工作进行监督检查，发现存在检验能力缺陷或者有重大检验质量问题等情形的，应当按照有关规定及时处理。

第六条 国家市场监督管理总局建立国家食品安全抽样检验信息系统，定期分析食品安全抽样检验数据，加强食品安全风险预警，完善并督促落实相关监督管理制度。

县级以上地方市场监督管理部门应当按照规定通过国家食品安全抽样检验信息系统，及时报送并汇总分析食品安全抽样检验数据。

第七条 国家市场监督管理总局负责组织制定食品安全抽样检验指导规范。

开展食品安全抽样检验工作应当遵守食品安全抽样检验指导规范。

第二章 计 划

第八条 国家市场监督管理总局根据食品安全监管工作的需要，制定全国性食品安全抽样检验年度计划。

县级以上地方市场监督管理部门应当根据上级市场监督管理部门制定的抽样检验年度计划并结合实际情况，制定本行政区域的食品安全抽样检验工作方案。

市场监督管理部门可以根据工作需要不定期开展食品安全抽样检验工作。

第九条 食品安全抽样检验工作计划和工作方案应当包括下列内容：

（一）抽样检验的食品品种；

（二）抽样环节、抽样方法、抽样数量等抽样工作要求；

（三）检验项目、检验方法、判定依据等检验工作要求；

（四）抽检结果及汇总分析的报送方式和时限；

（五）法律、法规、规章和食品安全标准规定的其他内容。

第十条 下列食品应当作为食品安全抽样检验工作计划的重点：

（一）风险程度高以及污染水平呈上升趋势的食品；

（二）流通范围广、消费量大、消费者投诉举报多的食品；

（三）风险监测、监督检查、专项整治、案件稽查、事故调查、应急处置等工作表明存在较大隐患的食品；

（四）专供婴幼儿和其他特定人群的主辅食品；

（五）学校和托幼机构食堂以及旅游景区餐饮服务单位、中央厨房、集体用餐配送单位经营的食品；

（六）有关部门公布的可能违法添加非食用物质的食品；

（七）已在境外造成健康危害并有证据表明可能在国内产生危害的食品；

（八）其他应当作为抽样检验工作重点的食品。

第三章 抽 样

第十一条 市场监督管理部门可以自行抽样或者委托承检机构抽样。食品安全抽样工作应当遵守随机选取抽样对象、随机确定抽样人员的要求。

县级以上地方市场监督管理部门应当按照上级市场监督管理部门的要求，配合做好食品安全抽样工作。

第十二条 食品安全抽样检验应当支付样品费用。

第十三条 抽样单位应当建立食品抽样管理制度，明确岗位职责、抽样流程和工作纪律，加强对抽样人员的培训和指导，保证抽样工作质量。

抽样人员应当熟悉食品安全法律、法规、规章和食品安全标准等的相关规定。

第十四条 抽样人员执行现场抽样任务时不得少于2人，并向被抽样食品生产经营者出示抽样检验告知书及有效身份证明文件。由承检机构执行抽样任务的，还应当出示任务委托书。

案件稽查、事故调查中的食品安全抽样活动，应当由食品安全行政执法人员进行或者陪同。

承担食品安全抽样检验任务的抽样单位和相关人员不得提前通知被抽样食品生产经营者。

第十五条 抽样人员现场抽样时，应当记录被抽样食品生产经营者的营业执照、许可证等可追溯信息。

抽样人员可以从食品经营者的经营场所、仓库以及食品生产者的成品库待销产品中随机抽取样品，不得由食品生产经营者自行提供样品。

抽样数量原则上应当满足检验和复检的要求。

第十六条 风险监测、案件稽查、事故调查、应急处置中的抽样，不受抽样数量、抽样地点、被抽样单位是否具备合法资质等限制。

第十七条 食品安全监督抽检中的样品分为检验样品和复检备份样品。

现场抽样的，抽样人员应当采取有效的防拆封措施，对检验样品和复检备份样品分别封样，并由抽样人员和被抽样食品生产经营者签字或者盖章确认。

抽样人员应当保存购物票据，并对抽样场所、贮存环境、样品信息等通过拍照或者录像等方式留存证据。

第十八条 市场监督管理部门开展网络食品安全抽样检验时，应当记录买样人员以及付款账户、注册账号、收货地址、联系方式等信息。买样人员应当通过截图、拍照或者录像等方式记录被抽样网络食品生产经营者信息、样品网页展示信息，以及订单信息、支付记录等。

抽样人员收到样品后，应当通过拍照或者录像等方式记录拆封过程，对递送包装、样品包装、样品储运条件等进行查验，并对检验样品和复检备份样品分别封样。

第十九条 抽样人员应当使用规范的抽样文书，详细记录抽样信息。记录保存期限不得少于2年。

现场抽样时，抽样人员应当书面告知被抽样食品生产经营者依法享有的权利和应当承担的义务。被抽样食品生产经营者应当在食品安全抽样文书上签字或者盖章，不得拒绝或者阻挠食品安全抽样工作。

第二十条 现场抽样时，样品、抽样文书以及相关资料应当由抽样人员于5个工作日内携带或者寄送至承检机构，不得由被抽样食品生产经营者自行送样和寄送文书。因客观原因需要延长送样期限的，应当经组织抽样检验的市场监督管理部门同意。

对有特殊贮存和运输要求的样品，抽样人员应当采取相应措施，保证样品贮存、运输过程符合国家相关规定和包装标示的要求，不发生影响检验结论的变化。

第二十一条 抽样人员发现食品生产经营者涉嫌违法、生产经营的食品及原料没有合法来源或者无正当理由拒绝接受食品安全抽样的，应当报告有管辖权的市场监督管理部门进行处理。

第四章　检验与结果报送

第二十二条　食品安全抽样检验的样品由承检机构保存。

承检机构接收样品时，应当查验、记录样品的外观、状态、封条有无破损以及其他可能对检验结论产生影响的情况，并核对样品与抽样文书信息，将检验样品和复检备份样品分别加贴相应标识后，按照要求入库存放。

对抽样不规范的样品，承检机构应当拒绝接收并书面说明理由，及时向组织或者实施食品安全抽样检验的市场监督管理部门报告。

第二十三条　食品安全监督抽检应当采用食品安全标准规定的检验项目和检验方法。没有食品安全标准的，应当采用依照法律法规制定的临时限量值、临时检验方法或者补充检验方法。

风险监测、案件稽查、事故调查、应急处置等工作中，在没有前款规定的检验方法的情况下，可以采用其他检验方法分析查找食品安全问题的原因。所采用的方法应当遵循技术手段先进的原则，并取得国家或者省级市场监督管理部门同意。

第二十四条　食品安全抽样检验实行承检机构与检验人负责制。承检机构出具的食品安全检验报告应当加盖机构公章，并有检验人的签名或者盖章。承检机构和检验人对出具的食品安全检验报告负责。

承检机构应当自收到样品之日起20个工作日内出具检验报告。市场监督管理部门与承检机构另有约定的，从其约定。

未经组织实施抽样检验任务的市场监督管理部门同意，承检机构不得分包或者转包检验任务。

第二十五条　食品安全监督抽检的检验结论合格的，承检机构应当自检验结论作出之日起3个月内妥善保存复检备份样品。复检备份样品剩余保质期不足3个月的，应当保存至保质期结束。合格备份样品能合理再利用、且符合省级以上市场监督管理部门有关要求的，可不受上述保存时间限制。

检验结论不合格的，承检机构应当自检验结论作出之日起6个月内妥善保存复检备份样品。复检备份样品剩余保质期不足6个月的，应当保存至保质期结束。

第二十六条 食品安全监督抽检的检验结论合格的，承检机构应当在检验结论作出后7个工作日内将检验结论报送组织或者委托实施抽样检验的市场监督管理部门。

抽样检验结论不合格的，承检机构应当在检验结论作出后2个工作日内报告组织或者委托实施抽样检验的市场监督管理部门。

第二十七条 国家市场监督管理总局组织的食品安全监督抽检的检验结论不合格的，承检机构除按照相关要求报告外，还应当通过国家食品安全抽样检验信息系统及时通报抽样地以及标称的食品生产者住所地市场监督管理部门。

地方市场监督管理部门组织或者实施食品安全监督抽检的检验结论不合格的，抽样地与标称食品生产者住所地不在同一省级行政区域的，抽样地市场监督管理部门应当在收到不合格检验结论后通过国家食品安全抽样检验信息系统及时通报标称的食品生产者住所地同级市场监督管理部门。同一省级行政区域内不合格检验结论的通报按照抽检地省级市场监督管理部门规定的程序和时限通报。

通过网络食品交易第三方平台抽样的，除按照前两款的规定通报外，还应当同时通报网络食品交易第三方平台提供者住所地市场监督管理部门。

第二十八条 食品安全监督抽检的抽样检验结论表明不合格食品可能对身体健康和生命安全造成严重危害的，市场监督管理部门和承检机构应当按照规定立即报告或者通报。

案件稽查、事故调查、应急处置中的检验结论的通报和报告，不受本办法规定时限限制。

第二十九条 县级以上地方市场监督管理部门收到监督抽检不合格检验结论后，应当按照省级以上市场监督管理部门的规定，在5个工作日内将检验报告和抽样检验结果通知书送达被抽样食品生产经营者、食品集中交易市场开办者、网络食品交易第三方平台提供者，并告知其依法享有的权利和应当承担的义务。

第五章 复检和异议

第三十条 食品生产经营者对依照本办法规定实施的监督抽检检验结

论有异议的，可以自收到检验结论之日起7个工作日内，向实施监督抽检的市场监督管理部门或者其上一级市场监督管理部门提出书面复检申请。向国家市场监督管理总局提出复检申请的，国家市场监督管理总局可以委托复检申请人住所地省级市场监督管理部门负责办理。逾期未提出的，不予受理。

第三十一条 有下列情形之一的，不予复检：

（一）检验结论为微生物指标不合格的；

（二）复检备份样品超过保质期的；

（三）逾期提出复检申请的；

（四）其他原因导致备份样品无法实现复检目的的；

（五）法律、法规、规章以及食品安全标准规定的不予复检的其他情形。

第三十二条 市场监督管理部门应当自收到复检申请材料之日起5个工作日内，出具受理或者不予受理通知书。不予受理的，应当书面说明理由。

市场监督管理部门应当自出具受理通知书之日起5个工作日内，在公布的复检机构名录中，遵循便捷高效原则，随机确定复检机构进行复检。复检机构不得与初检机构为同一机构。因客观原因不能及时确定复检机构的，可以延长5个工作日，并向申请人说明理由。

复检机构无正当理由不得拒绝复检任务，确实无法承担复检任务的，应当在2个工作日内向相关市场监督管理部门作出书面说明。

复检机构与复检申请人存在日常检验业务委托等利害关系的，不得接受复检申请。

第三十三条 初检机构应当自复检机构确定后3个工作日内，将备份样品移交至复检机构。因客观原因不能按时移交的，经受理复检的市场监督管理部门同意，可以延长3个工作日。复检样品的递送方式由初检机构和申请人协商确定。

复检机构接到备份样品后，应当通过拍照或者录像等方式对备份样品外包装、封条等完整性进行确认，并做好样品接收记录。复检备份样品封条、包装破坏，或者出现其他对结果判定产生影响的情况，复检机构应当及时书面报告市场监督管理部门。

第三十四条 复检机构实施复检，应当使用与初检机构一致的检验方法。实施复检时，食品安全标准对检验方法有新的规定的，从其规定。

初检机构可以派员观察复检机构的复检实施过程，复检机构应当予以配合。初检机构不得干扰复检工作。

第三十五条 复检机构应当自收到备份样品之日起 10 个工作日内，向市场监督管理部门提交复检结论。市场监督管理部门与复检机构对时限另有约定的，从其约定。复检机构出具的复检结论为最终检验结论。

市场监督管理部门应当自收到复检结论之日起 5 个工作日内，将复检结论通知申请人，并通报不合格食品生产经营者住所地市场监督管理部门。

第三十六条 复检申请人应当向复检机构先行支付复检费用。复检结论与初检结论一致的，复检费用由复检申请人承担。复检结论与初检结论不一致的，复检费用由实施监督抽检的市场监督管理部门承担。

复检费用包括检验费用和样品递送产生的相关费用。

第三十七条 在食品安全监督抽检工作中，食品生产经营者可以对其生产经营食品的抽样过程、样品真实性、检验方法、标准适用等事项依法提出异议处理申请。

对抽样过程有异议的，申请人应当在抽样完成后 7 个工作日内，向实施监督抽检的市场监督管理部门提出书面申请，并提交相关证明材料。

对样品真实性、检验方法、标准适用等事项有异议的，申请人应当自收到不合格结论通知之日起 7 个工作日内，向组织实施监督抽检的市场监督管理部门提出书面申请，并提交相关证明材料。

向国家市场监督管理总局提出异议申请的，国家市场监督管理总局可以委托申请人住所地省级市场监督管理部门负责办理。

第三十八条 异议申请材料不符合要求或者证明材料不齐全的，市场监督管理部门应当当场或者在 5 个工作日内一次告知申请人需要补正的全部内容。

市场监督管理部门应当自收到申请材料之日起 5 个工作日内，出具受理或者不予受理通知书。不予受理的，应当书面说明理由。

第三十九条 异议审核需要其他市场监督管理部门协助的，相关市场监督管理部门应当积极配合。

对抽样过程有异议的，市场监督管理部门应当自受理之日起 20 个工作日内，完成异议审核，并将审核结论书面告知申请人。

对样品真实性、检验方法、标准适用等事项有异议的，市场监督管理部门应当自受理之日起30个工作日内，完成异议审核，并将审核结论书面告知申请人。需商请有关部门明确检验以及判定依据相关要求的，所需时间不计算在内。

市场监督管理部门应当根据异议核查实际情况依法进行处理，并及时将异议处理申请受理情况及审核结论，通报不合格食品生产经营者住所地市场监督管理部门。

第六章　核查处置及信息发布

第四十条　食品生产经营者收到监督抽检不合格检验结论后，应当立即采取封存不合格食品，暂停生产、经营不合格食品，通知相关生产经营者和消费者，召回已上市销售的不合格食品等风险控制措施，排查不合格原因并进行整改，及时向住所地市场监督管理部门报告处理情况，积极配合市场监督管理部门的调查处理，不得拒绝、逃避。

在复检和异议期间，食品生产经营者不得停止履行前款规定的义务。食品生产经营者未主动履行的，市场监督管理部门应当责令其履行。

在国家利益、公共利益需要时，或者为处置重大食品安全突发事件，经省级以上市场监督管理部门同意，可以由省级以上市场监督管理部门组织调查分析或者再次抽样检验，查明不合格原因。

第四十一条　食品安全风险监测结果表明存在食品安全隐患的，省级以上市场监督管理部门应当组织相关领域专家进一步调查和分析研判，确认有必要通知相关食品生产经营者的，应当及时通知。

接到通知的食品生产经营者应当立即进行自查，发现食品不符合食品安全标准或者有证据证明可能危害人体健康的，应当依照食品安全法第六十三条的规定停止生产、经营，实施食品召回，并报告相关情况。

食品生产经营者未主动履行前款规定义务的，市场监督管理部门应当责令其履行，并可以对食品生产经营者的法定代表人或者主要负责人进行责任约谈。

第四十二条　食品经营者收到监督抽检不合格检验结论后，应当按照国家市场监督管理总局的规定在被抽检经营场所显著位置公示相关不合格产品信息。

第四十三条 市场监督管理部门收到监督抽检不合格检验结论后，应当及时启动核查处置工作，督促食品生产经营者履行法定义务，依法开展调查处理。必要时，上级市场监督管理部门可以直接组织调查处理。

县级以上地方市场监督管理部门组织的监督抽检，检验结论表明不合格食品含有违法添加的非食用物质，或者存在致病性微生物、农药残留、兽药残留、生物毒素、重金属以及其他危害人体健康的物质严重超出标准限量等情形的，应当依法及时处理并逐级报告至国家市场监督管理总局。

第四十四条 调查中发现涉及其他部门职责的，应当将有关信息通报相关职能部门。有委托生产情形的，受托方食品生产者住所地市场监督管理部门在开展核查处置的同时，还应当通报委托方食品生产经营者住所地市场监督管理部门。

第四十五条 市场监督管理部门应当在90日内完成不合格食品的核查处置工作。需要延长办理期限的，应当书面报请负责核查处置的市场监督管理部门负责人批准。

第四十六条 市场监督管理部门应当通过政府网站等媒体及时向社会公开监督抽检结果和不合格食品核查处置的相关信息，并按照要求将相关信息记入食品生产经营者信用档案。市场监督管理部门公布食品安全监督抽检不合格信息，包括被抽检食品名称、规格、商标、生产日期或者批号、不合格项目，标称的生产者名称、地址，以及被抽样单位名称、地址等。

可能对公共利益产生重大影响的食品安全监督抽检信息，市场监督管理部门应当在信息公布前加强分析研判，科学、准确公布信息，必要时，应当通报相关部门并报告同级人民政府或者上级市场监督管理部门。

任何单位和个人不得擅自发布、泄露市场监督管理部门组织的食品安全监督抽检信息。

第七章 法律责任

第四十七条 食品生产经营者违反本办法的规定，无正当理由拒绝、阻挠或者干涉食品安全抽样检验、风险监测和调查处理的，由县级以上人民政府市场监督管理部门依照食品安全法第一百三十三条第一款的规定处罚；违反治安管理处罚法有关规定的，由市场监督管理部门依法移交公安机关处理。

食品生产经营者违反本办法第三十七条的规定，提供虚假证明材料的，由市场监督管理部门给予警告，并处1万元以上3万元以下罚款。

违反本办法第四十二条的规定，食品经营者未按规定公示相关不合格产品信息的，由市场监督管理部门责令改正；拒不改正的，给予警告，并处3万元以下罚款。

第四十八条 违反本办法第四十条、第四十一条的规定，经市场监督管理部门责令履行后，食品生产经营者仍拒不召回或者停止经营的，由县级以上人民政府市场监督管理部门依照食品安全法第一百二十四条第一款的规定处罚。

第四十九条 市场监督管理部门应当依法将食品生产经营者受到的行政处罚等信息归集至国家企业信用信息公示系统，记于食品生产经营者名下并向社会公示。对存在严重违法失信行为的，按照规定实施联合惩戒。

第五十条 有下列情形之一的，市场监督管理部门应当按照有关规定依法处理并向社会公布；构成犯罪的，依法移送司法机关处理。

（一）调换样品、伪造检验数据或者出具虚假检验报告的；

（二）利用抽样检验工作之便牟取不正当利益的；

（三）违反规定事先通知被抽检食品生产经营者的；

（四）擅自发布食品安全抽样检验信息的；

（五）未按照规定的时限和程序报告不合格检验结论，造成严重后果的；

（六）有其他违法行为的。

有前款规定的第（一）项情形的，市场监督管理部门终身不得委托其承担抽样检验任务；有前款规定的第（一）项以外其他情形的，市场监督管理部门五年内不得委托其承担抽样检验任务。

复检机构有第一款规定的情形，或者无正当理由拒绝承担复检任务的，由县级以上人民政府市场监督管理部门给予警告；无正当理由1年内2次拒绝承担复检任务的，由国务院市场监督管理部门商有关部门撤销其复检机构资质并向社会公布。

第五十一条 市场监督管理部门及其工作人员有违反法律、法规以及本办法规定和有关纪律要求的，应当依据食品安全法和相关规定，对直接负责的主管人员和其他直接责任人员，给予相应的处分；构成犯罪的，依法移送司法机关处理。

第八章 附 则

第五十二条 本办法所称监督抽检是指市场监督管理部门按照法定程序和食品安全标准等规定，以排查风险为目的，对食品组织的抽样、检验、复检、处理等活动。

本办法所称风险监测是指市场监督管理部门对没有食品安全标准的风险因素，开展监测、分析、处理的活动。

第五十三条 市场监督管理部门可以参照本办法的有关规定组织开展评价性抽检。

评价性抽检是指依据法定程序和食品安全标准等规定开展抽样检验，对市场上食品总体安全状况进行评估的活动。

第五十四条 食品添加剂的检验，适用本办法有关食品检验的规定。

餐饮食品、食用农产品进入食品生产经营环节的抽样检验以及保质期短的食品、节令性食品的抽样检验，参照本办法执行。

市场监督管理部门可以参照本办法关于网络食品安全监督抽检的规定对自动售卖机、无人超市等没有实际经营人员的食品经营者组织实施抽样检验。

第五十五条 承检机构制作的电子检验报告与出具的书面检验报告具有同等法律效力。

第五十六条 本办法自2019年10月1日起施行。

食品补充检验方法管理规定

（2023年3月13日 国市监食检规〔2023〕2号）

第一章 总 则

第一条 为规范食品补充检验方法制定工作，根据《中华人民共和国食品安全法实施条例》，制定本规定。

第二条 食品补充检验方法制定应科学可靠，具有实用性、可操作性和可推广性。

第三条 对可能掺杂掺假的食品，可以制定食品补充检验方法，制定范围应当同时符合以下情形：

（一）现有食品安全标准规定的检验项目和检验方法无法检验的；

（二）未规定食品中有害物质临时检验方法的；

（三）对发现的添加或者可能添加到食品中的非食品用化学物质和其他可能危害人体健康的物质，未规定检测方法的。

第四条 食品补充检验方法可用于食品的抽样检验、食品安全案件调查处理和食品安全事故处置。

第五条 市场监管总局负责食品补充检验方法的制定工作。食品补充检验方法制定工作包括立项、起草、送审和审查、批准和发布、跟踪评价和修订等。

第六条 市场监管总局组织成立食品补充检验方法审评委员会（以下简称审评委员会），审评委员会设专家组和办公室，专家组由食品检验相关领域的专家组成，负责审查食品补充检验方法。

第二章 立　　项

第七条 市场监管总局可通过征集、委托等方式，按照区分轻重缓急、科学可行的原则，确定食品补充检验方法立项项目和起草单位。食品安全监管中发现重大问题或应对突发事件，可以紧急增补食品补充检验方法项目。

第八条 申报单位应当具备以下条件：

（一）起草食品补充检验方法所需的技术水平和组织能力；

（二）在申报项目所涉及的领域内无利益冲突；

（三）能够提供食品补充检验方法起草工作所需人员、经费、科研等方面的资源和保障条件，能够按照要求完成相关起草任务。

第九条 项目负责人应当具备以下条件：

（一）在食品安全及相关领域具有较高的造诣和业务水平，熟悉国内外食品安全相关法律法规、食品安全标准和食品补充检验方法；

（二）具有起草食品安全国家标准、食品补充检验方法工作经验者优先。

第十条 项目负责人承担的食品补充检验方法项目延期期间，原则上不得申报新方法项目；同一起草单位原则上同一批次申报数量不得超过三项。

第十一条 按照市场监管总局征集立项要求，申报单位填写食品补充检验方法立项申请书，并将相关材料报送至审评委员会办公室。

第十二条 立项申请材料应包含拟解决的食品安全问题，立项背景和理由，方法的适用条件、范围和主要技术内容，已有食品安全风险监测数据，国际同类方法和国内相关法规情况，可能产生的经济和社会影响以及申报单位前期工作基础等。

第十三条 审评委员会办公室收集立项申请材料，组织专家进行立项审查，根据食品安全监管工作需求，推荐立项项目和起草单位，需要多家单位共同承担项目时，专家组应根据申报材料推荐牵头单位和参与单位。

第十四条 市场监管总局可根据工作需要，征求省级市场监管部门等相关单位立项意见。

第三章 起　　草

第十五条 食品补充检验方法制定实行起草单位负责制，起草单位对方法的科学性、先进性、实用性和规范性负责。鼓励食品检验机构、科研院所、大专院校、社会团体等单位联合起草。

第十六条 起草食品补充检验方法文本，应参照食品安全国家标准编写规则，内容包含适用范围、方法原理、试剂仪器、分析步骤、计算结果等；编制说明包含相关背景、研制过程、各项技术参数的依据、实验室内和实验室间验证情况等内容。

方法文本中有需要与食品安全国家标准及其他食品补充检验方法协调处理内容的，应当在编制说明中明确说明，并提供相关材料，同时提出需要协调处理的技术意见。

第十七条 起草单位应根据所起草方法的技术特点，原则上选择不少于5家食品检验机构，委托开展实验室间验证。验证单位的选择应具有代表性和公信力，其中至少包含1家食品复检机构。

验证单位应向起草单位提供加盖公章的验证报告。验证单位对其出具验证报告的真实性和合法性负责。

第十八条 验证报告中至少包括方法的食品基质、检出限、定量限、线性范围、准确度、精密度。其他验证内容和指标参照食品安全国家标准方法验证的相关要求。必要时采取保证一定均匀性和稳定性的真实阳性样品、模拟加标样品或质控样品进行实验室间验证。

第十九条 起草单位和项目负责人应当在深入调查研究、充分论证技术指标的基础上按要求研制食品补充检验方法。起草单位应当广泛征求意见。征求意见时应提供方法征求意见稿和编制说明。征求意见对象应具有代表性，其中包括食品检验机构、科研院所、大专院校、行业协会学会和专家等。

征求意见收到的书面意见不少于20份。起草单位应当对反馈意见进行归纳整理，填写征求意见汇总处理表。

第二十条 食品补充检验方法研制项目有以下情形之一的，起草单位原则上应当提前三十日向委托单位提交书面申请，并抄送审评委员会办公室，同意后方可实施：

（一）起草单位或者项目负责人变更；

（二）项目延期，原则上只有一次且不得超过半年；

（三）项目调整的其他情形。

第四章 送审和审查

第二十一条 起草单位应当在规定时限内完成起草工作，并将方法草案、编制说明、征求意见汇总处理表、验证报告、社会风险分析报告等材料报送至审评委员会办公室。

第二十二条 审评委员会办公室在收到方法草案及相关材料的5个工作日内组织形式审查。审查内容应当包括完整性、规范性、与项目要求的一致性等。

形式审查通过的，审评委员会办公室组织专家进行会议审查；形式审查未通过的，审评委员会办公室告知起草单位。

第二十三条 专家组推选组长，主持会议审查，对方法送审材料的科学性、先进性、实用性、规范性以及其他技术问题等进行审查。每个方法指定主审专家，负责组织提出审查意见、指导修改方法内容等。

第二十四条 会议审查时，项目负责人应当到会报告方法起草经过、技术路线、内容依据等，回答专家的提问。

第二十五条 会议审查原则上采取协商一致的方式。审查实行专家组负责制，专家组根据起草单位送审材料及现场质询情况形成审查意见，每位参与审查的专家在审查意见上签字确认。会后审评委员会办公室汇总专家意见，形成会议纪要。

第二十六条 通过会议审查的方法，起草单位应根据审查意见进行修改，经主审专家和审评组长签字确认后，按规定时限报送相关材料。

未通过会议审查的方法，专家组应当向方法起草单位出具书面意见，说明不通过的理由。需修改后再审的，起草单位应当根据审查意见进行修改，再次送审；未通过再次审查的方法，原则上审查结论为不通过。

第二十七条 起草单位有以下情形之一的，原则上将不再委托新的食品补充检验方法研制项目，并提请相关部门给予处理：

（一）项目未达到质量要求或起草单位未履行相关职责，并未按要求进行整改的；

（二）方法起草中弄虚作假、徇私舞弊的；

（三）未经批准停止方法起草或者延长方法起草时限的；

（四）不按规定使用方法工作经费的；

（五）其他不符合食品补充检验方法管理工作规定的情形。

第五章　批准和发布

第二十八条 审查通过的食品补充检验方法，审评委员会办公室应当在10个工作日内将食品补充检验方法报批稿、审查结论等材料报送市场监管总局。

第二十九条 市场监管总局批准后以公告形式发布食品补充检验方法。食品补充检验方法（缩写为BJS）按照“BJS+年代号+序号”规则进行编号，除方法文本外，同时公布主要起草单位和主要起草人信息。

第三十条 食品补充检验方法自发布之日起20个工作日内在市场监管总局网站上公布，并列入食品补充检验方法数据库供公众免费查阅、下载。

第六章　跟踪评价和修订

第三十一条 市场监管总局根据工作需要组织审评委员会、市场监管部门、食品检验机构、方法起草单位等，对食品补充检验方法实施情况进行跟踪评价。

任何公民、法人和其他组织均可以对方法实施过程中存在的问题提出意见和建议。

第三十二条 审评委员会应当根据跟踪评价等情况适时进行复审，提出继续有效、修订或者废止的建议。

修订程序按照本规定的立项、起草、送审和审查、批准和发布等程序执行。修订后发布的方法编号按照本规定第二十九条进行编号，并在方法文本前言部分注明替代的食品补充检验方法历次版本发布情况。

第三十三条 食品补充检验方法发布后，个别内容需作调整时，以市场监管总局公告的形式发布食品补充检验方法修改单。

第七章 附　　则

第三十四条 食品检验机构依据食品补充检验方法出具检验数据和结果时，应符合国家认证认可和检验检测有关规定。

第三十五条 发布的食品补充检验方法属于科技成果，可作为主要起草人申请科研奖励和参加专业技术资格评审的证明材料。

第三十六条 市场监管总局食品快速检测方法制定程序参照本规定执行。

第三十七条 本规定自发布之日起实施。《食品药品监管总局办公厅关于印发食品补充检验方法工作规定的通知》（食药监办科〔2016〕175 号）、《关于发布食品补充检验方法研制指南的通告》（2017 年第 203 号）同时废止。

食用农产品抽样检验和核查处置规定

（2020 年 11 月 30 日　国市监食检〔2020〕184 号）

为进一步规范市场监管部门食用农产品抽样检验和核查处置工作，依据《中华人民共和国食品安全法》《食品安全抽样检验管理办法》《食用农产品市场销售质量安全监督管理办法》等法律、法规和规章，现就食用农产品抽样检验和核查处置作出以下规定：

第一条 市场监管部门可以自行抽样或委托承检机构抽样。委托抽样的，应当不少于 2 名监管人员参与现场抽样。

第二条 现场抽样时，应检查食用农产品销售者是否有进货查验记录、合法进货凭证等。食用农产品销售者无法提供进货查验记录、合法进货凭证或产品真实合法来源的，市场监管部门应当依法予以查处。

第三条 对易腐烂变质的蔬菜、水果等食用农产品样品，需进行均质备份样品的，应当在现场抽样时主动向食用农产品销售者告知确认，可采取拍照或摄像等方式对样品均质备份进行记录。

第四条 现场封样时，抽样人员应按规定要求采取有效防拆封措施。抽样人员（含监管人员）、食用农产品销售者，应当在样品封条上共同签字或者盖章确认。

第五条 抽样人员应当使用规范的抽样文书，详细记录被抽样食用农产品销售者的名称或者姓名、社会信用代码或者身份证号码、联系电话、住所，食用农产品名称（有俗称的应标明俗称）、产地（或生产者名称和地址）、是否具有合格证明文件，供货者名称和地址、进货日期，抽样批次等。在集中交易市场抽样的，应当记录销售者的摊位号码等信息。

现场抽样时，抽样人员（含监管人员）、食用农产品销售者，应当在抽样文书上共同签字或盖章。

第六条 带包装或附加标签的食用农产品，以标识的生产者、产品名称、生产日期等内容一致的产品为一个抽样批次；简易包装或散装的食用农产品，以同一产地、生产者或进货商，同一生产日期或进货日期的同一种产品为一个抽样批次。

第七条 检验机构在接收样品时，应当核对样品与抽样文书信息。对记录信息不完整、不规范的样品应当拒绝接收，并书面说明理由，及时向组织或者实施抽样检验的市场监管部门报告。

第八条 承检机构应按规范采取冷冻或冷藏等方式妥善保存备份样品。自检验结论作出之日起，合格样品的备份样品应继续保存 3 个月，不合格样品的备份样品应继续保存 6 个月。

第九条 食用农产品销售者对监督抽检结果有异议的，可按照规定申请复检。

第十条 食用农产品销售者收到不合格检验结论后，应当立即对不合格食用农产品依法采取停止销售、召回等措施，并及时通知相关生产经营者和消费者；对停止销售、召回的不合格食用农产品应依照有关法律规定要求采取处置措施，并及时向市场监管部门报告。

复检和异议期间，食用农产品销售者不得停止履行上述义务。未履行前款义务的，市场监管部门应当依法责令其履行。

第十一条 抽检发现的不合格食用农产品涉及种植、养殖环节的，由组织抽检的市场监管部门及时向产地同级农业农村部门通报；涉及进口环节的，及时向进口地海关通报。

第十二条 对食用农产品销售者、集中交易市场开办者经营不合格食用农产品等违法行为，市场监管部门应当依法予以查处，并开展跟踪抽检。

第十三条 市场监管部门应当依法依规、及时公布食用农产品监督抽检结果、核查处置信息。与不合格食用农产品核查处置有关的行政处罚信息，应当依法归集至国家企业信用信息公示系统。

第十四条 各级市场监管部门应当按要求将食用农产品抽样、检验和核查处置等信息，及时录入国家食品安全抽样检验信息系统。

第十五条 市场监管部门在集中交易市场、商场、超市、便利店、网络食品交易第三方平台等食用农产品销售场所开展抽样检验和核查处置工作，适用本规定。

第十六条 省级市场监管部门应当加强对食用农产品抽样检验和核查处置的指导，可结合地方实际制定本地区食用农产品抽样检验和核查处置实施细则。

八、其他食品规范

1. 餐饮服务食品

餐饮业促进和经营管理办法

（2025年5月12日商务部、国家发展改革委令2025年第3号公布　自2025年6月15日起施行）

第一条　为了规范餐饮服务经营活动，引导和促进餐饮行业健康有序发展，维护消费者和经营者的合法权益，依据国家有关法律、法规，制定本办法。

第二条　在中华人民共和国境内从事餐饮服务经营活动，适用本办法。

本办法所称餐饮服务经营活动，是指通过即时加工制作成品或半成品、商业销售和服务性劳动等，向消费者提供食品和消费场所及设施的经营行为。

第三条　商务部负责全国餐饮行业管理工作，制定政策规划，完善标准体系，开展监测分析，会同相关部门鼓励和引导餐饮服务经营者制止餐饮浪费，配合有关部门做好餐饮业安全生产管理工作，指导督促餐饮服务经营者加强安全管理，促进餐饮业高质量发展。

国家发展和改革委员会根据《中华人民共和国反食品浪费法》和部门职责，加强对全国反食品浪费工作的组织协调，会同国务院有关部门每年分析评估食品浪费情况，整体部署反食品浪费工作。

县级以上地方商务、发展改革等主管部门依法依规在各自职责范围内进行管理。

第四条　国家支持餐饮业健康规范发展，鼓励餐饮服务经营者发展大众化餐饮、社区餐饮、绿色健康餐饮，提升服务品质，创新消费场景，丰富餐饮供给。

第五条 国家鼓励和支持餐饮服务经营者、行业协会、相关研究机构挖掘、传承传统餐饮文化，开展餐饮业发展研究，推进餐饮业与农业生产、食品加工、旅游休闲等产业联动发展。

鼓励和支持有条件的餐饮服务经营者积极开展对外交流合作，弘扬中华优秀餐饮文化。

第六条 国家鼓励餐饮服务经营者进行数字化升级改造，提升数字化经营和管理能力，加快线上线下融合发展。

鼓励和支持餐饮外卖平台与中小餐饮服务经营者加强资源共享与合作，为中小餐饮服务经营者提供服务。

第七条 国家鼓励餐饮服务经营者、行业协会制定餐饮领域企业标准和团体标准，参与国家标准、行业标准、地方标准制修订工作。

第八条 餐饮行业协会应当按照有关法律、法规和规章的规定，发挥行业自律、引导、服务作用，促进餐饮业相关标准的推广实施。开展食品浪费监测，加强分析评估，每年向社会公布有关反食品浪费情况及监测评估结果，为国家机关制定法律、法规、政策、标准和开展有关研究提供支持，接受社会监督。

第九条 餐饮服务经营者应当严格按照法律、法规和规章的有关规定从事经营活动，建立健全各项制度，积极贯彻国家和行业有关经营管理、产品、服务等方面的标准。

第十条 餐饮服务经营者应当建立健全突发事件应急预案、应对机制，明确职责分工，落实责任。发生突发事件时，应当立即启动应急处理工作程序并及时向政府有关部门报告事件情况及处理结果。

第十一条 餐饮服务经营者应当在经营管理中全面贯彻反食品浪费理念，加强服务人员培训，将珍惜粮食、反对浪费纳入服务人员培训内容，减少食品食材过程损耗。

鼓励餐饮服务经营者运用信息化手段分析用餐需求，对食品采购、储存、加工等进行科学管理，提高食材利用率。

第十二条 餐饮服务经营者不得以任何方式诱导、误导消费者超量点餐。

餐饮服务经营者应当在大厅、包间、餐桌等餐饮场所的醒目位置张贴或者摆放反食品浪费标识，引导消费者按需适量点餐，对明显过量点餐的消费者进行提醒。

第十三条 餐饮服务经营者应当提升餐饮供给质量，丰富供餐形式，合理配置小分量、多规格的主食、菜品、饮品等，可以通过在菜单上标注食品主要食材、分量、口味、建议消费人数等方式充实菜单信息，为消费者提供点餐提示。

餐饮服务经营者根据消费者需要配备公勺公筷。鼓励提供分餐服务。

餐饮服务经营者可以对参与“光盘行动”的消费者给予奖励，主动提醒消费者在餐后打包剩余食品，根据消费者需要提供打包服务。

第十四条 提供团体用餐、宴席服务的餐饮服务经营者，应当按照防止食品浪费理念科学设计菜单，合理安排用餐流程和餐台数量，引导消费者根据用餐人数等因素合理订餐，允许消费者在约定时限内合理调整宴会套餐菜品，并由双方协商处理方案。

提供自助餐服务的餐饮服务经营者，应当主动告知消费规则和防止食品浪费要求，建立备餐评估和供餐巡视制度，在取餐区和用餐区分别张贴或者摆放反食品浪费标识，提供不同规格餐具，提醒消费者按需、适量、多次取餐，对有特殊食用要求的食品进行说明。

餐饮服务经营者通过餐饮外卖平台或自有外卖信息系统提供服务的，应当在餐品浏览页面标注食品分量、规格或建议消费人数等信息，主动提示引导消费者防止食品浪费。

第十五条 餐饮服务经营者应当依法履行厨余垃圾源头减量义务，通过完善食材管理、改进烹饪工艺等方式减少厨余垃圾。

餐饮服务经营者不得随意处理厨余垃圾，应按规定由具备条件的企业进行资源化利用。

餐饮服务经营者可以对造成明显浪费的消费者收取处理厨余垃圾的相应费用，收费标准应当在经营场所的显著位置公示。

第十六条 禁止餐饮服务经营者设置最低消费。

第十七条 餐饮服务经营者应当建立健全顾客投诉制度，及时处理消费者投诉并向投诉者反馈处理结果。

第十八条 县级以上地方商务主管部门应当加强餐饮业监测分析，配合有关部门或依据地方人民政府职责分工做好餐饮业安全生产管理工作，可结合实际制定和实施促进餐饮业高质量发展的政策措施，建立健全工作协调机制，完善标准体系，建设培育餐饮业发展促进平台。

第十九条 县级以上地方商务主管部门应当采取措施，发展和培育地方特色餐饮，加强地方特色餐饮宣传推广。

第二十条 县级以上地方商务主管部门发现餐饮服务经营者在生产经营过程中严重浪费食品的，可以对其法定代表人或者主要负责人进行约谈。被约谈的餐饮服务经营者应当立即整改。

第二十一条 违反本办法，餐饮服务经营者未主动对消费者进行防止食品浪费提示提醒的，诱导、误导消费者超量点餐造成明显浪费的，在食品生产经营过程中造成严重食品浪费的，依照《中华人民共和国反食品浪费法》第二十八条规定予以处罚。

第二十二条 商务、发展改革等主管部门工作人员在工作中滥用职权、徇私舞弊的，对负有责任的领导人员和直接责任人员依法给予处分；构成犯罪的，依法追究刑事责任。

第二十三条 省级商务主管部门可以依据本办法，结合本行政区域内餐饮业发展的实际情况，会同同级发展改革等主管部门制定有关实施细则。

第二十四条 本办法规定的县级以上地方商务主管部门执法职责发生调整的，该相关执法职责由本级人民政府确定的部门实施。

第二十五条 本办法自2025年6月15日起实施。商务部、国家发展改革委令2014年第4号《餐饮业经营管理办法（试行）》同时废止。

网络餐饮服务食品安全监督管理办法

（2017年11月6日国家食品药品监督管理总局令第36号公布 根据2020年10月23日《国家市场监督管理总局关于修改部分规章的决定》修订）

第一条 为加强网络餐饮服务食品安全监督管理，规范网络餐饮服务经营行为，保证餐饮食品安全，保障公众身体健康，根据《中华人民共和国食品安全法》等法律法规，制定本办法。

第二条 在中华人民共和国境内，网络餐饮服务第三方平台提供者、通过第三方平台和自建网站提供餐饮服务的餐饮服务提供者（以下简称入网餐饮服务提供者），利用互联网提供餐饮服务及其监督管理，适用本办法。

第三条 国家市场监督管理总局负责指导全国网络餐饮服务食品安全监督管理工作，并组织开展网络餐饮服务食品安全监测。

县级以上地方市场监督管理部门负责本行政区域内网络餐饮服务食品安全监督管理工作。

第四条 入网餐饮服务提供者应当具有实体经营门店并依法取得食品经营许可证，并按照食品经营许可证载明的主体业态、经营项目从事经营活动，不得超范围经营。

第五条 网络餐饮服务第三方平台提供者应当在通信主管部门批准后30个工作日内，向所在地省级市场监督管理部门备案。自建网站餐饮服务提供者应当在通信主管部门备案后30个工作日内，向所在地县级市场监督管理部门备案。备案内容包括域名、IP地址、电信业务经营许可证或者备案号、企业名称、地址、法定代表人或者负责人姓名等。

网络餐饮服务第三方平台提供者设立从事网络餐饮服务分支机构的，应当在设立后30个工作日内，向所在地县级市场监督管理部门备案。备案内容包括分支机构名称、地址、法定代表人或者负责人姓名等。

市场监督管理部门应当及时向社会公开相关备案信息。

第六条 网络餐饮服务第三方平台提供者应当建立并执行入网餐饮服务提供者审查登记、食品安全违法行为制止及报告、严重违法行为平台服务停止、食品安全事故处置等制度，并在网络平台上公开相关制度。

第七条 网络餐饮服务第三方平台提供者应当设置专门的食品安全管理机构，配备专职食品安全管理人员，每年对食品安全管理人员进行培训和考核。培训和考核记录保存期限不得少于2年。经考核不具备食品安全管理能力的，不得上岗。

第八条 网络餐饮服务第三方平台提供者应当对入网餐饮服务提供者的食品经营许可证进行审查，登记入网餐饮服务提供者的名称、地址、法定代表人或者负责人及联系方式等信息，保证入网餐饮服务提供者食品经营许可证载明的经营场所等许可信息真实。

网络餐饮服务第三方平台提供者应当与入网餐饮服务提供者签订食品安全协议，明确食品安全责任。

第九条 网络餐饮服务第三方平台提供者和入网餐饮服务提供者应当在餐饮服务经营活动主页面公示餐饮服务提供者的食品经营许可证。食品经营许可等信息发生变更的，应当及时更新。

第十条 网络餐饮服务第三方平台提供者和入网餐饮服务提供者应当在网上公示餐饮服务提供者的名称、地址、量化分级信息，公示的信息应当真实。

第十一条 入网餐饮服务提供者应当在网上公示菜品名称和主要原料名称，公示的信息应当真实。

第十二条 网络餐饮服务第三方平台提供者提供食品容器、餐具和包装材料的，所提供的食品容器、餐具和包装材料应当无毒、清洁。

鼓励网络餐饮服务第三方平台提供者提供可降解的食品容器、餐具和包装材料。

第十三条 网络餐饮服务第三方平台提供者和入网餐饮服务提供者应当加强对送餐人员的食品安全培训和管理。委托送餐单位送餐的，送餐单位应当加强对送餐人员的食品安全培训和管理。培训记录保存期限不得少于2年。

第十四条 送餐人员应当保持个人卫生，使用安全、无害的配送容器，保持容器清洁，并定期进行清洗消毒。送餐人员应当核对配送食品，保证配送过程食品不受污染。

第十五条 网络餐饮服务第三方平台提供者和自建网站餐饮服务提供者应当履行记录义务，如实记录网络订餐的订单信息，包括食品的名称、下单时间、送餐人员、送达时间以及收货地址，信息保存时间不得少于6个月。

第十六条 网络餐饮服务第三方平台提供者应当对入网餐饮服务提供者的经营行为进行抽查和监测。

网络餐饮服务第三方平台提供者发现入网餐饮服务提供者存在违法行为的，应当及时制止并立即报告入网餐饮服务提供者所在地县级市场监督管理部门；发现严重违法行为的，应当立即停止提供网络交易平台服务。

第十七条 网络餐饮服务第三方平台提供者应当建立投诉举报处理制度，公开投诉举报方式，对涉及消费者食品安全的投诉举报及时进行处理。

第十八条 入网餐饮服务提供者加工制作餐饮食品应当符合下列要求：

（一）制定并实施原料控制要求，选择资质合法、保证原料质量安全的供货商，或者从原料生产基地、超市采购原料，做好食品原料索证索票和进货查验记录，不得采购不符合食品安全标准的食品及原料；

（二）在加工过程中应当检查待加工的食品及原料，发现有腐败变质、油脂酸败、霉变生虫、污秽不洁、混有异物、掺假掺杂或者感官性状异常的，不得加工使用；

（三）定期维护食品贮存、加工、清洗消毒等设施、设备，定期清洗和校验保温、冷藏和冷冻等设施、设备，保证设施、设备运转正常；

（四）在自己的加工操作区内加工食品，不得将订单委托其他食品经营者加工制作；

（五）网络销售的餐饮食品应当与实体店销售的餐饮食品质量安全保持一致。

第十九条 入网餐饮服务提供者应当使用无毒、清洁的食品容器、餐具和包装材料，并对餐饮食品进行包装，避免送餐人员直接接触食品，确保送餐过程中食品不受污染。

第二十条 入网餐饮服务提供者配送有保鲜、保温、冷藏或者冷冻等特殊要求食品的，应当采取能保证食品安全的保存、配送措施。

第二十一条 国家市场监督管理总局组织监测发现网络餐饮服务第三方平台提供者和入网餐饮服务提供者存在违法行为的，通知有关省级市场监督管理部门依法组织查处。

第二十二条 县级以上地方市场监督管理部门接到网络餐饮服务第三方平台提供者报告入网餐饮服务提供者存在违法行为的，应当及时依法查处。

第二十三条 县级以上地方市场监督管理部门应当加强对网络餐饮服务食品安全的监督检查，发现网络餐饮服务第三方平台提供者和入网餐饮服务提供者存在违法行为的，依法进行查处。

第二十四条 县级以上地方市场监督管理部门对网络餐饮服务交易活动的技术监测记录资料，可以依法作为认定相关事实的依据。

第二十五条 县级以上地方市场监督管理部门对于消费者投诉举报反映的线索，应当及时进行核查，被投诉举报人涉嫌违法的，依法进行查处。

第二十六条 县级以上地方市场监督管理部门查处的入网餐饮服务提供者有严重违法行为的，应当通知网络餐饮服务第三方平台提供者，要求其立即停止对入网餐饮服务提供者提供网络交易平台服务。

第二十七条 违反本办法第四条规定，入网餐饮服务提供者不具备实体经营门店，未依法取得食品经营许可证的，由县级以上地方市场监督管理部门依照食品安全法第一百二十二条的规定处罚。

第二十八条 违反本办法第五条规定，网络餐饮服务第三方平台提供者以及分支机构或者自建网站餐饮服务提供者未履行相应备案义务的，由县级以上地方市场监督管理部门责令改正，给予警告；拒不改正的，处5000元以上3万元以下罚款。

第二十九条 违反本办法第六条规定，网络餐饮服务第三方平台提供者未按要求建立、执行并公开相关制度的，由县级以上地方市场监督管理部门责令改正，给予警告；拒不改正的，处5000元以上3万元以下罚款。

第三十条 违反本办法第七条规定，网络餐饮服务第三方平台提供者未设置专门的食品安全管理机构，配备专职食品安全管理人员，或者未按要求对食品安全管理人员进行培训、考核并保存记录的，由县级以上地方市场监督管理部门责令改正，给予警告；拒不改正的，处5000元以上3万元以下罚款。

第三十一条 违反本办法第八条第一款规定，网络餐饮服务第三方平台提供者未对入网餐饮服务提供者的食品经营许可证进行审查，未登记入网餐饮服务提供者的名称、地址、法定代表人或者负责人及联系方式等信息，或者入网餐饮服务提供者食品经营许可证载明的经营场所等许可信息不真实的，由县级以上地方市场监督管理部门依照食品安全法第一百三十一条的规定处罚。

违反本办法第八条第二款规定，网络餐饮服务第三方平台提供者未与入网餐饮服务提供者签订食品安全协议的，由县级以上地方市场监督管理部门责令改正，给予警告；拒不改正的，处5000元以上3万元以下罚款。

第三十二条 违反本办法第九条、第十条、第十一条规定，网络餐饮服务第三方平台提供者和入网餐饮服务提供者未按要求进行信息公示和更新的，由县级以上地方市场监督管理部门责令改正，给予警告；拒不改正的，处5000元以上3万元以下罚款。

第三十三条 违反本办法第十二条规定，网络餐饮服务第三方平台提供者提供的食品配送容器、餐具和包装材料不符合规定的，由县级以上地方市场监督管理部门按照食品安全法第一百三十二条的规定处罚。

第三十四条 违反本办法第十三条规定，网络餐饮服务第三方平台提供者和入网餐饮服务提供者未对送餐人员进行食品安全培训和管理，或者送餐单位未对送餐人员进行食品安全培训和管理，或者未按要求保存培训记录的，由县级以上地方市场监督管理部门责令改正，给予警告；拒不改正的，处5000元以上3万元以下罚款。

第三十五条 违反本办法第十四条规定，送餐人员未履行使用安全、无害的配送容器等义务的，由县级以上地方市场监督管理部门对送餐人员所在单位按照食品安全法第一百三十二条的规定处罚。

第三十六条 违反本办法第十五条规定，网络餐饮服务第三方平台提供者和自建网站餐饮服务提供者未按要求记录、保存网络订餐信息的，由县级以上地方市场监督管理部门责令改正，给予警告；拒不改正的，处5000元以上3万元以下罚款。

第三十七条 违反本办法第十六条第一款规定，网络餐饮服务第三方平台提供者未对入网餐饮服务提供者的经营行为进行抽查和监测的，由县级以上地方市场监督管理部门责令改正，给予警告；拒不改正的，处5000元以上3万元以下罚款。

违反本办法第十六条第二款规定，网络餐饮服务第三方平台提供者发现入网餐饮服务提供者存在违法行为，未及时制止并立即报告入网餐饮服务提供者所在地县级市场监督管理部门的，或者发现入网餐饮服务提供者存在严重违法行为，未立即停止提供网络交易平台服务的，由县级以上地方市场监督管理部门依照食品安全法第一百三十一条的规定处罚。

第三十八条 违反本办法第十七条规定，网络餐饮服务第三方平台提供者未按要求建立消费者投诉举报处理制度，公开投诉举报方式，或者未对涉及消费者食品安全的投诉举报及时进行处理的，由县级以上地方市场监督管理部门责令改正，给予警告；拒不改正的，处5000元以上3万元以下罚款。

第三十九条 违反本办法第十八条第（一）项规定，入网餐饮服务提供者未履行制定实施原料控制要求等义务的，由县级以上地方市场监督管理部门依照食品安全法第一百二十六条第一款的规定处罚。

违反本办法第十八条第（二）项规定，入网餐饮服务提供者使用腐败变质、油脂酸败、霉变生虫、污秽不洁、混有异物、掺假掺杂或者感官性状异常等原料加工食品的，由县级以上地方市场监督管理部门依照食品安全法第一百二十四条第一款的规定处罚。

违反本办法第十八条第（三）项规定，入网餐饮服务提供者未定期维护食品贮存、加工、清洗消毒等设施、设备，或者未定期清洗和校验保温、冷藏和冷冻等设施、设备的，由县级以上地方市场监督管理部门依照食品安全法第一百二十六条第一款的规定处罚。

违反本办法第十八条第（四）项、第（五）项规定，入网餐饮服务提供者将订单委托其他食品经营者加工制作，或者网络销售的餐饮食品未与实体店销售的餐饮食品质量安全保持一致的，由县级以上地方市场监督管理部门责令改正，给予警告；拒不改正的，处 5000 元以上 3 万元以下罚款。

第四十条 违反本办法第十九条规定，入网餐饮服务提供者未履行相应的包装义务的，由县级以上地方市场监督管理部门责令改正，给予警告；拒不改正的，处 5000 元以上 3 万元以下罚款。

第四十一条 违反本办法第二十条规定，入网餐饮服务提供者配送有保鲜、保温、冷藏或者冷冻等特殊要求食品，未采取能保证食品安全的保存、配送措施的，由县级以上地方市场监督管理部门依照食品安全法第一百三十二条的规定处罚。

第四十二条 县级以上地方市场监督管理部门应当自对网络餐饮服务第三方平台提供者和入网餐饮服务提供者违法行为作出处罚决定之日起 20 个工作日内在网上公开行政处罚决定书。

第四十三条 省、自治区、直辖市的地方性法规和政府规章对小餐饮网络经营作出规定的，按照其规定执行。

本办法对网络餐饮服务食品安全违法行为的查处未作规定的，按照《网络食品安全违法行为查处办法》执行。

第四十四条 网络餐饮服务第三方平台提供者和入网餐饮服务提供者

违反食品安全法规定，构成犯罪的，依法追究刑事责任。

第四十五条 餐饮服务连锁公司总部建立网站为其门店提供网络交易服务的，参照本办法关于网络餐饮服务第三方平台提供者的规定执行。

第四十六条 本办法自2018年1月1日起施行。

重大活动餐饮服务食品安全监督管理规范

（2011年2月15日 国食药监食〔2011〕67号）

第一章 总 则

第一条 为规范重大活动餐饮服务食品安全管理，确保重大活动餐饮服务食品安全，根据《食品安全法》、《食品安全法实施条例》、《餐饮服务食品安全监督管理办法》等法律、法规及规章，制定本规范。

第二条 本规范适用于各级政府确定的具有特定规模和影响的政治、经济、文化、体育以及其他重大活动的餐饮服务食品安全监督管理。

第三条 国家食品药品监督管理局负责对重大活动餐饮服务食品安全管理工作进行指导、协调和监督。地方各级餐饮服务食品安全监管部门负责对本辖区内重大活动餐饮服务食品安全工作进行监督管理。

第四条 重大活动餐饮服务食品安全监督管理坚持预防为主、科学管理、属地负责、分级监督的原则。

第五条 餐饮服务食品安全监管部门、重大活动主办单位、餐饮服务提供者建立有效的食品安全信息沟通机制，共同做好重大活动餐饮服务食品安全保障工作。

第六条 鼓励餐饮服务提供者在重大活动中采用先进的科学技术和管理规范，配备先进的食品安全检验设备，提高科学管理水平。

第二章 主办单位责任

第七条 主办单位应当建立健全餐饮服务食品安全管理机构，负责重大活动餐饮服务食品安全管理，对重大活动餐饮服务食品安全负责。

第八条 主办单位应当选择符合下列条件的餐饮服务提供者承担重大

活动餐饮服务保障：

（一）餐饮服务食品安全监督管理量化分级 A 级（或具备与 A 级标准相当的条件）；

（二）具备与重大活动供餐人数、供餐形式相适应的餐饮服务提供能力；

（三）配备专职食品安全管理人员；

（四）餐饮服务食品安全监管部门提出的其他要求。

第九条 主办单位应于活动举办前 20 个工作日向餐饮服务食品安全监管部门通报重大活动相关信息，包括活动名称、时间、地点、人数、会议代表食宿安排；主办单位名称、联系人、联系方式；餐饮服务提供者名称、地址、联系人、联系方式；重要宴会、赞助食品等相关情况。

第十条 主办单位在重大活动期间要确保餐饮服务食品安全监管部门开展餐饮服务食品安全监督执法所必要的工作条件。

第十一条 主办单位应当协助餐饮服务食品安全监管部门加强餐饮服务食品安全监管，督促餐饮服务提供者落实餐饮服务食品安全责任，并根据餐饮服务食品安全监管部门的建议，调整餐饮服务提供者。

第三章 餐饮服务提供者责任

第十二条 餐饮服务提供者为重大活动提供餐饮服务，依法承担餐饮服务食品安全责任，保证食品安全。

第十三条 餐饮服务提供者应当积极配合餐饮服务食品安全监管部门及其派驻工作人员的监督管理，对监管部门及其工作人员所提出的意见认真整改。在重大活动开展前，餐饮服务提供者应与餐饮服务食品安全监管部门签订责任承诺书。

第十四条 餐饮服务提供者应当建立重大活动餐饮服务食品安全工作管理机构，制定重大活动餐饮服务食品安全实施方案和食品安全事故应急处置方案，并将方案及时报送餐饮服务食品安全监管部门和主办单位。

第十五条 餐饮服务提供者应当制定重大活动食谱，并经餐饮服务食品安全监管部门审核；实施原料采购控制要求，确定合格供应商，加强采购检验，落实索证索票、进货查验和台账登记制度，确保所购食品、食品添加剂和食品相关产品符合食品安全标准。

第十六条 餐饮服务提供者应当加强对食品加工、贮存、陈列等设施设备的定期维护，加强对保温设施及冷藏、冷冻设施的定期清洗、校验，加强对餐具、饮具的清洗、消毒。

第十七条 餐饮服务提供者应当依法加强从业人员的健康管理，确保从业人员的健康状况符合相关要求。

第十八条 餐饮服务提供者应当与主办单位共同做好餐饮服务从业人员的培训，满足重大活动的特殊需求。

第十九条 重大活动餐饮服务食品留样应当按品种分别存放于清洗消毒后的密闭专用容器内，在冷藏条件下存放48小时以上，每个品种留样量应满足检验需要，并做好记录。食品留样存放的冰箱应专用，并专人负责，上锁保管。

第二十条 有下列情形之一的，餐饮服务提供者应停止使用相关食品、食品添加剂和食品相关产品：

（一）法律法规禁止生产经营的食品、食品添加剂和食品相关产品；

（二）检验检测不合格的生活饮用水和食品；

（三）超过保质期的食品、食品添加剂；

（四）外购的散装直接入口熟食制品；

（五）监管部门在食谱审查时认定不适宜提供的食品。

第四章　监管部门责任

第二十一条 餐饮服务食品安全监管部门应当制定重大活动餐饮服务食品安全保障工作方案和食品安全事故应急预案。

第二十二条 餐饮服务食品安全监管部门应当按照重大活动的特点，确定餐饮服务食品安全监管方式和方法，并要求主办单位提供必要的条件。

第二十三条 餐饮服务食品安全监管部门应当制定重大活动餐饮服务食品安全信息报告和通报制度，明确报告和通报的主体、事项、时限及相关责任。

第二十四条 餐饮服务食品安全监管部门应当在活动期间加强对重大活动餐饮服务提供者的事前监督检查。检查发现安全隐患，应当及时提出整改要求，并监督整改；对不能保证餐饮食品安全的餐饮服务提供者，及时提请或要求主办单位予以更换。

第二十五条 餐饮服务食品安全监管部门应当对重大活动餐饮服务提供者提供的食谱进行审定。

第五章 监 督 程 序

第二十六条 餐饮服务食品安全监管部门应当根据重大活动餐饮服务食品安全工作需要，选派2名或2名以上的监督员，执行重大活动餐饮服务食品安全驻点监督工作，对食品加工制作重点环节进行动态监督，填写检查笔录和监督意见书。监督过程中如遇有重大食品安全问题，驻点监督人员不能现场解决的，应及时向有关部门报告。

第二十七条 餐饮服务食品安全监管部门对重大活动餐饮服务提供者进行资格审核，开展加工制作环境、冷菜制作、餐用具清洗消毒、食品留样等现场检查，对不能满足接待任务要求的、不能保证食品安全的餐饮服务提供者，应及时提请或要求主办单位予以更换。

第二十八条 餐饮服务食品安全监管部门应当及时对重大活动采购的重点食品及其原料进行抽样检验。

第二十九条 餐饮服务食品安全监管部门应当及时对重大活动餐饮服务食品安全进行现场检查，并制作现场检查笔录和监督意见书等，对餐饮服务提供者不符合相关法律法规要求的情况责令限期整改，并及时通报主办单位。

第三十条 发生食物中毒或疑似食物中毒时，主办单位、餐饮服务提供者、驻点监管人员应当依法依规向有关部门报告，餐饮服务监管部门应当立即封存可能导致食品安全事故的食品及其原料、工具及用具、设备设施和现场，协助、配合有关部门开展食品安全事故调查。

第三十一条 重大活动餐饮服务食品安全保障工作结束之日起10个工作日，餐饮服务食品安全监管部门应当对重大活动食品安全监督工作做出书面总结，并将有关资料归档保存。

第六章 附　　则

第三十二条 本规范由国家食品药品监督管理局负责解释。

第三十三条 各省、自治区、直辖市餐饮服务食品安全监管部门可结合本地实际，制定重大活动餐饮服务食品安全监督管理规范实施细则。

第三十四条 本规范自发布之日起施行。

集中用餐单位落实食品安全主体责任监督管理规定

（2025 年 2 月 23 日市场监管总局令第 98 号公布　自 2025 年 4 月 15 日起施行）

第一条　为了督促集中用餐单位落实食品安全主体责任，强化主要负责人食品安全责任，规范食品安全管理人员行为，保证集中用餐单位食品安全，根据《中华人民共和国食品安全法》（以下简称食品安全法）及其实施条例等法律法规，制定本规定。

第二条　集中用餐单位供餐方式包括以下三类：单位食堂自营、委托承包经营、从供餐单位订餐。

集中用餐单位和单位食堂、承包经营企业、供餐单位按照本规定承担食品安全主体责任。

第三条　集中用餐单位应当依法加强对单位食堂、承包经营企业、供餐单位经营行为的管理。

学校、幼儿园食品安全实行校长（园长）负责制。学校、幼儿园应当将食品安全作为学校、幼儿园安全工作的重要内容，建立健全并落实有关食品安全管理制度和工作要求，定期组织开展食品安全隐患排查。

集中用餐单位的主管部门应当加强对集中用餐单位的食品安全教育和日常管理，降低食品安全风险，及时消除食品安全隐患。

第四条　单位食堂、承包经营企业、供餐单位应当建立健全食品安全管理制度，落实食品安全责任制，依法配备与供餐规模、食品经营项目、风险等级、管理水平、安全状况等相适应的食品安全总监、食品安全员等食品安全管理人员，明确主要负责人、食品安全总监、食品安全员等的岗位职责。食品安全总监、食品安全员应当按照岗位职责协助主要负责人做好食品安全管理工作。

第五条　单位食堂主要负责人对本单位食堂的食品安全工作全面负责，建立落实食品安全主体责任的长效机制并推动有效运行。

第六条 集中用餐单位委托承包经营的，应当取得食品经营许可，并与取得食品经营许可的承包经营企业依法签订合同，明确双方在食品安全方面的权利和义务。承包经营企业应当按照法律、法规、规章、食品安全标准以及合同约定，在集中用餐单位的指导下建立健全食品安全管理制度，落实食品安全责任制，并向集中用餐单位提供真实有效的食品安全组织构架、管理制度等材料。

集中用餐单位和承包经营企业应当建立食品安全工作会商机制，定期交流沟通，共同排查和消除安全隐患，防范和管控食品安全风险。

集中用餐单位主要负责人对本单位的食品安全工作承担全面管理责任，承包经营企业主要负责人对承包经营食堂的食品安全工作全面负责。

第七条 集中用餐单位从供餐单位订餐的，应当从取得食品生产经营许可的企业订购，双方应当依法签订合同，明确各自在食品安全方面的权利和义务。

集中用餐单位和供餐单位应当建立食品安全工作会商机制，定期交流沟通，共同排查和消除安全隐患，防范和管控食品安全风险。

集中用餐单位主要负责人对本单位的食品安全工作承担全面管理责任，供餐单位主要负责人对供应食品的食品安全工作全面负责。

集中用餐单位应当按照要求对订购的食品进行查验，发现食品安全问题的，应当立即停止供餐，并要求供餐单位采取有效措施整改，消除安全隐患。

第八条 单位食堂、承包经营企业、供餐单位主要负责人应当支持和保障食品安全总监、食品安全员依法开展食品安全管理工作，在作出涉及食品安全的重大决策前，应当充分听取食品安全总监和食品安全员的意见和建议。

第九条 单位食堂食品安全总监、食品安全员发现有食品安全事故潜在风险的，应当提出停止相关餐饮服务活动等否决建议，单位食堂主要负责人或者食品安全总监应当立即分析研判，采取处置措施，消除风险隐患。有发生食品安全事故潜在风险的，单位食堂应当立即停止餐饮服务活动，并向所在地县级市场监督管理部门报告。

承包经营企业食品安全总监、食品安全员发现有食品安全事故潜在风险的，应当提出停止相关餐饮服务活动等否决建议，集中用餐单位和承包经营企业主要负责人或者食品安全总监应当立即共同分析研判，采取处置措施，消除风险隐患。有发生食品安全事故潜在风险的，集中用餐单位和承包经营企业应当立即停止餐饮服务活动，并由集中用餐单位向所在地县级市场监督管理部门报告。

供餐单位食品安全总监、食品安全员发现有食品安全事故潜在风险的，应当提出停止相关餐饮服务活动等否决建议，供餐单位主要负责人或者食品安全总监应当立即分析研判，采取处置措施，消除风险隐患。有发生食品安全事故潜在风险的，供餐单位应当立即停止餐饮服务活动，如实告知集中用餐单位，并向所在地县级市场监督管理部门报告。

第十条 单位食堂、承包经营企业、供餐单位应当依法配备食品安全员，下列单位还应当配备食品安全总监：

（一）每餐次平均用餐人数300人以上的幼儿园食堂、承包经营企业；

（二）每餐次平均用餐人数500人以上的学校食堂、承包经营企业；

（三）每餐次平均用餐人数300人以上的养老机构食堂、承包经营企业；

（四）每餐次平均用餐人数1000人以上的其他单位食堂、承包经营企业；

（五）每餐次平均供餐人数1000人以上的供餐单位。

符合前款条件的学校、幼儿园委托承包经营的，学校、幼儿园也应当配备食品安全总监，承担相应责任。

县级以上地方市场监督管理部门应当结合实际，指导本辖区具备条件的单位食堂、承包经营企业、供餐单位配备食品安全总监。

第十一条 食品安全总监、食品安全员应当具备下列食品安全管理能力：

（一）掌握相应的食品安全法律法规、食品安全标准；

（二）具备识别和防控相应食品安全风险的专业知识；

（三）熟悉本单位食品安全相关设施设备、设计和布局、操作规程等经营过程控制要求；

（四）参加食品安全管理人员培训并通过考核；

（五）其他应当具备的食品安全管理能力。

食品安全总监应当由本单位管理层人员担任。

第十二条 因食品安全违法被吊销许可证的食品生产经营者，其法定代表人、直接负责的主管人员和其他直接责任人员，自处罚决定作出之日起五年内不得担任食品安全总监、食品安全员。

因食品安全犯罪被判处有期徒刑以上刑罚的人员，终身不得担任食品安全总监、食品安全员。

第十三条 食品安全总监按照职责要求直接对主要负责人负责，协助主要负责人做好食品安全管理工作，承担下列职责：

（一）组织拟定食品安全管理制度，督促落实食品安全责任制，明确从业人员健康管理、供货者管理、进货查验、餐饮服务过程控制、投诉举报处理等食品安全方面的责任要求；

（二）组织拟定并督促落实食品安全风险防控措施，定期组织食品安全自查，评估食品安全状况，及时向主要负责人报告食品安全工作情况并提出改进措施，阻止、纠正食品安全违法行为；

（三）组织拟定食品安全事故处置方案，组织开展应急演练，落实食品安全事故报告义务，采取措施防止事故扩大；

（四）负责管理、督促、指导食品安全员按照职责做好相关工作，组织开展职工食品安全教育、培训、考核；

（五）接受和配合监督管理部门开展食品安全监督检查等工作，如实提供有关情况并对检查发现的问题组织整改落实；

（六）其他食品安全管理责任。

单位食堂、承包经营企业、供餐单位应当按照前款规定，结合实际，细化制定《食品安全总监职责》。

按照第十条第二款规定配备食品安全总监的学校、幼儿园，应当按照本条第一款规定，结合实际，细化制定《食品安全总监职责》，建立双总监工作协调机制，及时会商处置食品安全风险隐患。

单位食堂、承包经营企业、供餐单位按照本规定无需配备且未配备食品安全总监的，食品安全总监相关职责由其主要负责人或者指定的食品安全员履行。

第十四条 食品安全员按照职责要求对食品安全总监或者主要负责人负责，从事食品安全管理具体工作，承担下列职责：

（一）督促落实餐饮服务过程控制要求；

（二）检查食品安全管理制度执行情况，管理维护餐饮服务过程记录材料，按照要求保存相关资料；

（三）对不符合食品安全标准的食品或者有证据证明可能危害人体健康的食品以及发现的食品安全风险隐患，及时采取有效措施整改并报告；

（四）记录和管理从业人员健康状况、卫生状况；

（五）配合有关部门调查处理食品安全事故；

（六）其他食品安全管理责任。

单位食堂、承包经营企业、供餐单位应当按照前款规定，结合各自实际，细化制定《食品安全员守则》。

第十五条 单位食堂、承包经营企业、供餐单位应当建立基于食品安全风险防控的动态管理机制，结合各自实际，落实自查要求，制定《食品安全风险管控清单》，建立健全日管控、周排查、月调度工作制度和机制。

单位食堂、承包经营企业、供餐单位可以将日管控、周排查、月调度工作制度和机制与已经建立的工作制度和机制有机结合实施。

第十六条 单位食堂、承包经营企业、供餐单位应当建立食品安全日管控制度。经营期间，食品安全员每日根据《食品安全风险管控清单》进行检查，形成《每日食品安全检查记录》，对发现的食品安全风险隐患，应当立即采取防范措施，按照程序及时上报本单位食品安全总监或者主要负责人。未发现问题的，也应当予以记录，实行零风险报告。

第十七条 单位食堂、承包经营企业、供餐单位应当建立食品安全周排查制度。经营期间，食品安全总监或者食品安全员每周至少组织 1 次风险隐患排查，分析研判食品安全管理情况，研究解决日管控中发现的问题，形成《每周食品安全排查治理报告》。

第十八条 单位食堂、承包经营企业、供餐单位应当建立食品安全月调度制度。经营期间，主要负责人每月至少听取 1 次本单位食品安全总监管理工作情况汇报，对当月食品安全日常管理、风险隐患排查治理等情况进行工作总结，对下个月重点工作作出调度安排，形成《每月食品安全调度会议纪要》。

第十九条 单位食堂、承包经营企业、供餐单位应当将主要负责人、食品安全总监、食品安全员等人员的配备、调整情况，《食品安全风险管控清单》、《食品安全总监职责》、《食品安全员守则》、《每日食品安全检查记录》、《每周食品安全排查治理报告》、《每月食品安全调度会议纪要》，以及食品安全总监、食品安全员提出的意见建议和报告等履职情况予以记录并存档备查。

第二十条 市场监督管理部门应当将单位食堂、承包经营企业、供餐单位建立并落实食品安全责任制等管理制度，单位食堂、承包经营企业、供餐单位在日管控、周排查、月调度中发现的食品安全风险隐患以及整改情况，作为监督检查的重点内容。

第二十一条 单位食堂、承包经营企业、供餐单位应当组织对本单位员工进行食品安全知识培训，对食品安全总监、食品安全员进行法律、法规、规章、标准和专业知识培训、考核，并对培训、考核情况予以记录，存档备查。食品安全总监、食品安全员每年参加培训时间不少于40小时。

县级以上地方市场监督管理部门按照国家市场监督管理总局制定的企业食品安全管理人员监督抽查考核指南以及考核大纲、考试题库等，组织对本辖区单位食堂、承包经营企业、供餐单位的主要负责人以及食品安全总监、食品安全员等食品安全管理人员随机进行监督抽查考核并公布考核结果。监督抽查考核的方式和内容应当与供餐方式、人员类别、所在岗位（环节）等相适应，且不得收取费用。

抽查考核不合格，不再符合餐饮服务要求的，单位食堂、承包经营企业、供餐单位应当立即采取整改措施。

第二十二条 单位食堂、承包经营企业、供餐单位应当为食品安全总监、食品安全员提供必要的工作条件、教育培训和岗位待遇，充分保障其依法履行职责。

鼓励单位食堂、承包经营企业、供餐单位建立对食品安全总监、食品安全员的激励机制，对工作成效显著的给予表彰和奖励。

第二十三条 集中用餐单位未按规定履行食品安全管理责任的，由县级以上地方市场监督管理部门依照食品安全法第一百二十六条第一款的规定予以处罚。集中用餐单位有其他违法行为的，依照有关法律、行政法规的规定，由相关主管部门予以处罚。

单位食堂、承包经营企业、供餐单位未按规定建立食品安全管理制度，或者未按规定配备、培训、考核食品安全总监、食品安全员等食品安全管理人员，或者未按责任制要求落实食品安全责任的，由县级以上地方市场监督管理部门依照食品安全法第一百二十六条第一款的规定责令改正，给予警告；拒不改正的，处5000元以上5万元以下罚款；情节严重的，责令停产停业，直至吊销许可证。

学校、幼儿园违反本规定的，应当从重处理。

第二十四条 单位食堂、承包经营企业、供餐单位有食品安全法规定的违法情形，除依照食品安全法的规定给予处罚外，有下列情形之一的，对单位食堂、承包经营企业、供餐单位的法定代表人、主要负责人、食品安全总监和食品安全员等直接负责的主管人员和其他直接责任人员处以其上一年度从本单位取得收入的1倍以上10倍以下罚款：

（一）故意实施违法行为；

（二）违法行为性质恶劣；

（三）违法行为造成严重后果。

单位食堂、承包经营企业、供餐单位主要负责人无正当理由未采纳食品安全总监、食品安全员依照本规定第九条提出的否决建议的，或者食品安全总监无正当理由未采纳食品安全员依照本规定第九条提出的否决建议的，属于前款规定的故意实施违法行为的情形。食品安全总监、食品安全员已经依法履职尽责的，不予处罚。

第二十五条 本规定下列用语的含义：

主要负责人，是指集中用餐单位、单位食堂、承包经营企业、供餐单位餐饮服务活动中的主要决策人，包括实际承担全面领导责任的法定代表人、负责人、实际控制人等。

直接负责的主管人员，是指在违法行为中负有直接管理责任的人员，包括食品安全总监等。

其他直接责任人员，是指具体实施违法行为并起较大作用的人员，既可以是单位的生产经营管理人员，也可以是单位的职工，包括食品安全员等。

食品安全总监，是指单位食堂、承包经营企业、供餐单位在管理层中依法配备、承担本规定第十三条所规定职责的食品安全管理人员。

食品安全员，是指单位食堂、承包经营企业、供餐单位依法配备、承担本规定第十四条所规定职责的食品安全管理人员。

第二十六条 对用餐人数较少且参照小餐饮管理的单位食堂，省、自治区、直辖市市场监督管理部门应当指导属地市场监督管理部门参照本规定对其加强监督管理。

第二十七条 本规定自2025年4月15日起施行。

市场监管总局关于进一步规范餐饮服务提供者食品添加剂管理的公告

（2023年3月2日 国家市场监督管理总局公告2023年第8号）

为严格执行《中华人民共和国食品安全法》及其实施条例、食 品安全国家标准和《企业落实食品安全主体责任监督管理规定》有关要求，保障人民群众身体健康，现就进一步规范餐饮服务提供者食品添加剂管理公告如下：

一、餐饮服务提供者使用食品添加剂的（以下简称餐饮服务提供者），应当在技术上确有必要，并在达到预期效果的前提下尽可能降低在食品中的使用量；严格按照《食品安全国家标准 食品添加剂使用标准》（GB 2760）规定的食品添加剂使用原则、允许使用品种、使用范围以及最大使用量或残留量，规范食品添加剂管理。餐饮服务企业使用食品添加剂的，应当将食品添加剂管理情况作为日管控、周排查、月调度的重要内容。

二、餐饮服务提供者应当严格执行《食品安全国家标准 餐饮服务通用卫生规范》（GB 31654）规定，制定并实施食品添加剂采购控制要求，采购依法取得资质的供货者生产经营的食品添加剂，采购时按规定查验并留存供货者的资质证明复印件。

三、餐饮服务提供者应当按照GB 31654规定，设专柜（位）贮存食品添加剂，标注“食品添加剂”字样，并与食品、食品相关产品等分开存放。按照先进、先出、先用的原则，使用食品添加剂。存在感官性状异常、超过保质期等情形的，应当及时清理。

四、餐饮服务提供者使用GB 2760有最大使用量规定的食品添加剂，应当采用称量等方式定量使用。使用GB 2760规定按生产需要适量使用品种以外的食品添加剂的，应当记录食品名称、食品数量、加工时间以及使用的食品添加剂名称、生产日期或批号、使用量、使用人等信息。用容器盛放开封后的食品添加剂的，应当在容器上标明食品添加剂名称、生产日期或批号、使用期限，并保留食品添加剂原包装。开封后的食品添加剂应当避免受到污染。

五、餐饮服务提供者使用食品添加剂，不应当掩盖食品腐败变质；不应当掩盖食品本身或加工过程中的质量缺陷或以掺杂、掺假、伪造为目的而使用食品添加剂。餐饮服务提供者不应当采购、贮存、使用亚硝酸盐等国家禁止在餐饮业使用的品种。

六、鼓励相关行业协会推动餐饮服务提供者向消费者承诺规范使用食品添加剂，倡导采用适当方式公示餐饮食品加工制作时使用食品添加剂的情况。

七、各地市场监管部门要督促餐饮服务提供者落实食品安全主体责任，严格执行本公告要求，规范食品添加剂管理。进一步加强餐饮服务环节监督检查和抽样检验，构成《中华人民共和国食品安全法》及其实施条例规定的违法行为的，依法予以处罚。对涉嫌犯罪的，一律移送公安机关。

特此公告。

2. 乳　品

乳品质量安全监督管理条例

（2008 年 10 月 9 日中华人民共和国国务院令第 536 号公布自公布之日起施行）

第一章　总　　则

第一条　为了加强乳品质量安全监督管理，保证乳品质量安全，保障公众身体健康和生命安全，促进奶业健康发展，制定本条例。

第二条　本条例所称乳品，是指生鲜乳和乳制品。

乳品质量安全监督管理适用本条例；法律对乳品质量安全监督管理另有规定的，从其规定。

第三条 奶畜养殖者、生鲜乳收购者、乳制品生产企业和销售者对其生产、收购、运输、销售的乳品质量安全负责，是乳品质量安全的第一责任者。

第四条 县级以上地方人民政府对本行政区域内的乳品质量安全监督管理负总责。

县级以上人民政府畜牧兽医主管部门负责奶畜饲养以及生鲜乳生产环节、收购环节的监督管理。县级以上质量监督检验检疫部门负责乳制品生产环节和乳品进出口环节的监督管理。县级以上工商行政管理部门负责乳制品销售环节的监督管理。县级以上食品药品监督部门负责乳制品餐饮服务环节的监督管理。县级以上人民政府卫生主管部门依照职权负责乳品质量安全监督管理的综合协调、组织查处食品安全重大事故。县级以上人民政府其他有关部门在各自职责范围内负责乳品质量安全监督管理的其他工作。

第五条 发生乳品质量安全事故，应当依照有关法律、行政法规的规定及时报告、处理；造成严重后果或者恶劣影响的，对有关人民政府、有关部门负有领导责任的负责人依法追究责任。

第六条 生鲜乳和乳制品应当符合乳品质量安全国家标准。乳品质量安全国家标准由国务院卫生主管部门组织制定，并根据风险监测和风险评估的结果及时组织修订。

乳品质量安全国家标准应当包括乳品中的致病性微生物、农药残留、兽药残留、重金属以及其他危害人体健康物质的限量规定，乳品生产经营过程的卫生要求，通用的乳品检验方法与规程，与乳品安全有关的质量要求，以及其他需要制定为乳品质量安全国家标准的内容。

制定婴幼儿奶粉的质量安全国家标准应当充分考虑婴幼儿身体特点和生长发育需要，保证婴幼儿生长发育所需的营养成分。

国务院卫生主管部门应当根据疾病信息和监督管理部门的监督管理信息等，对发现添加或者可能添加到乳品中的非食品用化学物质和其他可能危害人体健康的物质，立即组织进行风险评估，采取相应的监测、检测和监督措施。

第七条 禁止在生鲜乳生产、收购、贮存、运输、销售过程中添加任何物质。

禁止在乳制品生产过程中添加非食品用化学物质或者其他可能危害人体健康的物质。

第八条 国务院畜牧兽医主管部门会同国务院发展改革部门、工业和信息化部门、商务部门，制定全国奶业发展规划，加强奶源基地建设，完善服务体系，促进奶业健康发展。

县级以上地方人民政府应当根据全国奶业发展规划，合理确定本行政区域内奶畜养殖规模，科学安排生鲜乳的生产、收购布局。

第九条 有关行业协会应当加强行业自律，推动行业诚信建设，引导、规范奶畜养殖者、生鲜乳收购者、乳制品生产企业和销售者依法生产经营。

第二章 奶畜养殖

第十条 国家采取有效措施，鼓励、引导、扶持奶畜养殖者提高生鲜乳质量安全水平。省级以上人民政府应当在本级财政预算内安排支持奶业发展资金，并鼓励对奶畜养殖者、奶农专业生产合作社等给予信贷支持。

国家建立奶畜政策性保险制度，对参保奶畜养殖者给予保费补助。

第十一条 畜牧兽医技术推广机构应当向奶畜养殖者提供养殖技术培训、良种推广、疫病防治等服务。

国家鼓励乳制品生产企业和其他相关生产经营者为奶畜养殖者提供所需的服务。

第十二条 设立奶畜养殖场、养殖小区应当具备下列条件：

（一）符合所在地人民政府确定的本行政区域奶畜养殖规模；

（二）有与其养殖规模相适应的场所和配套设施；

（三）有为其服务的畜牧兽医技术人员；

（四）具备法律、行政法规和国务院畜牧兽医主管部门规定的防疫条件；

（五）有对奶畜粪便、废水和其他固体废物进行综合利用的沼气池等设施或者其他无害化处理设施；

（六）有生鲜乳生产、销售、运输管理制度；

（七）法律、行政法规规定的其他条件。

奶畜养殖场、养殖小区开办者应当将养殖场、养殖小区的名称、养殖地址、奶畜品种和养殖规模向养殖场、养殖小区所在地县级人民政府畜牧兽医主管部门备案。

第十三条 奶畜养殖场应当建立养殖档案，载明以下内容：

（一）奶畜的品种、数量、繁殖记录、标识情况、来源和进出场日期；

（二）饲料、饲料添加剂、兽药等投入品的来源、名称、使用对象、时间和用量；

（三）检疫、免疫、消毒情况；

（四）奶畜发病、死亡和无害化处理情况；

（五）生鲜乳生产、检测、销售情况；

（六）国务院畜牧兽医主管部门规定的其他内容。

奶畜养殖小区开办者应当逐步建立养殖档案。

第十四条 从事奶畜养殖，不得使用国家禁用的饲料、饲料添加剂、兽药以及其他对动物和人体具有直接或者潜在危害的物质。

禁止销售在规定用药期和休药期内的奶畜产的生鲜乳。

第十五条 奶畜养殖者应当确保奶畜符合国务院畜牧兽医主管部门规定的健康标准，并确保奶畜接受强制免疫。

动物疫病预防控制机构应当对奶畜的健康情况进行定期检测；经检测不符合健康标准的，应当立即隔离、治疗或者做无害化处理。

第十六条 奶畜养殖者应当做好奶畜和养殖场所的动物防疫工作，发现奶畜染疫或者疑似染疫的，应当立即报告，停止生鲜乳生产，并采取隔离等控制措施，防止疫病扩散。

奶畜养殖者对奶畜养殖过程中的排泄物、废弃物应当及时清运、处理。

第十七条 奶畜养殖者应当遵守国务院畜牧兽医主管部门制定的生鲜乳生产技术规程。直接从事挤奶工作的人员应当持有有效的健康证明。

奶畜养殖者对挤奶设施、生鲜乳贮存设施等应当及时清洗、消毒，避免对生鲜乳造成污染。

第十八条 生鲜乳应当冷藏。超过2小时未冷藏的生鲜乳，不得销售。

第三章　生鲜乳收购

第十九条 省、自治区、直辖市人民政府畜牧兽医主管部门应当根据当地奶源分布情况，按照方便奶畜养殖者、促进规模化养殖的原则，对生鲜乳收购站的建设进行科学规划和合理布局。必要时，可以实行生鲜乳集中定点收购。

国家鼓励乳制品生产企业按照规划布局，自行建设生鲜乳收购站或者收购原有生鲜乳收购站。

第二十条 生鲜乳收购站应当由取得工商登记的乳制品生产企业、奶畜养殖场、奶农专业生产合作社开办，并具备下列条件，取得所在地县级人民政府畜牧兽医主管部门颁发的生鲜乳收购许可证：

（一）符合生鲜乳收购站建设规划布局；

（二）有符合环保和卫生要求的收购场所；

（三）有与收奶量相适应的冷却、冷藏、保鲜设施和低温运输设备；

（四）有与检测项目相适应的化验、计量、检测仪器设备；

（五）有经培训合格并持有有效健康证明的从业人员；

（六）有卫生管理和质量安全保障制度。

生鲜乳收购许可证有效期 2 年；生鲜乳收购站不再办理工商登记。

禁止其他单位或者个人开办生鲜乳收购站。禁止其他单位或者个人收购生鲜乳。

国家对生鲜乳收购站给予扶持和补贴，提高其机械化挤奶和生鲜乳冷藏运输能力。

第二十一条 生鲜乳收购站应当及时对挤奶设施、生鲜乳贮存运输设施等进行清洗、消毒，避免对生鲜乳造成污染。

生鲜乳收购站应当按照乳品质量安全国家标准对收购的生鲜乳进行常规检测。检测费用不得向奶畜养殖者收取。

生鲜乳收购站应当保持生鲜乳的质量。

第二十二条 生鲜乳收购站应当建立生鲜乳收购、销售和检测记录。生鲜乳收购、销售和检测记录应当包括畜主姓名、单次收购量、生鲜乳检测结果、销售去向等内容，并保存 2 年。

第二十三条 县级以上地方人民政府价格主管部门应当加强对生鲜乳价格的监控和通报，及时发布市场供求信息和价格信息。必要时，县级以上地方人民政府建立由价格、畜牧兽医等部门以及行业协会、乳制品生产企业、生鲜乳收购者、奶畜养殖者代表组成的生鲜乳价格协调委员会，确定生鲜乳交易参考价格，供购销双方签订合同时参考。

生鲜乳购销双方应当签订书面合同。生鲜乳购销合同示范文本由国务院畜牧兽医主管部门会同国务院工商行政管理部门制定并公布。

第二十四条 禁止收购下列生鲜乳：

（一）经检测不符合健康标准或者未经检疫合格的奶畜产的；

（二）奶畜产犊7日内的初乳，但以初乳为原料从事乳制品生产的除外；

（三）在规定用药期和休药期内的奶畜产的；

（四）其他不符合乳品质量安全国家标准的。

对前款规定的生鲜乳，经检测无误后，应当予以销毁或者采取其他无害化处理措施。

第二十五条 贮存生鲜乳的容器，应当符合国家有关卫生标准，在挤奶后2小时内应当降温至0-4℃。

生鲜乳运输车辆应当取得所在地县级人民政府畜牧兽医主管部门核发的生鲜乳准运证明，并随车携带生鲜乳交接单。交接单应当载明生鲜乳收购站的名称、生鲜乳数量、交接时间，并由生鲜乳收购站经手人、押运员、司机、收奶员签字。

生鲜乳交接单一式两份，分别由生鲜乳收购站和乳品生产者保存，保存时间2年。准运证明和交接单式样由省、自治区、直辖市人民政府畜牧兽医主管部门制定。

第二十六条 县级以上人民政府应当加强生鲜乳质量安全监测体系建设，配备相应的人员和设备，确保监测能力与监测任务相适应。

第二十七条 县级以上人民政府畜牧兽医主管部门应当加强生鲜乳质量安全监测工作，制定并组织实施生鲜乳质量安全监测计划，对生鲜乳进行监督抽查，并按照法定权限及时公布监督抽查结果。

监测抽查不得向被抽查人收取任何费用，所需费用由同级财政列支。

第四章 乳制品生产

第二十八条 从事乳制品生产活动，应当具备下列条件，取得所在地质量监督部门颁发的食品生产许可证：

（一）符合国家奶业产业政策；

（二）厂房的选址和设计符合国家有关规定；

（三）有与所生产的乳制品品种和数量相适应的生产、包装和检测设备；

（四）有相应的专业技术人员和质量检验人员；

（五）有符合环保要求的废水、废气、垃圾等污染物的处理设施；

（六）有经培训合格并持有有效健康证明的从业人员；

（七）法律、行政法规规定的其他条件。

质量监督部门对乳制品生产企业颁发食品生产许可证，应当征求所在地工业行业管理部门的意见。

未取得食品生产许可证的任何单位和个人，不得从事乳制品生产。

第二十九条 乳制品生产企业应当建立质量管理制度，采取质量安全管理措施，对乳制品生产实施从原料进厂到成品出厂的全过程质量控制，保证产品质量安全。

第三十条 乳制品生产企业应当符合良好生产规范要求。国家鼓励乳制品生产企业实施危害分析与关键控制点体系，提高乳制品安全管理水平。生产婴幼儿奶粉的企业应当实施危害分析与关键控制点体系。

对通过良好生产规范、危害分析与关键控制点体系认证的乳制品生产企业，认证机构应当依法实施跟踪调查；对不再符合认证要求的企业，应当依法撤销认证，并及时向有关主管部门报告。

第三十一条 乳制品生产企业应当建立生鲜乳进货查验制度，逐批检测收购的生鲜乳，如实记录质量检测情况、供货者的名称以及联系方式、进货日期等内容，并查验运输车辆生鲜乳交接单。查验记录和生鲜乳交接单应当保存2年。乳制品生产企业不得向未取得生鲜乳收购许可证的单位和个人购进生鲜乳。

乳制品生产企业不得购进兽药等化学物质残留超标，或者含有重金属等有毒有害物质、致病性的寄生虫和微生物、生物毒素以及其他不符合乳品质量安全国家标准的生鲜乳。

第三十二条 生产乳制品使用的生鲜乳、辅料、添加剂等，应当符合法律、行政法规的规定和乳品质量安全国家标准。

生产的乳制品应当经过巴氏杀菌、高温杀菌、超高温杀菌或者其他有效方式杀菌。

生产发酵乳制品的菌种应当纯良、无害，定期鉴定，防止杂菌污染。

生产婴幼儿奶粉应当保证婴幼儿生长发育所需的营养成分，不得添加任何可能危害婴幼儿身体健康和生长发育的物质。

第三十三条 乳制品的包装应当有标签。标签应当如实标明产品名称、规格、净含量、生产日期，成分或者配料表，生产企业的名称、地址、联系方式，保质期，产品标准代号，贮存条件，所使用的食品添加剂的化学通用名称，食品生产许可证编号，法律、行政法规或者乳品质量安全国家标准规定必须标明的其他事项。

使用奶粉、黄油、乳清粉等原料加工的液态奶，应当在包装上注明；使用复原乳作为原料生产液态奶的，应当标明"复原乳"字样，并在产品配料中如实标明复原乳所含原料及比例。

婴幼儿奶粉标签还应当标明主要营养成分及其含量，详细说明使用方法和注意事项。

第三十四条 出厂的乳制品应当符合乳品质量安全国家标准。

乳制品生产企业应当对出厂的乳制品逐批检验，并保存检验报告，留取样品。检验内容应当包括乳制品的感官指标、理化指标、卫生指标和乳制品中使用的添加剂、稳定剂以及酸奶中使用的菌种等；婴幼儿奶粉在出厂前还应当检测营养成分。对检验合格的乳制品应当标识检验合格证号；检验不合格的不得出厂。检验报告应当保存2年。

第三十五条 乳制品生产企业应当如实记录销售的乳制品名称、数量、生产日期、生产批号、检验合格证号、购货者名称及其联系方式、销售日期等。

第三十六条 乳制品生产企业发现其生产的乳制品不符合乳品质量安全国家标准、存在危害人体健康和生命安全危险或者可能危害婴幼儿身体健康或者生长发育的，应当立即停止生产，报告有关主管部门，告知销售者、消费者，召回已经出厂、上市销售的乳制品，并记录召回情况。

乳制品生产企业对召回的乳制品应当采取销毁、无害化处理等措施，防止其再次流入市场。

第五章 乳制品销售

第三十七条 从事乳制品销售应当按照食品安全监督管理的有关规定，

依法向工商行政管理部门申请领取有关证照。

第三十八条 乳制品销售者应当建立并执行进货查验制度，审验供货商的经营资格，验明乳制品合格证明和产品标识，并建立乳制品进货台账，如实记录乳制品的名称、规格、数量、供货商及其联系方式、进货时间等内容。从事乳制品批发业务的销售企业应当建立乳制品销售台账，如实记录批发的乳制品的品种、规格、数量、流向等内容。进货台账和销售台账保存期限不得少于2年。

第三十九条 乳制品销售者应当采取措施，保持所销售乳制品的质量。

销售需要低温保存的乳制品的，应当配备冷藏设备或者采取冷藏措施。

第四十条 禁止购进、销售无质量合格证明、无标签或者标签残缺不清的乳制品。

禁止购进、销售过期、变质或者不符合乳品质量安全国家标准的乳制品。

第四十一条 乳制品销售者不得伪造产地，不得伪造或者冒用他人的厂名、厂址，不得伪造或者冒用认证标志等质量标志。

第四十二条 对不符合乳品质量安全国家标准、存在危害人体健康和生命安全或者可能危害婴幼儿身体健康和生长发育的乳制品，销售者应当立即停止销售，追回已经售出的乳制品，并记录追回情况。

乳制品销售者自行发现其销售的乳制品有前款规定情况的，还应当立即报告所在地工商行政管理等有关部门，通知乳制品生产企业。

第四十三条 乳制品销售者应当向消费者提供购货凭证，履行不合格乳制品的更换、退货等义务。

乳制品销售者依照前款规定履行更换、退货等义务后，属于乳制品生产企业或者供货商的责任的，销售者可以向乳制品生产企业或者供货商追偿。

第四十四条 进口的乳品应当按照乳品质量安全国家标准进行检验；尚未制定乳品质量安全国家标准的，可以参照国家有关部门指定的国外有关标准进行检验。

第四十五条 出口乳品的生产者、销售者应当保证其出口乳品符合乳品质量安全国家标准的同时还符合进口国家（地区）的标准或者合同要求。

第六章 监督检查

第四十六条 县级以上人民政府畜牧兽医主管部门应当加强对奶畜饲养以及生鲜乳生产环节、收购环节的监督检查。县级以上质量监督检验检疫部门应当加强对乳制品生产环节和乳品进出口环节的监督检查。县级以上工商行政管理部门应当加强对乳制品销售环节的监督检查。县级以上食品药品监督部门应当加强对乳制品餐饮服务环节的监督管理。监督检查部门之间，监督检查部门与其他有关部门之间，应当及时通报乳品质量安全监督管理信息。

畜牧兽医、质量监督、工商行政管理等部门应当定期开展监督抽查，并记录监督抽查的情况和处理结果。需要对乳品进行抽样检查的，不得收取任何费用，所需费用由同级财政列支。

第四十七条 畜牧兽医、质量监督、工商行政管理等部门在依据各自职责进行监督检查时，行使下列职权：

（一）实施现场检查；

（二）向有关人员调查、了解有关情况；

（三）查阅、复制有关合同、票据、账簿、检验报告等资料；

（四）查封、扣押有证据证明不符合乳品质量安全国家标准的乳品以及违法使用的生鲜乳、辅料、添加剂；

（五）查封涉嫌违法从事乳品生产经营活动的场所，扣押用于违法生产经营的工具、设备；

（六）法律、行政法规规定的其他职权。

第四十八条 县级以上质量监督部门、工商行政管理部门在监督检查中，对不符合乳品质量安全国家标准、存在危害人体健康和生命安全危险或者可能危害婴幼儿身体健康和生长发育的乳制品，责令并监督生产企业召回、销售者停止销售。

第四十九条 县级以上人民政府价格主管部门应当加强对生鲜乳购销过程中压级压价、价格欺诈、价格串通等不正当价格行为的监督检查。

第五十条 畜牧兽医主管部门、质量监督部门、工商行政管理部门应当建立乳品生产经营者违法行为记录，及时提供给中国人民银行，由中国人民银行纳入企业信用信息基础数据库。

第五十一条 省级以上人民政府畜牧兽医主管部门、质量监督部门、工商行政管理部门依据各自职责，公布乳品质量安全监督管理信息。有关监督管理部门应当及时向同级卫生主管部门通报乳品质量安全事故信息；乳品质量安全重大事故信息由省级以上人民政府卫生主管部门公布。

第五十二条 有关监督管理部门发现奶畜养殖者、生鲜乳收购者、乳制品生产企业和销售者涉嫌犯罪的，应当及时移送公安机关立案侦查。

第五十三条 任何单位和个人有权向畜牧兽医、卫生、质量监督、工商行政管理、食品药品监督等部门举报乳品生产经营中的违法行为。畜牧兽医、卫生、质量监督、工商行政管理、食品药品监督等部门应当公布本单位的电子邮件地址和举报电话；对接到的举报，应当完整地记录、保存。

接到举报的部门对属于本部门职责范围内的事项，应当及时依法处理，对于实名举报，应当及时答复；对不属于本部门职责范围内的事项，应当及时移交有权处理的部门，有权处理的部门应当立即处理，不得推诿。

第七章 法律责任

第五十四条 生鲜乳收购者、乳制品生产企业在生鲜乳收购、乳制品生产过程中，加入非食品用化学物质或者其他可能危害人体健康的物质，依照刑法第一百四十四条的规定，构成犯罪的，依法追究刑事责任，并由发证机关吊销许可证照；尚不构成犯罪的，由畜牧兽医主管部门、质量监督部门依据各自职责没收违法所得和违法生产的乳品，以及相关的工具、设备等物品，并处违法乳品货值金额15倍以上30倍以下罚款，由发证机关吊销许可证照。

第五十五条 生产、销售不符合乳品质量安全国家标准的乳品，依照刑法第一百四十三条的规定，构成犯罪的，依法追究刑事责任，并由发证机关吊销许可证照；尚不构成犯罪的，由畜牧兽医主管部门、质量监督部门、工商行政管理部门依据各自职责没收违法所得、违法乳品和相关的工具、设备等物品，并处违法乳品货值金额10倍以上20倍以下罚款，由发证机关吊销许可证照。

第五十六条 乳制品生产企业违反本条例第三十六条的规定，对不符合乳品质量安全国家标准、存在危害人体健康和生命安全或者可能危害婴幼儿身体健康和生长发育的乳制品，不停止生产、不召回的，由质量监督部门责令停止生产、召回；拒不停止生产、拒不召回的，没收其违法所得、违法乳制品和相关的工具、设备等物品，并处违法乳制品货值金额15倍以上30倍以下罚款，由发证机关吊销许可证照。

第五十七条 乳制品销售者违反本条例第四十二条的规定，对不符合乳品质量安全国家标准、存在危害人体健康和生命安全或者可能危害婴幼儿身体健康和生长发育的乳制品，不停止销售、不追回的，由工商行政管理部门责令停止销售、追回；拒不停止销售、拒不追回的，没收其违法所得、违法乳制品和相关的工具、设备等物品，并处违法乳制品货值金额15倍以上30倍以下罚款，由发证机关吊销许可证照。

第五十八条 违反本条例规定，在婴幼儿奶粉生产过程中，加入非食品用化学物质或其他可能危害人体健康的物质的，或者生产、销售的婴幼儿奶粉营养成分不足、不符合乳品质量安全国家标准的，依照本条例规定，从重处罚。

第五十九条 奶畜养殖者、生鲜乳收购者、乳制品生产企业和销售者在发生乳品质量安全事故后未报告、处置的，由畜牧兽医、质量监督、工商行政管理、食品药品监督等部门依据各自职责，责令改正，给予警告；毁灭有关证据的，责令停产停业，并处10万元以上20万元以下罚款；造成严重后果的，由发证机关吊销许可证照；构成犯罪的，依法追究刑事责任。

第六十条 有下列情形之一的，由县级以上地方人民政府畜牧兽医主管部门没收违法所得、违法收购的生鲜乳和相关的设备、设施等物品，并处违法乳品货值金额5倍以上10倍以下罚款；有许可证照的，由发证机关吊销许可证照：

（一）未取得生鲜乳收购许可证收购生鲜乳的；

（二）生鲜乳收购站取得生鲜乳收购许可证后，不再符合许可条件继续从事生鲜乳收购的；

（三）生鲜乳收购站收购本条例第二十四条规定禁止收购的生鲜乳的。

第六十一条 乳制品生产企业和销售者未取得许可证，或者取得许可证后不按照法定条件、法定要求从事生产销售活动的，由县级以上地方质量监督部门、工商行政管理部门依照《国务院关于加强食品等产品安全监督管理的特别规定》等法律、行政法规的规定处罚。

第六十二条 畜牧兽医、卫生、质量监督、工商行政管理等部门，不履行本条例规定职责、造成后果的，或者滥用职权、有其他渎职行为的，由监察机关或者任免机关对其主要负责人、直接负责的主管人员和其他直接责任人员给予记大过或者降级的处分；造成严重后果的，给予撤职或者开除的处分；构成犯罪的，依法追究刑事责任。

第八章 附 则

第六十三条 草原牧区放牧饲养的奶畜所产的生鲜乳收购办法，由所在省、自治区、直辖市人民政府参照本条例另行制定。

第六十四条 本条例自公布之日起施行。

婴幼儿配方乳粉产品配方注册管理办法

（2023 年 6 月 26 日国家市场监督管理总局令第 80 号公布 自 2023 年 10 月 1 日起施行）

第一章 总 则

第一条 为了严格婴幼儿配方乳粉产品配方注册管理，保证婴幼儿配方乳粉质量安全，根据《中华人民共和国行政许可法》《中华人民共和国食品安全法》《中华人民共和国食品安全法实施条例》等法律法规，制定本办法。

第二条 在中华人民共和国境内生产销售和进口的婴幼儿配方乳粉产品配方注册管理，适用本办法。

第三条 婴幼儿配方乳粉产品配方注册，是指国家市场监督管理总局依据本办法规定的程序和要求，对申请注册的婴幼儿配方乳粉产品配方进行审评，并决定是否准予注册的活动。

第四条 婴幼儿配方乳粉产品配方注册管理，应当遵循科学、严格、公开、公平、公正的原则。

第五条 国家市场监督管理总局负责婴幼儿配方乳粉产品配方注册管理工作。

国家市场监督管理总局食品审评机构（食品审评中心，以下简称审评机构）负责婴幼儿配方乳粉产品配方注册申请的受理、技术审评、现场核查、制证送达等工作，并根据需要组织专家进行论证。

省、自治区、直辖市市场监督管理部门应当配合婴幼儿配方乳粉产品配方注册的现场核查等工作。

第六条 婴幼儿配方乳粉产品配方注册申请人（以下简称申请人）应当对提交材料的真实性、完整性、合法性负责，并承担法律责任。

申请人应当配合市场监督管理部门开展与注册相关的现场核查、抽样检验等工作，提供必要工作条件。

第七条 鼓励婴幼儿配方乳粉产品配方研发和创新，结合母乳研究成果优化配方，提升婴幼儿配方乳粉品质。

第二章 申请与注册

第八条 申请人应当为拟在中华人民共和国境内生产并销售婴幼儿配方乳粉的生产企业或者拟向中华人民共和国出口婴幼儿配方乳粉的境外生产企业。

申请人应当具备与所生产婴幼儿配方乳粉相适应的研发能力、生产能力、检验能力，符合粉状婴幼儿配方食品良好生产规范要求，实施危害分析与关键控制点体系，对出厂产品按照有关法律法规和婴幼儿配方乳粉食品安全国家标准规定的项目实施逐批检验。企业集团设有独立研发机构的，控股子公司作为申请人可以共享集团部分研发能力。

申请人使用已经符合婴幼儿配方食品安全国家标准营养成分要求的复合配料作为原料申请配方注册的，不予注册。

第九条 申请注册产品配方应当符合有关法律法规和食品安全国家标准的要求，并提供产品配方科学性、安全性的研发与论证报告和充足依据。

申请婴幼儿配方乳粉产品配方注册，应当向国家市场监督管理总局提交下列材料：

（一）婴幼儿配方乳粉产品配方注册申请书；

（二）申请人主体资质文件；

（三）原辅料的质量安全标准；

（四）产品配方；

（五）产品配方研发与论证报告；

（六）生产工艺说明；

（七）产品检验报告；

（八）研发能力、生产能力、检验能力的材料；

（九）其他表明配方科学性、安全性的材料。

申请人应当按照国家有关规定对申请材料中的商业秘密、未披露信息或者保密商务信息进行标注并注明依据。

第十条 同一企业申请注册两个以上同年龄段产品配方时，产品配方之间应当有明显差异，并经科学证实。每个企业原则上不得超过三个配方系列九种产品配方，每个配方系列包括婴儿配方乳粉（0—6 月龄，1 段）、较大婴儿配方乳粉（6—12 月龄，2 段）、幼儿配方乳粉（12—36 月龄，3 段）。

第十一条 已经取得婴幼儿配方乳粉产品配方注册证书及生产许可的企业集团母公司或者其控股子公司可以使用同一企业集团内其他控股子公司或者企业集团母公司已经注册的婴幼儿配方乳粉产品配方。组织生产前，企业集团母公司应当充分评估配方调用的可行性，确保产品质量安全，并向国家市场监督管理总局提交书面报告。

第十二条 对申请人提出的婴幼儿配方乳粉产品配方注册申请，应当根据下列情况分别作出处理：

（一）申请事项依法不需要进行注册的，应当即时告知申请人不受理；

（二）申请事项依法不属于国家市场监督管理总局职权范围的，应当即时作出不予受理的决定，并告知申请人向有关行政机关申请；

（三）申请材料存在可以当场更正的错误的，应当允许申请人当场更正；

（四）申请材料不齐全或者不符合法定形式的，应当当场或者在五个工作日内一次告知申请人需要补正的全部内容；逾期不告知的，自收到申请材料之日起即为受理；

（五）申请事项属于国家市场监督管理总局职权范围，申请材料齐全、符合法定形式，或者申请人按照要求提交全部补正申请材料的，应当受理注册申请。

受理或者不予受理注册申请，应当出具加盖国家市场监督管理总局行政许可专用章和注明日期的凭证。

第十三条 审评机构应当对申请配方的科学性和安全性以及产品配方声称与产品配方注册内容的一致性进行审查，自受理之日起六十个工作日内完成审评工作。

特殊情况下需要延长审评时限的，经审评机构负责人同意，可以延长二十个工作日，延长决定应当书面告知申请人。

第十四条 审评过程中认为需要申请人补正材料的，审评机构应当一次告知需要补正的全部内容。申请人应当在三个月内按照补正通知的要求一次补正材料。补正材料的时间不计算在审评时限内。

第十五条 审评机构根据实际需要组织开展现场核查和抽样检验，必要时对原料生产企业等开展延伸核查。

现场核查应当对申请人研发能力、生产能力、检验能力以及申请材料与实际情况的一致性等进行核实，并抽取动态生产的样品进行检验。抽样检验的动态生产样品品种基于风险确定。

第十六条 有下列情形之一的，应当开展现场核查：

（一）申请人首次申请注册的三个配方系列九种产品配方；

（二）产品配方组成发生重大变化的；

（三）生产工艺类型发生变化且申请人已注册尚在有效期内的配方无此工艺类型的；

（四）生产地址发生实际变化的；

（五）技术审评过程中发现需经现场核查核实问题的；

（六）既往注册申请存在隐瞒真实情况、提供虚假材料的；

（七）其他需要开展现场核查的情形。

婴幼儿配方食品安全国家标准发生重大变化，申请人申请产品配方注册或者变更的，审评机构应当开展现场核查。但是，申请人同一系列三个产品配方在标准变化后均已取得行政许可的，相同生产工艺类型的其他系列产品配方可以不再开展现场核查。

第十七条 需要开展现场核查的，审评机构应当通过书面或者电子等方式告知申请人核查事项，申请人三十个工作日内反馈接受现场核查的日期。因不可抗力等原因无法在规定时限内反馈的，申请人应当书面提出延期申请并说明理由。审评机构自申请人确认的现场核查日期起二十个工作日内完成现场核查。

审评机构通知申请人所在地省级市场监督管理部门参与现场核查的，省级市场监督管理部门应当派员参与。

第十八条 审评机构应当委托具有法定资质的食品检验机构开展检验。

检验机构应当自收到样品之日起二十个工作日内按照食品安全国家标准和申请人提交的测定方法完成检验工作，并向审评机构出具样品检验报告。

第十九条 审评机构应当根据申请人提交的申请材料、现场核查报告、样品检验报告开展审评，并作出审评结论。在技术审评、现场核查、产品检验等过程中，可以就重大、复杂问题听取食品安全、食品加工、营养和临床医学等领域专家的意见。

第二十条 申请人的申请符合法定条件、标准，产品配方科学、安全，现场核查报告结论、检验报告结论为符合注册要求的，审评机构应当作出建议准予注册的审评结论。

第二十一条 有下列情形之一的，审评机构应当作出拟不予注册的审评结论：

（一）申请材料弄虚作假，不真实的；

（二）产品配方科学性、安全性依据不充足的；

（三）申请人不具备与所申请注册的产品配方相适应的研发能力、生产能力或者检验能力的；

（四）申请人未在规定时限内提交补正材料，或者提交的补正材料不符合要求的；

（五）申请人逾期不能确认现场核查日期，拒绝或者不配合现场核查、抽样检验的；

（六）现场核查报告结论或者检验报告结论为不符合注册要求的；

（七）同一企业申请注册的产品配方与其同年龄段已申请产品配方之间没有明显差异的；

（八）其他不符合法律、法规、规章、食品安全国家标准等注册要求的情形。

审评机构作出不予注册审评结论的，应当向申请人发出拟不予注册通知并说明理由。申请人对审评结论有异议的，应当自收到通知之日起二十个工作日内向审评机构提出书面复审申请并说明复审理由。复审的内容仅限于原申请事项及申请材料。

审评机构应当自受理复审申请之日起三十个工作日内作出复审决定，并通知申请人。

第二十二条 国家市场监督管理总局在审评结束后，依法作出是否批准的决定。对准予注册的，颁发婴幼儿配方乳粉产品配方注册证书。对不予注册的，发给不予注册决定书，说明理由，并告知申请人享有依法申请行政复议或者提起行政诉讼的权利。

第二十三条 国家市场监督管理总局自受理之日起二十个工作日内作出决定。

审评机构应当自国家市场监督管理总局作出决定之日起十个工作日内向申请人送达婴幼儿配方乳粉产品配方注册证书或者不予注册决定书。

第二十四条 现场核查、抽样检验、复审所需时间不计算在审评时限内。

对境外生产企业现场核查、抽样检验的工作时限，根据实际情况确定。

第二十五条 婴幼儿配方乳粉产品配方注册证书及附件应当载明下列事项：

（一）产品名称；

（二）企业名称、生产地址；

（三）注册号、批准日期及有效期；

（四）生产工艺类型；

（五）产品配方。

婴幼儿配方乳粉产品配方注册号格式为：国食注字YP+四位年代号+四位顺序号，其中YP代表婴幼儿配方乳粉产品配方。

婴幼儿配方乳粉产品配方注册证书有效期五年，电子证书与纸质证书具有同等法律效力。

第二十六条 婴幼儿配方乳粉产品配方注册有效期内，婴幼儿配方乳粉产品配方注册证书遗失或者损毁的，申请人应当向国家市场监督管理总局提出补发申请并说明理由。因遗失申请补发的，应当提交遗失声明；因损毁申请补发的，应当交回婴幼儿配方乳粉产品配方注册证书原件。

国家市场监督管理总局自受理之日起十个工作日内予以补发。补发的婴幼儿配方乳粉产品配方注册证书应当标注原批准日期，并注明“补发”字样。

第二十七条 婴幼儿配方乳粉产品配方注册证书有效期内，申请人需要变更注册证书或者附件载明事项的，应当向国家市场监督管理总局提出变更注册申请，并提交下列材料：

（一）婴幼儿配方乳粉产品配方变更注册申请书；

（二）产品配方变更论证报告；

（三）与变更事项有关的其他材料。

第二十八条 申请人申请产品配方变更等可能影响产品配方科学性、安全性的，审评机构应当按照本办法第十三条的规定组织开展审评，并作出审评结论。

申请人申请企业名称变更、生产地址名称变更、产品名称变更等不影响产品配方科学性、安全性的，审评机构应当进行核实并自受理之日起十个工作日内作出审评结论。申请人企业名称变更的，应当以变更后的名称申请。

国家市场监督管理总局自审评结论作出之日起十个工作日内作出准予变更或者不予变更的决定。对符合条件的，依法办理变更手续，注册证书发证日期以变更批准日期为准，原注册号不变，证书有效期不变；不予变更注册的，发给不予变更注册决定书，说明理由，并告知申请人享有依法申请行政复议或者提起行政诉讼的权利。

第二十九条 产品配方原料（含食品添加剂）品种不变、配料表顺序不变、营养成分表不变，使用量在一定范围内合理波动或者调整的，不需要申请变更。

产品配方原料（含食品添加剂）品种和营养成分表同时调整，实质上已经构成新的产品配方的，应当重新申请产品配方注册。

第三十条 婴幼儿配方乳粉产品配方注册证书有效期届满需要延续的，申请人应当在注册证书有效期届满六个月前向国家市场监督管理总局提出延续注册申请，并提交下列材料：

（一）婴幼儿配方乳粉产品配方延续注册申请书；

（二）申请人主体资质文件；

（三）企业研发能力、生产能力、检验能力情况；

（四）企业生产质量管理体系自查报告；

（五）产品营养、安全方面的跟踪评价情况；

（六）生产企业所在地省、自治区、直辖市市场监督管理部门延续注册意见书。

审评机构应当按照本办法第十三条的规定对延续注册申请组织开展审评，并作出审评结论。

国家市场监督管理总局自受理申请之日起二十个工作日内作出准予延续注册或者不予延续注册的决定。准予延续注册的，向申请人换发注册证书，原注册号不变，证书有效期自批准之日起重新计算；不予延续注册的，发给不予延续注册决定书，说明理由，并告知申请人享有依法申请行政复议或者提起行政诉讼的权利。逾期未作决定的，视为准予延续。

第三十一条 有下列情形之一的，不予延续注册：

（一）未在规定时限内提出延续注册申请的；

（二）申请人在产品配方注册后五年内未按照注册配方组织生产的；

（三）企业未能保持注册时研发能力、生产能力、检验能力的；

（四）其他不符合有关规定的情形。

第三十二条 婴幼儿配方乳粉产品配方变更注册与延续注册的程序未作规定的，适用本办法有关婴幼儿配方乳粉产品配方注册的相关规定。

第三章 标签与说明书

第三十三条 婴幼儿配方乳粉标签、说明书应当符合法律、法规、规章和食品安全国家标准，并按照国家市场监督管理总局的规定进行标识。

申请人申请婴幼儿配方乳粉产品配方注册，应当提交标签样稿及声称的说明材料；同时提交说明书的，说明书应当与标签内容一致。

标签、说明书涉及婴幼儿配方乳粉产品配方的，应当与产品配方注册内容一致，并标注注册号。

第三十四条 产品名称中有动物性来源字样的，其生乳、乳粉、乳清粉等乳蛋白来源应当全部来自该物种。

配料表应当将食用植物油具体的品种名称按照加入量的递减顺序标注。

营养成分表应当按照婴幼儿配方乳粉食品安全国家标准规定的营养素顺序列出，并按照能量、蛋白质、脂肪、碳水化合物、维生素、矿物质、可选择成分等类别分类列出。

第三十五条 声称生乳、原料乳粉等原料来源的，应当如实标明来源国或者具体来源地。

第三十六条 标签应当注明婴幼儿配方乳粉适用月龄，可以同时使用"1段""2段""3段"的方式标注。

第三十七条 标签不得含有下列内容：

（一）涉及疾病预防、治疗功能；

（二）明示或者暗示具有增强免疫力、调节肠道菌群等保健作用；

（三）明示或者暗示具有益智、增加抵抗力、保护肠道等功能性表述；

（四）对于按照法律法规和食品安全国家标准等不应当在产品配方中含有或者使用的物质，以"不添加""不含有""零添加"等字样强调未使用或者不含有；

（五）虚假、夸大、违反科学原则或者绝对化的内容；

（六）使用"进口奶源""源自国外牧场""生态牧场""进口原料""原生态奶源""无污染奶源"等模糊信息；

（七）与产品配方注册内容不一致的声称；

（八）使用婴儿和妇女的形象，"人乳化""母乳化"或者近似术语表述；

（九）其他不符合法律、法规、规章和食品安全国家标准规定的内容。

第四章 监督管理

第三十八条 承担技术审评、现场核查、抽样检验的机构和人员应当对出具的审评结论、现场核查报告、产品检验报告等负责；参加论证的专家出具专家意见，应当恪守职业道德。

技术审评、现场核查、抽样检验、专家论证应当依照法律、法规、规章、食品安全国家标准、技术规范等开展，保证相关工作科学、客观和公正。

第三十九条 市场监督管理部门接到有关单位或者个人举报的婴幼儿配方乳粉产品配方注册工作中的违法违规行为，应当及时核实处理。

第四十条 国家市场监督管理总局自批准之日起二十个工作日内公布婴幼儿配方乳粉产品配方注册信息。

第四十一条 未经申请人同意，参与婴幼儿配方乳粉产品配方注册工作的机构和人员不得披露申请人提交的商业秘密、未披露信息或者保密商务信息，法律另有规定或者涉及国家安全、重大社会公共利益的除外。

第四十二条 婴幼儿配方乳粉产品配方注册申请受理后，申请人提出撤回婴幼儿配方乳粉产品配方注册申请的，应当提交书面申请并说明理由。同意撤回申请的，国家市场监督管理总局终止其注册程序。

技术审评、现场核查和抽样检验过程中发现涉嫌存在隐瞒真实情况或者提供虚假信息等违法行为的，应当依法处理，申请人不得撤回注册申请。

第四十三条 有下列情形之一的，国家市场监督管理总局根据利害关系人的请求或者依据职权，可以撤销婴幼儿配方乳粉产品配方注册：

（一）工作人员滥用职权、玩忽职守作出准予注册决定的；

（二）超越法定职权作出准予注册决定的；

（三）违反法定程序作出准予注册决定的；

（四）对不具备申请资格或者不符合法定条件的申请人准予注册的；

（五）依法可以撤销注册的其他情形。

第四十四条 有下列情形之一的，由国家市场监督管理总局注销婴幼儿配方乳粉产品配方注册：

（一）企业申请注销的；

（二）企业依法终止的；

（三）注册证书有效期届满未延续的；

（四）注册证书依法被撤销、撤回或者依法被吊销的；

（五）法律、法规规定应当注销的其他情形。

第五章 法律责任

第四十五条 食品安全法等法律法规对婴幼儿配方乳粉产品配方注册违法行为已有规定的，从其规定。

第四十六条 申请人隐瞒有关情况或者提供虚假材料申请婴幼儿配方乳粉产品配方注册的，国家市场监督管理总局不予受理或者不予注册，对申请人给予警告；申请人在一年内不得再次申请婴幼儿配方乳粉产品配方注册；涉嫌犯罪的，依法移送公安机关，追究刑事责任。

申请人以欺骗、贿赂等不正当手段取得婴幼儿配方乳粉产品配方注册证书的，国家市场监督管理总局依法予以撤销，被许可人三年内不得再次申请注册；处一万元以上三万元以下罚款；造成危害后果的，处三万元以上二十万元以下罚款；涉嫌犯罪的，依法移送公安机关，追究刑事责任。

第四十七条 申请人变更不影响产品配方科学性、安全性的事项，未依法申请变更的，由县级以上市场监督管理部门责令限期改正；逾期不改的，处一千元以上一万元以下罚款。

申请人变更可能影响产品配方科学性、安全性的事项，未依法申请变更的，由县级以上市场监督管理部门依照食品安全法第一百二十四条的规定处罚。

第四十八条 伪造、涂改、倒卖、出租、出借、转让婴幼儿配方乳粉产品配方注册证书的，由县级以上市场监督管理部门处三万元以上十万元以下罚款；造成危害后果的，处十万元以上二十万元以下罚款；涉嫌犯罪的，依法移送公安机关，追究刑事责任。

第四十九条 婴幼儿配方乳粉生产销售者违反本办法第三十三条至第三十七条规定，由县级以上地方市场监督管理部门责令限期改正，处一万元以上三万元以下罚款；情节严重的，处三万元以上十万元以下罚款；造成危害后果的，处十万元以上二十万元以下罚款。

第五十条 市场监督管理部门及其工作人员对不符合条件的申请人准予注册，或者超越法定职权准予注册的，依照食品安全法第一百四十四条的规定处理。

市场监督管理部门及其工作人员在注册审评过程中滥用职权、玩忽职守、徇私舞弊的，依照食品安全法第一百四十五条的规定处理。

第六章 附 则

第五十一条 本办法所称婴幼儿配方乳粉产品配方，是指生产婴幼儿配方乳粉使用的食品原料、食品添加剂及其使用量，以及产品中营养成分的含量。

第五十二条 本办法自 2023 年 10 月 1 日起施行，2016 年 6 月 6 日原国家食品药品监督管理总局令第 26 号公布的《婴幼儿配方乳粉产品配方注册管理办法》同时废止。

3. 绿色食品

绿色食品生产资料认定推荐管理办法

（1999 年 10 月 10 日　中国绿色食品发展中心）

第一章　总　　则

第一条　“绿色食品”是遵循可持续发展原则，按照特定的生产方式生产，专门机构认定，许可使用绿色食品标志的无污染的安全、优质、营养类食品。

为了确保生产绿色食品所用生产资料的有效性、安全性，保障绿色食品的质量，特制定本办法。

第二条　“绿色食品生产资料”是指经中国绿色食品发展中心（以下简称“中心”）认定，符合绿色食品生产要求及相关标准的，被正式推荐用于绿色食品生产的生产资料。

绿色食品生产资料分为 AA 级绿色食品生产资料和 A 级绿色食品生产资料。AA 级绿色食品生产资料推荐用于所有绿色食品生产，A 级绿色食品生产资料仅推荐用于 A 级绿色食品生产。

第三条　绿色食品生产资料涵盖农药、肥料、食品添加剂、饲料添加剂（或预混料）、兽药、包装材料、其他相关生产资料。

第二章　绿色食品生产资料的申请

第四条　凡具有法人资格生产第三条所述产品的企业，均可作为申请企业。

第五条　凡申请的生产资料必须同时具备下列条件：

一、经国家有关部门检验登记，允许生产、销售的产品；

二、保护或促进使用对象的生长，或有利于保护或提高产品的品质；

三、不造成使用对象产生和积累有害物质，不影响人体健康；

四、对生态环境无不良影响。

第六条 申请程序

一、申请企业向所在省（市、自治区）绿色食品委托管理机构或直接向中心提出申请，填写《绿色食品生产资料认定推荐申请书》（一式两份），并提交有关资料。

二、委托管理机构或中心派检查员对申请企业进行考察，并向中心提交考察报告。

三、中心对申报材料或考察报告进行初审。合格者，由中心与申请企业签定协议，颁发推荐证书，并发布公告。不合格者，在其不合格部分作出相应改进前，不再受理其申请。

第七条 绿色食品生产资料实行统一编号，编号形式为：

LSSZ-	XX	XX	XX	XX	XX	X
绿色食品生产资料	产品分类	批准年份	国家代号	地区代号	产品序号	产品分级

第三章 被推荐的绿色食品生产资料的管理

第八条 在绿色食品生产资料产品的包装标签的左上方，必须标明“X（A或AA）级绿色食品生产资料”、“中国绿色食品发展中心认定推荐使用”字样及统一编号，并加贴中心统一的防伪标签。

第九条 绿色食品生产资料的申报单位须履行与中心签订的协议，不得将推荐证书用于被推荐产品以外的产品，亦不得以任何方式许可其联营、合营企业产品或他人产品享用该证书及推荐资格，并按时交纳有关费用。

第十条 凡外包装、名称、商标发生变更的产品，须提前将变更情况报中心备案。

第十一条 绿色食品生产资料自批准之日起，三年有效，并实行年审制。要求第三年到期后继续推荐其产品的企业，须在有效期期满前九十天内重新提出申请，未重新申请者，视为自动放弃被推荐的资格，原推荐证书过期作废，企业不得再在原被推荐产品上继续使用原包装标签。

第十二条 未经中心认定推荐或认定推荐有效期已过或未通过年审的产品，任何单位或个人不得在其包装标签上或广告宣传中使用“绿色食品生产资料”、“中国绿色食品发展中心认定推荐”等字样或词语，擅自使用者，将追究其法律责任。

第十三条 取得推荐产品资格的生产企业在推荐有效期内，应接受中心指定的检测单位对其被推荐的产品进行质量抽检。

第四章 附 则

第十四条 绿色食品生产资料认定推荐工作由中心统一进行，任何单位、组织均不得以任何形式直接或变相进行绿色食品生产资料的认定、推荐活动。

第十五条 《绿色食品生产资料认定推荐申请书》由中心统一印制。

第十六条 本办法由中心负责解释。

第十七条 本办法自颁布之日起实行，原《绿色食品推荐生产资料暂行办法》及有关实施细则同时废止。

绿色食品标志管理办法

（2012年7月30日农业部令2012年第6号公布 根据2019年4月25日《农业农村部关于修改和废止部分规章、规范性文件的决定》第一次修订 根据2022年1月7日《农业农村部关于修改和废止部分规章、规范性文件的决定》第二次修订）

第一章 总 则

第一条 为加强绿色食品标志使用管理，确保绿色食品信誉，促进绿色食品事业健康发展，维护生产经营者和消费者合法权益，根据《中华人民共和国农业法》、《中华人民共和国食品安全法》、《中华人民共和国农产品质量安全法》和《中华人民共和国商标法》，制定本办法。

第二条 本办法所称绿色食品，是指产自优良生态环境、按照绿色食品标准生产、实行全程质量控制并获得绿色食品标志使用权的安全、优质食用农产品及相关产品。

第三条 绿色食品标志依法注册为证明商标，受法律保护。

第四条 县级以上人民政府农业农村主管部门依法对绿色食品及绿色

食品标志进行监督管理。

第五条 中国绿色食品发展中心负责全国绿色食品标志使用申请的审查、颁证和颁证后跟踪检查工作。

省级人民政府农业行政农村部门所属绿色食品工作机构（以下简称省级工作机构）负责本行政区域绿色食品标志使用申请的受理、初审和颁证后跟踪检查工作。

第六条 绿色食品产地环境、生产技术、产品质量、包装贮运等标准和规范，由农业农村部制定并发布。

第七条 承担绿色食品产品和产地环境检测工作的技术机构，应当具备相应的检测条件和能力，并依法经过资质认定，由中国绿色食品发展中心按照公平、公正、竞争的原则择优指定并报农业农村部备案。

第八条 县级以上地方人民政府农业农村主管部门应当鼓励和扶持绿色食品生产，将其纳入本地农业和农村经济发展规划，支持绿色食品生产基地建设。

第二章　标志使用申请与核准

第九条 申请使用绿色食品标志的产品，应当符合《中华人民共和国食品安全法》和《中华人民共和国农产品质量安全法》等法律法规规定，在国家知识产权局商标局核定的范围内，并具备下列条件：

（一）产品或产品原料产地环境符合绿色食品产地环境质量标准；

（二）农药、肥料、饲料、兽药等投入品使用符合绿色食品投入品使用准则；

（三）产品质量符合绿色食品产品质量标准；

（四）包装贮运符合绿色食品包装贮运标准。

第十条 申请使用绿色食品标志的生产单位（以下简称申请人），应当具备下列条件：

（一）能够独立承担民事责任；

（二）具有绿色食品生产的环境条件和生产技术；

（三）具有完善的质量管理和质量保证体系；

（四）具有与生产规模相适应的生产技术人员和质量控制人员；

（五）具有稳定的生产基地；

（六）申请前三年内无质量安全事故和不良诚信记录。

第十一条 申请人应当向省级工作机构提出申请，并提交下列材料：

（一）标志使用申请书；

（二）产品生产技术规程和质量控制规范；

（三）预包装产品包装标签或其设计样张；

（四）中国绿色食品发展中心规定提交的其他证明材料。

第十二条 省级工作机构应当自收到申请之日起十个工作日内完成材料审查。符合要求的，予以受理，并在产品及产品原料生产期内组织有资质的检查员完成现场检查；不符合要求的，不予受理，书面通知申请人并告知理由。

现场检查合格的，省级工作机构应当书面通知申请人，由申请人委托符合第七条规定的检测机构对申请产品和相应的产地环境进行检测；现场检查不合格的，省级工作机构应当退回申请并书面告知理由。

第十三条 检测机构接受申请人委托后，应当及时安排现场抽样，并自产品样品抽样之日起二十个工作日内、环境样品抽样之日起三十个工作日内完成检测工作，出具产品质量检验报告和产地环境监测报告，提交省级工作机构和申请人。

检测机构应当对检测结果负责。

第十四条 省级工作机构应当自收到产品检验报告和产地环境监测报告之日起二十个工作日内提出初审意见。初审合格的，将初审意见及相关材料报送中国绿色食品发展中心。初审不合格的，退回申请并书面告知理由。

省级工作机构应当对初审结果负责。

第十五条 中国绿色食品发展中心应当自收到省级工作机构报送的申请材料之日起三十个工作日内完成书面审查，并在二十个工作日内组织专家评审。必要时，应当进行现场核查。

第十六条 中国绿色食品发展中心应当根据专家评审的意见，在五个工作日内作出是否颁证的决定。同意颁证的，与申请人签订绿色食品标志使用合同，颁发绿色食品标志使用证书，并公告；不同意颁证的，书面通知申请人并告知理由。

第十七条 绿色食品标志使用证书是申请人合法使用绿色食品标志的

凭证，应当载明准许使用的产品名称、商标名称、获证单位及其信息编码、核准产量、产品编号、标志使用有效期、颁证机构等内容。

绿色食品标志使用证书分中文、英文版本，具有同等效力。

第十八条 绿色食品标志使用证书有效期三年。

证书有效期满，需要继续使用绿色食品标志的，标志使用人应当在有效期满三个月前向省级工作机构书面提出续展申请。省级工作机构应当在四十个工作日内组织完成相关检查、检测及材料审核。初审合格的，由中国绿色食品发展中心在十个工作日内作出是否准予续展的决定。准予续展的，与标志使用人续签绿色食品标志使用合同，颁发新的绿色食品标志使用证书并公告；不予续展的，书面通知标志使用人并告知理由。

标志使用人逾期未提出续展申请，或者申请续展未获通过的，不得继续使用绿色食品标志。

第三章 标志使用管理

第十九条 标志使用人在证书有效期内享有下列权利：

（一）在获证产品及其包装、标签、说明书上使用绿色食品标志；

（二）在获证产品的广告宣传、展览展销等市场营销活动中使用绿色食品标志；

（三）在农产品生产基地建设、农业标准化生产、产业化经营、农产品市场营销等方面优先享受相关扶持政策。

第二十条 标志使用人在证书有效期内应当履行下列义务：

（一）严格执行绿色食品标准，保持绿色食品产地环境和产品质量稳定可靠；

（二）遵守标志使用合同及相关规定，规范使用绿色食品标志；

（三）积极配合县级以上人民政府农业农村主管部门的监督检查及其所属绿色食品工作机构的跟踪检查。

第二十一条 未经中国绿色食品发展中心许可，任何单位和个人不得使用绿色食品标志。

禁止将绿色食品标志用于非许可产品及其经营性活动。

第二十二条 在证书有效期内，标志使用人的单位名称、产品名称、产品商标等发生变化的，应当经省级工作机构审核后向中国绿色食品发展中心申请办理变更手续。

产地环境、生产技术等条件发生变化，导致产品不再符合绿色食品标准要求的，标志使用人应当立即停止标志使用，并通过省级工作机构向中国绿色食品发展中心报告。

第四章 监督检查

第二十三条 标志使用人应当健全和实施产品质量控制体系，对其生产的绿色食品质量和信誉负责。

第二十四条 县级以上地方人民政府农业农村主管部门应当加强绿色食品标志的监督管理工作，依法对辖区内绿色食品产地环境、产品质量、包装标识、标志使用等情况进行监督检查。

第二十五条 中国绿色食品发展中心和省级工作机构应当建立绿色食品风险防范及应急处置制度，组织对绿色食品及标志使用情况进行跟踪检查。

省级工作机构应当组织对辖区内绿色食品标志使用人使用绿色食品标志的情况实施年度检查。检查合格的，在标志使用证书上加盖年度检查合格章。

第二十六条 标志使用人有下列情形之一的，由中国绿色食品发展中心取消其标志使用权，收回标志使用证书，并予公告：

（一）生产环境不符合绿色食品环境质量标准的；

（二）产品质量不符合绿色食品产品质量标准的；

（三）年度检查不合格的；

（四）未遵守标志使用合同约定的；

（五）违反规定使用标志和证书的；

（六）以欺骗、贿赂等不正当手段取得标志使用权的。

标志使用人依照前款规定被取消标志使用权的，三年内中国绿色食品发展中心不再受理其申请；情节严重的，永久不再受理其申请。

第二十七条 任何单位和个人不得伪造、转让绿色食品标志和标志使用证书。

第二十八条 国家鼓励单位和个人对绿色食品和标志使用情况进行社会监督。

第二十九条 从事绿色食品检测、审核、监管工作的人员，滥用职权、徇私舞弊和玩忽职守的，依照有关规定给予行政处罚或行政处分；涉嫌犯罪的，及时将案件移送司法机关，依法追究刑事责任。

承担绿色食品产品和产地环境检测工作的技术机构伪造检测结果的，除依法予以处罚外，由中国绿色食品发展中心取消指定，永久不得再承担绿色食品产品和产地环境检测工作。

第三十条 其他违反本办法规定的行为，依照《中华人民共和国食品安全法》、《中华人民共和国农产品质量安全法》和《中华人民共和国商标法》等法律法规处罚。

第五章 附 则

第三十一条 绿色食品标志有关收费办法及标准，依照国家相关规定执行。

第三十二条 本办法自 2012 年 10 月 1 日起施行。农业部 1993 年 1 月 11 日印发的《绿色食品标志管理办法》（1993 农（绿）字第 1 号）同时废止。

4. 保健食品

保健食品管理办法

（1996 年 3 月 15 日卫生部令第 46 号公布 自 1996 年 6 月 1 日起施行）

第一章 总 则

第一条 为加强保健食品的监督管理，保证保健食品质量，根据《中华人民共和国食品卫生法》（下称《食品卫生法》）的有关规定，制定本办法。

第二条 本办法所称保健食品系指表明具有特定保健功能的食品。即适宜于特定人群食用，具有调节机体功能，不以治疗疾病为目的的食品。

第三条 国务院卫生行政部门（以下简称卫生部）对保健食品、保健食品说明书实行审批制度。

第二章 保健食品的审批

第四条 保健食品必须符合下列要求：

（一）经必要的动物和/或人群功能试验，证明其具有明确、稳定的保健作用；

（二）各种原料及其产品必须符合食品卫生要求，对人体不产生任何急性、亚急性或慢性危害；

（三）配方的组成及用量必须具有科学依据，具有明确的功效成分。如在现有技术条件下不能明确功效成分，应确定与保健功能有关的主要原料名称；

（四）标签、说明书及广告不得宣传疗效作用。

第五条 凡声称具有保健功能的食品必须经卫生部审查确认。研制者应向所在地的省级卫生行政部门提出申请。经初审同意后，报卫生部审批。卫生部对审查合格的保健食品发给《保健食品批准证书》，批准文号为“卫食健字（　）第　号”。获得《保健食品批准证书》的食品准许使用卫生部规定的保健食品标志（标志图案见附件）。

第六条 申请《保健食品批准证书》时，必须提交下列资料：

（一）保健食品申请表；

（二）保健食品的配方、生产工艺及质量标准；

（三）毒理学安全性评价报告；

（四）保健功能评价报告；

（五）保健食品的功效成分名单，以及功效成分的定性和/或定量检验方法、稳定性试验报告。因在现有技术条件下，不能明确功效成分的，则须提交食品中与保健功能相关的主要原料名单；

（六）产品的样品及其卫生学检验报告；

（七）标签及说明书（送审样）；

（八）国内外有关资料；

（九）根据有关规定或产品特性应提交的其他材料。

第七条 卫生部和省级卫生行政部门应分别成立评审委员会承担技术

评审工作，委员会应由食品卫生、营养、毒理、医学及其他相关专业的专家组成。

第八条 卫生部评审委员会每年举行四次评审会，一般在每季度的最后一个月召开。经初审合格的全部材料必须在每季度第一个月底前寄到卫生部。卫生部根据评审意见，在评审后的30个工作日内，作出是否批准的决定。

卫生部评审委员会对申报的保健食品认为有必要复验的，由卫生部指定的检验机构进行复验。复验费用由保健食品申请者承担。

第九条 由两个或两个以上合作者共同申请同一保健食品时，《保健食品批准证书》共同署名，但证书只发给所有合作者共同确定的负责者。申请时，除提交本办法所列各项资料外，还应提交由所有合作者签章的负责者推荐书。

第十条 《保健食品批准证书》持有者可凭此证书转让技术或与他方共同合作生产。转让时，应与受让方共同向卫生部申领《保健食品批准证书》副本。申领时，应持《保健食品批准证书》，并提供有效的技术转让合同书。《保健食品批准证书》副本发放给受让方，受让方无权再进行技术转让。

第十一条 已由国家有关部门批准生产经营的药品，不得申请《保健食品批准证书》。

第十二条 进口保健食品时，进口商或代理人必须向卫生部提出申请。申请时，除提供第六条所需的材料外，还要提供出产国（地区）或国际组织的有关标准，以及生产、销售国（地区）有关卫生机构出具的允许生产或销售的证明。

第十三条 卫生部对审查合格的进口保健食品发放《进口保健食品批准证书》，取得《进口保健食品批准证书》的产品必须在包装上标注批准文号和卫生部规定的保健食品标志。

口岸进口食品卫生监督检验机构凭《进口保健食品批准证书》进行检验，合格后放行。

第三章 保健食品的生产经营

第十四条 在生产保健食品前，食品生产企业必须向所在地的省级卫生行政部门提出申请，经省级卫生行政部门审查同意并在申请者的卫生许可证上加注“××保健食品”的许可项目后方可进行生产。

第十五条 申请生产保健食品时，必须提交下列资料：

（一）有直接管辖权的卫生行政部门发放的有效食品生产经营卫生许可证；

（二）《保健食品批准证书》正本或副本；

（三）生产企业制订的保健食品企业标准、生产企业卫生规范及制订说明；

（四）技术转让或合作生产的，应提交与《保健食品批准证书》的持有者签定的技术转让或合作生产的有效合同书；

（五）生产条件、生产技术人员、质量保证体系的情况介绍；

（六）三批产品的质量与卫生检验报告。

第十六条 未经卫生部审查批准的食品，不得以保健食品名义生产经营；未经省级卫生行政部门审查批准的企业，不得生产保健食品。

第十七条 保健食品生产者必须按照批准的内容组织生产，不得改变产品的配方、生产工艺、企业产品质量标准以及产品名称、标签、说明书等。

第十八条 保健食品的生产过程、生产条件必须符合相应的食品生产企业卫生规范或其他有关卫生要求。选用的工艺应能保持产品的功效成分的稳定性。加工过程中功效成分不损失，不破坏，不转化和不产生有害的中间体。

第十九条 应采用定型包装。直接与保健食品接触的包装材料或容器必须符合有关卫生标准或卫生要求。包装材料或容器及其包装方式应有利于保持保健食品功效成分的稳定。

第二十条 保健食品经营者采购保健食品时，必须索取卫生部发放的《保健食品批准证书》复印件和产品检验合格证。

采购进口保健食品应索取《进口保健食品批准证书》复印件及口岸进口食品卫生监督检验机构的检验合格证。

第四章 保健食品标签、说明书及广告宣传

第二十一条 保健食品标签和说明书必须符合国家有关标准和要求，

并标明下列内容：

（一）保健作用和适宜人群；

（二）食用方法和适宜的食用量；

（三）贮藏方法；

（四）功效成分的名称及含量。因在现有技术条件下，不能明确功效成分的，则须标明与保健功能有关的原料名称；

（五）保健食品批准文号；

（六）保健食品标志；

（七）有关标准或要求所规定的其他标签内容。

第二十二条 保健食品的名称应当准确、科学，不得使用人名、地名、代号及夸大或容易误解的名称，不得使用产品中非主要功效成分的名称。

第二十三条 保健食品的标签、说明书和广告内容必须真实，符合其产品质量要求。不得有暗示可使疾病痊愈的宣传。

第二十四条 严禁利用封建迷信进行保健食品的宣传。

第二十五条 未经卫生部按本办法审查批准的食品，不得以保健食品名义进行宣传。

第五章 保健食品的监督管理

第二十六条 根据《食品卫生法》以及卫生部有关规章和标准，各级卫生行政部门应加强对保健食品的监督、监测及管理。卫生部对已经批准生产的保健食品可以组织监督抽查，并向社会公布抽查结果。

第二十七条 卫生部可根据以下情况确定对已经批准的保健食品进行重新审查：

（一）科学发展后，对原来审批的保健食品的功能有认识上的改变；

（二）产品的配方、生产工艺、以及保健功能受到可能有改变的质疑；

（三）保健食品监督监测工作需要。

经审查不合格者或不接受重新审查者，由卫生部撤销其《保健食品批准证书》。合格者，原证书仍然有效。

第二十八条 保健食品生产经营者的一般卫生监督管理，按照《食品卫生法》及有关规定执行。

第六章 罚 则

第二十九条 凡有下列情形之一者，由县级以上地方人民政府卫生行
124 政部门按《食品卫生法》第四十五条进行处罚。

（一）未经卫生部按本办法审查批准，而以保健食品名义生产、经营的；

（二）未按保健食品批准进口，而以保健食品名义进行经营的；

（三）保健食品的名称、标签、说明书未按照核准内容使用的。

第三十条 保健食品广告中宣传疗效或利用封建迷信进行保健食品宣传的，按照国家工商行政管理局和卫生部《食品广告管理办法》的有关规定进行处罚。

第三十一条 违反《食品卫生法》或其他有关卫生要求的，依照相应规定进行处罚。

第七章 附 则

第三十二条 保健食品标准和功能评价方法由卫生部制订并批准颁布。

第三十三条 保健食品的功能评价和检测、安全性毒理学评价由卫生部认定的检验机构承担。

第三十四条 本办法由卫生部解释。

第三十五条 本办法自1996年6月1日起实施，其他卫生管理办法与本办法不一致的，以本办法为准。

保健食品生产许可审查细则

（2016年11月28日 食药监食监三〔2016〕151号）

1 总 则

1.1 制定目的

为规范保健食品生产许可审查工作，督促企业落实主体责任，保障保健食品质量安全，依据《中华人民共和国食品安全法》《食品生产许可管

理办法》《保健食品注册与备案管理办法》《保健食品良好生产规范》《食品生产许可审查通则》等相关法律法规和技术标准的规定，制定本细则。

1.2 适用范围

本细则适用于中华人民共和国境内保健食品生产许可审查，包括书面审查、现场核查等技术审查和行政审批。

1.3 职责划分

1.3.1 国家食品药品监督管理总局负责制定保健食品生产许可审查标准和程序，指导各省级食品药品监督管理部门开展保健食品生产许可审查工作。

1.3.2 省级食品药品监督管理部门负责制定保健食品生产许可审查流程，组织实施本行政区域保健食品生产许可审查工作。

1.3.3 承担技术审查的部门负责组织保健食品生产许可的书面审查和现场核查等技术审查工作，负责审查员的遴选、培训、选派以及管理等工作，负责具体开展保健食品生产许可的书面审查。

1.3.4 审查组具体负责保健食品生产许可的现场核查。

1.4 审查原则

1.4.1 规范统一原则。统一颁发保健食品生产企业《食品生产许可证》，明确保健食品生产许可审查标准，规范审查工作流程，保障审查工作的规范有序。

1.4.2 科学高效原则。按照保健食品剂型形态进行产品分类，对申请增加同剂型产品以及生产条件未发生变化的，可以不再进行现场核查，提高审查工作效率。

1.4.3 公平公正原则。厘清技术审查与行政审批的关系，由技术审查部门组织审查组负责技术审查工作，日常监管部门负责选派观察员参与现场核查，确保审查工作的公平公正。

2 受 理

2.1 材料申请

2.1.1 保健食品生产许可申请人应当是取得《营业执照》的合法主体，符合《食品生产许可管理办法》要求的相应条件。

2.1.2 申请人填报《食品生产许可申请书》，并按照《保健食品生产许可申请材料目录》（附件1）的要求，向其所在地省级食品药品监督管理部门提交申请材料。

2.1.3　保健食品生产许可，申请人应参照《保健食品生产许可分类目录》（附件2）的要求，填报申请生产的保健食品品种明细。

2.1.4　申请人新开办保健食品生产企业或新增生产剂型的，可以委托生产的方式，提交委托方的保健食品注册证明文件，或以“拟备案品种”获取保健食品生产许可资质。

2.1.5　申请人申请保健食品原料提取物和复配营养素生产许可的，应提交保健食品注册证明文件或备案证明，以及注册证明文件或备案证明载明的该原料提取物的生产工艺、质量标准，注册证明文件或备案证明载明的该复配营养素的产品配方、生产工艺和质量标准等材料。

2.2　受理

省级食品药品监督管理受理部门对申请人提出的保健食品生产许可申请，应当按照《食品生产许可管理办法》的要求，作出受理或不予受理的决定。

2.3　移送

保健食品生产许可申请材料受理后，受理部门应将受理材料移送至保健食品生产许可技术审查部门。

3　技术审查

3.1　书面审查

3.1.1　审查程序

3.1.1.1　技术审查部门按照《保健食品生产许可书面审查记录表》（附件3）的要求，对申请人的申请材料进行书面审查，并如实填写审查记录。

3.1.1.2　技术审查部门应当核对申请材料原件，需要补充技术性材料的，应一次性告知申请人予以补正。

3.1.1.3　申请材料基本符合要求，需要对许可事项开展现场核查的，可结合现场核查核对申请材料原件。

3.1.2　审查内容

3.1.2.1　主体资质审查

申请人的营业执照、保健食品注册证明文件或备案证明合法有效，产品配方和生产工艺等技术材料完整，标签说明书样稿与注册或备案的技术要求一致。备案保健食品符合保健食品原料目录技术要求。

3.1.2.2　生产条件审查

保健食品生产场所应当合理布局，洁净车间应符合保健食品良好生产规范要求。保健食品安全管理规章制度和体系文件健全完善，生产工艺流程清晰完整，生产设施设备与生产工艺相适应。

3.1.2.3　委托生产

保健食品委托生产的，委托方应是保健食品注册证书持有人，受托方应能够完成委托生产品种的全部生产过程。委托生产的保健食品，标签说明书应当标注委托双方的企业名称、地址以及受托方许可证编号等内容。保健食品的原注册人可以对转备案保健食品进行委托生产。

3.1.3　做出审查结论

3.1.3.1　书面审查符合要求的，技术审查部门应做出书面审查合格的结论，组织审查组开展现场核查。

3.1.3.2　书面审查出现以下情形之一的，技术审查部门应做出书面审查不合格的结论：

（一）申请材料书面审查不符合要求的；

（二）申请人未按时补正申请材料的。

3.1.3.3　书面审查不合格的，技术审查部门应按照本细则的要求提出未通过生产许可的审查意见。

3.1.3.4　申请人具有以下情形之一，技术审查部门可以不再组织现场核查：

（一）申请增加同剂型产品，生产工艺实质等同的保健食品；

（二）申请保健食品生产许可变更或延续，申请人声明关键生产条件未发生变化，且不影响产品质量安全的。

3.1.3.5　申请人在生产许可有效期限内出现以下情形之一，技术审查部门不得免于现场核查：

（一）保健食品监督抽检不合格的；

（二）保健食品违法生产经营被立案查处的；

（三）保健食品生产条件发生变化，可能影响产品质量安全的；

（四）食品药品监管部门认为应当进行现场核查的。

3.2 现场核查

3.2.1 组织审查组

3.2.1.1 书面审查合格的，技术审查部门应组织审查组开展保健食品生产许可现场核查。

3.2.1.2 审查组一般由2名以上（含2名）熟悉保健食品管理、生产工艺流程、质量检验检测等方面的人员组成，其中至少有1名审查员参与该申请材料的书面审查。

3.2.1.3 审查组实行组长负责制，与申请人有利害关系的审查员应当回避。审查人员确定后，原则上不得随意变动。

3.2.1.4 审查组应当制定审查工作方案，明确审查人员分工、审查内容、审查纪律以及相应注意事项，并在规定时限内完成审查任务，做出审查结论。

3.2.1.5 负责日常监管的食品药品监管部门应当选派观察员，参加生产许可现场核查，负责现场核查的全程监督，但不参与审查意见。

3.2.2 审查程序

3.2.2.1 技术审查部门应及时与申请人进行沟通，现场核查前两个工作日告知申请人审查时间、审查内容以及需要配合事项。

3.2.2.2 申请人的法定代表人（负责人）或其代理人、相关食品安全管理人员、专业技术人员、核查组成员及观察员应当参加首、末次会议，并在《现场核查首末次会议签到表》（附件4）上签到。

3.2.2.3 审查组按照《保健食品生产许可现场核查记录表》（附件5）的要求组织现场核查，应如实填写核查记录，并当场做出审查结论。

3.2.2.4 《保健食品生产许可现场核查记录表》包括103项审查条款，其中关键项9项，重点项37项，一般项57项，审查组应对每项审查条款做出是否符合要求或不适用的审查意见。

3.2.2.5 审查组应在10个工作日内完成生产许可的现场核查。因不可抗力原因，或者供电、供水等客观原因导致现场核查无法正常开展的，申请人应当向许可机关书面提出许可中止申请。中止时间应当不超过10个工作日，中止时间不计入生产许可审批时限。

3.2.3 审查内容

3.2.3.1 生产条件审查

保健食品生产厂区整洁卫生，洁净车间布局合理，符合保健食品良好生产规范要求。空气净化系统、水处理系统运转正常，生产设施设备安置有序，与生产工艺相适应，便于保健食品的生产加工操作。计量器具和仪器仪表定期检定校验，生产厂房和设施设备定期保养维修。

3.2.3.2 品质管理审查

企业根据注册或备案的产品技术要求，制定保健食品企业标准，加强原辅料采购、生产过程控制、质量检验以及贮存管理。检验室的设置应与生产品种和规模相适应，每批保健食品按照企业标准要求进行出厂检验，并进行产品留样。

3.2.3.3 生产过程审查

企业制定保健食品生产工艺操作规程，建立生产批次管理制度，留存批生产记录。审查组根据注册批准或备案的生产工艺要求，查验保健食品检验合格报告和生产记录，动态审查关键生产工序，复核生产工艺的完整连续以及生产设备的合理布局。

3.2.4 做出审查结论

3.2.4.1 现场核查项目符合要求的，审查组应做出现场核查合格的结论。

3.2.4.2 现场核查出现以下情形之一的，审查组应做出现场核查不合格的结论，其中不适用的审查条款除外：

（一）现场核查有一项（含）以上关键项不符合要求的；

（二）现场核查有五项（含）以上重点项不符合要求的；

（三）现场核查有十项（含）以上一般项不符合要求的；

（四）现场核查有三项重点项不符合要求，五项（含）以上一般项不符合要求的；

（五）现场核查有四项重点项不符合要求，两项（含）以上一般项不符合要求的。

3.2.4.3 现场核查不合格的，审查组应按照本细则的要求提出未通过生产许可的审查意见。

3.2.4.4 申请人现场核查合格的，应在1个月内对现场核查中发现的问题进行整改，并向省级食品药品监督管理部门和实施日常监督管理的食品药品监督管理部门书面报告。

3.3 审查意见

3.3.1 申请人经书面审查和现场核查合格的，审查组应提出通过生产许可的审查意见。

3.3.2 申请人出现以下情形之一，审查组应提出未通过生产许可的审查意见：

（一）书面审查不合格的；

（二）书面审查合格，现场核查不合格的；

（三）因申请人自身原因导致现场核查无法按时开展的。

3.3.3 技术审查部门应根据审查意见，编写《保健食品生产许可技术审查报告》（附件6），并将审查材料和审查报告报送许可机关。

4 行政审批

4.1 复查

4.1.1 许可机关收到技术审查部门报送的审查材料和审查报告后，应当对审查程序和审查意见的合法性、规范性以及完整性进行复查。

4.1.2 许可机关认为技术审查环节在审查程序和审查意见方面存在问题的，应责令技术审查部门进行核实确认。

4.2 决定

许可机关对通过生产许可审查的申请人，应当做出准予保健食品生产许可的决定；对未通过生产许可审查的申请人，应当做出不予保健食品生产许可的决定。

4.3 制证

4.3.1 食品药品监管部门按照“一企一证”的原则，对通过生产许可审查的企业，颁发《食品生产许可证》，并标注保健食品生产许可事项。

4.3.2 《食品生产许可品种明细表》应载明保健食品类别编号、类别名称、品种明细以及其他备注事项。

4.3.3 保健食品注册号或备案号应在备注中载明，保健食品委托生产的，在备注中载明委托企业名称与住所等信息。

4.3.4 原取得生产许可的保健食品，应在备注中标注原生产许可证编号。

4.3.5 保健食品原料提取物生产许可，应在品种明细项目标注原料提取物名称，并在备注栏目载明该保健食品名称、注册号或备案号等信息；复配营养素生产许可，应在品种明细项目标注维生素或矿物质预混料，并在备注栏目载明该保健食品名称、注册号或备案号等信息。

5 变更、延续、注销、补办

5.1 变更

5.1.1 申请人在生产许可证有效期内，变更生产许可证载明事项的以及变更工艺设备布局、主要生产设施设备，影响保健食品产品质量安全的，应当在变化后10个工作日内，按照《保健食品生产许可申请材料目录》(附件1) 的要求，向原发证的食品药品监督管理部门提出变更申请。

5.1.2 食品药品监督管理部门应按照本细则的要求，根据申请人提出的许可变更事项，组织审查组、开展技术审查、复查审查结论，并做出行政许可决定。

5.1.3 申请增加或减少保健食品生产品种的，品种明细参照《保健食品生产许可分类目录》(附件2)。

5.1.4 保健食品注册或者备案的生产工艺发生变化的，申请人应当办理注册或者备案变更手续后，申请变更保健食品生产许可。

5.1.5 保健食品生产场所迁出原发证的食品药品监督管理部门管辖范围的，应当向其所在地省级食品药品监督管理部门重新申请保健食品生产许可。

5.1.6 保健食品外设仓库地址发生变化的，申请人应当在变化后10个工作日内向原发证的食品药品监督管理部门报告。

5.1.7 申请人生产条件未发生变化，需要变更以下许可事项的，省级食品药品监督管理部门经书面审查合格，可以直接变更许可证件：

(一) 变更企业名称、法定代表人的；

(二) 申请减少保健食品品种的；

(三) 变更保健食品名称，产品的注册号或备案号未发生变化的；

(四) 变更住所或生产地址名称，实际地址未发生变化的；

(五) 委托生产的保健食品，变更委托生产企业名称或住所的。

5.2 延续

5.2.1 申请延续保健食品生产许可证有效期的，应在该生产许可有效期届满30个工作日前，按照《保健食品生产许可申请材料目录》（附件1）的要求，向原发证的食品药品监督管理部门提出延续申请。

5.2.2 申请人声明保健食品关键生产条件未发生变化，且不影响产品质量安全的，省级食品药品监督管理部门可以不再组织现场核查。

5.2.3 申请人的生产条件发生变化，可能影响保健食品安全的，省级食品药品监督管理部门应当组织审查组，进行现场核查。

5.3 注销

申请注销保健食品生产许可的，申请人按照《保健食品生产许可申请材料目录》（附件1）的要求，向原发证的食品药品监督管理部门提出注销申请。

5.4 补办

保健食品生产许可证件遗失、损坏的，申请人应按照《食品生产许可管理办法》的相关要求，向原发证的食品药品监督管理部门申请补办。

6 附 则

6.1 申请人为其他企业提供动植物提取物，作为保健食品生产原料的，应按照本细则的要求申请原料提取物生产许可；仅从事本企业所生产保健食品原料提取的，申请保健食品产品生产许可。

6.2 申请人为其他企业提供维生素、矿物质预混料的，应按照本细则的要求申请复配营养素生产许可；仅从事本企业所生产保健食品原料混合加工的，申请保健食品产品生产许可。

附件： 1. 保健食品生产许可申请材料目录（略）
2. 保健食品生产许可分类目录（略）
3. 保健食品生产许可书面审查记录表（略）
4. 现场核查首末次会议签到表（略）
5. 保健食品生产许可现场核查记录表（略）
6. 保健食品生产许可技术审查报告（略）

保健食品原料目录与保健功能目录管理办法

（2019 年 8 月 2 日国家市场监督管理总局令第 13 号公布　自 2019 年 10 月 1 日起施行）

第一章　总　　则

第一条　为了规范保健食品原料目录和允许保健食品声称的保健功能目录的管理工作，根据《中华人民共和国食品安全法》，制定本办法。

第二条　中华人民共和国境内生产经营的保健食品的原料目录和允许保健食品声称的保健功能目录的制定、调整和公布适用本办法。

第三条　保健食品原料目录，是指依照本办法制定的保健食品原料的信息列表，包括原料名称、用量及其对应的功效。

允许保健食品声称的保健功能目录（以下简称保健功能目录），是指依照本办法制定的具有明确评价方法和判定标准的保健功能信息列表。

第四条　保健食品原料目录和保健功能目录的制定、调整和公布，应当以保障食品安全和促进公众健康为宗旨，遵循依法、科学、公开、公正的原则。

第五条　国家市场监督管理总局会同国家卫生健康委员会、国家中医药管理局制定、调整并公布保健食品原料目录和保健功能目录。

第六条　国家市场监督管理总局食品审评机构（以下简称审评机构）负责组织拟订保健食品原料目录和保健功能目录，接收纳入或者调整保健食品原料目录和保健功能目录的建议。

第二章　保健食品原料目录管理

第七条　除维生素、矿物质等营养物质外，纳入保健食品原料目录的原料应当符合下列要求：

（一）具有国内外食用历史，原料安全性确切，在批准注册的保健食品中已经使用；

（二）原料对应的功效已经纳入现行的保健功能目录；

（三）原料及其用量范围、对应的功效、生产工艺、检测方法等产品技术要求可以实现标准化管理，确保依据目录备案的产品质量一致性。

第八条 有下列情形之一的，不得列入保健食品原料目录：

（一）存在食用安全风险以及原料安全性不确切的；

（二）无法制定技术要求进行标准化管理和不具备工业化大生产条件的；

（三）法律法规以及国务院有关部门禁止食用，或者不符合生态环境和资源法律法规要求等其他禁止纳入的情形。

第九条 任何单位或者个人在开展相关研究的基础上，可以向审评机构提出拟纳入或者调整保健食品原料目录的建议。

第十条 国家市场监督管理总局可以根据保健食品注册和监督管理情况，选择具备能力的技术机构对已批准注册的保健食品中使用目录外原料情况进行研究分析。符合要求的，技术机构应当及时提出拟纳入或者调整保健食品原料目录的建议。

第十一条 提出拟纳入或者调整保健食品原料目录的建议应当包括下列材料：

（一）原料名称，必要时提供原料对应的拉丁学名、来源、使用部位以及规格等；

（二）用量范围及其对应的功效；

（三）工艺要求、质量标准、功效成分或者标志性成分及其含量范围和相应的检测方法、适宜人群和不适宜人群相关说明、注意事项等；

（四）人群食用不良反应情况；

（五）纳入目录的依据等其他相关材料。

建议调整保健食品原料目录的，还需要提供调整理由、依据和相关材料。

第十二条 审评机构对拟纳入或者调整保健食品原料目录的建议材料进行技术评价，结合批准注册保健食品中原料使用的情况，作出准予或者不予将原料纳入保健食品原料目录或者调整保健食品原料目录的技术评价结论，并报送国家市场监督管理总局。

第十三条 国家市场监督管理总局对审评机构报送的技术评价结论等相关材料的完整性、规范性进行初步审查，拟纳入或者调整保健食品原料目录的，应当公开征求意见，并修改完善。

第十四条 国家市场监督管理总局对审评机构报送的拟纳入或者调整保健食品原料目录的材料进行审查，符合要求的，会同国家卫生健康委员会、国家中医药管理局及时公布纳入或者调整的保健食品原料目录。

第十五条 有下列情形之一的，国家市场监督管理总局组织对保健食品原料目录中的原料进行再评价，根据再评价结果，会同国家卫生健康委员会、国家中医药管理局对目录进行相应调整：

（一）新的研究发现原料存在食用安全性问题；

（二）食品安全风险监测或者保健食品安全监管中发现原料存在食用安全风险或者问题；

（三）新的研究证实原料每日用量范围与对应功效需要调整的或者功效声称不够科学、严谨；

（四）其他需要再评价的情形。

第三章 保健功能目录管理

第十六条 纳入保健功能目录的保健功能应当符合下列要求：

（一）以补充膳食营养物质、维持改善机体健康状态或者降低疾病发生风险因素为目的；

（二）具有明确的健康消费需求，能够被正确理解和认知；

（三）具有充足的科学依据，以及科学的评价方法和判定标准；

（四）以传统养生保健理论为指导的保健功能，符合传统中医养生保健理论；

（五）具有明确的适宜人群和不适宜人群。

第十七条 有下列情形之一的，不得列入保健功能目录：

（一）涉及疾病的预防、治疗、诊断作用；

（二）庸俗或者带有封建迷信色彩；

（三）可能误导消费者等其他情形。

第十八条 任何单位或者个人在开展相关研究的基础上，可以向审评机构提出拟纳入或者调整保健功能目录的建议。

第十九条 国家市场监督管理总局可以根据保健食品注册和监督管理情况，选择具备能力的技术机构开展保健功能相关研究。符合要求的，技术机构应当及时提出拟纳入或者调整保健功能目录的建议。

第二十条 提出拟纳入或者调整保健功能目录的建议应当提供下列材料：

（一）保健功能名称、解释、机理以及依据；

（二）保健功能研究报告，包括保健功能的人群健康需求分析，保健功能与机体健康效应的分析以及综述，保健功能试验的原理依据、适用范围，以及其他相关科学研究资料；

（三）保健功能评价方法以及判定标准，对应的样品动物实验或者人体试食试验等功能检验报告；

（四）相同或者类似功能在国内外的研究应用情况；

（五）有关科学文献依据以及其他材料。

建议调整保健功能目录的，还需要提供调整的理由、依据和相关材料。

第二十一条 审评机构对拟纳入或者调整保健功能目录的建议材料进行技术评价，综合作出技术评价结论，并报送国家市场监督管理总局：

（一）对保健功能科学、合理、必要性充足，保健功能评价方法和判定标准适用、稳定、可操作的，作出纳入或者调整保健功能目录的技术评价结论；

（二）对保健功能不科学、不合理、必要性不充足，保健功能评价方法和判定标准不适用、不稳定、没有可操作性的，作出不予纳入或者调整的技术评价建议。

第二十二条 国家市场监督管理总局对审评机构报送的技术评价结论等相关材料的完整性、规范性进行初步审查，拟纳入或者调整保健食品功能目录的，应当公开征求意见，并修改完善。

第二十三条 国家市场监督管理总局对审评机构报送的拟纳入或者调整保健功能目录的材料进行审查，符合要求的，会同国家卫生健康委员会、国家中医药管理局，及时公布纳入或者调整的保健功能目录。

第二十四条 有下列情形之一的，国家市场监督管理总局及时组织对保健功能目录中的保健功能进行再评价，根据再评价结果，会同国家卫生健康委员会、国家中医药管理局对目录进行相应调整：

（一）实际应用和新的科学共识发现保健功能评价方法与判定标准存在问题，需要重新进行评价和论证；

（二）列入保健功能目录中的保健功能缺乏实际健康消费需求；

（三）其他需要再评价的情形。

第四章 附 则

第二十五条 保健食品原料目录的制定、按照传统既是食品又是中药材物质目录的制定、新食品原料的审查等工作应当相互衔接。

第二十六条 本办法自2019年10月1日起施行。

保健食品注册与备案管理办法

（2016年2月26日国家食品药品监督管理总局令第22号公布 根据2020年10月23日《国家市场监督管理总局关于修改部分规章的决定》修订）

第一章 总 则

第一条 为规范保健食品的注册与备案，根据《中华人民共和国食品安全法》，制定本办法。

第二条 在中华人民共和国境内保健食品的注册与备案及其监督管理适用本办法。

第三条 保健食品注册，是指市场监督管理部门根据注册申请人申请，依照法定程序、条件和要求，对申请注册的保健食品的安全性、保健功能和质量可控性等相关申请材料进行系统评价和审评，并决定是否准予其注册的审批过程。

保健食品备案，是指保健食品生产企业依照法定程序、条件和要求，将表明产品安全性、保健功能和质量可控性的材料提交市场监督管理部门进行存档、公开、备查的过程。

第四条 保健食品的注册与备案及其监督管理应当遵循科学、公开、公正、便民、高效的原则。

第五条 国家市场监督管理总局负责保健食品注册管理，以及首次进口的属于补充维生素、矿物质等营养物质的保健食品备案管理，并指导监督省、自治区、直辖市市场监督管理部门承担的保健食品注册与备案相关工作。

省、自治区、直辖市市场监督管理部门负责本行政区域内保健食品备案管理，并配合国家市场监督管理总局开展保健食品注册现场核查等工作。

市、县级市场监督管理部门负责本行政区域内注册和备案保健食品的监督管理，承担上级市场监督管理部门委托的其他工作。

第六条 国家市场监督管理总局行政受理机构（以下简称受理机构）负责受理保健食品注册和接收相关进口保健食品备案材料。

省、自治区、直辖市市场监督管理部门负责接收相关保健食品备案材料。

国家市场监督管理总局保健食品审评机构（以下简称审评机构）负责组织保健食品审评，管理审评专家，并依法承担相关保健食品备案工作。

国家市场监督管理总局审核查验机构（以下简称查验机构）负责保健食品注册现场核查工作。

第七条 保健食品注册申请人或者备案人应当具有相应的专业知识，熟悉保健食品注册管理的法律、法规、规章和技术要求。

保健食品注册申请人或者备案人应当对所提交材料的真实性、完整性、可溯源性负责，并对提交材料的真实性承担法律责任。

保健食品注册申请人或者备案人应当协助市场监督管理部门开展与注册或者备案相关的现场核查、样品抽样、复核检验和监督管理等工作。

第八条 省级以上市场监督管理部门应当加强信息化建设，提高保健食品注册与备案管理信息化水平，逐步实现电子化注册与备案。

第二章 注　　册

第九条 生产和进口下列产品应当申请保健食品注册：

（一）使用保健食品原料目录以外原料（以下简称目录外原料）的保健食品；

（二）首次进口的保健食品（属于补充维生素、矿物质等营养物质的保健食品除外）。

首次进口的保健食品，是指非同一国家、同一企业、同一配方申请中国境内上市销售的保健食品。

第十条 产品声称的保健功能应当已经列入保健食品功能目录。

第十一条 国产保健食品注册申请人应当是在中国境内登记的法人或者其他组织；进口保健食品注册申请人应当是上市保健食品的境外生产厂商。

申请进口保健食品注册的，应当由其常驻中国代表机构或者由其委托中国境内的代理机构办理。

境外生产厂商，是指产品符合所在国（地区）上市要求的法人或者其他组织。

第十二条 申请保健食品注册应当提交下列材料：

（一）保健食品注册申请表，以及申请人对申请材料真实性负责的法律责任承诺书；

（二）注册申请人主体登记证明文件复印件；

（三）产品研发报告，包括研发人、研发时间、研制过程、中试规模以上的验证数据，目录外原料及产品安全性、保健功能、质量可控性的论证报告和相关科学依据，以及根据研发结果综合确定的产品技术要求等；

（四）产品配方材料，包括原料和辅料的名称及用量、生产工艺、质量标准，必要时还应当按照规定提供原料使用依据、使用部位的说明、检验合格证明、品种鉴定报告等；

（五）产品生产工艺材料，包括生产工艺流程简图及说明，关键工艺控制点及说明；

（六）安全性和保健功能评价材料，包括目录外原料及产品的安全性、保健功能试验评价材料，人群食用评价材料；功效成分或者标志性成分、卫生学、稳定性、菌种鉴定、菌种毒力等试验报告，以及涉及兴奋剂、违禁药物成分等检测报告；

（七）直接接触保健食品的包装材料种类、名称、相关标准等；

（八）产品标签、说明书样稿；产品名称中的通用名与注册的药品名称不重名的检索材料；

（九）3 个最小销售包装样品；

（十）其他与产品注册审评相关的材料。

第十三条 申请首次进口保健食品注册，除提交本办法第十二条规定的材料外，还应当提交下列材料：

（一）产品生产国（地区）政府主管部门或者法律服务机构出具的注册申请人为上市保健食品境外生产厂商的资质证明文件；

（二）产品生产国（地区）政府主管部门或者法律服务机构出具的保健食品上市销售一年以上的证明文件，或者产品境外销售以及人群食用情况的安全性报告；

（三）产品生产国（地区）或者国际组织与保健食品相关的技术法规或者标准；

（四）产品在生产国（地区）上市的包装、标签、说明书实样。

由境外注册申请人常驻中国代表机构办理注册事务的，应当提交《外国企业常驻中国代表机构登记证》及其复印件；境外注册申请人委托境内的代理机构办理注册事项的，应当提交经过公证的委托书原件以及受委托的代理机构营业执照复印件。

第十四条 受理机构收到申请材料后，应当根据下列情况分别作出处理：

（一）申请事项依法不需要取得注册的，应当即时告知注册申请人不受理；

（二）申请事项依法不属于国家市场监督管理总局职权范围的，应当即时作出不予受理的决定，并告知注册申请人向有关行政机关申请；

（三）申请材料存在可以当场更正的错误的，应当允许注册申请人当场更正；

（四）申请材料不齐全或者不符合法定形式的，应当当场或者在5个工作日内一次告知注册申请人需要补正的全部内容，逾期不告知的，自收到申请材料之日起即为受理；

（五）申请事项属于国家市场监督管理总局职权范围，申请材料齐全、符合法定形式，注册申请人按照要求提交全部补正申请材料的，应当受理注册申请。

受理或者不予受理注册申请，应当出具加盖国家市场监督管理总局行政许可受理专用章和注明日期的书面凭证。

第十五条 受理机构应当在受理后3个工作日内将申请材料一并送交审评机构。

第十六条 审评机构应当组织审评专家对申请材料进行审查，并根据实际需要组织查验机构开展现场核查，组织检验机构开展复核检验，在60个工作日内完成审评工作，并向国家市场监督管理总局提交综合审评结论和建议。

特殊情况下需要延长审评时间的，经审评机构负责人同意，可以延长20个工作日，延长决定应当及时书面告知申请人。

第十七条 审评机构应当组织对申请材料中的下列内容进行审评，并根据科学依据的充足程度明确产品保健功能声称的限定用语：

（一）产品研发报告的完整性、合理性和科学性；

（二）产品配方的科学性，及产品安全性和保健功能；

（三）目录外原料及产品的生产工艺合理性、可行性和质量可控性；

（四）产品技术要求和检验方法的科学性和复现性；

（五）标签、说明书样稿主要内容以及产品名称的规范性。

第十八条 审评机构在审评过程中可以调阅原始资料。

审评机构认为申请材料不真实、产品存在安全性或者质量可控性问题，或者不具备声称的保健功能的，应当终止审评，提出不予注册的建议。

第十九条 审评机构认为需要注册申请人补正材料的，应当一次告知需要补正的全部内容。注册申请人应当在3个月内按照补正通知的要求一次提供补充材料；审评机构收到补充材料后，审评时间重新计算。

注册申请人逾期未提交补充材料或者未完成补正，不足以证明产品安全性、保健功能和质量可控性的，审评机构应当终止审评，提出不予注册的建议。

第二十条 审评机构认为需要开展现场核查的，应当及时通知查验机构按照申请材料中的产品研发报告、配方、生产工艺等技术要求进行现场核查，并对下线产品封样送复核检验机构检验。

查验机构应当自接到通知之日起30个工作日内完成现场核查，并将核查报告送交审评机构。

核查报告认为申请材料不真实、无法溯源复现或者存在重大缺陷的，审评机构应当终止审评，提出不予注册的建议。

第二十一条 复核检验机构应当严格按照申请材料中的测定方法以及相关说明进行操作，对测定方法的科学性、复现性、适用性进行验证，对产品质量可控性进行复核检验，并应当自接受委托之日起60个工作日内完成复核检验，将复核检验报告送交审评机构。

复核检验结论认为测定方法不科学、无法复现、不适用或者产品质量不可控的，审评机构应当终止审评，提出不予注册的建议。

第二十二条 首次进口的保健食品境外现场核查和复核检验时限，根据境外生产厂商的实际情况确定。

第二十三条 保健食品审评涉及的试验和检验工作应当由国家市场监督管理总局选择的符合条件的食品检验机构承担。

第二十四条 审评机构认为申请材料真实，产品科学、安全、具有声称的保健功能，生产工艺合理、可行和质量可控，技术要求和检验方法科学、合理的，应当提出予以注册的建议。

审评机构提出不予注册建议的，应当同时向注册申请人发出拟不予注册的书面通知。注册申请人对通知有异议的，应当自收到通知之日起 20 个工作日内向审评机构提出书面复审申请并说明复审理由。复审的内容仅限于原申请事项及申请材料。

审评机构应当自受理复审申请之日起 30 个工作日内作出复审决定。改变不予注册建议的，应当书面通知注册申请人。

第二十五条 审评机构作出综合审评结论及建议后，应当在 5 个工作日内报送国家市场监督管理总局。

第二十六条 国家市场监督管理总局应当自受理之日起 20 个工作日内对审评程序和结论的合法性、规范性以及完整性进行审查，并作出准予注册或者不予注册的决定。

第二十七条 现场核查、复核检验、复审所需时间不计算在审评和注册决定的期限内。

第二十八条 国家市场监督管理总局作出准予注册或者不予注册的决定后，应当自作出决定之日起 10 个工作日内，由受理机构向注册申请人发出保健食品注册证书或者不予注册决定。

第二十九条 注册申请人对国家市场监督管理总局作出不予注册的决定有异议的，可以向国家市场监督管理总局提出书面行政复议申请或者向法院提出行政诉讼。

第三十条 保健食品注册人转让技术的，受让方应当在转让方的指导下重新提出产品注册申请，产品技术要求等应当与原申请材料一致。

审评机构按照相关规定简化审评程序。符合要求的，国家市场监督管理理总局应当为受让方核发新的保健食品注册证书，并对转让方保健食品注册予以注销。

受让方除提交本办法规定的注册申请材料外，还应当提交经公证的转让合同。

第三十一条 保健食品注册证书及其附件所载明内容变更的，应当由保健食品注册人申请变更并提交书面变更的理由和依据。

注册人名称变更的，应当由变更后的注册申请人申请变更。

第三十二条 已经生产销售的保健食品注册证书有效期届满需要延续的，保健食品注册人应当在有效期届满6个月前申请延续。

获得注册的保健食品原料已经列入保健食品原料目录，并符合相关技术要求，保健食品注册人申请变更注册，或者期满申请延续注册的，应当按照备案程序办理。

第三十三条 申请变更国产保健食品注册的，除提交保健食品注册变更申请表（包括申请人对申请材料真实性负责的法律责任承诺书）、注册申请人主体登记证明文件复印件、保健食品注册证书及其附件的复印件外，还应当按照下列情形分别提交材料：

（一）改变注册人名称、地址的变更申请，还应当提供该注册人名称、地址变更的证明材料；

（二）改变产品名称的变更申请，还应当提供拟变更后的产品通用名与已经注册的药品名称不重名的检索材料；

（三）增加保健食品功能项目的变更申请，还应当提供所增加功能项目的功能学试验报告；

（四）改变产品规格、保质期、生产工艺等涉及产品技术要求的变更申请，还应当提供证明变更后产品的安全性、保健功能和质量可控性与原注册内容实质等同的材料、依据及变更后3批样品符合产品技术要求的全项目检验报告；

（五）改变产品标签、说明书的变更申请，还应当提供拟变更的保健食品标签、说明书样稿。

第三十四条 申请延续国产保健食品注册的，应当提交下列材料：

（一）保健食品延续注册申请表，以及申请人对申请材料真实性负责的法律责任承诺书；

（二）注册申请人主体登记证明文件复印件；

（三）保健食品注册证书及其附件的复印件；

（四）经省级市场监督管理部门核实的注册证书有效期内保健食品的生产销售情况；

（五）人群食用情况分析报告、生产质量管理体系运行情况的自查报告以及符合产品技术要求的检验报告。

第三十五条 申请进口保健食品变更注册或者延续注册的，除分别提交本办法第三十三条、第三十四条规定的材料外，还应当提交本办法第十三条第一款（一）、（二）、（三）、（四）项和第二款规定的相关材料。

第三十六条 变更申请的理由依据充分合理，不影响产品安全性、保健功能和质量可控性的，予以变更注册；变更申请的理由依据不充分、不合理，或者拟变更事项影响产品安全性、保健功能和质量可控性的，不予变更注册。

第三十七条 申请延续注册的保健食品的安全性、保健功能和质量可控性符合要求的，予以延续注册。

申请延续注册的保健食品的安全性、保健功能和质量可控性依据不足或者不再符合要求，在注册证书有效期内未进行生产销售的，以及注册人未在规定时限内提交延续申请的，不予延续注册。

第三十八条 接到保健食品延续注册申请的市场监督管理部门应当在保健食品注册证书有效期届满前作出是否准予延续的决定。逾期未作出决定的，视为准予延续注册。

第三十九条 准予变更注册或者延续注册的，颁发新的保健食品注册证书，同时注销原保健食品注册证书。

第四十条 保健食品变更注册与延续注册的程序未作规定的，可以适用本办法关于保健食品注册的相关规定。

第三章 注册证书管理

第四十一条 保健食品注册证书应当载明产品名称、注册人名称和地址、注册号、颁发日期及有效期、保健功能、功效成分或者标志性成分及含量、产品规格、保质期、适宜人群、不适宜人群、注意事项。

保健食品注册证书附件应当载明产品标签、说明书主要内容和产品技术要求等。

产品技术要求应当包括产品名称、配方、生产工艺、感官要求、鉴别、理化指标、微生物指标、功效成分或者标志性成分含量及检测方法、装量或者重量差异指标（净含量及允许负偏差指标）、原辅料质量要求等内容。

第四十二条 保健食品注册证书有效期为5年。变更注册的保健食品注册证书有效期与原保健食品注册证书有效期相同。

第四十三条 国产保健食品注册号格式为：国食健注G+4位年代号+4位顺序号；进口保健食品注册号格式为：国食健注J+4位年代号+4位顺序号。

第四十四条 保健食品注册有效期内，保健食品注册证书遗失或者损坏的，保健食品注册人应当向受理机构提出书面申请并说明理由。因遗失申请补发的，应当在省、自治区、直辖市市场监督管理部门网站上发布遗失声明；因损坏申请补发的，应当交回保健食品注册证书原件。

国家市场监督管理总局应当在受理后20个工作日内予以补发。补发的保健食品注册证书应当标注原批准日期，并注明“补发”字样。

第四章　备　　案

第四十五条 生产和进口下列保健食品应当依法备案：

（一）使用的原料已经列入保健食品原料目录的保健食品；

（二）首次进口的属于补充维生素、矿物质等营养物质的保健食品。

首次进口的属于补充维生素、矿物质等营养物质的保健食品，其营养物质应当是列入保健食品原料目录的物质。

第四十六条 国产保健食品的备案人应当是保健食品生产企业，原注册人可以作为备案人；进口保健食品的备案人，应当是上市保健食品境外生产厂商。

第四十七条 备案的产品配方、原辅料名称及用量、功效、生产工艺等应当符合法律、法规、规章、强制性标准以及保健食品原料目录技术要求的规定。

第四十八条 申请保健食品备案，除应当提交本办法第十二条第（四）、（五）、（六）、（七）、（八）项规定的材料外，还应当提交下列材料：

（一）保健食品备案登记表，以及备案人对提交材料真实性负责的法律责任承诺书；

（二）备案人主体登记证明文件复印件；

（三）产品技术要求材料；

（四）具有合法资质的检验机构出具的符合产品技术要求全项目检验报告；

（五）其他表明产品安全性和保健功能的材料。

第四十九条 申请进口保健食品备案的，除提交本办法第四十八条规定的材料外，还应当提交本办法第十三条第一款（一）、（二）、（三）、（四）项和第二款规定的相关材料。

第五十条 市场监督管理部门收到备案材料后，备案材料符合要求的，当场备案；不符合要求的，应当一次告知备案人补正相关材料。

第五十一条 市场监督管理部门应当完成备案信息的存档备查工作，并发放备案号。对备案的保健食品，市场监督管理部门应当按照相关要求的格式制作备案凭证，并将备案信息表中登载的信息在其网站上公布。

国产保健食品备案号格式为：食健备 G+4 位年代号+2 位省级行政区域代码+6 位顺序编号；进口保健食品备案号格式为：食健备 J+4 位年代号+00+6 位顺序编号。

第五十二条 已经备案的保健食品，需要变更备案材料的，备案人应当向原备案机关提交变更说明及相关证明文件。备案材料符合要求的，市场监督管理部门应当将变更情况登载于变更信息中，将备案材料存档备查。

第五十三条 保健食品备案信息应当包括产品名称、备案人名称和地址、备案登记号、登记日期以及产品标签、说明书和技术要求。

第五章 标签、说明书

第五十四条 申请保健食品注册或者备案的，产品标签、说明书样稿应当包括产品名称、原料、辅料、功效成分或者标志性成分及含量、适宜人群、不适宜人群、保健功能、食用量及食用方法、规格、贮藏方法、保质期、注意事项等内容及相关制定依据和说明等。

第五十五条 保健食品的标签、说明书主要内容不得涉及疾病预防、治疗功能，并声明“本品不能代替药物”。

第五十六条 保健食品的名称由商标名、通用名和属性名组成。

商标名，是指保健食品使用依法注册的商标名称或者符合《商标法》规定的未注册的商标名称，用以表明其产品是独有的、区别于其他同类产品。

通用名，是指表明产品主要原料等特性的名称。

属性名，是指表明产品剂型或者食品分类属性等的名称。

第五十七条 保健食品名称不得含有下列内容：

（一）虚假、夸大或者绝对化的词语；

（二）明示或者暗示预防、治疗功能的词语；

（三）庸俗或者带有封建迷信色彩的词语；

（四）人体组织器官等词语；

（五）除“”之外的符号；

（六）其他误导消费者的词语。

保健食品名称不得含有人名、地名、汉语拼音、字母及数字等，但注册商标作为商标名、通用名中含有符合国家规定的含字母及数字的原料名除外。

第五十八条 通用名不得含有下列内容：

（一）已经注册的药品通用名，但以原料名称命名或者保健食品注册批准在先的除外；

（二）保健功能名称或者与表述产品保健功能相关的文字；

（三）易产生误导的原料简写名称；

（四）营养素补充剂产品配方中部分维生素或者矿物质；

（五）法律法规规定禁止使用的其他词语。

第五十九条 备案保健食品通用名应当以规范的原料名称命名。

第六十条 同一企业不得使用同一配方注册或者备案不同名称的保健食品；不得使用同一名称注册或者备案不同配方的保健食品。

第六章 监督管理

第六十一条 国家市场监督管理总局应当及时制定并公布保健食品注册申请服务指南和审查细则，方便注册申请人申报。

第六十二条 承担保健食品审评、核查、检验的机构和人员应当对出具的审评意见、核查报告、检验报告负责。

保健食品审评、核查、检验机构和人员应当依照有关法律、法规、规章的规定，恪守职业道德，按照食品安全标准、技术规范等对保健食品进行审评、核查和检验，保证相关工作科学、客观和公正。

第六十三条 参与保健食品注册与备案管理工作的单位和个人，应当保守在注册或者备案中获知的商业秘密。

属于商业秘密的，注册申请人和备案人在申请注册或者备案时应当在提交的资料中明确相关内容和依据。

第六十四条 市场监督管理部门接到有关单位或者个人举报的保健食品注册受理、审评、核查、检验、审批等工作中的违法违规行为后，应当及时核实处理。

第六十五条 除涉及国家秘密、商业秘密外，市场监督管理部门应当自完成注册或者备案工作之日起20个工作日内根据相关职责在网站公布已经注册或者备案的保健食品目录及相关信息。

第六十六条 有下列情形之一的，国家市场监督管理总局根据利害关系人的请求或者依据职权，可以撤销保健食品注册证书：

（一）行政机关工作人员滥用职权、玩忽职守作出准予注册决定的；

（二）超越法定职权或者违反法定程序作出准予注册决定的；

（三）对不具备申请资格或者不符合法定条件的注册申请人准予注册的；

（四）依法可以撤销保健食品注册证书的其他情形。

注册人以欺骗、贿赂等不正当手段取得保健食品注册的，国家市场监督管理总局应当予以撤销。

第六十七条 有下列情形之一的，国家市场监督管理总局应当依法办理保健食品注册注销手续：

（一）保健食品注册有效期届满，注册人未申请延续或者国家食品药品监管总局不予延续的；

（二）保健食品注册人申请注销的；

（三）保健食品注册人依法终止的；

（四）保健食品注册依法被撤销，或者保健食品注册证书依法被吊销的；

（五）根据科学研究的发展，有证据表明保健食品可能存在安全隐患，依法被撤回的；

（六）法律、法规规定的应当注销保健食品注册的其他情形。

第六十八条 有下列情形之一的，市场监督管理部门取消保健食品备案：

（一）备案材料虚假的；

（二）备案产品生产工艺、产品配方等存在安全性问题的；

（三）保健食品生产企业的生产许可被依法吊销、注销的；

（四）备案人申请取消备案的；

（五）依法应当取消备案的其他情形。

第七章 法律责任

第六十九条 保健食品注册与备案违法行为，食品安全法等法律法规已有规定的，依照其规定。

第七十条 注册申请人隐瞒真实情况或者提供虚假材料申请注册的，国家市场监督管理总局不予受理或者不予注册，并给予警告；申请人在1年内不得再次申请注册该保健食品；构成犯罪的，依法追究刑事责任。

第七十一条 注册申请人以欺骗、贿赂等不正当手段取得保健食品注册证书的，由国家市场监督管理总局撤销保健食品注册证书，并处1万元以上3万元以下罚款。被许可人在3年内不得再次申请注册；构成犯罪的，依法追究刑事责任。

第七十二条 有下列情形之一的，由县级以上人民政府市场监督管理部门处以1万元以上3万元以下罚款；构成犯罪的，依法追究刑事责任。

（一）擅自转让保健食品注册证书的；

（二）伪造、涂改、倒卖、出租、出借保健食品注册证书的。

第七十三条 市场监督管理部门及其工作人员对不符合条件的申请人准予注册，或者超越法定职权准予注册的，依照食品安全法第一百四十四条的规定予以处理。

市场监督管理部门及其工作人员在注册审评过程中滥用职权、玩忽职守、徇私舞弊的，依照食品安全法第一百四十五条的规定予以处理。

第八章 附 则

第七十四条 申请首次进口保健食品注册和办理进口保健食品备案及其变更的，应当提交中文材料，外文材料附后。中文译本应当由境内公证机构进行公证，确保与原文内容一致；申请注册的产品质量标准（中文本），必须符合中国保健食品质量标准的格式。境外机构出具的证明文件应当经生产国（地区）的公证机构公证和中国驻所在国使领馆确认。

第七十五条 本办法自2016年7月1日起施行。2005年4月30日公布的《保健食品注册管理办法（试行）》（原国家食品药品监督管理局令第19号）同时废止。

5. 进出口食品

中华人民共和国进出口食品安全管理办法

（2021年4月12日海关总署令第249号公布 自2022年1月1日起施行）

第一章 总 则

第一条 为了保障进出口食品安全，保护人类、动植物生命和健康，根据《中华人民共和国食品安全法》（以下简称《食品安全法》）及其实施条例、《中华人民共和国海关法》《中华人民共和国进出口商品检验法》及其实施条例、《中华人民共和国进出境动植物检疫法》及其实施条例、《中华人民共和国国境卫生检疫法》及其实施细则、《中华人民共和国农产品质量安全法》和《国务院关于加强食品等产品安全监督管理的特别规定》等法律、行政法规的规定，制定本办法。

第二条 从事下列活动，应当遵守本办法：

（一）进出口食品生产经营活动；

（二）海关对进出口食品生产经营者及其进出口食品安全实施监督管理。

进出口食品添加剂、食品相关产品的生产经营活动按照海关总署相关规定执行。

第三条 进出口食品安全工作坚持安全第一、预防为主、风险管理、全程控制、国际共治的原则。

第四条 进出口食品生产经营者对其生产经营的进出口食品安全负责。

进出口食品生产经营者应当依照中国缔结或者参加的国际条约、协定，中国法律法规和食品安全国家标准从事进出口食品生产经营活动，依法接受监督管理，保证进出口食品安全，对社会和公众负责，承担社会责任。

第五条 海关总署主管全国进出口食品安全监督管理工作。

各级海关负责所辖区域进出口食品安全监督管理工作。

第六条 海关运用信息化手段提升进出口食品安全监督管理水平。

第七条 海关加强进出口食品安全的宣传教育，开展食品安全法律、行政法规以及食品安全国家标准和知识的普及工作。

海关加强与食品安全国际组织、境外政府机构、境外食品行业协会、境外消费者协会等交流与合作，营造进出口食品安全国际共治格局。

第八条 海关从事进出口食品安全监督管理的人员应当具备相关专业知识。

第二章 食品进口

第九条 进口食品应当符合中国法律法规和食品安全国家标准，中国缔结或者参加的国际条约、协定有特殊要求的，还应当符合国际条约、协定的要求。

进口尚无食品安全国家标准的食品，应当符合国务院卫生行政部门公布的暂予适用的相关标准要求。

利用新的食品原料生产的食品，应当依照《食品安全法》第三十七条的规定，取得国务院卫生行政部门新食品原料卫生行政许可。

第十条 海关依据进出口商品检验相关法律、行政法规的规定对进口食品实施合格评定。

进口食品合格评定活动包括：向中国境内出口食品的境外国家（地区）〔以下简称境外国家（地区）〕食品安全管理体系评估和审查、境外生产企业注册、进出口商备案和合格保证、进境动植物检疫审批、随附合格证明检查、单证审核、现场查验、监督抽检、进口和销售记录检查以及各项的组合。

第十一条 海关总署可以对境外国家（地区）的食品安全管理体系和食品安全状况开展评估和审查，并根据评估和审查结果，确定相应的检验检疫要求。

第十二条 有下列情形之一的，海关总署可以对境外国家（地区）启动评估和审查：

（一）境外国家（地区）申请向中国首次输出某类（种）食品的；

（二）境外国家（地区）食品安全、动植物检疫法律法规、组织机构等发生重大调整的；

（三）境外国家（地区）主管部门申请对其输往中国某类（种）食品的检验检疫要求发生重大调整的；

（四）境外国家（地区）发生重大动植物疫情或者食品安全事件的；

（五）海关在输华食品中发现严重问题，认为存在动植物疫情或者食品安全隐患的；

（六）其他需要开展评估和审查的情形。

第十三条 境外国家（地区）食品安全管理体系评估和审查主要包括对以下内容的评估、确认：

（一）食品安全、动植物检疫相关法律法规；

（二）食品安全监督管理组织机构；

（三）动植物疫情流行情况及防控措施；

（四）致病微生物、农兽药和污染物等管理和控制；

（五）食品生产加工、运输仓储环节安全卫生控制；

（六）出口食品安全监督管理；

（七）食品安全防护、追溯和召回体系；

（八）预警和应急机制；

（九）技术支撑能力；

（十）其他涉及动植物疫情、食品安全的情况。

第十四条 海关总署可以组织专家通过资料审查、视频检查、现场检查等形式及其组合，实施评估和审查。

第十五条 海关总署组织专家对接受评估和审查的国家（地区）递交的申请资料、书面评估问卷等资料实施审查，审查内容包括资料的真实性、完整性和有效性。根据资料审查情况，海关总署可以要求相关国家（地区）的主管部门补充缺少的信息或者资料。

对已通过资料审查的国家（地区），海关总署可以组织专家对其食品安全管理体系实施视频检查或者现场检查。对发现的问题可以要求相关国家（地区）主管部门及相关企业实施整改。

相关国家（地区）应当为评估和审查提供必要的协助。

第十六条 接受评估和审查的国家（地区）有下列情形之一，海关总署可以终止评估和审查，并通知相关国家（地区）主管部门：

（一）收到书面评估问卷12个月内未反馈的；

（二）收到海关总署补充信息和材料的通知3个月内未按要求提供的；

（三）突发重大动植物疫情或者重大食品安全事件的；

（四）未能配合中方完成视频检查或者现场检查、未能有效完成整改的；

（五）主动申请终止评估和审查的。

前款第一、二项情形，相关国家（地区）主管部门因特殊原因可以申请延期，经海关总署同意，按照海关总署重新确定的期限递交相关材料。

第十七条 评估和审查完成后，海关总署向接受评估和审查的国家（地区）主管部门通报评估和审查结果。

第十八条 海关总署对向中国境内出口食品的境外生产企业实施注册管理，并公布获得注册的企业名单。

第十九条 向中国境内出口食品的境外出口商或者代理商（以下简称"境外出口商或者代理商"）应当向海关总署备案。

食品进口商应当向其住所地海关备案。

境外出口商或者代理商、食品进口商办理备案时，应当对其提供资料的真实性、有效性负责。

境外出口商或者代理商、食品进口商备案名单由海关总署公布。

第二十条 境外出口商或者代理商、食品进口商备案内容发生变更的，应当在变更发生之日起60日内，向备案机关办理变更手续。

海关发现境外出口商或者代理商、食品进口商备案信息错误或者备案内容未及时变更的，可以责令其在规定期限内更正。

第二十一条 食品进口商应当建立食品进口和销售记录制度，如实记录食品名称、净含量/规格、数量、生产日期、生产或者进口批号、保质期、境外出口商和购货者名称、地址及联系方式、交货日期等内容，并保存相关凭证。记录和凭证保存期限不得少于食品保质期满后6个月；没有明确保质期的，保存期限为销售后2年以上。

第二十二条 食品进口商应当建立境外出口商、境外生产企业审核制度，重点审核下列内容：

（一）制定和执行食品安全风险控制措施情况；

（二）保证食品符合中国法律法规和食品安全国家标准的情况。

第二十三条 海关依法对食品进口商实施审核活动的情况进行监督检查。食品进口商应当积极配合，如实提供相关情况和材料。

第二十四条 海关可以根据风险管理需要，对进口食品实施指定口岸进口，指定监管场地检查。指定口岸、指定监管场地名单由海关总署公布。

第二十五条 食品进口商或者其代理人进口食品时应当依法向海关如实申报。

第二十六条 海关依法对应当实施入境检疫的进口食品实施检疫。

第二十七条 海关依法对需要进境动植物检疫审批的进口食品实施检疫审批管理。食品进口商应当在签订贸易合同或者协议前取得进境动植物检疫许可。

第二十八条 海关根据监督管理需要，对进口食品实施现场查验，现场查验包括但不限于以下内容：

（一）运输工具、存放场所是否符合安全卫生要求；

（二）集装箱号、封识号、内外包装上的标识内容、货物的实际状况是否与申报信息及随附单证相符；

（三）动植物源性食品、包装物及铺垫材料是否存在《进出境动植物检疫法实施条例》第二十二条规定的情况；

（四）内外包装是否符合食品安全国家标准，是否存在污染、破损、湿浸、渗透；

（五）内外包装的标签、标识及说明书是否符合法律、行政法规、食品安全国家标准以及海关总署规定的要求；

（六）食品感官性状是否符合该食品应有性状；

（七）冷冻冷藏食品的新鲜程度、中心温度是否符合要求、是否有病变、冷冻冷藏环境温度是否符合相关标准要求、冷链控温设备设施运作是否正常、温度记录是否符合要求，必要时可以进行蒸煮试验。

第二十九条 海关制定年度国家进口食品安全监督抽检计划和专项进口食品安全监督抽检计划，并组织实施。

第三十条 进口食品的包装和标签、标识应当符合中国法律法规和食品安全国家标准；依法应当有说明书的，还应当有中文说明书。

对于进口鲜冻肉类产品，内外包装上应当有牢固、清晰、易辨的中英文或者中文和出口国家（地区）文字标识，标明以下内容：产地国家（地区）、品名、生产企业注册编号、生产批号；外包装上应当以中文标明规格、产地（具体到州/省/市）、目的地、生产日期、保质期限、储存温度等内容，必须标注目的地为中华人民共和国，加施出口国家（地区）官方检验检疫标识。

对于进口水产品，内外包装上应当有牢固、清晰、易辨的中英文或者中文和出口国家（地区）文字标识，标明以下内容：商品名和学名、规格、生产日期、批号、保质期限和保存条件、生产方式（海水捕捞、淡水捕捞、养殖）、生产地区（海洋捕捞海域、淡水捕捞国家或者地区、养殖产品所在国家或者地区）、涉及的所有生产加工企业（含捕捞船、加工船、运输船、独立冷库）名称、注册编号及地址（具体到州/省/市）、必须标注目的地为中华人民共和国。

进口保健食品、特殊膳食用食品的中文标签必须印制在最小销售包装上，不得加贴。

进口食品内外包装有特殊标识规定的，按照相关规定执行。

第三十一条 进口食品运达口岸后，应当存放在海关指定或者认可的场所；需要移动的，必须经海关允许，并按照海关要求采取必要的安全防护措施。

指定或者认可的场所应当符合法律、行政法规和食品安全国家标准规定的要求。

第三十二条 大宗散装进口食品应当按照海关要求在卸货口岸进行检验。

第三十三条 进口食品经海关合格评定合格的，准予进口。

进口食品经海关合格评定不合格的，由海关出具不合格证明；涉及安全、健康、环境保护项目不合格的，由海关书面通知食品进口商，责令其销毁或者退运；其他项目不合格的，经技术处理符合合格评定要求的，方准进口。相关进口食品不能在规定时间内完成技术处理或者经技术处理仍不合格的，由海关责令食品进口商销毁或者退运。

第三十四条 境外发生食品安全事件可能导致中国境内食品安全隐患，或者海关实施进口食品监督管理过程中发现不合格进口食品，或者发现其他食品安全问题的，海关总署和经授权的直属海关可以依据风险评估结果对相关进口食品实施提高监督抽检比例等控制措施。

海关依照前款规定对进口食品采取提高监督抽检比例等控制措施后，再次发现不合格进口食品，或者有证据显示进口食品存在重大安全隐患的，海关总署和经授权的直属海关可以要求食品进口商逐批向海关提交有资质的检验机构出具的检验报告。海关应当对食品进口商提供的检验报告进行验核。

第三十五条 有下列情形之一的，海关总署依据风险评估结果，可以对相关食品采取暂停或者禁止进口的控制措施：

（一）出口国家（地区）发生重大动植物疫情，或者食品安全体系发生重大变化，无法有效保证输华食品安全的；

（二）进口食品被检疫传染病病原体污染，或者有证据表明能够成为检疫传染病传播媒介，且无法实施有效卫生处理的；

（三）海关实施本办法第三十四条第二款规定控制措施的进口食品，再次发现相关安全、健康、环境保护项目不合格的；

（四）境外生产企业违反中国相关法律法规，情节严重的；

（五）其他信息显示相关食品存在重大安全隐患的。

第三十六条 进口食品安全风险已降低到可控水平时，海关总署和经授权的直属海关可以按照以下方式解除相应控制措施：

（一）实施本办法第三十四条第一款控制措施的食品，在规定的时间、批次内未被发现不合格的，在风险评估基础上可以解除该控制措施；

（二）实施本办法第三十四条第二款控制措施的食品，出口国家（地区）已采取预防措施，经海关总署风险评估能够保障食品安全、控制动植物疫情风险，或者从实施该控制措施之日起在规定时间、批次内未发现不合格食品的，海关在风险评估基础上可以解除该控制措施；

（三）实施暂停或者禁止进口控制措施的食品，出口国家（地区）主管部门已采取风险控制措施，且经海关总署评估符合要求的，可以解除暂停或者禁止进口措施。恢复进口的食品，海关总署视评估情况可以采取本办法第三十四条规定的控制措施。

第三十七条 食品进口商发现进口食品不符合法律、行政法规和食品安全国家标准，或者有证据证明可能危害人体健康，应当按照《食品安全法》第六十三条和第九十四条第三款规定，立即停止进口、销售和使用，实施召回，通知相关生产经营者和消费者，记录召回和通知情况，并将食品召回、通知和处理情况向所在地海关报告。

第三章 食品出口

第三十八条 出口食品生产企业应当保证其出口食品符合进口国家（地区）的标准或者合同要求；中国缔结或者参加的国际条约、协定有特殊要求的，还应当符合国际条约、协定的要求。

进口国家（地区）暂无标准，合同也未作要求，且中国缔结或者参加的国际条约、协定无相关要求的，出口食品生产企业应当保证其出口食品符合中国食品安全国家标准。

第三十九条 海关依法对出口食品实施监督管理。出口食品监督管理措施包括：出口食品原料种植养殖场备案、出口食品生产企业备案、企业核查、单证审核、现场查验、监督抽检、口岸抽查、境外通报核查以及各项的组合。

第四十条 出口食品原料种植、养殖场应当向所在地海关备案。

海关总署统一公布原料种植、养殖场备案名单，备案程序和要求由海关总署制定。

第四十一条 海关依法采取资料审查、现场检查、企业核查等方式，对备案原料种植、养殖场进行监督。

第四十二条 出口食品生产企业应当向住所地海关备案，备案程序和要求由海关总署制定。

第四十三条 境外国家（地区）对中国输往该国家（地区）的出口食品生产企业实施注册管理且要求海关总署推荐的，出口食品生产企业须向住所地海关提出申请，住所地海关进行初核后报海关总署。

海关总署结合企业信用、监督管理以及住所地海关初核情况组织开展对外推荐注册工作，对外推荐注册程序和要求由海关总署制定。

第四十四条 出口食品生产企业应当建立完善可追溯的食品安全卫生控制体系，保证食品安全卫生控制体系有效运行，确保出口食品生产、加工、贮存过程持续符合中国相关法律法规、出口食品生产企业安全卫生要求；进口国家（地区）相关法律法规和相关国际条约、协定有特殊要求的，还应当符合相关要求。

出口食品生产企业应当建立供应商评估制度、进货查验记录制度、生产记录档案制度、出厂检验记录制度、出口食品追溯制度和不合格食品处置制度。相关记录应当真实有效，保存期限不得少于食品保质期期满后6个月；没有明确保质期的，保存期限不得少于2年。

第四十五条 出口食品生产企业应当保证出口食品包装和运输方式符合食品安全要求。

第四十六条 出口食品生产企业应当在运输包装上标注生产企业备案号、产品品名、生产批号和生产日期。

进口国家（地区）或者合同有特殊要求的，在保证产品可追溯的前提下，经直属海关同意，出口食品生产企业可以调整前款规定的标注项目。

第四十七条 海关应当对辖区内出口食品生产企业的食品安全卫生控制体系运行情况进行监督检查。监督检查包括日常监督检查和年度监督检查。

监督检查可以采取资料审查、现场检查、企业核查等方式，并可以与出口食品境外通报核查、监督抽检、现场查验等工作结合开展。

第四十八条 出口食品应当依法由产地海关实施检验检疫。

海关总署根据便利对外贸易和出口食品检验检疫工作需要，可以指定其他地点实施检验检疫。

第四十九条 出口食品生产企业、出口商应当按照法律、行政法规和海关总署规定，向产地或者组货地海关提出出口申报前监管申请。

产地或者组货地海关受理食品出口申报前监管申请后，依法对需要实施检验检疫的出口食品实施现场检查和监督抽检。

第五十条 海关制定年度国家出口食品安全监督抽检计划并组织实施。

第五十一条 出口食品经海关现场检查和监督抽检符合要求的，由海关出具证书，准予出口。进口国家（地区）对证书形式和内容要求有变化的，经海关总署同意可以对证书形式和内容进行变更。

出口食品经海关现场检查和监督抽检不符合要求的，由海关书面通知出口商或者其代理人。相关出口食品可以进行技术处理的，经技术处理合格后方准出口；不能进行技术处理或者经技术处理仍不合格的，不准出口。

第五十二条 食品出口商或者其代理人出口食品时应当依法向海关如实申报。

第五十三条 海关对出口食品在口岸实施查验，查验不合格的，不准出口。

第五十四条 出口食品因安全问题被国际组织、境外政府机构通报的，海关总署应当组织开展核查，并根据需要实施调整监督抽检比例、要求食品出口商逐批向海关提交有资质的检验机构出具的检验报告、撤回向境外官方主管机构的注册推荐等控制措施。

第五十五条 出口食品存在安全问题，已经或者可能对人体健康和生命安全造成损害的，出口食品生产经营者应当立即采取相应措施，避免和减少损害发生，并向所在地海关报告。

第五十六条 海关在实施出口食品监督管理时发现安全问题的，应当向同级政府和上一级政府食品安全主管部门通报。

第四章 监督管理

第五十七条 海关总署依照《食品安全法》第一百条规定，收集、汇总进出口食品安全信息，建立进出口食品安全信息管理制度。

各级海关负责本辖区内以及上级海关指定的进出口食品安全信息的收集和整理工作，并按照有关规定通报本辖区地方政府、相关部门、机构和企业。通报信息涉及其他地区的，应当同时通报相关地区海关。

海关收集、汇总的进出口食品安全信息，除《食品安全法》第一百条规定内容外，还包括境外食品技术性贸易措施信息。

第五十八条 海关应当对收集到的进出口食品安全信息开展风险研判，依据风险研判结果，确定相应的控制措施。

第五十九条 境内外发生食品安全事件或者疫情疫病可能影响到进出口食品安全的，或者在进出口食品中发现严重食品安全问题的，直属海关应当及时上报海关总署；海关总署根据情况进行风险预警，在海关系统内发布风险警示通报，并向国务院食品安全监督管理、卫生行政、农业行政部门通报，必要时向消费者发布风险警示通告。

海关总署发布风险警示通报的，应当根据风险警示通报要求对进出口食品采取本办法第三十四条、第三十五条、第三十六条和第五十四条规定的控制措施。

第六十条 海关制定年度国家进出口食品安全风险监测计划，系统和持续收集进出口食品中食源性疾病、食品污染和有害因素的监测数据及相关信息。

第六十一条 境外发生的食品安全事件可能对中国境内造成影响，或者评估后认为存在不可控风险的，海关总署可以参照国际通行做法，直接在海关系统内发布风险预警通报或者向消费者发布风险预警通告，并采取本办法第三十四条、第三十五条和第三十六条规定的控制措施。

第六十二条 海关制定并组织实施进出口食品安全突发事件应急处置预案。

第六十三条 海关在依法履行进出口食品安全监督管理职责时，有权采取下列措施：

（一）进入生产经营场所实施现场检查；

（二）对生产经营的食品进行抽样检验；

（三）查阅、复制有关合同、票据、账簿以及其他有关资料；

（四）查封、扣押有证据证明不符合食品安全国家标准或者有证据证明存在安全隐患以及违法生产经营的食品。

第六十四条 海关依法对进出口企业实施信用管理。

第六十五条 海关依法对进出口食品生产经营者以及备案原料种植、养殖场开展稽查、核查。

第六十六条 过境食品应当符合海关总署对过境货物的监管要求。过境食品过境期间，未经海关批准，不得开拆包装或者卸离运输工具，并应当在规定期限内运输出境。

第六十七条 进出口食品生产经营者对海关的检验结果有异议的，可以按照进出口商品复验相关规定申请复验。

有下列情形之一的，海关不受理复验：

（一）检验结果显示微生物指标超标的；

（二）复验备份样品超过保质期的；

（三）其他原因导致备份样品无法实现复验目的的。

第五章 法律责任

第六十八条 食品进口商备案内容发生变更，未按照规定向海关办理变更手续，情节严重的，海关处以警告。

食品进口商在备案中提供虚假备案信息的，海关处1万元以下罚款。

第六十九条 境内进出口食品生产经营者不配合海关进出口食品安全核查工作，拒绝接受询问、提供材料，或者答复内容和提供材料与实际情况不符的，海关处以警告或者1万元以下罚款。

第七十条 海关在进口预包装食品监管中，发现进口预包装食品未加贴中文标签或者中文标签不符合法律法规和食品安全国家标准，食品进口商拒不按照海关要求实施销毁、退运或者技术处理的，海关处以警告或者1万元以下罚款。

第七十一条 未经海关允许，将进口食品提离海关指定或者认可的场所的，海关责令改正，并处1万元以下罚款。

第七十二条 下列违法行为属于《食品安全法》第一百二十九条第一款第三项规定的“未遵守本法的规定出口食品”的，由海关依照《食品安全法》第一百二十四条的规定给予处罚：

（一）擅自调换经海关监督抽检并已出具证单的出口食品的；

（二）出口掺杂掺假、以假充真、以次充好的食品或者以不合格出口食品冒充合格出口食品的；

（三）出口未获得备案出口食品生产企业生产的食品的；

（四）向有注册要求的国家（地区）出口未获得注册出口食品生产企业生产食品的或者出口已获得注册出口食品生产企业生产的注册范围外食品的；

（五）出口食品生产企业生产的出口食品未按照规定使用备案种植、养殖场原料的；

（六）出口食品生产经营者有《食品安全法》第一百二十三条、第一百二十四条、第一百二十五条、第一百二十六条规定情形，且出口食品不符合进口国家（地区）要求的。

第七十三条 违反本办法规定，构成犯罪的，依法追究刑事责任。

第六章　附　　则

第七十四条　海关特殊监管区域、保税监管场所、市场采购、边境小额贸易和边民互市贸易进出口食品安全监督管理，按照海关总署有关规定执行。

第七十五条　邮寄、快件、跨境电子商务零售和旅客携带方式进出口食品安全监督管理，按照海关总署有关规定办理。

第七十六条　样品、礼品、赠品、展示品、援助等非贸易性的食品，免税经营的食品，外国驻中国使领馆及其人员进出境公用、自用的食品，驻外使领馆及其人员公用、自用的食品，中国企业驻外人员自用的食品的监督管理，按照海关总署有关规定办理。

第七十七条　本办法所称进出口食品生产经营者包括：向中国境内出口食品的境外生产企业、境外出口商或者代理商、食品进口商、出口食品生产企业、出口商以及相关人员等。

本办法所称进口食品的境外生产企业包括向中国出口食品的境外生产、加工、贮存企业等。

本办法所称进口食品的进出口商包括向中国出口食品的境外出口商或者代理商、食品进口商。

第七十八条　本办法由海关总署负责解释。

第七十九条　本办法自2022年1月1日起施行。2011年9月13日原国家质量监督检验检疫总局令第144号公布并根据2016年10月18日原国家质量监督检验检疫总局令第184号以及2018年11月23日海关总署令第243号修改的《进出口食品安全管理办法》、2000年2月22日原国家检验检疫局令第20号公布并根据2018年4月28日海关总署令第238号修改的《出口蜂蜜检验检疫管理办法》、2011年1月4日原国家质量监督检验检疫总局令第135号公布并根据2018年11月23日海关总署令第243号修改的《进出口水产品检验检疫监督管理办法》、2011年1月4日原国家质量监督检验检疫总局令第136号公布并根据2018年11月23日海关总署令第243号修改的《进出口肉类产品检验检疫监督管理办法》、2013年1月24日原国家质量监督检验检疫总局令第152号公布并根据2018年11月23日海关总署令第243号修改的《进出口乳品检验检疫监督管理办法》、2017年11

月 14 日原国家质量监督检验检疫总局令第 192 号公布并根据 2018 年 11 月 23 日海关总署令第 243 号修改的《出口食品生产企业备案管理规定》同时废止。

中华人民共和国进口食品境外生产企业注册管理规定

（2021 年 4 月 12 日中华人民共和国海关总署令第 248 号公布 自 2022 年 1 月 1 日起施行）

第一章 总 则

第一条 为加强进口食品境外生产企业的注册管理，根据《中华人民共和国食品安全法》及其实施条例、《中华人民共和国进出口商品检验法》及其实施条例、《中华人民共和国进出境动植物检疫法》及其实施条例、《国务院关于加强食品等产品安全监督管理的特别规定》等法律、行政法规的规定，制定本规定。

第二条 向中国境内出口食品的境外生产、加工、贮存企业（以下统称进口食品境外生产企业）的注册管理适用本规定。

前款规定的进口食品境外生产企业不包括食品添加剂、食品相关产品的生产、加工、贮存企业。

第三条 海关总署统一负责进口食品境外生产企业的注册管理工作。

第四条 进口食品境外生产企业，应当获得海关总署注册。

第二章 注册条件与程序

第五条 进口食品境外生产企业注册条件：

（一）所在国家（地区）的食品安全管理体系通过海关总署等效性评估、审查；

（二）经所在国家（地区）主管当局批准设立并在其有效监管下；

（三）建立有效的食品安全卫生管理和防护体系，在所在国家（地区）合法生产和出口，保证向中国境内出口的食品符合中国相关法律法规和食品安全国家标准；

（四）符合海关总署与所在国家（地区）主管当局商定的相关检验检疫要求。

第六条 进口食品境外生产企业注册方式包括所在国家（地区）主管当局推荐注册和企业申请注册。

海关总署根据对食品的原料来源、生产加工工艺、食品安全历史数据、消费人群、食用方式等因素的分析，并结合国际惯例确定进口食品境外生产企业注册方式和申请材料。

经风险分析或者有证据表明某类食品的风险发生变化的，海关总署可以对相应食品的境外生产企业注册方式和申请材料进行调整。

第七条 下列食品的境外生产企业由所在国家（地区）主管当局向海关总署推荐注册：肉与肉制品、肠衣、水产品、乳品、燕窝与燕窝制品、蜂产品、蛋与蛋制品、食用油脂和油料、包馅面食、食用谷物、谷物制粉工业产品和麦芽、保鲜和脱水蔬菜以及干豆、调味料、坚果与籽类、干果、未烘焙的咖啡豆与可可豆、特殊膳食食品、保健食品。

第八条 所在国家（地区）主管当局应当对其推荐注册的企业进行审核检查，确认符合注册要求后，向海关总署推荐注册并提交以下申请材料：

（一）所在国家（地区）主管当局推荐函；

（二）企业名单与企业注册申请书；

（三）企业身份证明文件，如所在国家（地区）主管当局颁发的营业执照等；

（四）所在国家（地区）主管当局推荐企业符合本规定要求的声明；

（五）所在国家（地区）主管当局对相关企业进行审核检查的审查报告。

必要时，海关总署可以要求提供企业食品安全卫生和防护体系文件，如企业厂区、车间、冷库的平面图，以及工艺流程图等。

第九条 本规定第七条所列食品以外的其他食品境外生产企业，应当自行或者委托代理人向海关总署提出注册申请并提交以下申请材料：

（一）企业注册申请书；

（二）企业身份证明文件，如所在国家（地区）主管当局颁发的营业执照等；

（三）企业承诺符合本规定要求的声明。

第十条 企业注册申请书内容应当包括企业名称、所在国家（地区）、生产场所地址、法定代表人、联系人、联系方式、所在国家（地区）主管当局批准的注册编号、申请注册食品种类、生产类型、生产能力等信息。

第十一条 注册申请材料应当用中文或者英文提交，相关国家（地区）与中国就注册方式和申请材料另有约定的，按照双方约定执行。

第十二条 所在国家（地区）主管当局或进口食品境外生产企业应当对提交材料的真实性、完整性、合法性负责。

第十三条 海关总署自行或者委托有关机构组织评审组，通过书面检查、视频检查、现场检查等形式及其组合，对申请注册的进口食品境外生产企业实施评估审查。评审组由 2 名以上评估审查人员组成。

进口食品境外生产企业和所在国家（地区）主管当局应当协助开展上述评估审查工作。

第十四条 海关总署根据评估审查情况，对符合要求的进口食品境外生产企业予以注册并给予在华注册编号，书面通知所在国家（地区）主管当局或进口食品境外生产企业；对不符合要求的进口食品境外生产企业不予注册，书面通知所在国家（地区）主管当局或进口食品境外生产企业。

第十五条 已获得注册的企业向中国境内出口食品时，应当在食品的内、外包装上标注在华注册编号或者所在国家（地区）主管当局批准的注册编号。

第十六条 进口食品境外生产企业注册有效期为 5 年。

海关总署在对进口食品境外生产企业予以注册时，应当确定注册有效期起止日期。

第十七条 海关总署统一公布获得注册的进口食品境外生产企业名单。

第三章 注册管理

第十八条 海关总署自行或者委托有关机构组织评审组，对进口食品境外生产企业是否持续符合注册要求的情况开展复查。评审组由 2 名以上评估审查人员组成。

第十九条 在注册有效期内，进口食品境外生产企业注册信息发生变化的，应当通过注册申请途径，向海关总署提交变更申请，并提交以下材料：

（一）注册事项变更信息对照表；

（二）与变更信息有关的证明材料。

海关总署评估后认为可以变更的，予以变更。

生产场所迁址、法定代表人变更或者所在国家（地区）授予的注册编号改变的应当重新申请注册，在华注册编号自动失效。

第二十条 进口食品境外生产企业需要延续注册的，应当在注册有效期届满前 3 至 6 个月内，通过注册申请途径，向海关总署提出延续注册申请。

延续注册申请材料包括：

（一）延续注册申请书；

（二）承诺持续符合注册要求的声明。

海关总署对符合注册要求的企业予以延续注册，注册有效期延长 5 年。

第二十一条 已注册进口食品境外生产企业有下列情形之一的，海关总署注销其注册，通知所在国家（地区）主管当局或进口食品境外生产企业，并予以公布：

（一）未按规定申请延续注册的；

（二）所在国家（地区）主管当局或进口食品境外生产企业主动申请注销的；

（三）不再符合本规定第五条第（二）项要求的。

第二十二条 进口食品境外生产企业所在国家（地区）主管当局应当对已注册企业实施有效监管，督促已注册企业持续符合注册要求，发现不符合注册要求的，应当立即采取控制措施，暂停相关企业向中国出口食品，直至整改符合注册要求。

进口食品境外生产企业自行发现不符合注册要求时，应当主动暂停向中国出口食品，立即采取整改措施，直至整改符合注册要求。

第二十三条 海关总署发现已注册进口食品境外生产企业不再符合注册要求的，应当责令其在规定期限内进行整改，整改期间暂停相关企业食品进口。

所在国家（地区）主管当局推荐注册的企业被暂停进口的，主管当局应当监督相关企业在规定期限内完成整改，并向海关总署提交书面整改报告和符合注册要求的书面声明。

自行或者委托代理人申请注册的企业被暂停进口的，应当在规定期限内完成整改，并向海关总署提交书面整改报告和符合注册要求的书面声明。

海关总署应当对企业整改情况进行审查，审查合格的，恢复相关企业食品进口。

第二十四条 已注册的进口食品境外生产企业有下列情形之一的，海关总署撤销其注册并予以公告：

（一）因企业自身原因致使进口食品发生重大食品安全事故的；

（二）向中国境内出口的食品在进境检验检疫中被发现食品安全问题，情节严重的；

（三）企业食品安全卫生管理存在重大问题，不能保证其向中国境内出口食品符合安全卫生要求的；

（四）经整改后仍不符合注册要求的；

（五）提供虚假材料、隐瞒有关情况的；

（六）拒不配合海关总署开展复查与事故调查的；

（七）出租、出借、转让、倒卖、冒用注册编号的。

第四章 附 则

第二十五条 国际组织或者向中国境内出口食品的国家（地区）主管当局发布疫情通报，或者相关食品在进境检验检疫中发现疫情、公共卫生事件等严重问题的，海关总署公告暂停该国家（地区）相关食品进口，在此期间不予受理该国家（地区）相关食品生产企业注册申请。

第二十六条 本规定中所在国家（地区）主管当局指进口食品境外生产企业所在国家（地区）负责食品生产企业安全卫生监管的官方部门。

第二十七条 本规定由海关总署负责解释。

第二十八条 本规定自 2022 年 1 月 1 日起施行。2012 年 3 月 22 日原国家质量监督检验检疫总局令第 145 号公布，根据 2018 年 11 月 23 日海关总署令第 243 号修改的《进口食品境外生产企业注册管理规定》同时废止。

进口食品进出口商备案管理规定

（2012 年 4 月 5 日国家质量监督检验检疫总局公告第 55 号公布　自 2012 年 10 月 1 日起施行）

第一章　总　　则

第一条　为掌握进口食品进出口商信息及进口食品来源和流向，保障进口食品可追溯性，有效处理进口食品安全事件，保障进口食品安全，根据《中华人民共和国食品安全法》、《国务院关于加强食品等产品安全监督管理的特别规定》和《进出口食品安全管理办法》等法律、行政法规、规章的规定，制定本规定。

第二条　本规定适用于向中国大陆境内（不包括香港、澳门）出口食品的境外出口商或者代理商，以及境内进口食品的收货人（以下统称进出口商）的备案管理。

本规定附表所列经营食品种类之外的产品，如食品添加剂、食品相关产品、部分粮食品种、部分油籽类、水果、食用活动物等依照有关规定执行。

第三条　国家质检总局主管进口食品进出口商备案的监督管理工作，建立进口食品进出口商备案管理系统（以下简称备案管理系统），负责公布和调整进口食品进出口商备案名单。

国家质检总局设在各地的出入境检验检疫机构（以下简称检验检疫机构）负责进口食品收货人备案申请的受理、备案资料信息审核，以及在食品进口时对进出口商备案信息的核查等工作。

第二章　出口商或者代理商备案

第四条　向中国出口食品的出口商或者代理商，应当向国家质检总局申请备案，并对所提供备案信息的真实性负责。

第五条　出口商或者代理商应当通过备案管理系统填写并提交备案申请表（附件 1），提供出口商或者代理商名称、所在国家或者地区、地址、联系人姓名、电话、经营食品种类、填表人姓名、电话等信息，并承诺所提供信息真实有效。出口商或者代理商应当保证在发生紧急情况时可以通过备案信息与相关人员取得联系。

出口商或者代理商提交备案信息后，获得备案管理系统生成的备案编号和查询编号，凭备案编号和查询编号查询备案进程或者修改备案信息。

第六条 出口商或者代理商地址、电话等发生变化时，应当及时通过备案管理系统进行修改。备案管理系统保存出口商或者代理商的所提交的信息以及信息修改情况。出口商或者代理商名称发生变化时，应当重新申请备案。

第七条 国家质检总局对完整提供备案信息的出口商或者代理商予以备案。备案管理系统生成备案出口商或者代理商名单，并在国家质检总局网站公布。公布名单的信息包括：备案出口商或者代理商名称及所在国家或者地区。

第三章 进口食品收货人备案

第八条 进口食品收货人（以下简称收货人），应当向其工商注册登记地检验检疫机构申请备案，并对所提供备案信息的真实性负责。

第九条 收货人应当于食品进口前向所在地检验检疫机构申请备案。申请备案须提供以下材料：

（一）填制准确完备的收货人备案申请表；

（二）工商营业执照、组织机构代码证书、法定代表人身份证明、对外贸易经营者备案登记表等的复印件并交验正本；

（三）企业质量安全管理制度；

（四）与食品安全相关的组织机构设置、部门职能和岗位职责；

（五）拟经营的食品种类、存放地点；

（六）2 年内曾从事食品进口、加工和销售的，应当提供相关说明（食品品种、数量）；

（七）自理报检的，应当提供自理报检单位备案登记证明书复印件并交验正本。

检验检疫机构核实企业提供的信息后，准予备案。

第十条 收货人在提供上述纸质文件材料的同时，应当通过备案管理系统填写并提交备案申请表（附件2），提供收货人名称、地址、联系人姓名、电话、经营食品种类、填表人姓名、电话以及承诺书等信息。收货人应当保证在发生紧急情况时可以通过备案信息与相关人员取得联系。

收货人提交备案信息后，获得备案管理系统生成的申请号和查询编号，凭申请号和查询编号查询备案进程或者修改备案信息。

第十一条 收货人名称、地址、电话等发生变化时，应当及时通过备案管理系统提出修改申请，由检验检疫机构审核同意后，予以修改。备案管理系统保存收货人所提交的信息以及信息修改情况。

第十二条 备案申请资料齐全的，检验检疫机构应当受理并在5个工作日内完成备案工作。

第十三条 检验检疫机构对收货人的备案资料及电子信息核实后，发放备案编号。备案管理系统生成备案收货人名单，并在国家质检总局网站公布。公布名单的信息包括：备案收货人名称、所在地直属出入境检验检疫局名称等。

第四章 监督管理

第十四条 检验检疫部门对已获得备案的进口食品进出口商备案信息实施监督抽查。

各地检验检疫机构通过对进口食品所载信息核查出口商或者代理商的备案信息，通过查验有关证明材料或者现场核查收货人所提供的备案信息。

对备案信息不符合要求的，应当要求其更正、完善备案信息。不按要求及时更正、完善信息的，应当将有关信息录入进出口食品生产经营企业不良信誉记录。

第十五条 进口食品的收货人或者其代理人在对进口食品进行报检时，应当在报检单中注明进口食品进出口商名称及备案编号。检验检疫机构应当核对备案编号和进口食品进出口商名称等信息与备案信息的一致性，对未备案或者与备案信息不一致的，告知其完成备案或者更正相关信息。

第十六条 （一）出口商或者代理商在申请备案时提供虚假备案资料和信息的，不予备案；已备案的，取消备案编号。

出口商或者代理商向中国出口的食品存在疫情或者质量安全问题的，纳入信誉记录管理，并加强其进口食品检验检疫；对于其他违规行为，按照相关法律法规规定处理。

（二）收货人在申请备案时提供虚假备案资料和信息的，不予备案；已备案的，取消备案编号。

收货人转让、借用、篡改备案编号的，纳入信誉记录管理，并加强其进口食品检验检疫。

第五章 附 则

第十七条 本规定自2012年10月1日起施行。

食品进口记录和销售记录管理规定

（2012年4月5日国家质量监督检验检疫总局公告第55号公布 自2012年10月1日起施行）

第一条 为掌握进口食品来源和流向，确保进口食品可追溯性，加强食品进口记录和销售记录的监督管理，依据《中华人民共和国食品安全法》及其实施条例、《国务院关于加强食品等产品安全监督管理的特别规定》、《进出口食品安全管理办法》等法律、行政法规、规章的要求，制定本规定。

第二条 本规定适用于出入境检验检疫机构对食品进口记录和销售记录的监督管理。

《进口食品进出口商备案管理规定》附件1所列经营食品种类之外的产品，如食品添加剂、食品相关产品、部分粮食品种、部分油籽类、水果、食用活动物等依照有关规定执行。

第三条 食品进口记录是指记载食品及其相关进口信息的纸质或者电子文件。

进口食品销售记录是指记载进口食品收货人（以下简称“收货人”）将进口食品提供给食品经营者或者消费者的纸质或者电子文件。

第四条 收货人应当建立完善的食品进口记录和销售记录制度并严格执行。

第五条 进口食品结关地出入境检验检疫机构负责进口食品的进口记录和销售记录的监督管理工作。

第六条 收货人应当建立专门的食品进口记录，并指派专人负责。

第七条 收货人建立的食品进口记录应当包括以下内容：

进口食品的名称、品牌、规格、数重量、货值、生产批号、生产日期、保质期、原产地、输出国家或者地区、生产企业名称及在华注册号、出口商或者代理商备案编号、名称及联系方式、贸易合同号、进口口岸、目的地、根据需要出具的国（境）外官方或者官方授权机构出具的相关证书编号、报检单号、入境时间、存放地点、联系人及电话等内容。记录格式见附件1。

第八条 收货人应当保存如下进口记录档案材料：贸易合同、提单、根据需要出具的国（境）外官方相关证书、报检单的复印件、出入境检验检疫机构出具的《入境货物检验检疫证明》、《卫生证书》等文件副本。

第九条 收货人应当建立专门的进口食品销售记录（食品进口后直接用于零售的除外），指派专人负责。

第十条 进口食品销售记录应当包括销售流向记录、销售对象投诉及召回记录等内容。

销售流向记录应当包括进口食品名称、规格、数重量、生产日期、生产批号、销售日期、购货人（使用人）名称及联系方式、出库单号、发票流水编号、食品召回后处理方式等信息。记录格式见附件2。

销售对象投诉及召回记录应当包括涉及的进口食品名称、规格、数重量、生产日期、生产批号，召回或者销售对象投诉原因，自查分析、应急处理方式，后续改进措施等信息。记录格式见附件3。

第十一条 收货人应当保存如下销售记录档案材料：购销合同、销售发票留底联、出库单等文件原件或者复印件，自用食品的收货人还应当保存加工使用记录等资料。

第十二条 收货人应当妥善保存食品进口和销售记录，防止污染、破损和遗失。食品进口和销售记录保存时间不得少于2年。

第十三条 进口食品结关地出入境检验检疫机构应当对收货人的食品

进口和销售记录进行检查。

第十四条 本规定所称收货人指中国大陆境内（不包括香港、澳门）与外方签订贸易合同的实际收货人。

第十五条 本规定自2012年10月1日起实行。

进口食品不良记录管理实施细则

（2014年2月26日国家质量监督检验检疫总局公告第43号公布 自2014年7月1日起施行）

一、总则

（一）为保障进口食品安全，落实进口食品企业主体责任，促进行业自律，根据《中华人民共和国食品安全法》及其实施条例、《中华人民共和国进出口商品检验法》及其实施条例和《进出口食品安全管理办法》（总局令第144号）的有关规定，特制定本细则。

（二）本细则适用于进口食品境外生产企业和出口商、国内进口商、代理商（以下简称：进口食品企业）不良记录使用管理。

（三）国家质量监督检验检疫总局（以下简称质检总局）主管全国进口食品不良记录管理工作，确定和发布相关控制措施。

质检总局设在各地的出入境检验检疫机构负责收集、核准、上报与进口食品有关的进口食品安全信息，建立不良记录，对有不良记录的进口食品企业及相关国家或地区的进口食品实施控制措施。

二、不良记录生成

质检总局和各级检验检疫机构根据下述信息，经研判，记入进口食品企业的不良记录。

（一）进口食品检验检疫监督管理工作中发现的食品安全信息。

（二）国内其他政府部门通报的，以及行业协会、企业和消费者反映的食品安全信息。

（三）国际组织，境外政府机构，境外行业协会、企业和消费者反映的食品安全信息。

（四）其他与进口食品安全有关的信息。

三、风险预警及控制措施

（一）质检总局制订对各级别不良记录所涉及企业和产品的处置措施原则（附件1、2），汇总发布有关信息。

（二）各直属检验检疫局分别对各自辖区的不良记录进行汇总上报，对严重的不良记录信息立即研判，在上报信息的同时按照相关法律法规规定处理。

（三）质检总局对汇总的全国不良记录信息进行研判，根据研判结论发布风险预警通告，公布对不良记录进口食品企业采取不同程度的控制措施。

对列入《进口食品境外生产企业注册实施目录》，已获得注册资格的进口食品企业，由国家认监委按照《进口食品境外生产企业注册管理规定》（总局2012年第145号令）有关条款，采取限期整改、暂停注册资格或撤销其注册等处置措施，并报质检总局。

四、解除风险预警

（一）境内不良记录进口食品企业满足解除风险预警条件时（附件1），可向其工商注册地或最近12个月内有进口食品贸易记录的直属检验检疫局申请解除风险预警。经直属检验检疫局、质检总局分级风险研判，认为其风险已不存在或者已降低到可接受的程度时，由质检总局及时解除风险预警及控制措施。

（二）境外不良记录进口食品企业满足解除风险预警条件时（附件1），可向其所在国家/地区食品安全主管部门申请解除风险预警。该国家/地区食品安全主管部门根据企业申请开展调查，并将企业整改措施和调查报告通报质检总局。质检总局开展风险研判，认为其风险已不存在或者已降低到可接受的程度时，应当及时解除风险预警及控制措施。

（三）不良记录涉及整个国家/地区的，满足解除风险预警条件时（附件2），其食品安全主管部门应将问题原因调查及监管措施整改情况通报质检总局。质检总局开展风险研判，认为其风险已不存在或者已降低到可接受的程度时，应当及时解除风险预警及控制措施。

五、附则

（一）此前质检总局和各检验检疫机构发布的其他进口食品控制措施

与本细则规定的控制措施不一致的，应从严执行。

（二）企业提供的检测报告应符合以下要求：

1. 国外合法并具有相应检测能力的检测机构以及境内取得食品检验机构资质认定的检测机构可出具检测报告。必要时，质检总局将确认公布检测机构名单，并实施动态管理。

2. 检测报告应与进口食品的生产日期或生产批号一一对应。

3. 因检出非法添加物被列入不良记录的，则检测报告应当包括该项目。

（三）进口化妆品不良记录管理参照本细则实施。

（四）本细则由质检总局负责解释。

（五）本细则自 2014 年 7 月 1 日起施行。

进出口食品添加剂检验检疫监督管理工作规范

（2011 年 4 月 18 日国家质量监督检验检疫总局公告 2011 年第 52 号公布　自 2011 年 6 月 1 日起施行）

第一章　总　　则

第一条　为规范进出口食品添加剂检验监管工作，确保进出口产品质量安全，保护公众人身健康，根据《中华人民共和国食品安全法》及其实施条例、《中华人民共和国进出口商品检验法》及其实施条例、《中华人民共和国进出境动植物检疫法》及其实施条例，以及《国务院关于加强食品等产品安全监督管理的特别规定》等有关法律法规规定，制定本规范。

第二条　本规范适用于列入《出入境检验检疫机构实施检验检疫的进出境商品目录》内进出口食品添加剂的检验检疫监督管理工作。

食品添加剂的使用和非食品添加剂用化工原料的检验检疫监督管理不适用本规范，依照有关规定执行。

第三条　国家质量监督检验检疫总局（以下简称国家质检总局）统一管理全国进出口食品添加剂的检验检疫和监督管理工作。

国家质检总局设在各地的出入境检验检疫机构（以下简称检验检疫机构）负责所辖区域进出口食品添加剂的检验检疫和监督管理工作。

第二章　食品添加剂进口

第四条　进口食品添加剂应当符合下列条件之一：

（一）有食品安全国家标准的；

（二）经国务院卫生行政管理部门批准、发布列入我国允许使用食品添加剂目录的；

（三）列入《食品添加剂使用卫生标准》（GB2760）、《食品营养强化剂使用卫生标准》（GB14880）的；

（四）列入“食品安全法实施前已有进口记录但尚无食品安全国家标准的食品添加剂目录”（见附录）的。

除符合上列四项条件之一外，应当办理进境动植物检疫许可的，还应取得进境动植物检疫许可证。

第五条　进口食品添加剂应当有包装、中文标签、中文说明书。中文标签、中文说明书应当符合中国法律法规的规定和食品安全国家标准的要求。

食品添加剂说明书应置于食品添加剂的外包装以内，并避免与添加剂直接接触。

进口食品添加剂标签、说明书和包装不得分离。

第六条　食品添加剂的标签应直接标注在最小销售单元包装上。

食品添加剂标签应标明以下事项：

（一）名称（相关标准中的通用名称）、规格、净含量；

（二）成分（表）或配料（表），采用相关标准中的通用名称；

（三）原产国（地）及境内代理商的名称、地址、联系方式；

（四）生产日期（批号）和保质期；

（五）产品标准代号；

（六）符合本规范第四条（二）的食品添加剂标签，应标明卫生部准予进口的证明文件号和经卫生部批准或认可的产品质量标准；

（七）贮存条件；

（八）使用范围、用量、使用方法；

（九）复合添加剂中各单一品种的通用名称、辅料的名称和含量，按含量由大到小排列（各单一品种必须具有相同的使用范围）；

（十）“食品添加剂”字样；

（十一）中国食品安全法律、法规或者食品安全国家标准规定必须标明的其他事项。

第七条 食品添加剂进口企业（以下称进口企业）应按照规定向海关报关地的检验检疫机构报检，报检时应当提供如下资料：

（一）注明产品用途（食品加工用）的贸易合同，或者贸易合同中买卖双方出具的用途声明（食品加工用）；

（二）食品添加剂完整的成分说明；

（三）进口企业是经营企业的，应提供加盖进口企业公章的工商营业执照或经营许可证复印件；进口企业是食品生产企业的，应提供加盖进口企业公章的食品生产许可证复印件；

（四）特殊情况下还应提供下列材料：

1. 需办理进境检疫审批的，应提供进境动植物检疫许可证。

2. 首次进口食品添加剂新品种，应提供卫生部准予进口的有关证明文件和经卫生部批准或认可的产品质量标准和检验方法标准文本。

3. 首次进口食品添加剂，应提供进口食品添加剂中文标签样张、说明书，并应在报检前经检验检疫机构审核合格。

4. 进口食品添加剂全部用来加工后复出口的，应提供输入国或者地区的相关标准或技术要求，或者在合同中注明产品质量安全项目和指标要求。

5. 检验检疫机构要求的其他资料。

第八条 检验检疫机构对进口企业提交的报检材料进行审核，符合要求的，受理报检。

第九条 检验检疫机构按照以下要求对进口食品添加剂实施检验检疫：

（一）食品安全国家标准；

（二）双边协议、议定书、备忘录；

（三）国家质检总局、卫生部《关于进口食品、食品添加剂检验有关适用标准问题的公告》（2009 年第 72 号公告）附件中列明的进口食品添加剂适用标准；

（四）首次进口添加剂新品种的，应当按照卫生部批准或认可的产品质量标准和检验方法标准检验；

（五）食品安全法实施前已有进口记录但尚无食品安全国家标准的，在食品安全国家标准发布实施之前，按照卫生部指定标准检验，没有卫生部指定标准的按原进口记录中指定的标准实施检验；

（六）国家质检总局规定的检验检疫要求；

（七）贸易合同中高于本条（一）至（六）规定的技术要求。

第十条 进口食品添加剂的内外包装和运输工具应符合相关食品质量安全要求，并经检验检疫合格。

进口食品添加剂属于危险品的，其包装容器应符合危险货物包装容器管理的相关要求。

第十一条 检验检疫机构按照相关检验规程和标准对进口食品添加剂实施现场检验检疫。

（一）核对货物的名称、数（重）量、包装、生产日期、承载工具号码、输出国家或者地区等是否与所提供的报检单证相符；

（二）检查标签、说明书是否与经检验检疫机构审核合格的样张和样本一致；检查标签、说明书的内容是否符合中国法律法规的规定和食品安全国家标准的要求。

（三）检查包装、容器是否完好，是否超过保质期，有无腐败变质，承运工具是否清洁、卫生。

（四）其他需要实施现场检验检疫的项目。

第十二条 现场检验检疫有下列情形之一的，检验检疫机构可直接判定为不合格：

（一）不属于本规范第四条规定的食品添加剂品种的；

（二）无生产、保质期，超过保质期或者腐败变质的；

（三）感官检查发现产品的色、香、味、形态、组织等存在异常情况，混有异物或被污染的；

（四）容器、包装密封不良、破损、渗漏严重，内容物受到污染的；

（五）使用来自国际组织宣布为严重核污染地区的原料生产的；

（六）货证不符；

（七）标签及说明书内容与报检前向检验检疫机构提供的样张和样本不一致；

（八）其他不符合中国法律法规规定、食品安全国家标准或者质检总局检验检疫要求的情况。

第十三条 检验检疫机构按照相关检验规程、标准规定的要求抽取检测样品，送实验室对质量规格、安全卫生项目和标签内容的真实性、准确性进行检测验证。

取样量应满足检测及存样的需要。检测样品采集、传递、制备、贮存等全过程应受控，不应有污染，以保证所检样品的真实性。

第十四条 经检验检疫合格的，检验检疫机构出具合格证明。合格证明中应注明判定产品合格所依据的标准，包括标准的名称、编号。

第十五条 经检验检疫不合格的，按以下方式处理：

（一）涉及安全卫生项目不合格的，出具不合格证明，责成进口企业按规定程序实施退运或销毁。

不合格证明中应注明判定产品不合格所依据的标准，包括标准的名称、编号。

（二）非安全卫生项目不合格的，可在检验检疫机构的监督下进行技术处理或改作他用，经重新检验合格后，方可销售、使用。

第十六条 检验检疫机构应当按照有关规定将进口食品添加剂不合格信息及时报国家质检总局。

第十七条 进口食品添加剂分港卸货的，先期卸货港检验检疫机构应当以书面形式将检验检疫结果及处理情况及时通知其他分卸港所在地检验检疫机构；需要对外出证的，由卸毕港检验检疫机构汇总后出具证书。

第十八条 进口企业应当建立食品添加剂质量信息档案，如实记录以下内容：

（一）进口时向检验检疫机构申报的报检号、品名、数/重量、包装、生产和输出国家或者地区、生产日期、保质期等内容；

（二）国外出口商、境外生产企业名称及其在所在国家或者地区获得的资质证书号；

（三）进口食品添加剂中文标签样张、中文说明书样本；

（四）检验检疫机构签发的检验检疫证单；

（五）进口食品添加剂流向等信息。

档案保存期限不得少于 2 年，且不能少于保质期。

第十九条 检验检疫机构对进口企业的质量信息档案进行审查，审查不合格的，将其列入不良记录企业名单，对其进口的食品添加剂实施加严检验检疫措施。

第三章　食品添加剂出口

第二十条　食品添加剂出口企业（以下简称出口企业）应当保证其出口的食品添加剂符合进口国家或者地区技术法规、标准及合同要求。

进口国家或者地区无相关标准且合同未有要求的，应当保证出口食品添加剂符合中国食品安全国家标准；无食品安全国家标准的，应当符合食品安全地方标准；无食品安全国家标准和食品安全地方标准的，应当符合经省级卫生行政部门备案的企业标准。

第二十一条　检验检疫机构按照《出口工业产品企业分类管理办法》（质检总局令第113号），对食品添加剂生产企业实施分类管理。

第二十二条　出口食品添加剂应当是符合下列要求：

（一）获得生产许可；

（二）食品安全法实施之前获得卫生许可，且卫生许可证在有效期内；

（三）应当获得并已经获得法律、法规要求的其他许可。

第二十三条　出口食品添加剂应当有包装、标签、说明书。

（一）标签应当直接标注在最小销售单元的包装上。

（二）说明书应置于食品添加剂的外包装以内，并避免与添加剂直接接触。

（三）标签、说明书和包装是一个整体，不得分离。

第二十四条　出口食品添加剂内外包装应符合相关食品质量安全要求，其承载工具需要进行适载检验的应按规定进行适载检验，并经检验检疫合格。

出口食品添加剂属于危险品的，其包装容器应符合危险货物包装容器管理的相关要求。

第二十五条　出口食品添加剂标签应标明以下事项：

（一）名称（标准中的通用名称）、规格、净含量；

（二）生产日期（生产批次号）和保质期；

（三）成分（表）或配料（表）；

（四）产品标准代号；

（五）贮存条件；

（六）“食品添加剂”字样；

（七）进口国家或者地区对食品添加剂标签的其他要求。

第二十六条 出口企业应当对拟出口的食品添加剂按照相关标准进行检验，并在检验合格后向产地检验检疫机构报检，报检时应提供下列材料：

（一）注明产品用途（食品加工用）的贸易合同，或者贸易合同中买卖双方出具的用途声明（食品加工用）；

（二）产品检验合格证明原件。检验合格证明中应列明检验依据的标准，包括标准的名称、编号；

（三）出口企业是经营企业的，应提供工商营业执照或者经营许可证复印件。

（四）食品添加剂标签样张和说明书样本；

（五）国家质检总局要求的其他材料。

第二十七条 检验检疫机构对出口企业提交的报检材料进行审核，符合要求的，受理报检。

第二十八条 检验检疫机构按照下列要求对出口食品添加剂实施检验检疫：

（一）进口国家或者地区技术法规、标准；

（二）双边协议、议定书、备忘录；

（三）合同中列明的质量规格要求；

（四）没有本条（一）至（三）的，可以按照中国食品安全国家标准检验；

（五）没有本条（一）至（四）的，可以按照中国食品安全地方标准检验；

（六）没有本条（一）至（五）的，可以按照经省级卫生行政部门备案的企业标准检验。

（七）国家质检总局规定的其他检验检疫要求；

第二十九条 检验检疫机构按照相关检验规程和标准对出口食品添加剂实施现场检验检疫：

（一）核对货物的名称、数（重）量、生产日期、批号、包装、唛头、出口企业名称等是否与报检时提供的资料相符。

（二）核对货物标签是否与报检时提供的标签样张一致，检查标签中与质量有关内容的真实性、准确性。

（三）包装、容器是否完好，有无潮湿发霉现象，有无腐败变质，有无异味。

（四）其他需要实施现场检验检疫的项目。

第三十条 现场检验检疫合格后，检验检疫机构对来自不同监管类别生产企业的产品按照相关检验规程、标准要求，对抽取的检测样品进行规格、安全卫生项目和标签内容的符合性检测验证，必要时对标签上所有标识的内容进行检测。

取样量应满足检验、检测及存样的需要。检测样品采集、传递、制备、贮存的全过程应受控，不应有污染，以保证所检样品的真实性。

第三十一条 经检验检疫合格的，出具《出境货物通关单》或《出境货物换证凭单》，根据需要出具检验证书。检验证单中注明判定产品合格所依据的标准，包括标准的名称和编号。

第三十二条 检验检疫不合格的，按以下方式处理：

（一）经有效方法处理并重新检验检疫合格的，按本规范第三十一条办理；

（二）无有效处理方法或者经过处理后重新检验检疫仍不合格的，出具不合格证明，不准出口。

第三十三条 口岸检验检疫机构按照出口货物查验换证的相关规定查验货物。

（一）查验合格的，签发合格证明，准予出口。

（二）查验不合格的，不予放行，并将有关信息通报产地检验检疫机构，必要时抽取检测样本，进行质量规格、安全卫生项目检测。产地检验检疫机构应根据不合格情况采取相应监管措施。

第三十四条 检验检疫机构应当按照相关规定建立生产企业分类管理档案和出口企业诚信档案，建立良好记录和不良记录企业名单。

第三十五条 出口企业应当建立质量信息档案并接受检验检疫机构的核查。产品信息档案应至少包括出口产品的如下信息：

（一）出口报检号、品名、数（重）量、包装、进口国家或者地区、生产批次号；

（二）境外进口企业名称；

（三）国内供货企业名称及相关批准文件号；

（四）食品添加剂标签样张、说明书样本；

（五）检验检疫机构出具的检验检疫证单。

档案保存期不得少于2年，且不能少于保质期。

第三十六条 出口食品添加剂被境内外检验检疫机构检出有质量安全卫生问题的，检验检疫机构核实有关情况后，实施加严检验检疫监管措施。

第四章 监督管理

第三十七条 国家质检总局对进出口食品添加剂实施风险预警和快速反应制度。

进出口食品添加剂检验检疫监管中发现严重质量安全问题或疫情的，或者境内外发生的食品安全事故、国内有关部门通报或者用户投诉食品出现质量安全卫生问题涉及进出口食品添加剂的，国家质检总局应当及时采取风险预警或者控制措施，并向国务院卫生行政等部门通报。

第三十八条 检验检疫机构在检验检疫监管过程中发现严重质量安全问题可能影响到食品安全或者获知有关风险信息后，应当启动食品安全应急处置预案，开展追溯调查，按照有关规定进行处理，并于24小时内逐级上报至国家质检总局。

第三十九条 进出口企业发现其生产、经营的食品添加剂存在安全隐患，可能影响食品安全，或者其出口产品在境外涉嫌引发食品安全事件时，应当采取控制或者避免危害发生的措施，主动召回产品，并向所在地检验检疫机构报告。检验检疫机构对召回实施监督管理。

进出口企业不履行召回义务的，由所在地直属检验检疫机构向其发出责令召回通知书，并报告国家质检总局。国家质检总局按有关规定进行处理。

第四十条 对经国务院卫生行政部门信息核实，风险已经明确，或经风险评估后确认有风险的出入境食品添加剂，国家质检总局可采取快速反应措施。

第四十一条 进出保税区、出口加工区等的食品添加剂，以及进境非贸易性的食品添加剂样品的检验检疫监督管理，按照国家质检总局的有关规定办理。

第五章　附　　则

第四十二条　本规范下列用语的含义是：

（一）食品添加剂，指可以作为改善食品品质和色、香、味以及为防腐、保鲜和加工工艺的需要而加入食品中的人工合成或者天然物质。

（二）非食品添加剂用化工原料，是指与食品添加剂具有相同化学构成，进出口时共用同一个 HS 编码，但不用于食品生产加工的化学物质。在进出口报检时以“非食品加工用”，与食品添加剂区分。

（三）产品检验合格证明，是指具备全项目出厂检验能力的生产企业自行检验出具的，或不具备产品出厂检验能力的生产企业或者出口企业委托有资质的检验机构进行检验并出具的证明其产品检验合格的文件。

第四十三条　本规范由国家质检总局负责解释。

第四十四条　本规范自 2011 年 6 月 1 日起施行。自施行之日起，其他相关进出口食品添加剂检验检疫管理规定与本规范不一致的，以本规范为准。

附录：食品安全法实施前已有进口记录但尚无食品安全国家标准的食品添加剂目录（略）

九、行政执法

市场监督管理行政处罚听证办法

（2018 年 12 月 21 日国家市场监督管理总局令第 3 号公布 根据 2021 年 7 月 2 日国家市场监督管理总局令第 42 号《国家市场监督管理总局关于修改〈市场监督管理行政处罚程序暂行规定〉等二部规章的决定》修正）

第一章 总 则

第一条 为了规范市场监督管理行政处罚听证程序，保障市场监督管理部门依法实施行政处罚，保护自然人、法人和其他组织的合法权益，根据《中华人民共和国行政处罚法》的有关规定，制定本办法。

第二条 市场监督管理部门组织行政处罚听证，适用本办法。

第三条 市场监督管理部门组织行政处罚听证，应当遵循公开、公正、效率的原则，保障和便利当事人依法行使陈述权和申辩权。

第四条 市场监督管理部门行政处罚案件听证实行回避制度。听证主持人、听证员、记录员、翻译人员与案件有直接利害关系或者有其他关系可能影响公正执法的，应当回避。

听证员、记录员、翻译人员的回避，由听证主持人决定；听证主持人的回避，由市场监督管理部门负责人决定。

第二章 申请和受理

第五条 市场监督管理部门拟作出下列行政处罚决定，应当告知当事人有要求听证的权利：

（一）责令停产停业、责令关闭、限制从业；

（二）降低资质等级、吊销许可证件或者营业执照；

（三）对自然人处以一万元以上、对法人或者其他组织处以十万元以上罚款；

（四）对自然人、法人或者其他组织作出没收违法所得和非法财物价值总额达到第三项所列数额的行政处罚；

（五）其他较重的行政处罚；

（六）法律、法规、规章规定的其他情形。

各省、自治区、直辖市人大常委会或者人民政府对前款第三项、第四项所列罚没数额有具体规定的，可以从其规定。

第六条 向当事人告知听证权利时，应当书面告知当事人拟作出的行政处罚内容及事实、理由、依据。

第七条 当事人要求听证的，可以在告知书送达回证上签署意见，也可以自收到告知书之日起五个工作日内提出。当事人以口头形式提出的，办案人员应当将情况记入笔录，并由当事人在笔录上签名或者盖章。

当事人自告知书送达之日起五个工作日内，未要求听证的，视为放弃此权利。

当事人在规定期限内要求听证的，市场监督管理部门应当依照本办法的规定组织听证。

第三章 听证组织机构、听证人员和听证参加人

第八条 听证由市场监督管理部门法制机构或者其他机构负责组织。

第九条 听证人员包括听证主持人、听证员和记录员。

第十条 听证参加人包括当事人及其代理人、第三人、办案人员、证人、翻译人员、鉴定人以及其他有关人员。

第十一条 听证主持人由市场监督管理部门负责人指定。必要时，可以设一至二名听证员，协助听证主持人进行听证。

记录员由听证主持人指定，具体承担听证准备和听证记录工作。

办案人员不得担任听证主持人、听证员和记录员。

第十二条 听证主持人在听证程序中行使下列职责：

（一）决定举行听证的时间、地点；

（二）审查听证参加人资格；

（三）主持听证；

（四）维持听证秩序；

（五）决定听证的中止或者终止，宣布听证结束；

（六）本办法赋予的其他职责。

听证主持人应当公开、公正地履行主持听证的职责，不得妨碍当事人、第三人行使陈述权、申辩权。

第十三条 要求听证的自然人、法人或者其他组织是听证的当事人。

第十四条 与听证案件有利害关系的其他自然人、法人或者其他组织，可以作为第三人申请参加听证，或者由听证主持人通知其参加听证。

第十五条 当事人、第三人可以委托一至二人代为参加听证。

委托他人代为参加听证的，应当向市场监督管理部门提交由委托人签名或者盖章的授权委托书以及委托代理人的身份证明文件。

授权委托书应当载明委托事项及权限。委托代理人代为撤回听证申请或者明确放弃听证权利的，必须有委托人的明确授权。

第十六条 办案人员应当参加听证。

第十七条 与听证案件有关的证人、鉴定人等经听证主持人同意，可以到场参加听证。

第四章 听证准备

第十八条 市场监督管理部门应当自收到当事人要求听证的申请之日起三个工作日内，确定听证主持人。

第十九条 办案人员应当自确定听证主持人之日起三个工作日内，将案件材料移交听证主持人，由听证主持人审阅案件材料，准备听证提纲。

第二十条 听证主持人应当自接到办案人员移交的案件材料之日起五个工作日内确定听证的时间、地点，并应当于举行听证的七个工作日前将听证通知书送达当事人。

听证通知书中应当载明听证时间、听证地点及听证主持人、听证员、记录员、翻译人员的姓名，并告知当事人有申请回避的权利。

第三人参加听证的，听证主持人应当在举行听证的七个工作日前将听证的时间、地点通知第三人。

第二十一条 听证主持人应当于举行听证的七个工作日前将听证的时间、地点通知办案人员，并退回案件材料。

第二十二条 除涉及国家秘密、商业秘密或者个人隐私依法予以保密外，听证应当公开举行。

公开举行听证的，市场监督管理部门应当于举行听证的三个工作日前公告当事人的姓名或者名称、案由以及举行听证的时间、地点。

第五章　举行听证

第二十三条　听证开始前，记录员应当查明听证参加人是否到场，并向到场人员宣布以下听证纪律：

（一）服从听证主持人的指挥，未经听证主持人允许不得发言、提问；

（二）未经听证主持人允许不得录音、录像和摄影；

（三）听证参加人未经听证主持人允许不得退场；

（四）不得大声喧哗，不得鼓掌、哄闹或者进行其他妨碍听证秩序的活动。

第二十四条　听证主持人核对听证参加人，说明案由，宣布听证主持人、听证员、记录员、翻译人员名单，告知听证参加人在听证中的权利义务，询问当事人是否提出回避申请。

第二十五条　听证按下列程序进行：

（一）办案人员提出当事人违法的事实、证据、行政处罚建议及依据；

（二）当事人及其委托代理人进行陈述和申辩；

（三）第三人及其委托代理人进行陈述；

（四）质证；

（五）辩论；

（六）听证主持人按照第三人、办案人员、当事人的先后顺序征询各方最后意见。

当事人可以当场提出证明自己主张的证据，听证主持人应当接收。

第二十六条　有下列情形之一的，可以中止听证：

（一）当事人因不可抗力无法参加听证的；

（二）当事人死亡或者终止，需要确定相关权利义务承受人的；

（三）当事人临时提出回避申请，无法当场作出决定的；

（四）需要通知新的证人到场或者需要重新鉴定的；

（五）其他需要中止听证的情形。

中止听证的情形消失后，听证主持人应当恢复听证。

第二十七条 有下列情形之一的，可以终止听证：

（一）当事人撤回听证申请或者明确放弃听证权利的；

（二）当事人无正当理由拒不到场参加听证的；

（三）当事人未经听证主持人允许中途退场的；

（四）当事人死亡或者终止，并且无权利义务承受人的；

（五）其他需要终止听证的情形。

第二十八条 记录员应当如实记录，制作听证笔录。听证笔录应当载明听证时间、地点、案由，听证人员、听证参加人姓名，各方意见以及其他需要载明的事项。

听证会结束后，听证笔录应当经听证参加人核对无误后，由听证参加人当场签名或者盖章。当事人、第三人拒绝签名或者盖章的，由听证主持人在听证笔录中注明。

第二十九条 听证结束后，听证主持人应当在五个工作日内撰写听证报告，由听证主持人、听证员签名，连同听证笔录送办案机构，由其连同其他案件材料一并上报市场监督管理部门负责人。

市场监督管理部门应当根据听证笔录，结合听证报告提出的意见建议，依照《市场监督管理行政处罚程序规定》的有关规定，作出决定。

第三十条 听证报告应当包括以下内容：

（一）听证案由；

（二）听证人员、听证参加人；

（三）听证的时间、地点；

（四）听证的基本情况；

（五）处理意见和建议；

（六）需要报告的其他事项。

第六章 附 则

第三十一条 本办法中的“以上”“内”均包括本数。

第三十二条 国务院药品监督管理部门和省级药品监督管理部门组织行政处罚听证，适用本办法。

法律、法规授权的履行市场监督管理职能的组织组织行政处罚听证，适用本办法。

第三十三条 本办法中有关执法文书的送达适用《市场监督管理行政处罚程序规定》的有关规定。

第三十四条 市场监督管理部门应当保障听证经费，提供组织听证所必需的场地、设备以及其他便利条件。

市场监督管理部门举行听证，不得向当事人收取费用。

第三十五条 本办法自2019年4月1日施行。2005年12月30日原国家食品药品监督管理局令第23号公布的《国家食品药品监督管理局听证规则（试行）》、2007年9月4日原国家工商行政管理总局令第29号公布的《工商行政管理机关行政处罚案件听证规则》同时废止。

市场监督管理行政处罚程序规定

（2018年12月21日国家市场监督管理总局令第2号公布　根据2021年7月2日国家市场监督管理总局令第42号第一次修正　根据2022年9月29日国家市场监督管理总局令第61号第二次修正）

第一章　总　　则

第一条 为了规范市场监督管理行政处罚程序，保障市场监督管理部门依法实施行政处罚，保护自然人、法人和其他组织的合法权益，根据《中华人民共和国行政处罚法》《中华人民共和国行政强制法》等法律、行政法规，制定本规定。

第二条 市场监督管理部门实施行政处罚，适用本规定。

第三条 市场监督管理部门实施行政处罚，应当遵循公正、公开的原则，坚持处罚与教育相结合，做到事实清楚、证据确凿、适用依据正确、程序合法、处罚适当。

第四条 市场监督管理部门实施行政处罚实行回避制度。参与案件办理的有关人员与案件有直接利害关系或者有其他关系可能影响公正执法的，应当回避。市场监督管理部门主要负责人的回避，由市场监督管理部门负责人集体讨论决定；市场监督管理部门其他负责人的回避，由市场监督管理部门主要负责人决定；其他有关人员的回避，由市场监督管理部门负责人决定。

回避决定作出之前，不停止案件调查。

第五条 市场监督管理部门及参与案件办理的有关人员对实施行政处罚过程中知悉的国家秘密、商业秘密和个人隐私应当依法予以保密。

第六条 上级市场监督管理部门对下级市场监督管理部门实施行政处罚，应当加强监督。

各级市场监督管理部门对本部门内设机构及其派出机构、受委托组织实施行政处罚，应当加强监督。

第二章 管 辖

第七条 行政处罚由违法行为发生地的县级以上市场监督管理部门管辖。法律、行政法规、部门规章另有规定的，从其规定。

第八条 县级、设区的市级市场监督管理部门依职权管辖本辖区内发生的行政处罚案件。法律、法规、规章规定由省级以上市场监督管理部门管辖的，从其规定。

第九条 市场监督管理部门派出机构在本部门确定的权限范围内以本部门的名义实施行政处罚，法律、法规授权以派出机构名义实施行政处罚的除外。

县级以上市场监督管理部门可以在法定权限内书面委托符合《中华人民共和国行政处罚法》规定条件的组织实施行政处罚。受委托组织在委托范围内，以委托行政机关名义实施行政处罚；不得再委托其他任何组织或者个人实施行政处罚。

委托书应当载明委托的具体事项、权限、期限等内容。委托行政机关和受委托组织应当将委托书向社会公布。

第十条 网络交易平台经营者和通过自建网站、其他网络服务销售商品或者提供服务的网络交易经营者的违法行为由其住所地县级以上市场监督管理部门管辖。

平台内经营者的违法行为由其实际经营地县级以上市场监督管理部门管辖。网络交易平台经营者住所地县级以上市场监督管理部门先行发现违法线索或者收到投诉、举报的，也可以进行管辖。

第十一条 对利用广播、电影、电视、报纸、期刊、互联网等大众传播媒介发布违法广告的行为实施行政处罚，由广告发布者所在地市场监督管理部门管辖。广告发布者所在地市场监督管理部门管辖异地广告主、广告经营者有困难的，可以将广告主、广告经营者的违法情况移送广告主、广告经营者所在地市场监督管理部门处理。

对于互联网广告违法行为，广告主所在地、广告经营者所在地市场监督管理部门先行发现违法线索或者收到投诉、举报的，也可以进行管辖。

对广告主自行发布违法互联网广告的行为实施行政处罚，由广告主所在地市场监督管理部门管辖。

第十二条 对当事人的同一违法行为，两个以上市场监督管理部门都有管辖权的，由最先立案的市场监督管理部门管辖。

第十三条 两个以上市场监督管理部门因管辖权发生争议的，应当自发生争议之日起七个工作日内协商解决，协商不成的，报请共同的上一级市场监督管理部门指定管辖；也可以直接由共同的上一级市场监督管理部门指定管辖。

第十四条 市场监督管理部门发现立案查处的案件不属于本部门管辖的，应当将案件移送有管辖权的市场监督管理部门。受移送的市场监督管理部门对管辖权有异议的，应当报请共同的上一级市场监督管理部门指定管辖，不得再自行移送。

第十五条 上级市场监督管理部门认为必要时，可以将本部门管辖的案件交由下级市场监督管理部门管辖。法律、法规、规章明确规定案件应当由上级市场监督管理部门管辖的，上级市场监督管理部门不得将案件交由下级市场监督管理部门管辖。

上级市场监督管理部门认为必要时，可以直接查处下级市场监督管理部门管辖的案件，也可以将下级市场监督管理部门管辖的案件指定其他下级市场监督管理部门管辖。

下级市场监督管理部门认为依法由其管辖的案件存在特殊原因，难以办理的，可以报请上一级市场监督管理部门管辖或者指定管辖。

第十六条 报请上一级市场监督管理部门管辖或者指定管辖的，上一级市场监督管理部门应当在收到报送材料之日起七个工作日内确定案件的管辖部门。

第十七条 市场监督管理部门发现立案查处的案件属于其他行政管理

部门管辖的，应当及时依法移送其他有关部门。

市场监督管理部门发现违法行为涉嫌犯罪的，应当及时将案件移送司法机关，并对涉案物品以及与案件有关的其他材料依照有关规定办理交接手续。

第三章 行政处罚的普通程序

第十八条 市场监督管理部门对依据监督检查职权或者通过投诉、举报、其他部门移送、上级交办等途径发现的违法行为线索，应当自发现线索或者收到材料之日起十五个工作日内予以核查，由市场监督管理部门负责人决定是否立案；特殊情况下，经市场监督管理部门负责人批准，可以延长十五个工作日。法律、法规、规章另有规定的除外。

检测、检验、检疫、鉴定以及权利人辨认或者鉴别等所需时间，不计入前款规定期限。

第十九条 经核查，符合下列条件的，应当立案：

（一）有证据初步证明存在违反市场监督管理法律、法规、规章的行为；

（二）依据市场监督管理法律、法规、规章应当给予行政处罚；

（三）属于本部门管辖；

（四）在给予行政处罚的法定期限内。

决定立案的，应当填写立案审批表，由办案机构负责人指定两名以上具有行政执法资格的办案人员负责调查处理。

第二十条 经核查，有下列情形之一的，可以不予立案：

（一）违法行为轻微并及时改正，没有造成危害后果；

（二）初次违法且危害后果轻微并及时改正；

（三）当事人有证据足以证明没有主观过错，但法律、行政法规另有规定的除外；

（四）依法可以不予立案的其他情形。

决定不予立案的，应当填写不予立案审批表。

第二十一条 办案人员应当全面、客观、公正、及时进行案件调查，收集、调取证据，并依照法律、法规、规章的规定进行检查。

首次向当事人收集、调取证据的，应当告知其享有陈述权、申辩权以及申请回避的权利。

第二十二条 办案人员调查或者进行检查时不得少于两人，并应当主动向当事人或者有关人员出示执法证件。

第二十三条 办案人员应当依法收集证据。证据包括：

（一）书证；

（二）物证；

（三）视听资料；

（四）电子数据；

（五）证人证言；

（六）当事人的陈述；

（七）鉴定意见；

（八）勘验笔录、现场笔录。

立案前核查或者监督检查过程中依法取得的证据材料，可以作为案件的证据使用。

对于移送的案件，移送机关依职权调查收集的证据材料，可以作为案件的证据使用。

上述证据，应当符合法律、法规、规章关于证据的规定，并经查证属实，才能作为认定案件事实的根据。以非法手段取得的证据，不得作为认定案件事实的根据。

第二十四条 收集、调取的书证、物证应当是原件、原物。调取原件、原物有困难的，可以提取复制件、影印件或者抄录件，也可以拍摄或者制作足以反映原件、原物外形或者内容的照片、录像。复制件、影印件、抄录件和照片、录像由证据提供人核对无误后注明与原件、原物一致，并注明出证日期、证据出处，同时签名或者盖章。

第二十五条 收集、调取的视听资料应当是有关资料的原始载体。调取视听资料原始载体有困难的，可以提取复制件，并注明制作方法、制作时间、制作人等。声音资料应当附有该声音内容的文字记录。

第二十六条 收集、调取的电子数据应当是有关数据的原始载体。收集电子数据原始载体有困难的，可以采用拷贝复制、委托分析、书式固定、拍照录像等方式取证，并注明制作方法、制作时间、制作人等。

市场监督管理部门可以利用互联网信息系统或者设备收集、固定违法行为证据。用来收集、固定违法行为证据的互联网信息系统或者设备应当符合相关规定，保证所收集、固定电子数据的真实性、完整性。

市场监督管理部门可以指派或者聘请具有专门知识的人员，辅助办案人员对案件关联的电子数据进行调查取证。

市场监督管理部门依照法律、行政法规规定利用电子技术监控设备收集、固定违法事实的，依照《中华人民共和国行政处罚法》有关规定执行。

第二十七条 在中华人民共和国领域外形成的公文书证，应当经所在国公证机关证明，或者履行中华人民共和国与该所在国订立的有关条约中规定的证明手续。涉及身份关系的证据，应当经所在国公证机关证明，并经中华人民共和国驻该国使领馆认证，或者履行中华人民共和国与该所在国订立的有关条约中规定的证明手续。

在中华人民共和国香港特别行政区、澳门特别行政区和台湾地区形成的证据，应当履行相关的证明手续。

外文书证或者外国语视听资料等证据应当附有由具有翻译资质的机构翻译的或者其他翻译准确的中文译本，由翻译机构盖章或者翻译人员签名。

第二十八条 对有违法嫌疑的物品或者场所进行检查时，应当通知当事人到场。办案人员应当制作现场笔录，载明时间、地点、事件等内容，由办案人员、当事人签名或者盖章。

第二十九条 办案人员可以询问当事人及其他有关单位和个人。询问应当个别进行。询问应当制作笔录，询问笔录应当交被询问人核对；对阅读有困难的，应当向其宣读。笔录如有差错、遗漏，应当允许其更正或者补充。涂改部分应当由被询问人签名、盖章或者以其他方式确认。经核对无误后，由被询问人在笔录上逐页签名、盖章或者以其他方式确认。办案人员应当在笔录上签名。

第三十条 办案人员可以要求当事人及其他有关单位和个人在一定期限内提供证明材料或者与涉嫌违法行为有关的其他材料，并由材料提供人在有关材料上签名或者盖章。

市场监督管理部门在查处侵权假冒等案件过程中，可以要求权利人对涉案产品是否为权利人生产或者其许可生产的产品进行辨认，也可以要求其对有关事项进行鉴别。

第三十一条 市场监督管理部门抽样取证时，应当通知当事人到场。办案人员应当制作抽样记录，对样品加贴封条，开具清单，由办案人员、当事人在封条和相关记录上签名或者盖章。

通过网络、电话购买等方式抽样取证的，应当采取拍照、截屏、录音、录像等方式对交易过程、商品拆包查验及封样等过程进行记录。

法律、法规、规章或者国家有关规定对实施抽样机构的资质或者抽样方式有明确要求的，市场监督管理部门应当委托相关机构或者按照规定方式抽取样品。

第三十二条 为查明案情，需要对案件中专门事项进行检测、检验、检疫、鉴定的，市场监督管理部门应当委托具有法定资质的机构进行；没有法定资质机构的，可以委托其他具备条件的机构进行。检测、检验、检疫、鉴定结果应当告知当事人。

第三十三条 在证据可能灭失或者以后难以取得的情况下，市场监督管理部门可以对与涉嫌违法行为有关的证据采取先行登记保存措施。采取或者解除先行登记保存措施，应当经市场监督管理部门负责人批准。

情况紧急，需要当场采取先行登记保存措施的，办案人员应当在二十四小时内向市场监督管理部门负责人报告，并补办批准手续。市场监督管理部门负责人认为不应当采取先行登记保存措施的，应当立即解除。

第三十四条 先行登记保存有关证据，应当当场清点，开具清单，由当事人和办案人员签名或者盖章，交当事人一份，并当场交付先行登记保存证据通知书。

先行登记保存期间，当事人或者有关人员不得损毁、销毁或者转移证据。

第三十五条 对于先行登记保存的证据，应当在七个工作日内采取以下措施：

（一）根据情况及时采取记录、复制、拍照、录像等证据保全措施；

（二）需要检测、检验、检疫、鉴定的，送交检测、检验、检疫、鉴定；

（三）依据有关法律、法规规定可以采取查封、扣押等行政强制措施的，决定采取行政强制措施；

（四）违法事实成立，应当予以没收的，作出行政处罚决定，没收违法物品；

（五）违法事实不成立，或者违法事实成立但依法不应当予以查封、扣押或者没收的，决定解除先行登记保存措施。

逾期未采取相关措施的，先行登记保存措施自动解除。

第三十六条 市场监督管理部门可以依据法律、法规的规定采取查封、扣押等行政强制措施。采取或者解除行政强制措施，应当经市场监督管理部门负责人批准。

情况紧急，需要当场采取行政强制措施的，办案人员应当在二十四小时内向市场监督管理部门负责人报告，并补办批准手续。市场监督管理部门负责人认为不应当采取行政强制措施的，应当立即解除。

第三十七条 市场监督管理部门实施行政强制措施应当依照《中华人民共和国行政强制法》规定的程序进行，并当场交付实施行政强制措施决定书和清单。

第三十八条 查封、扣押的期限不得超过三十日；情况复杂的，经市场监督管理部门负责人批准，可以延长，但是延长期限不得超过三十日。法律、行政法规另有规定的除外。

延长查封、扣押的决定应当及时书面告知当事人，并说明理由。

对物品需要进行检测、检验、检疫、鉴定的，查封、扣押的期间不包括检测、检验、检疫、鉴定的期间。检测、检验、检疫、鉴定的期间应当明确，并书面告知当事人。

第三十九条 扣押当事人托运的物品，应当制作协助扣押通知书，通知有关单位协助办理，并书面通知当事人。

第四十条 对当事人家存或者寄存的涉嫌违法物品，需要扣押的，责令当事人取出；当事人拒绝取出的，应当会同当地有关部门或者单位将其取出，并办理扣押手续。

第四十一条 查封、扣押的场所、设施或者财物应当妥善保管，不得使用或者损毁；市场监督管理部门可以委托第三人保管，第三人不得损毁或者擅自转移、处置。

查封的场所、设施或者财物，应当加贴市场监督管理部门封条，任何人不得随意动用。

除法律、法规另有规定外，容易损毁、灭失、变质、保管困难或者保管费用过高、季节性商品等不宜长期保存的物品，在确定为罚没财物前，经权利人同意或者申请，并经市场监督管理部门负责人批准，在采取相关措施留存证据后，可以依法先行处置；权利人不明确的，可以依法公告，公告期满后仍没有权利人同意或者申请的，可以依法先行处置。先行处置所得款项按照涉案现金管理。

第四十二条 有下列情形之一的，市场监督管理部门应当及时作出解除查封、扣押决定：

（一）当事人没有违法行为；

（二）查封、扣押的场所、设施或者财物与违法行为无关；

（三）对违法行为已经作出处理决定，不再需要查封、扣押；

（四）查封、扣押期限已经届满；

（五）其他不再需要采取查封、扣押措施的情形。

解除查封、扣押应当立即退还财物，并由办案人员和当事人在财物清单上签名或者盖章。市场监督管理部门已将财物依法先行处置并有所得款项的，应当退还所得款项。先行处置明显不当，给当事人造成损失的，应当给予补偿。

当事人下落不明或者无法确定涉案物品所有人的，应当按照本规定第八十二条第五项规定的公告送达方式告知领取。公告期满仍无人领取的，经市场监督管理部门负责人批准，将涉案物品上缴或者依法拍卖后将所得款项上缴国库。

第四十三条 办案人员在调查取证过程中，无法通知当事人，当事人不到场或者拒绝接受调查，当事人拒绝签名、盖章或者以其他方式确认的，办案人员应当在笔录或者其他材料上注明情况，并采取录音、录像等方式记录，必要时可以邀请有关人员作为见证人。

第四十四条 进行现场检查、询问当事人及其他有关单位和个人、抽样取证、采取先行登记保存措施、实施查封或者扣押等行政强制措施时，按照有关规定采取拍照、录音、录像等方式记录现场情况。

第四十五条 市场监督管理部门在办理行政处罚案件时，确需有关机关或者其他市场监督管理部门协助调查取证的，应当出具协助调查函。

收到协助调查函的市场监督管理部门对属于本部门职权范围的协助事项应当予以协助，在接到协助调查函之日起十五个工作日内完成相关工作。需要延期完成的，应当在期限届满前告知提出协查请求的市场监督管理部门。

第四十六条 有下列情形之一的，经市场监督管理部门负责人批准，中止案件调查：

（一）行政处罚决定须以相关案件的裁判结果或者其他行政决定为依据，而相关案件尚未审结或者其他行政决定尚未作出的；

（二）涉及法律适用等问题，需要送请有权机关作出解释或者确认的；

（三）因不可抗力致使案件暂时无法调查的；

（四）因当事人下落不明致使案件暂时无法调查的；

（五）其他应当中止调查的情形。

中止调查的原因消除后，应当立即恢复案件调查。

第四十七条 因涉嫌违法的自然人死亡或者法人、其他组织终止，并且无权利义务承受人等原因，致使案件调查无法继续进行的，经市场监督管理部门负责人批准，案件终止调查。

第四十八条 案件调查终结，办案机构应当撰写调查终结报告。案件调查终结报告包括以下内容：

（一）当事人的基本情况；

（二）案件来源、调查经过及采取行政强制措施的情况；

（三）调查认定的事实及主要证据；

（四）违法行为性质；

（五）处理意见及依据；

（六）自由裁量的理由等其他需要说明的事项。

第四十九条 办案机构应当将调查终结报告连同案件材料，交由市场监督管理部门审核机构进行审核。

审核分为法制审核和案件审核。

办案人员不得作为审核人员。

第五十条 对情节复杂或者重大违法行为给予行政处罚的下列案件，在市场监督管理部门负责人作出行政处罚的决定之前，应当由从事行政处罚决定法制审核的人员进行法制审核；未经法制审核或者审核未通过的，不得作出决定：

（一）涉及重大公共利益的；

（二）直接关系当事人或者第三人重大权益，经过听证程序的；

（三）案件情况疑难复杂、涉及多个法律关系的；

（四）法律、法规规定应当进行法制审核的其他情形。

前款第二项规定的案件，在听证程序结束后进行法制审核。

县级以上市场监督管理部门可以对第一款的法制审核案件范围作出具体规定。

第五十一条 法制审核由市场监督管理部门法制机构或者其他机构负责实施。

市场监督管理部门中初次从事行政处罚决定法制审核的人员，应当通过国家统一法律职业资格考试取得法律职业资格。

第五十二条 除本规定第五十条第一款规定以外适用普通程序的案件，应当进行案件审核。

案件审核由市场监督管理部门办案机构或者其他机构负责实施。

市场监督管理部门派出机构以自己的名义实施行政处罚的案件，由派出机构负责案件审核。

第五十三条 审核的主要内容包括：

（一）是否具有管辖权；

（二）当事人的基本情况是否清楚；

（三）案件事实是否清楚、证据是否充分；

（四）定性是否准确；

（五）适用依据是否正确；

（六）程序是否合法；

（七）处理是否适当。

第五十四条 审核机构对案件进行审核，区别不同情况提出书面意见和建议：

（一）对事实清楚、证据充分、定性准确、适用依据正确、程序合法、处理适当的案件，同意案件处理意见；

（二）对定性不准、适用依据错误、程序不合法、处理不当的案件，建议纠正；

（三）对事实不清、证据不足的案件，建议补充调查；

（四）认为有必要提出的其他意见和建议。

第五十五条 审核机构应当自接到审核材料之日起十个工作日内完成审核。特殊情况下，经市场监督管理部门负责人批准可以延长。

第五十六条 审核机构完成审核并退回案件材料后，对于拟给予行政处罚的案件，办案机构应当将案件材料、行政处罚建议及审核意见报市场监督管理部门负责人批准，并依法履行告知等程序；对于建议给予其他行政处理的案件，办案机构应当将案件材料、审核意见报市场监督管理部门负责人审查决定。

第五十七条 拟给予行政处罚的案件，市场监督管理部门在作出行政处罚决定之前，应当书面告知当事人拟作出的行政处罚内容及事实、理由、依据，并告知当事人依法享有陈述权、申辩权。拟作出的行政处罚属于听证范围的，还应当告知当事人有要求听证的权利。法律、法规规定在行政处罚决定作出前需责令当事人退还多收价款的，一并告知拟责令退还的数额。

当事人自告知书送达之日起五个工作日内，未行使陈述、申辩权，未要求听证的，视为放弃此权利。

第五十八条 市场监督管理部门在告知当事人拟作出的行政处罚决定后，应当充分听取当事人的意见，对当事人提出的事实、理由和证据进行复核。当事人提出的事实、理由或者证据成立的，市场监督管理部门应当予以采纳，不得因当事人陈述、申辩或者要求听证而给予更重的行政处罚。

第五十九条 法律、法规要求责令当事人退还多收价款的，市场监督管理部门应当在听取当事人意见后作出行政处罚决定前，向当事人发出责令退款通知书，责令当事人限期退还。难以查找多付价款的消费者或者其他经营者的，责令公告查找。

第六十条 市场监督管理部门负责人经对案件调查终结报告、审核意见、当事人陈述和申辩意见或者听证报告等进行审查，根据不同情况，分别作出以下决定：

（一）确有依法应当给予行政处罚的违法行为的，根据情节轻重及具体情况，作出行政处罚决定；

（二）确有违法行为，但有依法不予行政处罚情形的，不予行政处罚；

（三）违法事实不能成立的，不予行政处罚；

（四）不属于市场监督管理部门管辖的，移送其他行政管理部门处理；

（五）违法行为涉嫌犯罪的，移送司法机关。

对本规定第五十条第一款规定的案件，拟给予行政处罚的，应当由市场监督管理部门负责人集体讨论决定。

第六十一条 对当事人的违法行为依法不予行政处罚的，市场监督管理部门应当对当事人进行教育。

第六十二条 市场监督管理部门作出行政处罚决定，应当制作行政处罚决定书，并加盖本部门印章。行政处罚决定书的内容包括：

（一）当事人的姓名或者名称、地址等基本情况；

（二）违反法律、法规、规章的事实和证据；

（三）当事人陈述、申辩的采纳情况及理由；

（四）行政处罚的内容和依据；

（五）行政处罚的履行方式和期限；

（六）申请行政复议、提起行政诉讼的途径和期限；

（七）作出行政处罚决定的市场监督管理部门的名称和作出决定的日期。

第六十三条 市场监督管理部门作出的具有一定社会影响的行政处罚决定应当按照有关规定向社会公开。

公开的行政处罚决定被依法变更、撤销、确认违法或者确认无效的，市场监督管理部门应当在三个工作日内撤回行政处罚决定信息并公开说明理由。

第六十四条 适用普通程序办理的案件应当自立案之日起九十日内作出处理决定。因案情复杂或者其他原因，不能在规定期限内作出处理决定的，经市场监督管理部门负责人批准，可以延长三十日。案情特别复杂或者有其他特殊情况，经延期仍不能作出处理决定的，应当由市场监督管理部门负责人集体讨论决定是否继续延期，决定继续延期的，应当同时确定延长的合理期限。

案件处理过程中，中止、听证、公告和检测、检验、检疫、鉴定、权利人辨认或者鉴别、责令退还多收价款等时间不计入前款所指的案件办理期限。

第六十五条 发生重大传染病疫情等突发事件，为了控制、减轻和消除突发事件引起的社会危害，市场监督管理部门对违反突发事件应对措施的行为，依法快速、从重处罚。

第四章 行政处罚的简易程序

第六十六条 违法事实确凿并有法定依据，对自然人处以二百元以下、对法人或者其他组织处以三千元以下罚款或者警告的行政处罚的，可以当场作出行政处罚决定。法律另有规定的，从其规定。

第六十七条 适用简易程序当场查处违法行为，办案人员应当向当事人出示执法证件，当场调查违法事实，收集必要的证据，填写预定格式、编有号码的行政处罚决定书。

行政处罚决定书应当由办案人员签名或者盖章，并当场交付当事人。

当事人拒绝签收的，应当在行政处罚决定书上注明。

第六十八条 当场制作的行政处罚决定书应当载明当事人的基本情况、违法行为、行政处罚依据、处罚种类、罚款数额、缴款途径和期限、救济途径和期限、部门名称、时间、地点，并加盖市场监督管理部门印章。

第六十九条 办案人员在行政处罚决定作出前，应当告知当事人拟作出的行政处罚内容及事实、理由、依据，并告知当事人有权进行陈述和申辩。当事人进行陈述和申辩的，办案人员应当记入笔录。

第七十条 适用简易程序查处案件的有关材料，办案人员应当在作出行政处罚决定之日起七个工作日内交至所在的市场监督管理部门归档保存。

第五章 执行与结案

第七十一条 行政处罚决定依法作出后，当事人应当在行政处罚决定书载明的期限内予以履行。

当事人对行政处罚决定不服申请行政复议或者提起行政诉讼的，行政处罚不停止执行，法律另有规定的除外。

第七十二条 市场监督管理部门对当事人作出罚款、没收违法所得行政处罚的，当事人应当自收到行政处罚决定书之日起十五日内，通过指定银行或者电子支付系统缴纳罚没款。有下列情形之一的，可以由办案人员当场收缴罚款：

（一）当场处以一百元以下罚款的；

（二）当场对自然人处以二百元以下、对法人或者其他组织处以三千元以下罚款，不当场收缴事后难以执行的；

（三）在边远、水上、交通不便地区，当事人向指定银行或者通过电子支付系统缴纳罚款确有困难，经当事人提出的。

办案人员当场收缴罚款的，必须向当事人出具国务院财政部门或者省、自治区、直辖市财政部门统一制发的专用票据。

第七十三条 办案人员当场收缴的罚款，应当自收缴罚款之日起二个工作日内交至所在市场监督管理部门。在水上当场收缴的罚款，应当自抵岸之日起二个工作日内交至所在市场监督管理部门。市场监督管理部门应当在二个工作日内将罚款缴付指定银行。

第七十四条 当事人确有经济困难，需要延期或者分期缴纳罚款的，应当提出书面申请。经市场监督管理部门负责人批准，同意当事人暂缓或者分期缴纳罚款的，市场监督管理部门应当书面告知当事人暂缓或者分期的期限。

第七十五条 当事人逾期不缴纳罚款的，市场监督管理部门可以每日按罚款数额的百分之三加处罚款，加处罚款的数额不得超出罚款的数额。

第七十六条 当事人在法定期限内不申请行政复议或者提起行政诉讼，又不履行行政处罚决定，且在收到催告书十个工作日后仍不履行行政处罚决定的，市场监督管理部门可以在期限届满之日起三个月内依法申请人民法院强制执行。

市场监督管理部门批准延期、分期缴纳罚款的，申请人民法院强制执行的期限，自暂缓或者分期缴纳罚款期限结束之日起计算。

第七十七条 适用普通程序的案件有以下情形之一的，办案机构应当在十五个工作日内填写结案审批表，经市场监督管理部门负责人批准后，予以结案：

（一）行政处罚决定执行完毕的；

（二）人民法院裁定终结执行的；

（三）案件终止调查的；

（四）作出本规定第六十条第一款第二项至五项决定的；

（五）其他应予结案的情形。

第七十八条 结案后，办案人员应当将案件材料按照档案管理的有关规定立卷归档。案卷归档应当一案一卷、材料齐全、规范有序。

案卷可以分正卷、副卷。正卷按照下列顺序归档：

（一）立案审批表；

（二）行政处罚决定书及送达回证；

（三）对当事人制发的其他法律文书及送达回证；

（四）证据材料；

（五）听证笔录；

（六）财物处理单据；

（七）其他有关材料。

副卷按照下列顺序归档：

（一）案源材料；

（二）调查终结报告；

（三）审核意见；

（四）听证报告；

（五）结案审批表；

（六）其他有关材料。

案卷的保管和查阅，按照档案管理的有关规定执行。

第七十九条 市场监督管理部门应当依法以文字、音像等形式，对行政处罚的启动、调查取证、审核、决定、送达、执行等进行全过程记录，依照本规定第七十八条的规定归档保存。

第六章 期间、送达

第八十条 期间以时、日、月计算，期间开始的时或者日不计算在内。期间不包括在途时间。期间届满的最后一日为法定节假日的，以法定节假日后的第一日为期间届满的日期。

第八十一条 市场监督管理部门送达行政处罚决定书，应当在宣告后当场交付当事人。当事人不在场的，应当在七个工作日内按照本规定第八十二条、第八十三条的规定，将行政处罚决定书送达当事人。

第八十二条 市场监督管理部门送达执法文书，应当按照下列方式进行：

（一）直接送达的，由受送达人在送达回证上注明签收日期，并签名或者盖章，受送达人在送达回证上注明的签收日期为送达日期。受送达人是自然人的，本人不在时交其同住成年家属签收；受送达人是法人或者其他组织的，应当由法人的法定代表人、其他组织的主要负责人或者该法人、其他组织负责收件的人签收；受送达人有代理人的，可以送交其代理人签收；受送达人已向市场监督管理部门指定代收人的，送交代收人签收。受送达人的同住成年家属，法人或者其他组织负责收件的人，代理人或者代收人在送达回证上签收的日期为送达日期。

（二）受送达人或者其同住成年家属拒绝签收的，市场监督管理部门可以邀请有关基层组织或者所在单位的代表到场，说明情况，在送达回证上载明拒收事由和日期，由送达人、见证人签名或者以其他方式确认，将执法文书留在受送达人的住所；也可以将执法文书留在受送达人的住所，并采取拍照、录像等方式记录送达过程，即视为送达。

（三）经受送达人同意并签订送达地址确认书，可以采用手机短信、传真、电子邮件、即时通讯账号等能够确认其收悉的电子方式送达执法文书，市场监督管理部门应当通过拍照、截屏、录音、录像等方式予以记录，手机短信、传真、电子邮件、即时通讯信息等到达受送达人特定系统的日期为送达日期。

（四）直接送达有困难的，可以邮寄送达或者委托当地市场监督管理部门、转交其他部门代为送达。邮寄送达的，以回执上注明的收件日期为送达日期；委托、转交送达的，受送达人的签收日期为送达日期。

（五）受送达人下落不明或者采取上述方式无法送达的，可以在市场监督管理部门公告栏和受送达人住所地张贴公告，也可以在报纸或者市场监督管理部门门户网站等刊登公告。自公告发布之日起经过三十日，即视为送达。公告送达，应当在案件材料中载明原因和经过。在市场监督管理部门公告栏和受送达人住所地张贴公告的，应当采取拍照、录像等方式记录张贴过程。

第八十三条 市场监督管理部门可以要求受送达人签署送达地址确认书，送达至受送达人确认的地址，即视为送达。受送达人送达地址发生变更的，应当及时书面告知市场监督管理部门；未及时告知的，市场监督管理部门按原地址送达，视为依法送达。

因受送达人提供的送达地址不准确、送达地址变更未书面告知市场监督管理部门，导致执法文书未能被受送达人实际接收的，直接送达的，执法文书留在该地址之日为送达之日；邮寄送达的，执法文书被退回之日为送达之日。

第七章 附 则

第八十四条 本规定中的“以上”“以下”“内”均包括本数。

第八十五条 国务院药品监督管理部门和省级药品监督管理部门实施行政处罚，适用本规定。

法律、法规授权的履行市场监督管理职能的组织实施行政处罚，适用本规定。

对违反《中华人民共和国反垄断法》规定的行为实施行政处罚的程序，按照国务院市场监督管理部门专项规定执行。专项规定未作规定的，参照本规定执行。

第八十六条 行政处罚文书格式范本，由国务院市场监督管理部门统一制定。各省级市场监督管理部门可以参照文书格式范本，制定本行政区域适用的行政处罚文书格式并自行印制。

第八十七条 本规定自 2019 年 4 月 1 日起施行。1996 年 9 月 18 日原国家技术监督局令第 45 号公布的《技术监督行政处罚委托实施办法》、2001 年 4 月 9 日原国家质量技术监督局令第 16 号公布的《质量技术监督罚没物品管理和处置办法》、2007 年 9 月 4 日原国家工商行政管理总局令第 28 号公布的《工商行政管理机关行政处罚程序规定》、2011 年 3 月 2 日原国家质量监督检验检疫总局令第 137 号公布的《质量技术监督行政处罚程序规定》、2011 年 3 月 2 日原国家质量监督检验检疫总局令第 138 号公布的《质量技术监督行政处罚案件审理规定》、2014 年 4 月 28 日原国家食品药品监督管理总局令第 3 号公布的《食品药品行政处罚程序规定》同时废止。

市场监督管理行政处罚信息公示规定

（2021 年 7 月 30 日国家市场监督管理总局令第 45 号公布　根据 2025 年 3 月 18 日国家市场监督管理总局令第 101 号修正）

第一条 为了加快构建以信用为基础的新型市场监管机制，强化市场主体信用监管，促进社会共治，维护公平竞争的市场秩序，根据相关法律、行政法规以及国务院有关规定，制定本规定。

第二条 市场监督管理部门对适用普通程序作出行政处罚决定的相关信息，应当记录于国家企业信用信息公示系统，并向社会公示。

仅受到警告行政处罚的不予公示。法律、行政法规另有规定的除外。

依法登记的市场主体的行政处罚公示信息应当记于市场主体名下。

第三条 市场监督管理部门公示行政处罚信息，应当遵循合法、客观、及时、规范的原则。

第四条 依照本规定第二条公示的行政处罚信息主要包括行政处罚决定书和行政处罚信息摘要。

市场监督管理部门应当严格依照国家市场监督管理总局的有关规定制

作行政处罚决定书，并制作行政处罚信息摘要附于行政处罚决定书之前。

行政处罚信息摘要的内容包括：行政处罚决定书文号、行政处罚当事人基本情况、违法行为类型、行政处罚内容、作出行政处罚决定的行政机关名称和日期。

第五条 市场监督管理部门应当依照《中华人民共和国保守国家秘密法》以及其他法律法规的有关规定，建立健全行政处罚信息保密审查机制。公示的行政处罚信息不得泄露国家秘密，不得危及国家安全、公共安全、经济安全和社会稳定。

第六条 市场监督管理部门公示行政处罚信息，应当遵守法律法规关于商业秘密和个人信息保护的有关规定，对信息进行必要的处理。

第七条 市场监督管理部门公示的行政处罚决定书，除依照本规定第六条的要求进行处理的以外，内容应当与送达行政处罚当事人的行政处罚决定书一致。

第八条 对于应当公示的行政处罚决定，在送达行政处罚决定书时，市场监督管理部门应当书面告知行政处罚当事人行政处罚信息将向社会进行公示。

第九条 作出行政处罚决定的市场监督管理部门和行政处罚当事人登记地（住所地）在同一省、自治区、直辖市的，作出行政处罚决定的市场监督管理部门应当自作出行政处罚决定之日起二十个工作日内将行政处罚信息通过国家企业信用信息公示系统进行公示。

第十条 作出行政处罚决定的市场监督管理部门和行政处罚当事人登记地（住所地）不在同一省、自治区、直辖市的，作出行政处罚决定的市场监督管理部门应当自作出行政处罚决定之日起十个工作日内通过本省、自治区、直辖市市场监督管理部门将行政处罚信息推送至当事人登记地（住所地）市场监督管理部门，由其协助在收到行政处罚信息之日起十个工作日内将行政处罚信息通过国家企业信用信息公示系统进行公示。

第十一条 行政处罚决定被依法变更、撤销、确认违法或者确认无效的，市场监督管理部门应当在三个工作日内撤回行政处罚公示信息并说明理由。

第十二条 市场监督管理部门发现其公示的行政处罚信息不准确的，应当及时更正。公民、法人或者其他组织有证据证明市场监督管理部门公示的行政处罚信息不准确的，有权要求该市场监督管理部门予以更正。

第十三条 仅受到通报批评或者较低数额罚款的行政处罚信息自公示之日起届满三个月的，停止公示。其他行政处罚信息自公示之日起届满三年的，停止公示。

前款所称较低数额罚款由省级以上市场监督管理部门结合工作实际规定。

依照法律法规被限制开展生产经营活动、限制从业超过三年的，公示期按照实际限制期限执行。

第十四条 行政处罚信息公示达到规定时限要求，且同时符合以下条件的，可以向作出行政处罚决定的市场监督管理部门申请提前停止公示：

（一）已经自觉履行行政处罚决定中规定的义务；

（二）已经主动消除危害后果和不良影响；

（三）未因同一类违法行为再次受到市场监督管理部门行政处罚；

（四）未在市场监督管理严重违法失信名单中。

前款所称时限要求和提前停止公示的具体实施办法由国家市场监督管理总局另行规定。

当事人受到责令停产停业、限制开展生产经营活动、限制从业、降低资质等级、吊销许可证件、吊销营业执照以及国家市场监督管理总局规定的其他较为严重行政处罚的，不得提前停止公示。

第十五条 各省、自治区、直辖市市场监督管理部门应当按照本规定及时完善国家企业信用信息公示系统，提供操作便捷的检索、查阅方式，方便公众检索、查阅行政处罚信息。

第十六条 市场监督管理部门应当严格履行行政处罚信息公示职责，按照“谁办案、谁录入、谁负责”的原则建立健全行政处罚信息公示内部审核和管理制度。办案机构应当及时准确录入行政处罚信息。负责企业信用信息公示工作的机构应当加强行政处罚信息公示的日常管理。

第十七条 国家市场监督管理总局负责指导和监督地方市场监督管理部门行政处罚信息公示工作，制定国家企业信用信息公示系统公示行政处罚信息的有关标准规范和技术要求。

各省、自治区、直辖市市场监督管理部门负责组织、指导、监督辖区内各级市场监督管理部门行政处罚信息公示工作，并可以根据本规定结合工作实际制定实施细则。

第十八条 国务院药品监督管理部门和省级药品监督管理部门实施行

政处罚信息公示，适用本规定。

第十九条 本规定自2021年9月1日起施行。2014年8月19日原国家工商行政管理总局令第71号公布的《工商行政管理行政处罚信息公示暂行规定》同时废止。

市场监督管理投诉举报处理暂行办法

（2019年11月30日国家市场监督管理总局令第20号公布 根据2022年3月24日国家市场监督管理总局令第55号第一次修正 根据2022年9月29日国家市场监督管理总局令第61号第二次修正）

第一条 为规范市场监督管理投诉举报处理工作，保护自然人、法人或者其他组织合法权益，根据《中华人民共和国消费者权益保护法》等法律、行政法规，制定本办法。

第二条 市场监督管理部门处理投诉举报，适用本办法。

第三条 本办法所称的投诉，是指消费者为生活消费需要购买、使用商品或者接受服务，与经营者发生消费者权益争议，请求市场监督管理部门解决该争议的行为。

本办法所称的举报，是指自然人、法人或者其他组织向市场监督管理部门反映经营者涉嫌违反市场监督管理法律、法规、规章线索的行为。

第四条 国家市场监督管理总局主管全国投诉举报处理工作，指导地方市场监督管理部门投诉举报处理工作。

县级以上地方市场监督管理部门负责本行政区域内的投诉举报处理工作。

第五条 市场监督管理部门处理投诉举报，应当遵循公正、高效的原则，做到适用依据正确、程序合法。

第六条 鼓励社会公众和新闻媒体对涉嫌违反市场监督管理法律、法规、规章的行为依法进行社会监督和舆论监督。

鼓励消费者通过在线消费纠纷解决机制、消费维权服务站、消费维权绿色通道、第三方争议解决机制等方式与经营者协商解决消费者权益争议。

第七条 向市场监督管理部门同时提出投诉和举报，或者提供的材料同时包含投诉和举报内容的，市场监督管理部门应当按照本办法规定的程序对投诉和举报予以分别处理。

第八条 向市场监督管理部门提出投诉举报的，应当通过市场监督管理部门公布的接收投诉举报的互联网、电话、传真、邮寄地址、窗口等渠道进行。

第九条 投诉应当提供下列材料：

（一）投诉人的姓名、电话号码、通讯地址；

（二）被投诉人的名称（姓名）、地址；

（三）具体的投诉请求以及消费者权益争议事实。

投诉人采取非书面方式进行投诉的，市场监督管理部门工作人员应当记录前款规定信息。

第十条 委托他人代为投诉的，除提供本办法第九条第一款规定的材料外，还应当提供授权委托书原件以及受托人身份证明。

授权委托书应当载明委托事项、权限和期限，由委托人签名。

第十一条 投诉人为两人以上，基于同一消费者权益争议投诉同一经营者的，经投诉人同意，市场监督管理部门可以按共同投诉处理。

共同投诉可以由投诉人书面推选两名代表人进行投诉。代表人的投诉行为对其代表的投诉人发生效力，但代表人变更、放弃投诉请求或者达成调解协议的，应当经被代表的投诉人同意。

第十二条 投诉由被投诉人实际经营地或者住所地县级市场监督管理部门处理。

对电子商务平台经营者以及通过自建网站、其他网络服务销售商品或者提供服务的电子商务经营者的投诉，由其住所地县级市场监督管理部门处理。对平台内经营者的投诉，由其实际经营地或者平台经营者住所地县级市场监督管理部门处理。

上级市场监督管理部门认为有必要的，可以处理下级市场监督管理部门收到的投诉。下级市场监督管理部门认为需要由上级市场监督管理部门处理本行政机关收到的投诉的，可以报请上级市场监督管理部门决定。

第十三条 对同一消费者权益争议的投诉，两个以上市场监督管理部门均有处理权限的，由先收到投诉的市场监督管理部门处理。

第十四条 具有本办法规定的处理权限的市场监督管理部门，应当自收到投诉之日起七个工作日内作出受理或者不予受理的决定，并告知投诉人。

第十五条 投诉有下列情形之一的，市场监督管理部门不予受理：

（一）投诉事项不属于市场监督管理部门职责，或者本行政机关不具有处理权限的；

（二）法院、仲裁机构、市场监督管理部门或者其他行政机关、消费者协会或者依法成立的其他调解组织已经受理或者处理过同一消费者权益争议的；

（三）不是为生活消费需要购买、使用商品或者接受服务，或者不能证明与被投诉人之间存在消费者权益争议的；

（四）除法律另有规定外，投诉人知道或者应当知道自己的权益受到被投诉人侵害之日起超过三年的；

（五）未提供本办法第九条第一款和第十条规定的材料的；

（六）法律、法规、规章规定不予受理的其他情形。

第十六条 市场监督管理部门经投诉人和被投诉人同意，采用调解的方式处理投诉，但法律、法规另有规定的，依照其规定。

鼓励投诉人和被投诉人平等协商，自行和解。

第十七条 市场监督管理部门可以委托消费者协会或者依法成立的其他调解组织等单位代为调解。

受委托单位在委托范围内以委托的市场监督管理部门名义进行调解，不得再委托其他组织或者个人。

第十八条 调解可以采取现场调解方式，也可以采取互联网、电话、音频、视频等非现场调解方式。

采取现场调解方式的，市场监督管理部门或者其委托单位应当提前告知投诉人和被投诉人调解的时间、地点、调解人员等。

第十九条 调解由市场监督管理部门或者其委托单位工作人员主持，并可以根据需要邀请有关人员协助。

调解人员是投诉人或者被投诉人的近亲属或者有其他利害关系，可能影响公正处理投诉的，应当回避。投诉人或者被投诉人对调解人员提出回避申请的，市场监督管理部门应当中止调解，并作出是否回避的决定。

第二十条 需要进行检定、检验、检测、鉴定的，由投诉人和被投诉人协商一致，共同委托具备相应条件的技术机构承担。

除法律、法规另有规定的外，检定、检验、检测、鉴定所需费用由投诉人和被投诉人协商一致承担。

检定、检验、检测、鉴定所需时间不计算在调解期限内。

第二十一条 有下列情形之一的，终止调解：

（一）投诉人撤回投诉或者双方自行和解的；

（二）投诉人与被投诉人对委托承担检定、检验、检测、鉴定工作的技术机构或者费用承担无法协商一致的；

（三）投诉人或者被投诉人无正当理由不参加调解，或者被投诉人明确拒绝调解的；

（四）经组织调解，投诉人或者被投诉人明确表示无法达成调解协议的；

（五）自投诉受理之日起四十五个工作日内投诉人和被投诉人未能达成调解协议的；

（六）市场监督管理部门受理投诉后，发现存在本办法第十五条规定情形的；

（七）法律、法规、规章规定的应当终止调解的其他情形。

终止调解的，市场监督管理部门应当自作出终止调解决定之日起七个工作日内告知投诉人和被投诉人。

第二十二条 经现场调解达成调解协议的，市场监督管理部门应当制作调解书，但调解协议已经即时履行或者双方同意不制作调解书的除外。调解书由投诉人和被投诉人双方签字或者盖章，并加盖市场监督管理部门印章，交投诉人和被投诉人各执一份，市场监督管理部门留存一份归档。

未制作调解书的，市场监督管理部门应当做好调解记录备查。

第二十三条 市场监督管理部门在调解中发现涉嫌违反市场监督管理法律、法规、规章线索的，应当自发现之日起十五个工作日内予以核查，并按照市场监督管理行政处罚有关规定予以处理。特殊情况下，核查时限可以延长十五个工作日。法律、法规、规章另有规定的，依照其规定。

对消费者权益争议的调解不免除经营者依法应当承担的其他法律责任。

第二十四条 举报人应当提供涉嫌违反市场监督管理法律、法规、规章的具体线索，对举报内容的真实性负责。举报人采取非书面方式进行举报的，市场监督管理部门工作人员应当记录。

鼓励经营者内部人员依法举报经营者涉嫌违反市场监督管理法律、法规、规章的行为。

第二十五条 举报由被举报行为发生地的县级以上市场监督管理部门处理。法律、行政法规、部门规章另有规定的，从其规定。

第二十六条 县级市场监督管理部门派出机构在县级市场监督管理部门确定的权限范围内以县级市场监督管理部门的名义处理举报，法律、法规、规章授权以派出机构名义处理举报的除外。

第二十七条 对电子商务平台经营者和通过自建网站、其他网络服务销售商品或者提供服务的电子商务经营者的举报，由其住所地县级以上市场监督管理部门处理。

对平台内经营者的举报，由其实际经营地县级以上市场监督管理部门处理。电子商务平台经营者住所地县级以上市场监督管理部门先行收到举报的，也可以予以处理。

第二十八条 对利用广播、电影、电视、报纸、期刊、互联网等大众传播媒介发布违法广告的举报，由广告发布者所在地市场监督管理部门处理。广告发布者所在地市场监督管理部门处理对异地广告主、广告经营者的举报有困难的，可以将对广告主、广告经营者的举报移送广告主、广告经营者所在地市场监督管理部门处理。

对互联网广告的举报，广告主所在地、广告经营者所在地市场监督管理部门先行收到举报的，也可以予以处理。

对广告主自行发布违法互联网广告的举报，由广告主所在地市场监督管理部门处理。

第二十九条 收到举报的市场监督管理部门不具备处理权限的，应当告知举报人直接向有处理权限的市场监督管理部门提出。

第三十条 两个以上市场监督管理部门因处理权限发生争议的，应当自发生争议之日起七个工作日内协商解决，协商不成的，报请共同的上一级市场监督管理部门指定处理机关；也可以直接由共同的上一级市场监督管理部门指定处理机关。

第三十一条 市场监督管理部门应当按照市场监督管理行政处罚等有关规定处理举报。

举报人实名举报的，有处理权限的市场监督管理部门还应当自作出是否立案决定之日起五个工作日内告知举报人。

第三十二条 法律、法规、规章规定市场监督管理部门应当将举报处理结果告知举报人或者对举报人实行奖励的，市场监督管理部门应当予以告知或者奖励。

第三十三条 市场监督管理部门应当对举报人的信息予以保密，不得将举报人个人信息、举报办理情况等泄露给被举报人或者与办理举报工作无关的人员，但提供的材料同时包含投诉和举报内容，并且需要向被举报人提供组织调解所必需信息的除外。

第三十四条 市场监督管理部门应当加强对本行政区域投诉举报信息的统计、分析、应用，定期公布投诉举报统计分析报告，依法公示消费投诉信息。

第三十五条 对投诉举报处理工作中获悉的国家秘密以及公开后可能危及国家安全、公共安全、经济安全、社会稳定的信息，市场监督管理部门应当严格保密。

涉及商业秘密、个人隐私等信息，确需公开的，依照《中华人民共和国政府信息公开条例》等有关规定执行。

第三十六条 市场监督管理部门应当畅通全国12315平台、12315专用电话等投诉举报接收渠道，实行统一的投诉举报数据标准和用户规则，实现全国投诉举报信息一体化。

第三十七条 县级以上地方市场监督管理部门统一接收投诉举报的工作机构，应当及时将投诉举报分送有处理权限的下级市场监督管理部门或者同级市场监督管理部门相关机构处理。

同级市场监督管理部门相关机构收到分送的投诉举报的，应当按照本办法有关规定及时处理。不具备处理权限的，应当及时反馈统一接收投诉举报的工作机构，不得自行移送。

第三十八条 市场监督管理部门处理依法提起的除本办法第三条规定以外的其他投诉的，可以参照本办法执行。

举报涉嫌违反《中华人民共和国反垄断法》的行为的，按照国家市场监督管理总局专项规定执行。专项规定未作规定的，可以参照本办法执行。

药品监督管理部门、知识产权行政部门处理投诉举报，适用本办法，但法律、法规另有规定的，依照其规定。

第三十九条 自然人、法人或者其他组织反映国家机关、事业单位、代行政府职能的社会团体及其他组织的行政事业性收费问题的，按照《信访工作条例》有关规定处理。

以投诉举报形式进行咨询、政府信息公开申请、行政复议申请、信访、纪检监察检举控告等活动的，不适用本办法，市场监督管理部门可以告知通过相应途径提出。

第四十条 本办法自2020年1月1日起施行。1998年3月12日原国家质量技术监督局令第51号公布的《产品质量申诉处理办法》、2014年2月14日原国家工商行政管理总局令第62号公布的《工商行政管理部门处理消费者投诉办法》、2016年1月12日原国家食品药品监督管理总局令第21号公布的《食品药品投诉举报管理办法》同时废止。

市场监督管理投诉信息公示暂行规则

（2023年9月26日　国市监稽规〔2023〕6号）

第一条 为保障消费者的知情权、选择权等合法权益，推动经营者落实消费维权主体责任，加强消费者权益保护社会共治，持续优化消费环境，促进经济高质量发展，依据《中华人民共和国消费者权益保护法》《中华人民共和国政府信息公开条例》《市场监督管理投诉举报处理暂行办法》（以下简称《投诉举报处理办法》）等规定，制定本规则。

第二条 市场监督管理部门（以下简称市场监管部门）开展投诉信息公示工作，适用本规则。

本规则所称的投诉，是指消费者为生活消费需要购买、使用商品或者接受服务，与经营者发生消费者权益争议，根据《投诉举报处理办法》向市场监管部门请求解决该争议的行为。

第三条 国家市场监督管理总局负责制定全国市场监管部门投诉信息公示规则，建立全国12315投诉信息公示平台，指导全国市场监管部门开展投诉信息公示工作。

省级、地市级市场监管部门负责对本行政区域内投诉信息公示工作的指导和监督，可以在本规则范围内制定细化工作规则。

县级市场监管部门承担本行政区域内的投诉信息公示工作，确定专门工作机构，完善工作流程，提高工作质量。

第四条 投诉信息公示，应当以公示为常态、不公示为例外，遵循“谁处理、谁公示”的原则，坚持客观公正、程序正当、标准统一，并维护各方主体合法权益。

第五条 投诉信息包括消费者投诉时陈述的内容和基于双方自愿的行政调解结果，不属于行政处罚信息、经营异常名录信息、严重违法失信名单信息等负面信用信息。

市场监管部门应当加强宣传引导和政策解读，加强舆情监测应对，引导社会公众客观理性认识投诉信息公示工作。

第六条 投诉信息公示应当征得消费者同意，并不得泄露国家秘密、商业秘密和个人隐私，不得危及国家安全、公共安全、经济安全和社会稳定，不得违背公序良俗。

第七条 投诉信息公示应当告知被公示的经营者。

全国 12315 投诉信息公示平台与电子营业执照关联，为经营者提供便捷的登录方式和自身被投诉信息的告知、查询、统计、分析功能，引导规范和改进经营行为，提升商品和服务质量，完善售后体系，提升消费争议处理和预防能力。

第八条 市场监管部门公示依法受理并完成办理的投诉，具体信息包括：

（一）投诉人的姓氏、全国 12315 平台 ID、电话号码后四位；

（二）被投诉人名称、地址、统一社会信用代码；

（三）投诉的商品或者服务、销售方式；

（四）投诉时间、争议发生时间、投诉问题、投诉请求；

（五）办结时间、处理结果、处理投诉的市场监管部门。

前款所称处理结果，包括达成调解协议、未达成调解协议、双方自行和解或者投诉人撤回投诉的。

消费者投诉电子商务平台经营者，且在全国 12315 平台明确选择反映平台内经营者问题的，一并公示平台内经营者名称。消费者投诉电子商务平台内经营者，且在全国 12315 平台明确选择所属平台的，一并公示平台名称。

被投诉人系依法不需要办理或者尚未办理市场主体登记的，公示其店铺（含网店、直播间等）名称、经营者姓氏及实际经营地址。

被投诉人实际经营地址和注册地址不一致的，可以一并予以公示。

第九条 以下投诉不予公示：

（一）按照《投诉举报处理办法》第十五条规定不予受理，或者受理后发现存在不予受理情形并终止调解的；

（二）消费者与经营者通过全国12315平台在线消费争议解决机制（ODR）先行和解的；

（三）投诉人系虚假、恶意投诉的；

（四）其他公示后可能危及国家安全、公共安全、经济安全、社会稳定或者违反公序良俗的。

第十条 市场监管部门应当严格遵守《投诉举报处理办法》第十五条规定，加强对投诉材料的审核；对存在重复、匿名、不是为生活消费需要、不存在消费者权益争议、不属于市场监管部门职责等情形的投诉，依法不予受理；已受理的应当按照《投诉举报处理办法》第二十一条规定终止调解并不予公示。

第十一条 存在投诉人购买商品或者服务的数量、频次明显超出生活消费需要；同一投诉人对同一经营者短期内大量投诉；不同投诉人通谋分别消费后分别投诉同一经营者；投诉人恶意制造经营者侵权的虚假事实或者虚构消费者权益争议事实；投诉人受雇于他人进行投诉；投诉人冒用他人名义进行投诉；投诉人曾因敲诈勒索经营者受到行政处罚或者刑事处罚等情形的，市场监管部门可以结合日常工作掌握情况和被投诉人提供材料，综合判断是否属于《投诉举报处理办法》第十五条规定的不予受理情形、本规则第九条规定的不予公示情形。

第十二条 投诉信息来源于全国12315平台数据，不直接采用其他来源的数据信息。

第十三条 各地市场监管部门在全国12315平台办结的投诉，与全国12315投诉信息公示平台自动关联、实时公示。地方市场监管部门拓展公示渠道的，应当首先满足在全国12315投诉信息公示平台统一公示的要求。

第十四条 全国12315投诉信息公示平台可以根据需要，按照办结时间、行政区划、行业类别、商品或者服务类别、投诉问题类别、投诉数量、投诉增速、调解成功率、先行和解率等客观维度，对投诉信息自动统计、排序；统计、排序周期不超过两年。

第十五条 对投诉有处理权限的市场监管部门，应当制定投诉信息公示的内部审核程序，明确负责审核的机构，加强标准化、规范化管理。投诉处理人员通过全国12315平台对投诉完成办理的同时选择是否公示，选择予以公示的，应当认真核对公示信息后对外公示；选择不予公示的，应当履行审核程序，负责审核的机构应当在10个工作日内完成审核。

县级市场监管部门可以授权有条件的市场监管所等派出机构自行审核不予公示的投诉，但不得由投诉处理人员自我审核；地市级市场监管部门可以根据实际情况，决定是否自行审核县级市场监管部门选择不予公示的投诉。

第十六条 公示投诉的市场监管部门发现投诉信息有误或者应公示未公示、不应公示而公示的，应当主动更正并履行相应的审核程序。

上级市场监管部门发现下级市场监管部门存在前款情形的，应当通知改正。

第十七条 投诉人或者被投诉人认为涉及自身的投诉信息有误或者应公示未公示、不应公示而公示的，可以向公示投诉的市场监管部门实名、书面申请复核。

市场监管部门应当在收到申请之日起10个工作日内完成复核程序并告知复核结果。

当事人就同一公示信息重复提出复核申请的，不再处理。

第十八条 全国12315投诉信息公示平台公示期为一年，超过公示期的具体投诉信息不再向公众展示。

第十九条 地方市场监管部门应当采取抽查、回访、第三方评估等方式，加强对下级市场监管部门投诉信息公示工作的监督评价，推动工作落实，提高工作质量。

国家市场监督管理总局根据工作需要，对各地市场监管部门投诉信息公示工作进行综合评价；对工作不力的予以通报批评，对工作成效明显的予以通报表扬，并推动纳入相关激励。

第二十条 地方市场监管部门应当加强对本行政区域投诉信息的统计、分析、应用，定期公布投诉信息统计分析报告；并可以根据工作需要，对投诉集中、急增、可能存在重大风险或者产生重大影响的区域、行业、经营者等，综合开展分级分类监管、行政指导约谈、消费提示警示等，督促全面履行保护消费者合法权益的主体责任，从源头改善消费环境。

第二十一条 市场监管部门应当充分听取社会公众、经营者、消费者等意见，定期跟踪回访，评估投诉信息公示效果，改进公示方式，不断提高公示的针对性、科学性、合理性。

第二十二条 鼓励地方市场监管部门根据实际情况，积极探索对特定或者不特定区域、行业、经营者、商品或者服务、品牌、问题等维度的重点公示、分级分类公示；积极探索与放心消费创建、在线消费争议解决机制、线下购物无理由退货、基层消费维权服务站等工作相结合；积极拓展政府网站及新媒体平台、媒体、社区、商圈等线上线下的公示渠道。

第二十三条 市场监管部门积极鼓励和引导电子商务平台、大型商圈、商场、商品交易市场、步行街、旅游景区、产业园区、行业协会等公示入驻及相关经营者的投诉信息，加强自我管理，提升消费质量，改善消费环境。

第二十四条 鼓励地方市场监管部门与行业部门、消协组织等协同开展消费投诉信息公示。具备条件的地区，可将消协组织受理的市场监管领域消费投诉信息逐步纳入公示渠道。

第二十五条 本规则自公布之日起施行。

市场监管领域重大违法行为举报奖励暂行办法

（2021年7月30日 国市监稽规〔2021〕4号）

第一章 总 则

第一条 为了鼓励社会公众积极举报市场监管领域重大违法行为，推动社会共治，根据市场监管领域相关法律法规和国家有关规定，制定本办法。

第二条 各级市场监督管理部门受理社会公众（以下统称举报人，应当为自然人）举报属于其职责范围内的重大违法行为，经查证属实结案后给予相应奖励，适用本办法。

本办法所称重大违法行为是指涉嫌犯罪或者依法被处以责令停产停业、责令关闭、吊销（撤销）许可证件、较大数额罚没款等行政处罚的违法行为。地方性法规或者地方政府规章对重大违法行为有具体规定的，可以从其规定。较大数额罚没款由省级以上市场监督管理部门商本级政府财政部门结合实际确定。

第三条 举报下列重大违法行为，经查证属实结案后，给予相应奖励：

（一）违反食品、药品、特种设备、工业产品质量安全相关法律法规规定的重大违法行为；

（二）具有区域性、系统性风险的重大违法行为；

（三）市场监管领域具有较大社会影响，严重危害人民群众人身、财产安全的重大违法行为；

（四）涉嫌犯罪移送司法机关被追究刑事责任的违法行为。

经市场监督管理部门依法认定，需要给予举报奖励的，按照本办法规定执行。

第四条 举报人可以通过市场监督管理部门公布的接收投诉举报的互联网、电话、传真、邮寄地址、窗口等渠道，向各级市场监督管理部门举报市场监管领域重大违法行为。

第五条 举报人可以实名或者匿名举报。实名举报应当提供真实身份证明和有效联系方式，匿名举报人有举报奖励诉求的，应当承诺不属于第十条规定的情形，提供能够辨别其举报身份的信息作为身份代码，并与市场监督管理部门专人约定举报密码、举报处理结果和奖励权利的告知方式。

匿名举报人接到奖励领取告知，并决定领取奖励的，应当主动提供身份代码、举报密码等信息，便于市场监督管理部门验明身份。

省级市场监督管理部门可以结合实际制定匿名举报奖励发放的特别程序规定。

第六条 各级市场监督管理部门应当建立健全举报奖励管理制度。做好举报奖励资金的计算、核审、发放工作。

第七条 举报奖励资金按照国家有关规定由各级人民政府纳入本级预算管理，并接受财政、审计部门的监督。

第二章 奖励条件

第八条 获得举报奖励应当同时符合下列条件：

（一）有明确的被举报对象和具体违法事实或者违法犯罪线索，并提供了关键证据；

（二）举报内容事先未被市场监督管理部门掌握；

（三）举报内容经市场监督管理部门查处结案并被行政处罚，或者依法移送司法机关被追究刑事责任。

第九条 举报奖励的实施应当遵循以下原则：

（一）同一案件由两个及以上举报人分别以同一线索举报的，奖励第一时间举报人；

（二）两个及以上举报人联名举报同一案件的，按同一案件进行举报奖励分配；

（三）举报人举报同一事项，不重复奖励；同一案件由两个及以上举报人分别举报的，奖励总金额不得超过第十二条规定的对应奖励等级中最高标准；

（四）最终认定的违法事实与举报事项完全不一致的，不予奖励；最终认定的违法事实与举报事项部分一致的，只计算相一致部分的奖励金额；除举报事项外，还认定其他违法事实的，其他违法事实部分不计算奖励金额；

（五）上级市场监督管理部门受理的跨区域的举报，最终由两个或者两个以上市场监督管理部门分别调查处理的，负责调查处理的市场监督管理部门分别就本行政区域内的举报查实部分进行奖励。

第十条 有下列情形之一的，不予奖励：

（一）市场监督管理部门工作人员或者具有法定监督、报告义务人员的举报；

（二）侵权行为的被侵权方及其委托代理人或者利害关系人的举报；

（三）实施违法行为人的举报（内部举报人除外）；

（四）有任何证据证明举报人因举报行为获得其他市场主体给予的任何形式的报酬、奖励的；

（五）其他不符合法律、法规规定的奖励情形。

第三章 奖励标准

第十一条 举报奖励分为三个等级：

（一）一级举报奖励。该等级认定标准是提供被举报方的详细违法事实及直接证据，举报内容与违法事实完全相符，举报事项经查证属于特别重大违法行为或者涉嫌犯罪；

（二）二级举报奖励。该等级认定标准是提供被举报方的违法事实及直接证据，举报内容与违法事实完全相符；

（三）三级举报奖励。该等级认定标准是提供被举报方的基本违法事实及相关证据，举报内容与违法事实基本相符。

第十二条 对于有罚没款的案件，市场监督管理部门按照下列标准计算奖励金额，并综合考虑涉案货值、社会影响程度等因素，确定最终奖励金额：

（一）属于一级举报奖励的，按罚没款的5%给予奖励。按此计算不足5000元的，给予5000元奖励；

（二）属于二级举报奖励的，按罚没款的3%给予奖励。按此计算不足3000元的，给予3000元奖励；

（三）属于三级举报奖励的，按罚没款的1%给予奖励。按此计算不足1000元的，给予1000元奖励。

无罚没款的案件，一级举报奖励至三级举报奖励的奖励金额应当分别不低于5000元、3000元、1000元。

违法主体内部人员举报的，在征得本级政府财政部门同意的情况下，适当提高前款规定的奖励标准。

第十三条 每起案件的举报奖励金额上限为100万元，根据本办法第十二条规定确定的奖励金额不得突破该上限。单笔奖励金额达到50万元以上（含50万元）的，由发放举报奖励资金的市场监督管理部门商本级政府财政部门确定。

第十四条 市场监督管理部门已经实施行政处罚或者未实施行政处罚移送司法机关追究刑事责任的，分别不同情况依据本办法第十二条的规定给予奖励。

第四章 奖励程序

第十五条 负责举报调查办理、作出最终处理决定的市场监督管理部门在举报查处结案或者移送追究刑事责任后，对于符合本办法规定奖励条件的，应当在15个工作日内告知举报人。举报奖励由举报人申请启动奖励程序。

第十六条 举报奖励实施部门应当对举报奖励等级、奖励标准等予以认定，确定奖励金额，并将奖励决定告知举报人。

第十七条 奖励资金的支付，按照国库集中支付制度有关规定执行。

第十八条 举报人应当在被告知奖励决定之日起30个工作日内，由本人凭有效身份证明领取奖励。委托他人代领的，受托人须同时持有举报人授权委托书、举报人和受托人的有效身份证明。

特殊情况可适当延长举报奖励领取期限，最长不得超过10个工作日。举报人无正当理由逾期未领取奖金的，视为主动放弃。

第十九条 举报人对奖励金额有异议的，可以在奖励决定告知之日起10个工作日内，向实施举报奖励的市场监督管理部门提出复核申请。

第五章 监督管理

第二十条 市场监督管理部门应当加强对奖励资金的申报和发放管理，建立健全举报奖励责任制度，严肃财经纪律。设立举报档案，做好汇总统计工作。

第二十一条 市场监督管理部门应当依法保护举报人的合法权益，严格为举报人保密，不得泄露举报人的相关信息。

第二十二条 市场监督管理部门工作人员在实施举报奖励过程中，有下列情形的，视情节轻重给予政务处分；涉嫌犯罪的，依法追究刑事责任：

（一）伪造或者教唆、伙同他人伪造举报材料，冒领举报奖励资金的；

（二）泄露举报人信息的；

（三）向被举报人通风报信，帮助其逃避查处的；

（四）其他应当依法承担法律责任的行为。

第二十三条 举报人伪造材料、隐瞒事实，取得举报奖励，或者经市场监督管理部门查实不符合奖励条件的，市场监督管理部门有权收回奖励奖金。举报人故意捏造事实诬告他人，或者弄虚作假骗取奖励资金，依法承担相应责任；涉嫌犯罪的，依法追究刑事责任。

第六章 附 则

第二十四条 国务院药品监督管理部门和省级药品监督管理部门实施举报奖励，适用本办法。

第二十五条 各省、自治区、直辖市和计划单列市、新疆生产建设兵团市场监督管理部门可以会同本级政府财政部门依据本办法制定本行政区域的实施细则，并报国家市场监督管理总局和财政部备案。

第二十六条 本办法由国家市场监督管理总局会同财政部解释。

第二十七条 本办法自2021年12月1日起施行。《财政部 工商总局 质检总局关于印发〈举报制售假冒伪劣产品违法犯罪活动有功人员奖励办法〉的通知》（财行〔2001〕175号）、《食品药品监管总局 财政部关于印发〈食品药品违法行为举报奖励办法〉的通知》（食药监稽〔2017〕67号）同时废止。

市场监督管理执法监督规定

（2019 年 12 月 31 日国家市场监督管理总局令第 22 号公布
根据 2025 年 3 月 18 日国家市场监督管理总局令第 101 号修订）

第一条 为了督促市场监督管理部门依法履行职责，规范行政执法行为，保护自然人、法人和其他组织的合法权益，根据有关法律、行政法规，制定本规定。

第二条 本规定所称执法监督，是指上级市场监督管理部门对下级市场监督管理部门，各级市场监督管理部门对本部门所属机构、派出机构和执法人员的行政执法及其相关行为进行的检查、审核、评议、纠正等活动。

市场监督管理部门开展执法监督，适用本规定；法律、法规、规章另有规定的，依照其规定。

第三条 执法监督应当坚持监督执法与促进执法相结合、纠正错误与改进工作相结合的原则，保证法律、法规、规章的正确实施。

第四条 各级市场监督管理部门应当加强对执法监督工作的领导，建立健全执法监督工作机制，统筹解决执法监督工作中的重大问题。

第五条 各级市场监督管理部门各内设机构根据职责分工和相关规定，负责实施本业务领域的执法监督工作。

各级市场监督管理部门法制机构在本级市场监督管理部门领导下，负责建立执法监督制度机制，统筹执法监督工作。

第六条 执法监督主要包括下列内容：

（一）依法履行市场监督管理执法职责情况；

（二）行政规范性文件的合法性；

（三）公平竞争审查情况；

（四）行政处罚、行政许可、行政强制等具体行政行为的合法性和适当性；

（五）行政处罚裁量基准制度实施情况；

（六）行政执法公示、执法全过程记录、重大执法决定法制审核制度实施情况；

（七）行政复议、行政诉讼、行政执法与刑事司法衔接等制度落实情况；

（八）行政执法责任制的落实情况；

（九）其他需要监督的内容。

第七条 执法监督主要采取下列方式：

（一）行政规范性文件合法性审核；

（二）公平竞争审查；

（三）行政处罚案件审核、听证；

（四）重大执法决定法制审核；

（五）行政复议；

（六）专项执法检查；

（七）执法案卷评查；

（八）法治建设评价；

（九）依法可以采取的其他监督方式。

第八条 本规定第七条第一项至第五项所规定的执法监督方式，依照法律、法规、规章和有关规定执行。

本规定第七条第六项、第七项所规定的执法监督方式，由市场监督管理部门各内设机构和法制机构单独或者共同实施。对具体监管事项和执法案件的监督由各业务机构依照督查督办等相关规定实施。

本规定第七条第八项所规定的执法监督方式，由市场监督管理部门法制机构实施。

第九条 市场监督管理部门主要针对下列事项开展专项执法检查：

（一）法律、法规、规章、行政规范性文件的执行情况；

（二）重要执法制度的实施情况；

（三）行政执法中具有普遍性的热点、难点、重点问题；

（四）上级机关和有关部门交办、转办、移送的执法事项；

（五）社会公众反映强烈的执法事项；

（六）其他需要开展专项执法检查的事项。

市场监督管理部门应当加强对专项执法检查的统筹安排，统一制定专项执法检查计划，合理确定专项执法检查事项。

第十条 市场监督管理部门主要针对下列事项开展行政处罚案卷评查：

（一）实施行政处罚的主体是否合法；

（二）认定的事实是否清楚，证据是否确凿；

（三）适用法律依据是否准确；

（四）程序是否合法；

（五）裁量权运用是否适当；

（六）涉嫌犯罪的案件是否移送司法机关；

（七）案卷的制作、管理是否规范；

（八）需要评查的其他事项。

市场监督管理部门主要针对下列事项开展行政许可案卷评查：

（一）实施行政许可的主体是否合法；

（二）行政许可项目是否有法律、法规、规章依据；

（三）申请材料是否齐全、是否符合法定形式；

（四）实质审查是否符合法定要求；

（五）适用法律依据是否准确；

（六）程序是否合法；

（七）案卷的制作、管理是否规范；

（八）需要评查的其他事项。

市场监督管理部门对其他行政执法案卷的评查事项，参照前款规定执行。

第十一条 市场监督管理部门应当根据法治政府建设的部署和要求，对本级和下级市场监督管理部门法治建设情况进行评价。

法治市场监督管理建设评价办法、指标体系和评分标准由国家市场监督管理总局另行制定。

第十二条 市场监督管理部门在开展执法监督时，可以采取下列措施：

（一）查阅、复制、调取行政执法案卷和其他有关材料；

（二）询问行政执法人员、行政相对人和其他相关人员；

（三）召开座谈会、论证会，开展问卷调查，组织第三方评估；

（四）现场检查、网上检查、查看执法业务管理系统；

（五）走访、回访、暗访；

（六）依法可以采取的其他措施。

第十三条 下级市场监督管理部门应当及时向上级市场监督管理部门报送开展执法监督工作的情况及相关数据。

上级市场监督管理部门可以根据工作需要，要求下级市场监督管理部门报送开展执法监督工作的情况及相关数据。

各级市场监督管理部门应当加强执法监督的信息化建设，实现执法监督信息的互通和共享。

第十四条 市场监督管理部门应当对开展执法监督的情况及时进行汇总、分析。相关执法监督情况经本级市场监督管理部门负责人批准后，可以在适当范围内通报。

第十五条 上级市场监督管理部门在执法监督工作中发现下级市场监督管理部门在履行法定执法职责中存在突出问题的，经本级市场监督管理部门负责人批准，可以约谈下级市场监督管理部门负责人。

第十六条 市场监督管理部门发现本部门所属机构、派出机构和执法人员存在不履行、违法履行或者不当履行法定职责情形的，应当及时予以纠正。

第十七条 上级市场监督管理部门发现下级市场监督管理部门及其执法人员可能存在不履行、违法履行或者不当履行法定职责情形的，经本级市场监督管理部门负责人批准，可以发出执法监督通知书，要求提供相关材料或者情况说明。

下级市场监督管理部门收到执法监督通知书后，应当于十个工作日内提供相关材料或者情况说明。

第十八条 上级市场监督管理部门发出执法监督通知书后，经过调查核实，认为下级市场监督管理部门及其执法人员存在不履行、违法履行或者不当履行法定职责情形的，经本级市场监督管理部门负责人批准，可以发出执法监督决定书，要求下级市场监督管理部门限期纠正。

下级市场监督管理部门应当在执法监督决定书规定的期限内纠正相关行为，并于纠正后十个工作日内向上级市场监督管理部门报告纠正情况。

第十九条 下级市场监督管理部门对执法监督决定有异议的，可以在五个工作日内申请复查，上级市场监督管理部门应当自收到申请之日起十个工作日内予以复查并答复。

第二十条 上级市场监督管理部门发现下级市场监督管理部门行政执法工作中存在普遍性问题或者区域性风险，经本级市场监督管理部门负责人批准，可以向下级市场监督管理部门发出执法监督意见书，提出完善制度或者改进工作的要求。

下级市场监督管理部门应当在规定期限内将有关情况报告上级市场监

督管理部门。

第二十一条 下级市场监督管理部门不执行执法监督通知书、决定书或者意见书的，上级市场监督管理部门可以责令改正、通报批评，并可以建议有权机关对负有责任的主管人员和相关责任人员予以批评教育、调离执法岗位或者处分。

第二十二条 市场监督管理部门在执法监督中，发现存在不履行、违法履行或者不当履行法定职责情形需要追责问责的，应当根据有关规定处理。

第二十三条 市场监督管理部门应当建立执法容错机制，明确履职标准，完善尽职免责办法。

第二十四条 药品监督管理部门实施执法监督，适用本规定。

第二十五条 本规定所称执法监督属于市场监督管理部门内部监督。自然人、法人和其他组织对市场监督管理部门行政执法行为不服的，可以依法申请行政复议或者提起行政诉讼。

第二十六条 本规定自 2020 年 4 月 1 日起施行。2004 年 1 月 18 日原国家质量监督检验检疫总局令第 59 号公布的《质量监督检验检疫行政执法监督与行政执法过错责任追究办法》和 2015 年 9 月 15 日原国家工商行政管理总局令第 78 号公布的《工商行政管理机关执法监督规定》同时废止。

市场监督管理行政执法责任制规定

（2021 年 5 月 26 日国家市场监督管理总局令第 41 号公布　自 2021 年 7 月 15 日起施行）

第一条 为了落实行政执法责任制，监督和保障市场监督管理部门工作人员依法履行职责，激励新时代新担当新作为，结合市场监督管理工作实际，制定本规定。

第二条 市场监督管理部门实施行政执法责任制，适用本规定。

第三条 实施行政执法责任制，应当坚持党的领导，遵循职权法定、权责一致、过罚相当、约束与激励并重、惩戒与教育相结合的原则，做到失职追责、尽职免责。

第四条 市场监督管理部门应当加强领导，组织、协调和推动实施行政执法责任制，各所属机构在职责范围内做好相关工作。

上级市场监督管理部门依法指导和监督下级市场监督管理部门实施行政执法责任制。

第五条 市场监督管理部门应当按照本级人民政府的部署，梳理行政执法依据，编制权责清单，以适当形式向社会公众公开，并根据法律、法规、规章的制修订情况及时调整。

第六条 市场监督管理部门应当以权责清单为基础，将本单位依法承担的行政执法职责分解落实到所属执法机构和执法岗位。

分解落实所属执法机构、执法岗位的执法职责，不得擅自增加或者减少本单位的行政执法权限。

第七条 市场监督管理部门应当对照权责清单，对直接影响行政相对人权利义务的重要权责事项，按照不同权力类型制定办事指南和运行流程图，并以适当形式向社会公众公开。

第八条 市场监督管理部门工作人员应当在法定权限范围内依照法定程序行使职权，做到严格规范公正文明执法，不得玩忽职守、超越职权、滥用职权。

第九条 市场监督管理部门工作人员因故意或者重大过失，违法履行行政执法职责，造成危害后果或者不良影响的，构成行政执法过错行为，应当依法承担行政执法责任。法律、法规对具体行政执法过错行为的构成要件另有规定的，依照其规定。

第十条 有下列情形之一的，应当依法追究有关工作人员的行政执法责任：

（一）超越法定职权作出准予行政许可决定的；

（二）对符合法定条件的行政许可申请不予受理且情节严重的，或者未依照法定条件作出准予或者不予行政许可决定的；

（三）无法定依据实施行政处罚、行政强制，或者变相实施行政强制的；

（四）对符合行政处罚立案标准的案件不及时立案，或者实施行政处罚的办案人员未取得行政执法证件的；

（五）擅自改变行政处罚种类、幅度，或者改变行政强制对象、条件、方式的；

（六）违反相关法定程序实施行政许可且情节严重的，或者违反法定程序实施行政处罚、行政强制的；

（七）违法扩大查封、扣押范围的；

（八）使用或者损毁查封、扣押场所、设施或者财物的；

（九）在查封、扣押法定期间不作出处理决定或者未依法及时解除查封、扣押的；

（十）截留、私分、变相私分罚款、没收的违法所得或者财物、查封或者扣押的财物以及拍卖和依法处理所得款项的；

（十一）违法实行检查措施或者执行措施，给公民人身或者财产造成损害、给法人或者其他组织造成损失的；

（十二）对应当依法移交司法机关追究刑事责任的案件不移交，以行政处罚代替刑事处罚的；

（十三）对属于市场监督管理职权范围的举报不依法处理，造成严重后果的；

（十四）对应当予以制止和处罚的违法行为不予制止、处罚，致使公民、法人或者其他组织的合法权益、公共利益和社会秩序遭受损害的；

（十五）不履行或者无正当理由拖延履行行政复议决定的；

（十六）对被许可人从事行政许可事项的活动，不依法履行监督职责或者监督不力，造成严重后果的；

（十七）泄露国家秘密、工作秘密，或者泄露因履行职责掌握的商业秘密、个人隐私，造成不良后果或者影响的；

（十八）法律、法规、规章规定的其他应当追究行政执法责任的情形。

第十一条 下列情形不构成行政执法过错行为，不应追究有关工作人员的行政执法责任：

（一）因行政执法依据不明确或者对有关事实和依据的理解认识不一致，致使行政执法行为出现偏差的，但故意违法的除外；

（二）因行政相对人隐瞒有关情况或者提供虚假材料导致作出错误判断，且已按规定履行审查职责的；

（三）依据检验、检测、鉴定报告或者专家评审意见等作出行政执法决定，且已按规定履行审查职责的；

（四）行政相对人未依法申请行政许可或者登记备案，在其违法行为造成不良影响前，市场监督管理部门未接到举报或者由于客观原因未能发现的，但未按规定履行监督检查职责的除外；

（五）因出现新的证据，致使原认定事实或者案件性质发生变化的，但故意隐瞒或者因重大过失遗漏证据的除外；

（六）按照年度监督检查、“双随机、一公开”监管等检查计划已经认真履行监督检查职责，或者虽尚未进行监督检查，但未超过法定或者规定时限，行政相对人违法的；

（七）因科学技术、监管手段等客观条件的限制，未能发现存在问题或者无法定性的；

（八）发生事故或者其他突发事件，非由市场监督管理部门不履行或者不正确履行法定职责行为直接引起的；

（九）对发现的违法行为或者事故隐患已经依法查处、责令改正或者采取行政强制措施，因行政相对人拒不改正、逃避检查、擅自违法生产经营或者违法启用查封、扣押的设备设施等行为造成危害后果或者不良影响的；

（十）在集体决策中对错误决策提出明确反对意见或者保留意见的；

（十一）发现上级的决定、命令或者文件有错误，已向上级提出改正或者撤销的意见，上级不予改变或者要求继续执行的，但执行明显违法的决定、命令或者文件的除外；

（十二）因不可抗力或者其他难以克服的因素，导致未能依法履行职责的；

（十三）其他依法不应追究行政执法责任的情形。

第十二条 在推进行政执法改革创新中因缺乏经验、先行先试出现的失误，尚无明确限制的探索性试验中的失误，为推动发展的无意过失，免予或者不予追究行政执法责任。但是，应当依法予以纠正。

第十三条 市场监督管理部门对发现的行政执法过错行为线索，依照《行政机关公务员处分条例》等规定的程序予以调查和处理。

第十四条 追究行政执法责任，应当以法律、法规、规章的规定为依据，综合考虑行政执法过错行为的性质、情节、危害程度以及工作人员的主观过错等因素，做到事实清楚、证据确凿、定性准确、处理恰当、程序合法、手续完备。

第十五条 市场监督管理部门对存在行政执法过错行为的工作人员，可以依规依纪依法给予组织处理或者处分。

行政执法过错行为情节轻微，且具有法定从轻或者减轻情形的，可以对有关工作人员进行谈话提醒、批评教育、责令检查或者予以诫勉，并可以作出调离行政执法岗位、取消行政执法资格等处理，免予或者不予处分。

从轻、减轻以及从重追究行政执法责任的情形，依照有关法律、法规、规章的规定执行。

第十六条 市场监督管理部门发现有关工作人员涉嫌违犯党纪或者涉嫌职务违法、职务犯罪的，应当依照有关规定及时移送纪检监察机关处理。

对同一行政执法过错行为，监察机关已经给予政务处分的，市场监督管理部门不再给予处分。

第十七条 纪检监察等有权机关、单位介入调查的，市场监督管理部门可以按照要求对有关工作人员是否依法履职、是否存在行政执法过错行为等问题，组织相关专业人员进行论证并出具书面论证意见，作为有权机关、单位认定责任的参考。

第十八条 市场监督管理部门工作人员依法履行职责受法律保护，非因法定事由、非经法定程序，不受处分。

第十九条 市场监督管理部门工作人员依法履行职责时，有权拒绝任何单位和个人违反法定职责、法定程序或者有碍执法公正的要求。

第二十条 市场监督管理部门应当为工作人员依法履行职责提供必要的办公用房、执法装备、后勤保障等条件，并采取措施保障其人身健康和生命安全。

第二十一条 市场监督管理部门工作人员因依法履职遭受不实举报、诬告以及诽谤、侮辱的，市场监督管理部门应当以适当形式及时澄清事实，消除不良影响，维护其合法权益。

第二十二条 市场监督管理部门应当建立健全行政执法激励机制，对行政执法工作成效突出的工作人员予以表彰和奖励。

第二十三条 本规定所称行政执法，是指市场监督管理部门依法行使行政职权的行为，包括行政许可、行政处罚、行政强制、行政检查、行政确认等行政行为。

第二十四条 药品监督管理部门和知识产权行政部门实施行政执法责任制，适用本规定。

法律、法规授权履行市场监督管理职能的组织实施行政执法责任制，适用本规定。

第二十五条 本规定自 2021 年 7 月 15 日起施行。

典型案例

最高人民法院发布校园食品安全典型案例[①]

（2025年9月11日）

案例一

侯某生产、销售不符合安全标准的食品案——校外供餐饭店滥用亚硝酸盐引发学生集体严重食物中毒

简要案情

2021年3月，被告人侯某与某小学签订供餐协议，由其经营的饭店负责供应某小学学生午餐。同年4月8日，侯某明知餐饮服务单位禁止采购、存储、使用食品添加剂亚硝酸盐，仍在其给某小学供餐的排骨中添加亚硝酸盐，销售金额共计400余元。该小学学生食用后，56人出现头疼、呕吐等食物中毒症状并住院治疗。经诊断，上述学生均系亚硝酸盐中毒。经检测，上述学生食用的排骨、排骨汤及呕吐物内均检出亚硝酸盐成分，其中排骨汤内亚硝酸盐含量达1396毫克/千克。

裁判结果

法院经审理认为，被告人侯某在食品生产、销售过程中超范围、超限量滥用食品添加剂，造成56人严重食物中毒，后果特别严重，其行为已构成生产、销售不符合安全标准的食品罪。侯某具有自首情节，认罪认罚，案发后协助抢救被害人、积极赔偿并取得大部分被害人谅解，依法对其从轻处罚。据此，以生产、销售不符合安全标准的食品罪判处被告人侯某有期徒刑七年，并处罚金。

---

① 来源于最高人民法院网站：https：//www. court. gov. cn/zixun/xiangqing/476121. html，最后访问日期：2025年9月12日。

典型意义

亚硝酸盐是肉类制品加工中经常使用的食品添加剂，具有护色、防腐功能。根据食品添加剂使用标准的规定，亚硝酸盐允许在腌腊肉、酱卤肉等八类肉制品中使用，最大使用量为0.15克/千克，在不同肉制品中的最大残留量为30毫克/千克至70毫克/千克不等。亚硝酸盐虽然是允许使用的食品添加剂，但具有较强毒性，且潜伏期短，中毒发病迅速。为有效防止亚硝酸盐中毒事故发生，国务院有关部门发布公告，明令禁止餐饮服务单位和餐饮服务提供者采购、存储、使用亚硝酸盐，仅允许食品生产企业使用。本案中，被告人侯某作为餐饮服务提供者，在当地市场监管部门多次前往其经营的饭店开展亚硝酸盐滥用添加检查、明知饭店不允许使用亚硝酸盐的情况下，既未遵守国务院有关部门公告关于亚硝酸盐使用主体的要求，又严重超出限量标准使用亚硝酸盐，造成56名小学生严重食物中毒的特别严重后果。法院依法对其判处有期徒刑七年，体现了从严惩处危害校园食品安全犯罪的鲜明立场，对警示、震慑此类犯罪具有积极意义。

案例二

罗某销售伪劣产品案——食材供应商用鸭肉卷冒充牛肉卷向学校食堂供货

简要案情

2020年至2021年3月，被告人罗某为非法牟利，以20元/千克的价格采购鸭脯肉卷，后用鸭脯肉卷冒充肥牛卷，以32元/千克至44元/千克不等的价格销售至某大学餐厅等餐饮机构。2021年3月2日，区市场监督管理局执法人员从罗某经营的市场摊位内依法查扣尚未出售的冷冻“肥牛卷”20盒及24袋。经检测，上述“肥牛卷”中未检出牛源性成分，检出鸭源性成分。罗某销售涉案鸭脯肉卷金额共计12万余元。

裁判结果

法院经审理认为，被告人罗某在产品中以假充真，销售金额达12万余元，其行为已构成销售伪劣产品罪，应依法惩处。据此，以销售伪劣产品罪判处被告人罗某有期徒刑七个月，并处罚金人民币十万元。

典型意义

鸭肉价格低廉，不法分子以假充真，使用鸭肉冒充价格较高的牛羊肉对外销售，牟取非法利益。因鸭肉外观和口感与牛羊肉有明显差异，不法分子通常采用添加牛油、羊油或者牛羊肉调味料等方式仿制牛羊肉味道，并采用肉干、肉卷、肉丸等不宜区分肉品原形态的方式加以掩饰，给消费者鉴别真伪造成困难。学校食堂食品安全关系到广大学生切身利益，无论是自行经营还是对外承包，都应当加强监管，在食材采购过程中选择规范、有资质的供应商，并加强对食材的查验把关，确保为学生提供安全可靠的餐食。根据刑法规定，生产、销售伪劣产品“销售金额五万元以上不满二十万元的，处二年以下有期徒刑或者拘役”，被告人罗某销售伪劣产品金额总计12万余元，到案后认罪认罚，法院在对其判处有期徒刑七个月刑罚的同时，追缴其违法所得，并依法处以十万元罚金，充分发挥了刑罚的惩治作用。

案例三

施某贪污案——擅自改变食材，贪污农村义务教育学生营养改善计划财政补助专项资金

简要案情

2017年8月，被告人施某受委托作为农村义务教育学生营养改善计划财政补助专项资金管理人员，负责学生营养餐食材的采购、制作、发放及营养餐费用报账等工作。2020年3月至2021年7月，施某以鸡腿价格上涨为由，未按规定向县教育局请示汇报，仅与某小学校领导商量后即变更营养餐食材，授意某肉类经销部负责人袁某（另案处理）以鸡翅根代替鸡腿向某小学供应。袁某按照施某的要求，以供应鸡腿的名义虚开发票报账获取专项资金54.7万余元，扣除实际供应货款19.2万余元和施某自行采购花费的5.1万余元，剩余30.3万余元被施某非法占为己有。

裁判结果

法院经审理认为，被告人施某在受委托管理农村义务教育学生营养改善计划财政补助专项资金期间，利用职务上的便利，非法占有专项资金，数额巨大，其行为已构成贪污罪。施某到案后认罪认罚，并退缴全部赃款，依法对其从轻处罚。据此，以贪污罪判处被告人施某有期徒刑三年，并处罚金人民币二十万元。

典型意义

农村义务教育学生营养改善计划财政补助专项资金是国家为实施营养改善计划而安排用于学生营养膳食补助的专项经费。学生膳食补助专项资金能否得到妥善保管和使用，直接关系到学生营养餐的质量，要确保专项资金真正用到学生身上。本案中，被告人施某作为受委托管理该专项资金的人员，利用职务上的便利，擅自改变食材，将营养餐中的鸡腿更换为价格更为便宜的鸡翅根，进而将部分专项资金非法占为己有，严重侵害了广大学生的切身利益。法院依法以贪污罪对被告人施某定罪处罚，并追缴全部赃款，为学生营养膳食补助专项资金安全提供有力司法保障。

案例四

某饮食管理服务有限公司与某中学服务合同纠纷案——校园食堂外包服务商对食品安全隐患多次整改无效的，学校有权依法解除合同

基本案情

2019年6月10日，某饮食管理服务有限公司（以下简称某饮食公司）与某中学签订食堂劳务服务外包项目合同，约定某饮食公司确保食堂运营符合国家食品安全法规，服务期至2024年6月9日。合同还约定，如果出现食物中毒、引发罢餐事件、转包分包、评估不合格或师生满意度连续两次低于60%等情形，某中学有权单方解除合同。合同履行期间，某饮食公司多次、反复出现严重食品安全问题与管理问题。其中，2020年10月，食堂午餐中混入纸巾，法定代表人出具检讨书；2021年3月，被发现违规使用冻肉类制品；2021年5月，师生满意度调查结果仅为57.4%，且饭菜中频现虫子、塑料等异物。某中学就厨房环境卫生、部分员工健康证缺漏、食品安全等问题多次发出整改通知，但某饮食公司整改不力，问题未得到根本解决。2021年8月，因某饮食公司未为员工缴纳社保等问题，员工集体辞职，引发管理真空。某中学家委会据此通过决议发起罢餐，并明确指出某饮食公司管理混乱、食品质量低劣。2021年8月29日，某中学基于某饮食公司前述违约行为，依据合同约定发出《合同中止通知书》和《合同解除补充通知书》，解除合同并要求清场。某饮食公司认为学校师生满意度仅一次低于60%，不符合“连续两次低于60%”的解约条件，且家委会决议无法律效力，遂起诉请求确认某中学解除合同无效，继续履行合同。

裁判结果

法院经审理认为，《中华人民共和国食品安全法》第57条第1款规定：“学校、托幼机构、养老机构、建筑工地等集中用餐单位的食堂应当严格遵守法律、法规和食品安全标准；从供餐单位订餐的，应当从取得食品生产经营许可的企业订购，并按照要求对订购的食品进行查验。供餐单位应当严格遵守法律、法规和食品安全标准，当餐加工，确保食品安全。”《学校食品安全与营养健康管理规定》第23条第4款规定：“学校应当与承包方或者受委托经营方依法签订合同，明确双方在食品安全与营养健康方面的权利和义务，承担管理责任，督促其落实食品安全管理制度、履行食品安全与营养健康责任。承包方或者受委托经营方应当依照法律、法规、规章、食品安全标准以及合同约定进行经营，对食品安全负责，并接受委托方的监督。”某饮食公司在履约过程中反复出现食品安全隐患，管理严重失范且经多次整改无效，以致家委会最终作出决议决定罢餐要求更换食堂管理团队，足以反映师生和家长对学校食堂外包服务的强烈不满。某中学依据合同约定行使解除权，符合法律规定。据此，判决驳回某饮食公司的全部诉讼请求。

典型意义

校园食堂外包是当前学校提供餐饮服务的重要方式。外包服务商的责任意识、法律意识、安全意识和严格管理对于保障校园师生“舌尖上的安全”尤为重要。学校发现外包服务商存在食品安全隐患后，有权要求整改，服务商未及时消除隐患，甚至引发罢餐等事件的，学校有权依法解除承包合同。本案中，法院通过支持学校依法解约，防范可能发生的校园食品安全事故，对强化校园食品安全治理具有多重意义：一是确立预防性裁判理念，在校园食堂外包合同纠纷中，当服务商存在持续、严重违约行为且整改无效，已对师生食品安全构成现实风险时，法院应依法支持学校行使解除权，实现对重大食品安全风险的源头预防。二是明晰外包服务商义务与责任，服务商不仅需保障食品安全，还需规范内部管理，达到合同约定的服务质量指标，确保食品安全和服务质量。三是依法保护学生家长参与校园食品安全监督的权利，实现校园食品安全共建共管。

案例五

颜某诉某超市产品责任纠纷案——校园周边超市向学生或家长销售过期食品，应依法承担惩罚性赔偿责任

基本案情

2025年4月22日，颜某在接未成年子女放学时，在学校附近某超市花费4元为子女购得零食1袋。食品包装上记载生产日期为2024年7月12日，保质期为9个月。颜某发现自己买到了过期零食并要求某超市赔偿未果，遂起诉请求某超市返还货款4元，支付惩罚性赔偿金1000元。

裁判结果

法院经审理认为，《中华人民共和国食品安全法》第67条规定，预包装食品的包装上应当有标签，标签应当标明生产日期和保质期；专供婴幼儿和其他特定人群的主辅食品，其标签还应当标明主要营养成分及其含量。第148条第2款规定："生产不符合食品安全标准的食品或者经营明知是不符合食品安全标准的食品，消费者除要求赔偿损失外，还可以向生产者或者经营者要求支付价款十倍或者损失三倍的赔偿金；增加赔偿的金额不足一千元的，为一千元。但是，食品的标签、说明书存在不影响食品安全且不会对消费者造成误导的瑕疵的除外。"某超市将超过保质期的食品销售给颜某，属于销售明知不符合食品安全标准食品的行为，应当承担惩罚性赔偿责任。因按价款十倍计算的赔偿金不足1000元，应按1000元计算惩罚性赔偿金。据此，判决某超市退还颜某货款4元，另赔偿颜某1000元。

典型意义

中小学生对不符合食品安全标准食品的判别力较弱、维权意识相对淡薄、维权能力不足，即使购买到超过保质期的食品、"三无食品"也不能准确判别，甚至没有判别的意识，成为食品安全问题的"易受害群体"。个别商家利用中小学生认知能力不足、维权意识薄弱的特点，将超过保质期食品等存在安全隐患的食品在校园周边出售，损害广大中小学生的身体健康。本案系学生家长购买食品后发现过期索赔被拒才提起诉讼，虽然学生家长只购买了4元零食，但审理法院依照惩罚性赔偿金最低为1000元的规定，判决经营者承担赔偿责任，让违法经营者得不偿失。该判决充分发挥惩罚性赔偿责任的惩治作用，提高违法成本，有力震慑在校园周边向学生出售超过保质期食品等违法行为，有利于营造学生安全、家长放心的消费环境。

案例六

某农业公司诉某县市场监督管理局行政处罚案——食品生产经营者应当对产品标签的合法性承担责任

基本案情

2021年8月，某农业公司通过招投标获得某县中小学、幼儿园大米配送资格。因自身生产、配送能力不足，某农业公司委托某米业公司实际生产、配送大米，并向其提供了标注虚假产地的包装袋。在生产过程中，因喷码设备及印油问题，导致生产的910袋大米生产日期模糊不清、无法辨识。该批问题大米被配送至8所学校。某县市场监督管理局在检查中发现某农业公司供应的大米存在生产日期模糊及产地标注不实问题，于2022年2月作出《行政处罚决定书》，没收其违法所得，并处罚款10万元（某米业公司已被另案处罚）。某农业公司不服，提起本案行政诉讼，请求法院判决撤销上述《行政处罚决定书》。

裁判结果

法院经审理认为，涉案大米包装袋标示的生产日期模糊不清、无法辨识，违反了《中华人民共和国食品安全法》第71条第2款关于标签应清晰、醒目的规定。虽然生产日期模糊的直接原因是受托方某米业公司的设备及耗材问题，但作为委托生产方，某农业公司对受托方的生产行为负有监督责任，存在监督过失。同时，涉案大米实际产地与某农业公司提供的包装袋标示产地不符，构成虚假标示产地的违法行为。某农业公司的上述违法行为并非标签瑕疵，存在主观故意，不符合免予处罚的条件。某县市场监督管理局作出的处罚决定证据确凿，适用法律正确，符合法定程序。据此，判决驳回某农业公司的诉讼请求。

典型意义

校园食品安全直接关系广大师生身体健康和生命安全，是食品安全监管的重中之重。涉案食品供应对象均为中小学校和幼儿园，属于特殊消费群体，食品安全风险防控丝毫不容松懈。食品生产日期模糊导致无法判断保质期、产地虚假标注误导产品来源，均严重损害了消费者的知情权和选择权。本案特别指出委托方对受托方的生产行为负有监督责任，需对受托方的标签违法行为承担相应法律责任，有效厘清了委托生产中责任主体的认定难题，压实了委托生产的责任链条，倒逼企业建立从原粮采购、委托加工到标签设计的全链条管控机制，从源头防范食品安全风险。尤为关键的是，法院判决支持行政机关在校园食品供应领域落实最严格的监管，严防企业规避对校园食品安全的高标准要求，为市场主体划清了“校园食品无小事、合规经营是底线”的红线。该判决充分体现了司法机关以“最严标准”守护校园师生“舌尖上安全”的责任担当，对规范食品生产经营行为，特别是保障校园食品安全具有重要指导和示范意义。

案例七

某食品有限公司诉某区市场监督管理局、某区人民政府行政处罚及行政复议案——销售的猪肉中检出氯霉素，食品生产经营者应当承担责任

基本案情

2024 年 4 月 10 日，某区市场监督管理局对某小学食堂开展食品安全监督抽检，对同月 9 日购入的猪后腿肉留样样品进行检测。《检测报告》显示：经抽样检验，氯霉素项目不符合农业农村部《食品动物中禁止使用的药品及其他化合物清单》要求。经调查，该批不合格猪后腿肉系某食品公司销售，该食品公司经营范围为生猪收购、屠宰及销售。同年 5 月 10 日，区市场监督管理局向某食品公司送达《检验报告》，并对其进行立案调查。同月 16 日，某食品公司向某区市场监督管理局提出异议申请。该局进行审核后，于同年 7 月 25 日向某食品公司送达《行政处罚告知书》。同月 29 日，某食品公司提交书面陈述申辩意见书。某区市场监督管理局进行法制复核后，于同年 8 月 5 日作出涉案《行政处罚决定书》，没收某食品公司违法所得，并处罚款 6 万元。后某区人民政府经行政复议决定维持上述处罚决定。某食品公司遂提起本案行政诉讼，请求法院判决撤销涉案行政处罚决定和行政复议决定。

裁判结果

一审法院经审理认为，某食品公司作为生猪屠宰企业，负有肉品品质检验职责。氯霉素属于食品动物中禁止使用的药品及其他化合物。虽然《生猪屠宰肉品品质检验规程（试行）》并未规定氯霉素属于屠宰环节必检项目，选择什么项目进行检测可以由屠宰企业根据国家和地方风险监测结果及自身情况确定，但都必须确保生猪产品不得检出违禁物品。考虑到某食品公司系首次违法，区市场监督管理局已减轻罚款金额，处罚适当。区市场监督管理局在处罚前已进行调查、告知、听取陈述申辩，并进行法制审核、集体讨论，符合法定程序，并无不当。据此，判决驳回某食品公司的诉讼请求。某食品公司不服提出上诉，二审法院审理期间主持调解，达成各方认可的调解结果。

典型意义

本案系企业未严格执行肉品检测相关规定引发的食品安全案件。根据《中华人民共和国食品安全法》第34条第1项的规定，禁止在食品中添加可能危害人体健康的物质，食品生产经营者应当严格遵守法律规定。虽然我国食品相关规范并未规定生猪屠宰环节的必检项目包括氯霉素，但是氯霉素属于在食品动物中禁止使用的药品及其他化合物。涉案含氯霉素的猪后腿肉已大部分被食堂使用，涉及众多校园师生，但虑及某食品公司系首次违法、能积极配合调查、主动提供材料，区市场监督管理局作出的被诉处罚决定符合过罚相当原则。从社会效果看，一方面，法院依法支持了对涉校园食品安全企业的违法违规行为进行必要的行政处罚，鼓励市场监管部门从源头把控，确保食品原料品质安全，从而实现对校园食品安全的全方位、全流程监管；另一方面，法院结合个案特点充分发挥调解职能，最终促成涉案争议的实质性化解。本案处理既有利于食品生产企业严格生产流程，规范生产经营秩序，也对市场监督管理部门认真贯彻落实“四个最严”要求、精准把握行政处罚原则和裁量基准具有示范意义，推动形成行政监管、司法保障、各方监督的共治格局。

案例八

某后勤服务公司、某投资公司诉某区市场监督管理局、某区人民政府行政处罚及行政复议案——人民法院对存在遗漏主体等问题的行政处罚决定有权依法撤销

基本案情

2021年9月，某区市场监督管理局接到某小学学生校内进食午餐后出现不适的投诉，经调查发现某后勤服务公司、某投资公司无证经营校园集体配餐项目，导致食源性疾病聚集性事件发生。两公司承担着向当地五所学校配餐的业务。某区市场监督管理局据此作出《行政处罚决定书》，没收两公司违法所得，并处罚款。后区人民政府经行政复议决定维持上述处罚决定。某后勤服务公司、某投资公司不服涉案处罚决定及复议决定，提起本案行政诉讼，主张其经营持续时间较短，已向市场监管部门申请办理食品经营许可证并取得受理回执，不具有主观故意；且某科技有限公司作为校园集体配餐项目的中标方，应当承担主要责任，故诉请法院判决撤销上述行政处罚和行政复议决定。

裁判结果

法院经审理认为，某科技有限公司是校园集体配餐项目的中标方，并对配餐活动进行全程指导，包括烹饪、配送、运输、安全等；某投资公司负责运营管理；某后勤服务公司提供场所制作，并着某科技有限公司的工作服，佩戴该公司工作证配送餐食。上述三公司虽未就校园集体配餐项目签订三方协议，但相互之间对其他主体参与配餐项目的事实实际知晓并有明确各自分工，具有共同经营校园配餐项目的可能性，三方对校园集体配餐项目是转承包经营还是以承包形式掩盖共同经营，某区市场监督管理局未查证予以明确。此外，某科技有限公司持有的《食品经营许可证》所载明经营地址为甲地，但是该公司在乙地从事校园集体配餐项目，未有证据显示其在乙地已取得食品经营许可证。因此，某区市场监督管理局作出涉案处罚决定书以及某区政府作出的涉案复议决定事实不清，可能存在遗漏处罚主体的情形。据此，判决撤销涉案行政处罚和行政复议决定，责令某区市场监督管理局重新作出处理。法院还向市场监管部门、教育部门发出司法建议书，敦促完善校园集体配餐项目监管，切实加强联动执法，齐抓共促食品经营者依法经营。

典型意义

近年来，关于中小学生校园集体配餐导致的食品安全问题时有发生，引发家长和公众的担忧。我国食品经营许可实行一地一证原则，现行法律法规未对校园集体配餐项目转包分包作出禁止性规定，亦未明确有证企业和无证企业共同开展校园集体用餐配送项目的归责原则。但具有经营资质的企业为减少经营成本、逃避食品安全责任，与无证企业共同经营中标的校园集体配餐项目，且未在实际经营场所所在地取得食品经营许可的，应认定为无证经营行为，与无证企业共同承担食品安全责任。本案中，某科技有限公司作为校园集体配餐项目的中标单位，通过对配餐项目收取管理费、全程指导配餐业务、共定制餐场所等方式，与无证企业共同经营校园集体配餐项目，且其实际经营场所与证载经营场所不一致，属于未取得食品经营许可从事食品经营活动行为，应共同承担无证经营的食品安全责任。市场监管部门在调查过程中，未认定无证企业与中标单位之间属于共同经营行为，遗漏处罚主体，属于事实不清，对相关行政处罚决定应予撤销。涉案行政处罚决定被判决撤销后，当地市场监督管理局已重新立案调查。本案裁判对有力打击食品生产经营者逃避食品安全责任的“金蝉脱壳”行为具有现实意义，法院通过发出司法建议书，进一步促进各职能部门共防共治，筑牢校园食品安全的法律防线。

最高人民法院发布食品安全惩罚性赔偿典型案例[①]

（2024年8月21日）

案例一

销售假冒伪劣减肥食品应依法承担惩罚性赔偿责任——崔某诉杨某产品责任纠纷案

基本案情

2023年8月29日，崔某在与杨某通过微信联系达成购买某咖啡减肥食品的合意后，向杨某支付价款800元。崔某食用后认为减肥效果好，于2023年9月9日再次向杨某购买2160元上述产品。该产品外包装显示生产者为某生物科技公司、生产日期为2023年5月。某生物科技公司于2022年9月作出声明，该公司已于2019年11月注销生产许可证并停止生产任何产品，2020年以来网上不断出现仿冒该公司名称等信息的非法食品。案涉食品标示的生产者、生产日期均为虚假。崔某服用一段时间后出现口渴、头晕等症状，发现该减肥食品属于假冒伪劣产品，遂起诉请求杨某退还价款并支付价款十倍的赔偿金。

裁判结果

审理法院认为，《中华人民共和国食品安全法》第三十四条第十项规定，禁止生产经营标示虚假生产日期、保质期或者超过保质期的食品、食品添加剂。杨某销售标示虚假生产厂家、生产日期的假冒伪劣食品，违反

① 来源于最高人民法院网站：https：//www.court.gov.cn/zixun/xiangqing/440851.html，最后访问日期：2025年9月12日。

法律规定。依照《最高人民法院关于审理食品安全民事纠纷案件适用法律若干问题的解释（一）》第六条第二项规定，杨某无法提供合法进货来源，属于经营明知是不符合食品安全标准的食品。《中华人民共和国食品安全法》第一百四十八条第二款规定："生产不符合食品安全标准的食品或者经营明知是不符合食品安全标准的食品，消费者除要求赔偿损失外，还可以向生产者或者经营者要求支付价款十倍或者损失三倍的赔偿金；增加赔偿的金额不足一千元的，为一千元。但是，食品的标签、说明书存在不影响食品安全且不会对消费者造成误导的瑕疵的除外。"杨某向崔某销售明知是不符合食品安全标准的食品。故判决杨某退还价款并支付价款十倍的赔偿金。

典型意义

随着经济社会高质量发展，人民群众更加注重生活质量，追求身体健康、形体美好。商家瞄准人民群众这一需求，推出了减肥胶囊、瘦身咖啡、减脂黑茶等一系列减肥瘦身保健食品。少数不诚信经营者销售标示虚假生产者和生产日期的假冒伪劣食品，侵害广大消费者权益，给人民群众生命健康带来风险隐患，应予打击。本案依法判决明知食品标示虚假生产厂家和生产日期仍然销售的经营者承担惩罚性赔偿责任，有利于打击和遏制制售假冒伪劣保健食品的违法行为，保护广大消费者合法权益。

案例二

公司销售虚构生产厂家的预包装食品后被股东恶意注销的，股东应依法承担惩罚性赔偿责任——刘某诉钟某信息网络买卖合同纠纷案

基本案情

刘某于2021年5月5日在某酒业公司网店购买某白酒20件，共支付价款7173元。案涉白酒标签记载有生产许可证号、生产厂家等商品信息，但标示的生产厂家和生产许可证号均为虚构。刘某遂起诉请求某酒业公司承担"退一赔十"责任，并请求该酒业公司的唯一自然人股东钟某承担连带赔偿责任。本案诉讼过程中，钟某拒接法院电话，将设立网店时预留的实名制手机号停机，并以"决议解散"为由将某酒业公司注销。

裁判结果

审理法院认为，刘某提供的证据可以证明其通过网络购物形式向某酒业公司购买案涉白酒，双方形成买卖合同关系。案涉白酒作为预包装食品，其标签标示的生产厂家及生产许可证号均为虚构，属于不符合食品安全标准的食品。某酒业公司已被其唯一自然人股东钟某注销。故判决钟某向刘某退还价款并支付价款十倍的赔偿金。

典型意义

本案是一起销售“黑作坊”食品引发的维权纠纷。案涉白酒作为预包装食品，其标签应如实记载生产者的名称、生产许可证号等信息，但案涉白酒标签标示上述基本信息均属虚构，会对消费者造成误导，且影响食品安全，不属于标签瑕疵。钟某销售标示虚假生产厂家的预包装食品，导致消费者无法向生产者索赔。纠纷发生后，钟某恶意注销公司、将手机停机，恶意逃避责任，增加消费者维权成本。审理法院在查明事实后，根据《中华人民共和国食品安全法》《中华人民共和国公司法》等法律规定，判令由钟某承担法律责任，体现了人民法院严厉打击不诚信经营者逃避食品安全责任的鲜明态度和坚定决心，对企图实施类似行为的经营者具有教育警示作用。

案例三

经营者主张购买者“知假买假”，应承担举证责任——曾某诉赵某产品责任纠纷案

基本案情

曾某于2022年7月10日通过微信向赵某购买减肥食品1套，当天支付价款580元。之后，曾某又于2022年8月8日向赵某购买该减肥食品6套，于2022年8月29日向赵某购买该减肥食品20套，后两次共计转账支付11000元。赵某收款后，向曾某邮寄其购买的减肥食品。曾某在服用购买的第三批减肥食品后，出现不适症状，遂怀疑该减肥食品存在质量问题。曾某与赵某沟通，要求赵某退还价款并支付价款十倍的赔偿金。赵某仅同意退还未食用的减肥食品的价款，并补偿3000元。双方协商未果，曾某诉至法院，请求赵某退还价款并支付价款十倍的赔偿金。经鉴定，曾某第三次购买的减肥食品中含有我国禁止使用的盐酸西布曲明。庭审中，赵某辩称曾某短时间内多次大量购入案涉减肥食品不符合常理，系“知假买假”，不应支持其惩罚性赔偿请求。

裁判结果

审理法院认为，曾某分三次合计从赵某处购买减肥食品27套，虽然数量稍多，但评判其是否为“知假买假”的购买者，不能仅仅根据所购买食品的数量来认定，应当结合其购买食品的用途、频率等因素综合判断。曾某自述所购减肥食品用于自己和家人服用，对购买数量已作合理说明，且在购买案涉食品后多次通过微信与赵某沟通服用产品后的感受和状况，足以证实其购买目的是用于生活消费。赵某认为曾某“知假买假”，购买减肥食品数量较多，违背常理，主观动机不是为了生活所需，不符合消费者的主体身份，但并未举示证据证实曾某购买案涉产品系用于交易牟利或有其他目的，故对其主张不予支持。曾某第三次购买的食品没有标签标示食品信息，且经检验含有国家明确禁止使用的成分盐酸西布曲明，不符合食品安全标准。故判决赵某向曾某退还价款、支付价款十倍的赔偿金。

典型意义

购买到不符合食品安全标准的食品，购买者有权依据《中华人民共和国食品安全法》第一百四十八条第二款规定主张惩罚性赔偿。生产者或者经营者主张购买者“知假买假”的，应当承担举证责任。在认定购买者是否属于“知假买假”时，不应仅以购买者购买数量作为唯一评判标准，而应当依据案件具体情况作出认定。本案中，曾某先购买1套减肥食品试用后，第二次和第三次增加购买数量，与家人共用，符合情理。且曾某已对购买减肥食品的数量作出合理解释。赵某销售的减肥食品不符合食品安全标准，不能证明曾某“知假买假”，曾某系因个人和家庭生活消费需要购买案涉食品，故应当以曾某实际支付价款为基数计算惩罚性赔偿金。

案例四

小作坊制售安全无害但未标明生产日期和保质期的散装食品，不承担惩罚性赔偿责任——陆某诉某酱菜坊产品责任纠纷案

基本案情

2022年8月10日，陆某在某酱菜坊购买2只酱板鸭、2斤青梅酒、1斤风湿酒，通过微信支付价款290元，并要求将食品包装后邮寄到陆某指定的地址。2022年8月22日，陆某再次在微信上向某酱菜坊购买10只酱板鸭、1斤青梅酒，并通过微信转账支付价款430元，要求某酱菜坊通过快递邮寄食品。陆某收货后，认为某酱菜坊出售的食品包装没有标示生产日期和保质期等信息，违反《中华人民共和国食品安全法》第六十七条和第一百二十五条规定，并依据该法第一百四十八条第二款规定起诉请求某酱菜坊支付价款十倍的惩罚性赔偿金。当地行政主管部门将某酱菜坊纳入食品生产加工小作坊管理范围。某酱菜坊辩称，不同意十倍赔偿，其经营的食品生产加工小作坊有卫生许可证，生产的产品没有质量问题，安全无害。

裁判结果

审理法院认为，陆某第一次在某酱菜坊店内现场购买案涉散装食品，对案涉食品系散装食品是明知的。某酱菜坊根据陆某要求，将案涉散装食品进行包装并邮寄，该包装行为并不改变案涉食品属于散装食品的事实。某酱菜坊出售的散装食品不适用《食品安全国家标准预包装食品标签通则》的规定。故判决驳回陆某关于支付价款十倍惩罚性赔偿金的诉讼请求。

典型意义

食品生产加工小作坊、食品摊贩制售散装食品，既方便人民群众生活，又解决就业需求，繁荣市场经济。对于依法诚信经营的食品生产加工小作坊、食品摊贩应当依法予以保护。食品安全标准对预包装食品和散装食品作出不同规定。散装食品不适用《食品安全国家标准预包装食品标签通则》的规定。在制售的散装食品安全无害的情况下，不宜仅以食品生产加工小作坊、食品摊贩制售的散装食品没有标签或者未标明生产日期、保质期等信息就判决其承担惩罚性赔偿责任。本案较好兼顾了保护食品安全与保护食品生产加工小作坊、食品摊贩合法权益，对于办理同类案件具有指导意义。

最高人民法院发布涉未成年人食品安全司法保护典型案例①

（2024年3月15日）

案例1

李某诉某乳业公司产品责任纠纷案

——超范围添加食品添加剂不符合食品安全标准，消费者有权要求十倍惩罚性赔偿

基本案情

2019年5月18日、5月19日，李某购买某乳业公司生产的固体饮料18罐，单价每罐328元，共计5904元。该产品配料表上标注：葡萄糖浆、植物脂肪粉、氨基酸等配料。其中，氨基酸括号内标注有L-赖氨酸、L-蛋氨酸、L-色氨酸、L-酪氨酸等成分。李某认为L-赖氨酸、L-蛋氨酸、L-酪氨酸、L-色氨酸等4种氨基酸允许使用的食品类别中不包括固体饮料，案涉产品构成超范围添加，诉请某乳业公司退回购物款5904元并承担10倍货款赔偿。某乳业公司抗辩认为，案涉产品中标示的L-赖氨酸、L-蛋氨酸、L-酪氨酸、L-色氨酸系氨基酸复合物，是通过特殊工艺即蛋白质加酶制剂水解而成，系以改性形式存在而非添加的物质，配料表相关表述和食品安全符合国家标准。

裁判结果

法院经审理认为，根据《食品安全国家标准食品营养强化剂使用标准》（GB14880-2012）规定，L-赖氨酸允许使用的食品类别不包含固体饮料，但案涉产品系蛋白固体饮料，并非可以添加上述氨基酸的食品。某乳业公司作为食品生产者，未能举证证明另外三种氨基酸能够用于非特殊膳食用食品和其化合物来源，未能举证证明该三种氨基酸能够用于案涉食品，

① 来源于最高人民法院网站：https：//www. court. gov. cn/shenpan/xiangqing/428312. html，最后访问日期：2025年9月12日。

应承担对其不利的法律后果。原告李某购买18罐固体饮料的行为符合当地生活消费购买习惯，某乳业公司作为生产者，生产的产品不符合《食品安全国家标准食品营养强化剂使用标准》的规定，法院判决其支付十倍货款的惩罚性赔偿金59040元。

典型意义

食品安全是重大的基本民生问题，特别是婴幼儿食品安全事涉千万家庭，国家对婴幼儿食品安全制定了严格的标准。本案例涉及婴幼儿最常见的配方粉固体饮料，通过明确固体饮料中氨基酸属于超范围添加进而影响食品安全，判决生产者支付十倍惩罚性赔偿金，彰显了人民法院保护婴幼儿食品安全的坚定决心，也为同类案件提供参考。

案例2

颜某诉某孕婴用品店买卖合同纠纷案

——销售者虚假宣传，消费者有权要求三倍赔偿

基本案情

颜某因女儿喝普通奶粉过敏，自2018年4月起到某孕婴用品店购买某产品作为奶粉的替代品。2020年5月14日颜某再次到某孕婴用品店购买该产品，询问某孕婴用品店的经营者关某该产品的性能，关某明确表示该产品能“调节过敏体质”。颜某对此进行了录音录像。后颜某向当地市场监督管理局进行举报，称某孕婴用品店宣称商品能调节过敏症状，既构成虚假宣传行为，又构成引人误解的宣传行为，已造成举报人的误解，导致其购买并长期给孩子使用固体饮料。2021年7月23日，市场监督管理局作出某市监处字［2021］第108号行政处罚决定书，以某孕婴用品店构成虚假宣传为由，责令某孕婴用品店停止违法行为并处罚款30万元等。后颜某起诉至法院，要求某孕婴用品店返还价款并支付惩罚性赔偿金。

裁判结果

法院经审理认为，根据《中华人民共和国食品安全法》的规定，生产经营者对其提供的标签、说明书的内容负责；食品广告的内容应当真实合法，不得含有虚假内容，不得涉及疾病预防、治疗功能；食品生产经营者对食品广告内容的真实性、合法性负责。我国对特殊食品有更严格的监管规定。因此，无论是普通食品还是特殊食品均不得涉及疾病预防、治疗功能的宣传。某孕婴用品店故意以“调节过敏体质”的说辞误导消费者，属于以虚假或者引人误解的商品说明方式销售商品，构成欺诈。根据《中华人民共和国消费者权益保护法》第五十五条的规定，消费者有权要求按消费金额的三倍赔偿。遂判决某孕婴用品店退还货款并向颜某支付价款三倍惩罚性赔偿金 54624 元。

典型意义

婴幼儿食品直接关乎未成年人的健康成长。现实生活中，存在虽然产品质量合格但销售者虚假宣传的情形。本案中，销售者宣称售卖的固体饮料能够调节过敏体质，误导消费者，会给婴幼儿身体造成损害。此类行为在当前侵害未成年人食品安全行为中具有典型性，该案判决对遏制虚假宣传，倡导诚信经营，推动构建食品生产经营健康秩序，具有重要意义。

案例 3

被告人靳某销售伪劣产品案

——篡改生产日期销售过期奶制品，被依法追究刑事责任

基本案情

2021 年 3 月至 2021 年 11 月，被告人靳某为牟取非法利益，通过欧某大量收购超过保质期的奶制品，并利用其作为经销商的便利，在内部经销商网挑选可在市场售卖的批号，在某省某地设立加工窝点，组织贺某、贺某某、高某及吴某（均另案处理）等人通过喷涂篡改产品原生产日期和批号冒充新日期产品后，销往个别省份。经统计，靳某向经销商等销售过期奶制品，已销售金额 272142 元、未销售货值 23498 元。其中，扣押在案的部分产品经生产厂家比对认定为被篡改生产批号和日期产品，导致溯源不能。检察机关指控被告人靳某犯生产、销售伪劣产品罪。

裁判结果

法院经审理认为，被告人靳某结伙将他人生产的超过保质期的奶制品以更改生产日期、保质期、改换包装等方式销售牟取利益，已销售金额 272142 元、未销售货值 23498 元，其行为已构成销售伪劣产品罪。靳某在共同犯罪中起主要作用，系主犯。被告人靳某犯销售伪劣产品罪，判处有期徒刑三年三个月，并处罚金人民币二十万元，违法所得予以没收。

典型意义

未成年人食品安全一直是社会关注的焦点。销售超过保质期的奶制品，具有较高的食品安全风险和社会危害性，为食品安全法明令禁止，构成犯罪的，应依法追究刑事责任。本案被告人为牟取非法利益，利用身为奶制品经销商的便利，结伙收购、倒卖超过保质期的奶制品，涉案金额大，影响范围广，法院对其依法定罪判刑，体现了对危害儿童食品安全行为绝不姑息的态度，有利于规范涉未成年人食品经营活动，为未成年人成长提供食品安全保障。

案例 4

某餐饮管理公司诉某区市场监督管理局行政处罚案

——给学校提供受污染午餐，法院支持行政机关依法严惩

基本案情

某餐饮管理公司向某市共计 9 所中小学校提供午餐。2020 年 9 月 3 日共提供午餐 11887 份，每份午餐价格为 10 元。2020 年 9 月 4 日，当地市场监督管理局接到多起报案线索，称 9 月 3 日就餐结束后，多所学校多名学生出现了腹痛、腹泻症状而被紧急送医。市场监督管理局立即会同有关部门到该公司的经营场所现场调查，发现某餐饮管理公司在上述学校午餐的存储、加工、配送过程中，存在员工裸手取食烹煮食物、未及时洗手消毒或更换清洁手套、传菜过程中食物堆叠、常温供餐时间过长等违规操作情形。经某区疾病预防控制中心讨论分析认定，本案中涉及食用某餐饮管理公司配餐导致感染的中小学生共计 18 人，类似病症是因食用了受污染午餐导致的聚集性食源性疾病。市场监督管理局在法定期限内，经法定程序调查后，于 2021 年 7 月 12 日作出行政处罚决定，认为某餐饮管理公司的行为违反了《中华人民共和国食品安全法》第三十四条、第五十四条第一款及《学校食品安全与营养健康管理规定》第四十条第一款之规定，构成了经营污秽不洁食品、未按要求进行食品贮存、未按要求留样的违法行为，并依照《中华人民共和国食品安全法》第一百二十四条、第一百三十二条及《学校食品安全与营养健康管理规定》第五十六条之规定，责令某餐饮管理公司立即改正违法行为，给予警告，罚款 1901920 元。某餐饮管理公司对处罚决定不服，诉至人民法院。

裁判理由

法院经审理认为，市场监督管理局在案发后立即对某餐饮管理公司的经营场所进行了现场调查，询问了相关生产经营情况，同时调取了生产经营中的操作监控视频，查明某餐饮管理公司在存储、加工、配送午餐过程中存在操作不规范情形。疾病预防控制中心作为专业机构，同时对案涉食品事件开展了流行病学调查及实验室检测，并出具了《关于某区学生聚集性食源性疾病的结案报告》，对本案聚集性食源性疾病的原因及可疑食物污染来源予以查实，得出本次疾病系一起因食用了受污染午餐导致的聚集性食源性疾病的结论，餐次为 9 月 3 日午餐，致病因子是副溶血性弧菌。因此，市场监督管理局认定某餐饮管理公司配送的午餐为污秽不洁食品事实清楚、证据确凿，同时处罚适用法律正确、量罚适当、程序合法。遂依法驳回了某餐饮管理公司的诉讼请求。

典型意义

近年来，关于中小学生配餐引发的食品安全问题时有发生，引发家长和公众担忧。本案系一起典型中小学食品安全事件。市场监督管理局在有关政府部门配合下，对涉事食品生产企业的生产、储存、配送等各环节进行了深入细致的调查，并依法进行处罚。人民法院对行政处罚行为依法予以支持，对危害学生身体健康的行为坚决说“不”。人民法院通过依法公正履行审判职能，推动形成各方履责，齐抓共管，合力共治的工作格局，规范食品生产企业的生产经营秩序，守护中小学生“舌尖上的安全”。

最高人民法院、最高人民检察院、国务院食品安全委员会联合发布4个危害食品安全犯罪典型案例①

（2023年11月28日）

案例一：申某富等生产、销售伪劣产品案

——生产、销售用马肉、鸭肉等冒充的牛肉制品

简要案情

2020年以来，被告人申某富实际控制河南某食品有限公司生产经营期间，委托被告人申某财担任该公司总经理，并聘用刘某超等人生产、销售各种肉类加工产品。2020年4月，申某富出资组建电商部门，在多个电商平台开设店铺30余家，用于销售生产的肉类加工产品。此后，申某富组织人员购进马肉、鸭肉、鸡肉和猪肉，通过腌制、卤煮、烤制、晾晒等工艺制作成"手撕牛肉、风干牛肉、五香牛腿肉、五香牛腱子"等假冒牛肉制品，通过线下渠道和线上电商渠道销往全国各地。申某富等人生产、销售假冒牛肉制品，销售金额共计2690余万元。此外，申某富等人还生产、销售以大豆油添加香精、色素等冒充的假芝麻香油，销售金额共计180余万元。

诉讼过程

河南省安阳市人民检察院以生产、销售伪劣产品罪对被告人申某富等人提起公诉。经河南省安阳市中级人民法院一审、河南省高级人民法院二审，认定被告人申某富等人以假充真，生产、销售假牛肉制品、假芝麻香油，销售金额共计2870余万元，其行为已构成生产、销售伪劣产品罪。在共同犯罪中申某富、申某财系主犯，其余被告人系从犯。据此，以生产、销售伪劣产品罪判处被告人申某富无期徒刑，剥夺政治权利终身，并处没

① 来源于最高人民检察院网站：https：//www.spp.gov.cn/spp/xwfbh/wsfbt/202311/t20231128_634976.shtml#2，最后访问日期：2025年9月12日。

收个人全部财产；以生产、销售伪劣产品罪分别判处被告人申某财、刘某超等人有期徒刑十五年至二年不等刑期，并处罚金。

典型意义

近年来，一些不良商家用价格相对便宜的马肉、鸭肉等冒充牛肉制品牟取暴利。此类假牛肉制品通常出现在牛肉干、牛肉卷、牛肉丸、烧烤食材等产品中，加入牛肉味调味料后达到口味混淆的效果，严重危害食品安全、侵犯消费者权益。不法分子通过电商平台、直播带货销售更容易掩盖产品真实品质，严重扰乱食品安全监管秩序，同时增加了监管和打击难度。本案系利用网络实施的规模化、组织化、链条化犯罪，持续时间长、销售范围广、销售金额特别巨大，司法机关办理案件时注意区分主从犯，既有效打击犯罪，又体现宽严相济。该案也提醒广大消费者在通过电商平台、直播带货等购买食品时，要注意选择正规平台，充分了解商品品牌、成分、口碑评价等，如遭受欺诈要及时保存证据，依法投诉，通过法律手段维护自身合法权益。

案例二：曾某维生产、销售有毒、有害食品案
——减肥食品中非法添加西布曲明

简要案情

2020年8月至2021年3月，被告人曾某维购买搅拌机、压片机等生产设备以及西布曲明、荷叶粉、麦芽糊精、胶囊壳等原料，伙同他人自行生产含有西布曲明等有毒、有害成分的减肥压片糖果等减肥产品，通过微信等渠道对外销售，生产、销售金额共计40余万元。案发后，公安人员从曾某维处查获各类减肥产品10万余粒、各类粉末20余袋及生产机器、胶囊填充板、电子秤、各类减肥产品外包装等。上述减肥产品及粉末中均检出西布曲明。

诉讼过程

上海铁路运输检察院以生产、销售有毒、有害食品罪对被告人曾某维提起公诉。上海铁路运输法院经审理认为，被告人曾某维在生产、销售的食品中掺入有毒、有害的非食品原料，其行为已构成生产、销售有毒、有害食品罪。曾某维认罪认罚。据此，以生产、销售有毒、有害食品罪判处被告人曾某维有期徒刑八年六个月，并处罚金人民币二百万元。

典型意义

网络销售非法添加西布曲明等成分的减肥食品是常见高发的危害食品安全犯罪。西布曲明曾被用于减肥药，后国家药监局组织专家对西布曲明的安全性进行评估，发现使用西布曲明可能增加严重心脑血管风险，遂于2010年决定停止西布曲明制剂和原料药的生产、销售和使用。西布曲明被列入《保健食品中可能非法添加的物质名单》，属于国家禁止添加的“有毒、有害的非食品原料”。本案被告人在制售的减肥食品中非法添加西布曲明，其行为构成生产、销售有毒、有害食品罪。司法机关依法惩治此类犯罪时注重全链条打击，本案即是司法机关在办理其他同类案件过程中，通过梳理电子数据、深挖物流和转账记录等方式，锁定生产、销售有毒、有害减肥食品的源头，并据此进一步深挖，成功追诉下级代理十余名，对该犯罪链形成“全覆盖式”打击。此外，针对不法分子借助网络平台销售有毒、有害减肥食品的情况，司法机关还延伸司法职能开展溯源治理，督促网络平台加强日常监督管理，不断净化网络消费环境。广大消费者在购买减肥食品时要谨慎辨识，特别是对宣传能够快速减肥的产品要提高警惕，切勿因盲目追求减肥效果而忽视对产品安全的关注。

案例三：付某德生产、销售有毒、有害食品案

——生产米粉过程中添加硼砂

简要案情

被告人付某德系贵州省黄平县某米粉加工店经营者。2020年5月，付某德为增加米粉产量、延长保存时间，将硼砂添加到米浆中用于生产米粉，并以每斤1.2元的价格进行销售。同年9月1日，黄平县市场监督管理局对付某德生产的米粉进行抽检，结果显示米粉中含有硼酸。同年10月13日，黄平县市场监督管理局在付某德经营的米粉加工店内查获硼砂15.3千克。经查，2020年5月至9月，付某德售出添加硼砂的米粉共计1.8万余斤，销售金额共计2.2万余元。

诉讼过程

贵州省黄平县人民检察院以生产、销售有毒、有害食品罪对被告人付某德提起公诉。贵州省黄平县人民法院经审理认为，被告人付某德违反国家食品安全管理规定，在生产、销售的食品中掺入有毒、有害的非食品原料，其行为已构成生产、销售有毒、有害食品罪。付某德具有自首情节，依法可以从轻或减轻处罚。据此，以生产、销售有毒、有害食品罪判处被告人付某德有期徒刑一年，并处罚金人民币五万元。

典型意义

米粉是深受广大消费者喜爱的特色食品，但个别不法商家为了让米粉延长保鲜期、保持韧性，在生产过程中非法添加硼砂等物质。硼砂是《食品中可能违法添加的非食用物质名单》明确禁止添加到食品中的物质，属于“有毒、有害的非食品原料”，长期食用添加硼砂的食品会对人体产生损害，特别是对人体生殖、发育和内分泌系统产生毒性影响。本案中，被告人付某德在米粉生产过程中添加硼砂的行为构成生产、销售有毒、有害食品罪。司法机关还邀请县市场监督管理局工作人员、餐饮业经营者、副食品经营者以及消费者代表、县人大代表、政协委员等旁听庭审，在释法说理的同时，为营造安全的食品消费环境凝聚合力，引导食品生产经营者知法守法，提升人民群众食品安全意识。

案例四：张某玉、张某生产、销售有毒、有害食品案

——生产、销售腊肉过程中喷洒敌敌畏

简要案情

2019年至2021年6月，被告人张某玉、张某在浙江省东阳市某菜市场销售腊肉，为灭虫而使用农药敌敌畏喷洒腊肉，共计销售喷洒敌敌畏的腊肉制品70斤，销售金额共计2600元。经浙江省金华市食品药品检验检测研究院检验，从扣押的腌肉样品中检测出敌敌畏，含量为0.48mg/kg。

诉讼过程

浙江省东阳市人民检察院以生产、销售有毒、有害食品罪对被告人张某玉、张某提起公诉。浙江省东阳市人民法院经审理认为，被告人张某玉、张某在生产、销售的食品中掺入有毒、有害的非食品原料，其行为已构成生产、销售有毒、有害食品罪。二被告人具有坦白情节，认罪认罚。据此，以生产、销售有毒、有害食品罪判处被告人张某玉有期徒刑七个月，并处罚金人民币三千元；以生产、销售有毒、有害食品罪判处被告人张某有期徒刑六个月，并处罚金人民币三千元。

典型意义

一些不良商贩为防止腌制的腊肉生虫，在腊肉上喷洒敌敌畏等农药。敌敌畏是《食品中可能违法添加的非食用物质名单》明确禁止添加到食品中的物质，属于“有毒、有害的非食品原料”，在生产、销售的腊肉上喷洒敌敌畏，应当以生产、销售有毒、有害食品罪定罪处罚。司法机关在办案过程中充分运用公开听证、法庭教育、媒体宣传等多种形式，向广大消费者宣传食品安全常识，警示大众在农贸市场选购腌肉制品时选择拥有可追溯食品供应链的产品，做自身健康安全的第一责任人。

条文序号对照表

历年食品安全法条文序号对照表（2009 年—2015 年—2018 年—2021 年—2025 年）①

【使用说明：此表横向阅读；（增）表示该条文为新增条文；（删）表示该条文已被删去；（1）（2）表示此条被一分为二。】

2025. 9. 12 食品安全法	2021. 4. 29 食品安全法	2018. 12. 29 食品安全法	2015. 4. 24 食品安全法	2009. 2. 28 食品安全法
第 1 条	第 1 条	第 1 条	第 1 条	第 1 条
第 2 条	第 2 条	第 2 条	第 2 条	第 2 条
第 3 条	第 3 条	第 3 条	第 3 条（增）	
第 4 条	第 4 条	第 4 条	第 4 条	第 3 条
第 5 条	第 5 条	第 5 条	第 5 条	第 4 条
第 6 条	第 6 条	第 6 条	第 6 条	第 5 条（1）
第 7 条	第 7 条	第 7 条	第 7 条	第 5 条（2）
第 8 条	第 8 条	第 8 条	第 8 条	第 6 条
第 9 条	第 9 条	第 9 条	第 9 条	第 7 条
第 10 条	第 10 条	第 10 条	第 10 条	第 8 条
第 11 条	第 11 条	第 11 条	第 11 条	第 9 条
第 12 条	第 12 条	第 12 条	第 12 条	第 10 条
第 13 条	第 13 条	第 13 条	第 13 条（增）	
第 14 条	第 14 条	第 14 条	第 14 条	第 11 条
第 15 条	第 15 条	第 15 条	第 15 条（增）	

① 此表是对《食品安全法》历年条文序号的整体梳理，一为方便读者遇到旧法快速准确定位到新法，二为方便读者了解新法是如何从旧法延续而来。

2025. 9. 12 食品安全法	2021. 4. 29 食品安全法	2018. 12. 29 食品安全法	2015. 4. 24 食品安全法	2009. 2. 28 食品安全法
第 16 条	第 16 条	第 16 条	第 16 条（增）	
				第 12 条（删）
第 17 条	第 17 条	第 17 条	第 17 条	第 13 条
第 18 条	第 18 条	第 18 条	第 18 条	第 14 条
第 19 条	第 19 条	第 19 条	第 19 条	第 15 条
第 20 条	第 20 条	第 20 条	第 20 条（增）	
第 21 条	第 21 条	第 21 条	第 21 条	第 16 条
第 22 条	第 22 条	第 22 条	第 22 条	第 17 条
第 23 条	第 23 条	第 23 条	第 23 条（增）	
第 24 条	第 24 条	第 24 条	第 24 条	第 18 条
第 25 条	第 25 条	第 25 条	第 25 条	第 19 条
第 26 条	第 26 条	第 26 条	第 26 条	第 20 条
第 27 条	第 27 条	第 27 条	第 27 条	第 21 条
				第 22 条（删）
第 28 条	第 28 条	第 28 条	第 28 条	第 23 条
第 29 条	第 29 条	第 29 条	第 29 条	第 24 条
第 30 条	第 30 条	第 30 条	第 30 条	第 25 条
				第 26 条（删）
第 31 条	第 31 条	第 31 条	第 31 条（增）	
第 32 条	第 32 条	第 32 条	第 32 条（增）	
第 33 条	第 33 条	第 33 条	第 33 条	第 27 条
第 34 条	第 34 条	第 34 条	第 34 条	第 28 条
第 35 条	第 35 条	第 35 条	第 35 条	第 29 条 第 31 条
第 36 条	第 36 条	第 36 条	第 36 条	第 30 条
第 37 条	第 37 条	第 37 条	第 37 条	第 44 条
第 38 条	第 38 条	第 38 条	第 38 条	第 50 条

2025. 9. 12 食品安全法	2021. 4. 29 食品安全法	2018. 12. 29 食品安全法	2015. 4. 24 食品安全法	2009. 2. 28 食品安全法
第 39 条	第 39 条	第 39 条	第 39 条	第 43 条（1）
第 40 条	第 40 条	第 40 条	第 40 条	第 45 条
第 41 条	第 41 条	第 41 条	第 41 条	第 43 条（2）
第 42 条	第 42 条	第 42 条	第 42 条（增）	
第 43 条	第 43 条	第 43 条	第 43 条	第 56 条
第 44 条	第 44 条	第 44 条	第 44 条	第 32 条
第 45 条	第 45 条	第 45 条	第 45 条	第 34 条
第 46 条	第 46 条	第 46 条	第 46 条（增）	
第 47 条	第 47 条	第 47 条	第 47 条（增）	
第 48 条	第 48 条	第 48 条	第 48 条	第 33 条
第 49 条	第 49 条	第 49 条	第 49 条	第 35 条
第 50 条	第 50 条	第 50 条	第 50 条	第 36 条
第 51 条	第 51 条	第 51 条	第 51 条	第 37 条
第 52 条	第 52 条	第 52 条	第 52 条	第 38 条
第 53 条	第 53 条	第 53 条	第 53 条	第 39 条
第 54 条	第 54 条	第 54 条	第 54 条	第 40 条 第 41 条
第 55 条	第 55 条	第 55 条	第 55 条（增）	
第 56 条	第 56 条	第 56 条	第 56 条（增）	
第 57 条	第 57 条	第 57 条	第 57 条（增）	
第 58 条	第 58 条	第 58 条	第 58 条（增）	
第 59 条	第 59 条	第 59 条	第 59 条（增）	
第 60 条	第 60 条	第 60 条	第 60 条（增）	
第 61 条	第 61 条	第 61 条	第 61 条	第 52 条
第 62 条	第 62 条	第 62 条	第 62 条（增）	
第 63 条	第 63 条	第 63 条	第 63 条	第 53 条
第 64 条	第 64 条	第 64 条	第 64 条（增）	

2025.9.12 食品安全法	2021.4.29 食品安全法	2018.12.29 食品安全法	2015.4.24 食品安全法	2009.2.28 食品安全法
第65条	第65条	第65条	第65条（增）	
第66条	第66条	第66条	第66条（增）	
第67条	第67条	第67条	第67条	第42条
第68条	第68条	第68条	第68条	第41条
第69条	第69条	第69条	第69条（增）	
				第46条（删）
第70条	第70条	第70条	第70条	第47条
第71条	第71条	第71条	第71条	第48条
第72条	第72条	第72条	第72条	第49条
				第50条（删）
第73条	第73条	第73条	第73条	第54条
第74条	第74条	第74条	第74条	第51条（1）
第75条	第75条	第75条	第75条（增）	
第76条	第76条	第76条	第76条（增）	
第77条	第77条	第77条	第77条（增）	
第78条	第78条	第78条	第78条	第51条（2）
第79条	第79条	第79条	第79条（增）	
第80条	第80条	第80条	第80条（增）	
第81条	第81条	第81条	第81条（增）	
第82条	第82条	第82条	第82条（增）	
第83条	第83条	第83条	第83条（增）	
第84条	第84条	第84条	第84条	第57条
第85条	第85条	第85条	第85条	第58条
第86条	第86条	第86条	第86条	第59条
第87条	第87条	第87条	第87条	第60条
第88条	第88条	第88条	第88条（增）	
第89条	第89条	第89条	第89条	第61条

2025. 9. 12 食品安全法	2021. 4. 29 食品安全法	2018. 12. 29 食品安全法	2015. 4. 24 食品安全法	2009. 2. 28 食品安全法
第 90 条	第 90 条	第 90 条	第 90 条（增）	
第 91 条	第 91 条	第 91 条	第 91 条（增）	
第 92 条	第 92 条	第 92 条	第 92 条	第 62 条
第 93 条	第 93 条	第 93 条	第 93 条	第 63 条
第 94 条	第 94 条	第 94 条	第 94 条（增）	
第 95 条	第 95 条	第 95 条	第 95 条	第 64 条
第 96 条	第 96 条	第 96 条	第 96 条	第 65 条
第 97 条	第 97 条	第 97 条	第 97 条	第 66 条
第 98 条	第 98 条	第 98 条	第 98 条	第 67 条
第 99 条	第 99 条	第 99 条	第 99 条	第 68 条
第 100 条	第 100 条	第 100 条	第 100 条	第 69 条
第 101 条	第 101 条	第 101 条	第 101 条（增）	
第 102 条	第 102 条	第 102 条	第 102 条	第 70 条
第 103 条	第 103 条	第 103 条	第 103 条	第 71 条
第 104 条	第 104 条	第 104 条	第 104 条（增）	
第 105 条	第 105 条	第 105 条	第 105 条	第 72 条
第 106 条	第 106 条	第 106 条	第 106 条	第 73 条
				第 74 条（删）
第 107 条	第 107 条	第 107 条	第 107 条	第 75 条
第 108 条	第 108 条	第 108 条	第 108 条（增）	
第 109 条	第 109 条	第 109 条	第 109 条（增）	
				第 76 条（删）
第 110 条	第 110 条	第 110 条	第 110 条	第 77 条
第 111 条	第 111 条	第 111 条	第 111 条（增）	
第 112 条	第 112 条	第 112 条	第 112 条（增）	
				第 78 条（删）
第 113 条	第 113 条	第 113 条	第 113 条	第 79 条

2025.9.12 食品安全法	2021.4.29 食品安全法	2018.12.29 食品安全法	2015.4.24 食品安全法	2009.2.28 食品安全法
第 114 条	第 114 条	第 114 条	第 114 条（增）	
第 115 条	第 115 条	第 115 条	第 115 条	第 80 条
第 116 条	第 116 条	第 116 条	第 116 条（增）	
第 117 条	第 117 条	第 117 条	第 117 条（增）	
第 118 条	第 118 条	第 118 条	第 118 条	第 82 条
第 119 条	第 119 条	第 119 条	第 119 条	第 83 条
第 120 条	第 120 条	第 120 条	第 120 条（增）	
第 121 条	第 121 条	第 121 条	第 121 条	第 81 条
第 122 条	第 122 条	第 122 条	第 122 条	第 84 条
第 123 条	第 123 条	第 123 条	第 123 条	第 85 条（1）
第 124 条	第 124 条	第 124 条	第 124 条	第 85 条（2）
				第 86 条（删）
				第 87 条（删）
第 125 条	第 125 条	第 125 条	第 125 条（增）	
第 126 条	第 126 条	第 126 条	第 126 条（增）	
第 127 条	第 127 条	第 127 条	第 127 条（增）	
第 128 条	第 128 条	第 128 条	第 128 条	第 88 条
第 129 条	第 129 条	第 129 条	第 129 条	第 89 条
第 130 条	第 130 条	第 130 条	第 130 条	第 90 条
第 131 条	第 131 条	第 131 条	第 131 条（增）	
第 132 条	第 132 条	第 132 条	第 132 条	第 91 条
第 133 条	第 133 条	第 133 条	第 133 条（增）	
第 134 条	第 134 条	第 134 条	第 134 条（增）	
第 135 条	第 135 条	第 135 条	第 135 条	第 92 条
第 136 条	第 136 条	第 136 条	第 136 条（增）	
第 137 条	第 137 条	第 137 条	第 137 条（增）	
第 138 条	第 138 条	第 138 条	第 138 条	第 93 条

2025.9.12 食品安全法	2021.4.29 食品安全法	2018.12.29 食品安全法	2015.4.24 食品安全法	2009.2.28 食品安全法
第 139 条	第 139 条	第 139 条	第 139 条（增）	
第 140 条	第 140 条	第 140 条	第 140 条	第 55 条 第 94 条
				第 95 条（删）
第 141 条	第 141 条	第 141 条	第 141 条（增）	
第 142 条	第 142 条	第 142 条	第 142 条（增）	
第 143 条	第 143 条	第 143 条	第 143 条（增）	
第 144 条	第 144 条	第 144 条	第 144 条（增）	
第 145 条	第 145 条	第 145 条	第 145 条（增）	
第 146 条	第 146 条	第 146 条	第 146 条（增）	
第 147 条	第 147 条	第 147 条	第 147 条	第 96 条（1） 第 97 条
第 148 条	第 148 条	第 148 条	第 148 条	第 96 条（2）
第 149 条	第 149 条	第 149 条	第 149 条	第 98 条
第 150 条	第 150 条	第 150 条	第 150 条	第 99 条
				第 100 条（删）
第 151 条	第 151 条	第 151 条	第 151 条	第 101 条
第 152 条	第 152 条	第 152 条	第 152 条	第 102 条
第 153 条	第 153 条	第 153 条	第 153 条	第 103 条
第 154 条	第 154 条	第 154 条	第 154 条	第 104 条

图书在版编目（CIP）数据

最新食品安全法律法规全编：2025年版 / 中国法治出版社编. -- 北京：中国法治出版社，2025. 9.
（条文速查小红书系列）. -- ISBN 978-7-5216-5638-1
Ⅰ. D922.169
中国国家版本馆CIP数据核字第20252JV491号

责任编辑：刘晓霞　　封面设计：杨泽江

最新食品安全法律法规全编：2025年版

ZUIXIN SHIPIN ANQUAN FALÜ FAGUI QUANBIAN：2025 NIAN BAN

经销/新华书店
印刷/三河市紫恒印装有限公司
开本/880毫米×1230毫米　32开　　印张/17　字数/445千
版次/2025年9月第1版　　2025年9月第1次印刷

中国法治出版社出版
书号 ISBN 978-7-5216-5638-1　　定价：49.00元

北京市西城区西便门西里甲16号西便门办公区
邮政编码：100053　　传真：010-63141600
网址：http：//www.zgfzs.com　　编辑部电话：010-63141664
市场营销部电话：010-63141612　　印务部电话：010-63141606

（如有印装质量问题，请与本社印务部联系。）